Lenguas y turismo

Linguistic Insights

Studies in Language and Communication

Edited by Maurizio Gotti,
University of Bergamo

Volume 267

PETER LANG
Bern · Berlin · Bruxelles · New York · Oxford

Sergio Rodríguez-Tapia,
Adela González Fernández (eds.)

Lenguas y turismo

Estudios en torno al discurso, la didáctica y la divulgación

PETER LANG
Bern · Berlin · Bruxelles · New York · Oxford

Bibliographic information published by die Deutsche Nationalbibliothek
Die Deutsche Nationalbibliothek lists this publication in the Deutsche Nationalbibliografie; detailed bibliographic data is available on the Internet at ‹http://dnb.d-nb.de›.

Library of Congress Cataloging-in-Publication Data
A CPI catalog record for this book has been applied for at the Library of Congress.

ISSN 1424-8689
ISBN 978-3-0343-3881-3 (Print)
E-ISBN 978-3-0343-4026-7 (E-PDF)
E-ISBN 978-3-0343-4103-5 (EPUB)
E-ISBN 978-3-0343-4104-2 (MOBI)
DOI 10.3726/b17069

Wabernstrasse 40, CH-3007 Bern, Switzerland
bern@peterlang.com, www.peterlang.com

Tabla de contenidos

Sergio Rodríguez-Tapia y Adela González Fernández
Los estudios lingüísticos en torno al turismo: una panorámica 1

Sección 1: Didáctica

José María Castellano Martínez
A propósito de la formación en traducción de textos turísticos en la Universidad española 11

Angela Erazo Muñoz y Francisco Calvo del Olmo
La intercomprensión entre lenguas próximas como enfoque didáctico para la formación de profesionales plurilingües: experiencias pedagógicas en dos universidades federales brasileñas 25

Marta Guirao Ochoa
Desarrollo de la competencia traductora español-inglés en textos turísticos mediante la práctica gramatical y sintáctica 45

Paloma Garrido Íñigo e Isabel Granda Rossi
Representaciones gráficas y corpus para la enseñanza del español de especialidad turística 59

Cristina Plaza-Lara
La traducción automática y la posedición para la enseñanza de la traducción inversa de textos turísticos 77

Aurora Ruiz Mezcua
Estudio empírico sobre el discurso especializado en el ámbito turístico dentro del aula de interpretación 95

Astrid Schmidhofer
Cómo integrar los programas gratuitos de traducción automática en el aula de traducción 119

Sección 2: Difusión y divulgación

Olga Alas Mínguez
Exposición permanente vs. exposición temporal en los museos de arte: traducción de catálogos y folletos 145

María José Arévalo Benito
Estudio contrastivo del discurso turístico en español/francés: ¿quién vende mejor? 159

Jorge Leiva Rojo
¿Es la traducción automática una opción factible? Reflexiones acerca de un estudio comparado de textos museísticos traducidos (inglés-español) 179

Gisella Policastro Ponce
La multimodalidad en la traducción de textos turísticos 201

Isidoro Ramírez Almansa
La labor terminográfica en el proceso de traducción alemán-español del folleto turístico de Medina Azahara 221

Sección 3: Discurso

Manuela Álvarez Jurado
El turismo de salud y la medicina termal en el siglo XIX: la «Guía del bañista»/le «Guide du baigneur», el nacimiento de un género textual 241

Elke Cases Berbel
Un análisis contrastivo de textos turísticos y su uso de construcciones participiales y adjetivas atributivas en la lengua alemana 261

Alberto Gómez Font
Los topónimos: tradición y traducción 279

María de la Pasión Guijarro Herrador
Los factores extralingüísticos en el estudio lingüístico-textual del discurso agroalimentario: análisis y discusión de resultados 289

Francisco Luque Janodet
Aproximación al estudio de la metáfora conceptual en el discurso publicitario en francés y en español: el caso del enoturismo 315

Antonio Martínez González
Viajeros imaginarios, historias fabulosas. Invención y fantasía en la historia y en la lingüística españolas 331

Información acerca de los autores 343

Sergio Rodríguez-Tapia y Adela González Fernández

Los estudios lingüísticos en torno al turismo: una panorámica

El sector turístico, desde el enfoque más práctico y comercial, ha sido desde sus inicios una de las actividades más importantes para el desarrollo de las economías y para la externalización y la unión entre culturas. Prueba de ello son los últimos datos arrojados por la OCDE (OECD, 2018), que reflejan que tanto la creación de empleo como los beneficios de las exportaciones contribuyen a una media del 4,2 % del Producto Interior Bruto, del 6,9 % del empleo y del 21,7 % de las exportaciones en los países pertenecientes a la organización. La situación a este respecto es especialmente significativa en España, donde los datos aumentan hasta un 11,1 % del PIB y el 13 % del empleo, «contribuyendo así a paliar el déficit de mercado con unas cifras que alcanzan 54,5 mil millones de euros, un 7,1 % más que en 2015» (González-Fernández y Rodríguez-Tapia, 2019: 13).

Se trata, además, por su naturaleza, de un campo multidisciplinar que afecta a diversos ámbitos de la sociedad, lo que hace que la política, la educación, la cultura, el arte, la historia, el mundo empresarial o el académico, entre otros, converjan en él. Ante esta variedad de esferas y de agentes implicados, la comunicación entre ellos se presenta como el punto fundamental para una adecuada transmisión del mensaje y el entendimiento entre todas las partes. Es aquí donde ciencias como la Lingüística juegan un papel imprescindible, así como otras disciplinas afines, como la Traducción o la Interpretación, en tanto en cuanto la actividad turística se hace realidad de forma paralela en distintas culturas y, en una inmensa parte de las veces, entre distintas lenguas. También este despegue del turismo ha hecho necesario el surgimiento de estudios enfocados explícitamente en esta dirección, dando lugar a disciplinas como la Turismología.

En este panorama, no ajenos a la realidad que acontece, los grados universitarios de Turismo, así como otros más relacionados con las lenguas, empiezan a incluir, aunque de una forma algo tímida, estudios transversales en sus planes de estudio que complementen a las asignaturas propias y más tradicionales de las titulaciones. Por ello, es cada vez más frecuente encontrar titulaciones de corte lingüístico, como las de Traducción e Interpretación, que ofertan asignaturas relacionadas de un modo u otro con el turismo, de la misma forma que ocurre al contrario, es decir, Grados de Turismo con asignaturas relacionadas con las lenguas y las culturas. En este último caso, lo más frecuente es la introducción de asignaturas de lenguas extranjeras instrumentales. No obstante, cabe señalar, como demuestran los estudios realizados por González-Fernández y Rodríguez-Tapia (en preparación), que son más numerosos los estudios de lenguas incluidos en los grados turísticos que viceversa. Así, un 43 % de las titulaciones de Turismo de las universidades españolas incluyen asignaturas de lenguas instrumentales y un 28 % asignaturas relacionadas con la mejora de habilidades comunicativas fundamentalmente orales, mientras solo un 15 % de titulaciones de Traducción e Interpretación prestan atención a temas turísticos.

En cualquier caso, no cabe duda de que la tendencia es al alza y no solo en lo que al diseño de los grados universitarios se refiere. También las investigaciones en el marco de las lenguas y el turismo, en general, y de la traducción, en particular, están empezando a tomar fuerza y a hacerse un hueco en el mundo académico. Estas investigaciones se ponen de manifiesto en encuentros científicos que reúnen a expertos en la materia y que posibilitan la trasferencia del conocimiento y la puesta en común de los trabajos que se vienen haciendo en la actualidad. Es con esta ambición con la que se han celebrado el I y el II Congreso Internacional «Lenguas, Turismo y Traducción», organizados por la Universidad de Córdoba en el mes de octubre de 2017 y de 2018, respectivamente, encuentros en los que se ha dado cita un nutrido número de investigadores, profesores y alumnos relacionados con las distintas áreas y que han servido como punto de partida para la producción y difusión de investigaciones en este ámbito. Así, se ha publicado, por ejemplo, un monográfico relacionado con los usuarios, la terminología y la cultura, desde el punto de vista de la relación entre turismo y lenguas, publicado por la editorial Tirant Lo Blanch (González-Fernández y Rodríguez-Tapia (eds.), 2019), que viene a complementar el resto de estudios que se enmarcan en este ámbito y que se pueden consultar en diversas revistas especializadas. También en González-Fernández y Rodríguez-Tapia (en preparación) podemos comprobar cómo ha aumentado en los últimos años la publicación de este tipo de trabajos, que ha crecido exponencialmente desde los años sesenta del siglo pasado, alcanzando el punto álgido en los últimos años, siendo el año 2016 especialmente prolífico.

Lenguas y turismo: estudios en torno al discurso, la didáctica y la divulgación recoge algunas contribuciones sobre los últimos trabajos realizados en torno a la estructura del discurso turístico, a la didáctica o la innovación docente de la enseñanza de materias lingüísticas relacionadas con el turismo o a las estrategias de los medios de divulgación y difusión de las actividades turísticas. Este volumen cuenta con 21 trabajos de investigadores de diversos centros, entre los que se encuentran la Universidad de Córdoba, la Universidad de Málaga, la Universidad Complutense de Madrid, la Universidad Rey Juan Carlos, la Universidad de Granada, la Universidad Europea de Madrid, la Universidad del País Vasco, la Universidad de Innsbruck, la Academia Norteamericana de la Lengua Española y la Universidad de Sevilla.

El volumen queda dividido en tres secciones bien diferenciadas: didáctica, en primer lugar; difusión y divulgación, en segundo lugar; y, por último, estructura y discurso. En el primer capítulo, perteneciente a la parte de didáctica, José María Castellano Martínez (Universidad de Córdoba) analiza, por una parte, la interdisciplinariedad del texto turístico, y, por otra, la formación universitaria en traducción de textos turísticos en la Universidad española, para lo cual esboza un análisis cuantitativo con el objetivo de reflexionar sobre el panorama actual y las necesidades investigadoras y formativas de la relación entre traductología y turismo. Continúan Ángela Erazo Muñoz y Francisco Calvo (Universidad Federal da Paraíba y Universidad Federal do Paraná) del Olmo con la exploración la intercomprensión entre lenguas próximas como enfoque metodológico aplicado a la enseñanza de lenguas extranjeras con objetivos profesionales. En el tercer capítulo, ante la demanda de traducción de textos a lenguas extranjeras, Marta Guirao Ochoa (Universidad Complutense de Madrid) lleva a cabo un estudio en torno a la traducción inversa al inglés, en el que adopta el enfoque lingüístico para alcanzar dos objetivos: (a) activar y consolidar los conocimientos lingüísticos pasivos del alumnado, y (b) reforzar el uso de estrategias de transformación y simplificación sintáctica. En el marco de la enseñanza de español para fines específicos, en concreto, del español turístico, Paloma Garrido Íñigo e Isabel Granda Rossi (Universidad Rey Juan Carlos y Universidad Complutense de Madrid) investigan las interferencias del inglés mediante una plataforma 3D con un corpus original formado por conversaciones específicamente aeroportuarias. Por su parte, Cristina Plaza-Lara (Universidad de Málaga) centra su trabajo en la posibilidad de integrar la traducción automática y la posedición en la enseñanza de la traducción inversa de textos turísticos con el objetivo de mejorar las habilidades de expresión, revisión y evaluación, entre otras. Más relacionado con la didáctica de la interpretación, Aurora Ruiz Mezcua (Universidad de Córdoba) plantea el discurso turístico como herramienta para la adquisición de técnicas de interpretación lingüística. La autora analiza los datos empíricos obtenidos a lo largo de tres cursos académicos en tres tipos de ejercicios diferentes con el objetivo de comprobar si el grado de dificultad encontrada por el alumnado aumenta al tratarse de interpretación especializada. Concluye esta primera sección Astrid Schmidhofer (Universidad de Innsbruck), quien, desde el punto de vista de la didáctica de la traducción, realiza una revisión del panorama actual, la historia, los tipos, el funcionamiento, las ventajas y los inconvenientes de la traducción automática para integrar esta herramienta en la formación de profesionales de la traducción, para lo cual realiza una propuesta didáctica sobre análisis textual y traducción automática de textos turísticos.

Olga Alas (Universidad Complutense de Madrid) abre la segunda parte del volumen, difusión y divulgación, reflexionando acerca de la traducción de los folletos y de los catálogos en las exposiciones permanentes y temporales de los museos de arte. A continuación, María José Arévalo Benito (Universidad del País Vasco) analiza un corpus comparable francés-español para determinar qué lengua emplea los recursos lingüísticos de forma óptima para cumplir con la función del discurso turístico. También en relación con la traducción de textos museísticos, Jorge Leiva Rojo (Universidad de Málaga) trabaja con un corpus paralelo inglés>español de textos museísticos de la ciudad de

Nueva York. Su reflexión es fruto de la comparación de la calidad de la traducción humana frente a la traducción automática de acuerdo con doce parámetros. Gisella Policastro (Universidad de Córdoba) estudia la manera de concebir hoy en día los textos turísticos, por medio del análisis de los recursos multimodales que actualmente forman parte activa en el discurso turístico a fin de complementar la labor traductora del mismo, y continúa con una reflexión sobre el proceso traductológico Isidoro Ramírez Almansa (Universidad de Córdoba), proponiendo la creación de un recurso que ayude a la resolución de problemas y dificultades que entraña la traducción del folleto turístico español>alemán del conjunto monumental de Medina Azahara (Córdoba).

La tercera y última sección del monográfico, denominada estructura y discurso, comienza con el capítulo de Manuela Álvarez Jurado (Universidad de Córdoba), quien, desde el punto de vista textual, y tomando como referencia el siglo XIX, analiza la aparición de la *guide du baigneur* o guía del bañista como género textual híbrido de carácter descriptivo y promocional, en el que se relacionan incluyen consejos terapéuticos, descripción paisajística, actividades de entretenimiento, tarifas de precios, horarios o menús. Continúa Elke Cases Berbel (Universidad Europea de Madrid), centrando su atención en las construcciones participiales y adjetivas atributivas del alemán a través del estudio de corpus con el objetivo de describir los efectos de dichas construcciones en el texto original. Por otro lado, Alberto Gómez Font (Academia Norteamericana de la Lengua Española) dedica su contribución a la descripción de los problemas que conlleva el uso y transcripción de topónimos en español, siguiendo como referencia el Libro de estilo interinstitucional de la Comisión de Traducción al Español de la Unión Europea. En el marco de la traducción agroalimentaria, María de la Pasión Guijarro Herrador (Universidad de Córdoba) pretende determinar y analizar los factores extralingüísticos que intervienen en el proceso de construcción discursiva en el discurso agroalimentario a partir de un corpus ad hoc de menús gastronómicos de restaurantes de la ciudad de Córdoba, con la teoría de la comunicación como guía metodológica de análisis, y, en una línea temática similar, Francisco Luque Janodet (Universidad de Sevilla), atendiendo al discurso turístico del vino, analiza, desde la lingüística cognitiva, la metáfora conceptual del discurso del enoturismo en francés y español a partir de un corpus comparable. Finaliza esta tercera y última parte Antonio Martínez González (Universidad de Granada) con una reflexión sobre los orígenes gloriosos o divinos de algunas lenguas peninsulares a través del análisis de la teoría fantástica de la figura de Túbal, descendiente de Noé.

Lenguas y turismo: estudios en torno al discurso, la didáctica y la divulgación ha sido evaluado siguiendo el método de revisión ciega por pares a partir de un comité científico compuesto por investigadores de reconocido prestigio:

- — Adrián Fuentes Luque (Universidad Pablo de Olavide)
- — Concepción Hermosilla Álvarez (Universidad de Extremadura)
- — Esther Vázquez y del Árbol (Universidad Autónoma de Madrid)
- — Eva Parra Membrives (Universidad de Sevilla)
- — Isabel Durán Muñoz (Universidad de Córdoba)
- — Jorge Soto Almela (Universidad Católica de Murcia)
- — Julia Pinilla Martínez (Universitat de València)
- — María Jesús González Rodríguez (Università di Bologna)
- — María José Hernández Guerrero (Universidad de Málaga)
- — Míriam Seghiri Domínguez (Universidad de Málaga)
- — Natalia Campos Martín (Universitat de València)

Debido a lo expuesto y con el afán de contribuir a este crecimiento del número de investigaciones y al interés suscitado por estos temas no solo en las aulas y en el sector laboral, sino también en la esfera científica, consideramos el monográfico que aquí presentamos de especial relevancia. En él, se reúnen los resultados, las ideas y los avances de los investigadores más especializados en este ámbito, procedentes de distintas universidades españolas y extranjeras, con los que esperamos abrir debates y nuevas líneas de estudio, reforzar este tipo de trabajos y posibilitar la apertura de discusiones científicas que contribuyan al afianzamiento de la investigación en el campo del turismo y de las lenguas.

Referencias bibliográficas

González Fernández, A. y Rodríguez-Tapia, S. (2019). A modo de introducción: lenguas y turismo. En A. González Fernández y S. Rodríguez-Tapia (eds.), *Estudios lingüísticos en torno al turismo: terminología, cultura y usuarios* (pp. 13–17). Valencia: Tirant Lo Blanch.

González Fernández, A. y Rodríguez-Tapia, S. (eds.). (2019). *Estudios lingüísticos en torno al turismo: terminología, cultura y usuarios*. Valencia: Tirant Lo Blanch.

OECD. (2018). *OECD Tourism Trends and Policies 2018*. OECD Publishing: Paris. Recuperado de http://dx.doi.org/10.1787/tour-2018-en.

Rodríguez-Tapia, S. y González-Fernández, A. (en preparación): La situación de la investigación y la formación en turismo y estudios lingüísticos en España.

Sección 1: Didáctica

José María Castellano Martínez

A propósito de la formación en traducción de textos turísticos en la Universidad española

Resumen El contexto turístico presenta un nivel de comunicación oral y escrita de carácter interdisciplinar en tanto que convergen diferentes campos de conocimiento: Historia, Arte, Patrimonio, Geografía, Cultura, Economía, Marketing o Logística, entre otros. En los últimos años, se ha suscitado un mayor interés por los estudios lingüísticos y traductológicos en torno al sector de las actividades turísticas en las que interactúan diferentes lenguas. En este sentido, la Universidad de Córdoba ha sido pionera en la implantación de un itinerario conjunto entre las titulaciones del Grado de Traducción e Interpretación y del Grado de Turismo, ofreciendo la posibilidad de formar a futuros profesionales con competencias híbridas en ambas áreas. En este trabajo se aborda, en primer lugar, el concepto del texto turístico, así como la traducción de este tipo de textos desde diferentes perspectivas teóricas. A continuación, se analiza la oferta formativa universitaria de asignaturas que contemplen la traducción de textos turísticos, ya sea de forma integral, o bien de forma parcial en sus guías docentes. A partir de esto, se expondrán las pertinentes reflexiones, a modo de conclusión de este trabajo, con las que aproximarse al estadio de traducción turística en la Universidad española.

Abstract Tourist context presents a level of oral and written inter-disciplinary communication where different fields of knowledge converge: History, Arts, Heritage, Geography, Culture, Economy, Marketing or Logistics, among others. In the last years, the interest in language and translation studies about Tourism, where different languages interact, have raised. According to this, the Universidad de Córdoba has been a pioneer university implementing a conjoint degree in Translation Studies and Tourism, with the possibility of teaching future professionals in hybrid skills in both fields. This work studies, firstly, the touristic text concept, as well as the translation of this type of texts from different theories. Then, different subject plannings of the Spanish universities are analysed taking into consideration those related to translating touristic texts. Conclusions will be exposed as a final reflection on these Translation Studies panorama at the Spanish University.

1 El texto turístico como unidad comunicativa interdisciplinar

La interdisciplinariedad del contexto turístico dificulta la delimitación del propio concepto de texto especializado en este ámbito. Cuando Hollinshead afirma que «Tourism is a communicating environment» (1993: 346), es decir, un entorno comunicativo propio, incluye de forma indirecta en su visión la existencia de textos orales y escritos con un marcado carácter léxico y discursivo en una determinada lengua y cultura (lengua origen y cultural origen: LO y CO), que, en caso de traducirse, con frecuencia no encuentran correspondencia inmediata en la lengua y la cultura metas (LM y CM, respectivamente). He aquí el interés traductológico por este tipo de textos. Dicha perspectiva comunicativa ya fue analizada por Febas (1978: 32–41) en su propuesta de «triangulación», en la que concibe la promoción turística como un acto comunicativo integrado de cuatro triángulos bien diferenciados: el triángulo A o referencial, el triángulo B o emisor, el triángulo C o receptor y, finalmente, el triángulo D o mensaje, como triángulo conector de los tres anteriores. A pesar de que el esquema de triangulación de la comunicación promocional turística propuesta por Febas adapta ciertos aspectos de la teoría de Jakobson, en él se analizan elementos que son propios al fenómeno turístico a través de los denominados temas y series temáticas (soporte geográfico, aportación autóctona, consumo turístico o servicios específicos). La traducción de este tipo de textos implica una reproducción triangular del modelo comunicativo de Febas, en el que se habrá de representar, no solo dichos triángulos, sino también sus respectivos temas y series temáticas.

Volviendo al concepto de texto turístico, y siguiendo la tónica anterior, este podría encontrar cierto fundamento en la teoría de Crick (1989: 333), para quien el turismo queda condicionado por la imagen, la promoción y el consumo en tanto que se trata de un hecho postmoderno que supera la visión tradicional del mercado de bienes y servicios:

> We now live in a post-Marxian world of the 'political of the sign'; the emphasis has shifted away from production itself to image, advertising and consumption. We are now interested in what Baudrillard has termed 'the mirror of production', and tourism, being so much a matter of leisure, consumption and image, is an essentially (post)modern activity.

El texto que se genera en dicho contexto queda determinado por la clara orientación al consumo a través de la función apelativa del lenguaje que Zaro y Truman (1999: 53) advierten en tanto que consideran la promoción turística como un acto de publicidad que pretende hacer atractivo un determinado producto. La apelación al destinatario, consumidor en potencia en tanto que futuro posible turista, configura una tipología textual concreta con un elemento común: la finalidad comunicativa del mismo.

Ahora bien, el texto turístico no puede asumirse como un todo hermético y concreto, pues los posibles consumidores a los que se dirige no responden a un canon homogéneo y único. El texto turístico, como cualquier producto orientado al consumo, se perfila en su forma y contenido atendiendo al público potencial al que pretende dirigirse. Así lo entiende Graham (1996: 212) cuando presta atención al discurso turístico como acto comunicativo:

> Turning to the language of tourism, it cannot be simply assumed that there is one universal discourse which sends undifferentiated messages to a homogeneous audience. The sender varies according to the degree of destination involvement, receiving groups vary according to their segmented characteristics, the channels of communication vary according to sensory vehicle, and all three elements vary according to stage of the vacation process.

Se presume, pues, un texto turístico permeable, flexible y polivalente dependiendo, fundamentalmente, del destinatario virtual al que se dirige. La función apelativa determina el uso de la lengua, debiendo ser esta atractiva en su relato, asequible y comprensible para un público general, acompañándose de imágenes y otros elementos visuales que contribuyan a la promoción del producto en sí. En este sentido, Fuentes (2005: 63) se aproxima al concepto de texto turístico, entendiéndose como unidad comunicativa, oral o escrita, que resulta integradora y próxima al momento actual: «en su versión original, un texto turístico es el resultado de un complejo proceso que conlleva una gran dosis de marketing, cultura (en el amplio sentido del término) y el uso de diferentes sistemas lingüísticos y semióticos, todo en forma muy concentrada».

La elaboración del texto turístico y su narración, en tanto que unidad de significado con una clara intención apelativa orientada al

de la Calidad y la Acreditación (ANECA). Recuperado de http://www.aneca.es/var/media/150288/libroblanco_traduc_def.pdf.
Nord, C. (1997). *Translation as a Purposeful Activity*. Manchester: St. Jerome.
Vermeer, Hans J. (1983). Translation theory and linguistics. En P. Roinila, R. Orfanos y S. Tirkkonen-Condit (eds.), *Häkökohtia käänämisen tutkimuksesta* (pp. 1–10). Joensuu: Universidad de Joensuu.
Zaro, J. J. y Truman, M. (1999). *Manual de traducción. A Manual of Translation. Textos españoles e ingleses traducidos y comentados*. Madrid: SGEL.

Angela Erazo Muñoz y Francisco Calvo del Olmo

La intercomprensión entre lenguas próximas como enfoque didáctico para la formación de profesionales plurilingües: experiencias pedagógicas en dos universidades federales brasileñas[1]

Resumen Este trabajo, tiene como objetivo explorar la intercomprensión entre lenguas próximas (Jamet, 2010) como enfoque metodológico aplicado a la enseñanza de lenguas extranjeras con objetivos profesionales. De este modo, en primer lugar, presentaremos las líneas teóricas generales que rigen las nociones de intercomprensión, didáctica integrada de lenguas y de culturas, ambas dentro del cuadro de los enfoques plurales (Candelier *et al.*, 2009); así como las bases de la didáctica de lenguas para fines específicos. En segundo lugar, mostraremos los resultados de la inclusión de los enfoques intercomprensivos y de las prácticas plurilingües en la enseñanza de portugués, español y francés para estudiantes de las carreras de lenguas extranjeras, negocios y turismo en dos universidades federales brasileñas: la UFPB (en el Estado de Paraíba) y la UFPR (en el Estado de Paraná). Los resultados de dichas experiencias resultaron satisfactorios, lo que nos permite confirmar que este tipo de enfoques didácticos mejora la autoconfianza de los estudiantes y su capacidad para transitar entre varias lenguas.

1 Este artículo presenta los resultados parciales de la estancia postdoctoral en la Universidad de Grenoble-Alpes, Francia, durante el curso 2018–2019, el cual se inscribe en el proyecto *Distância e proximidade entre português, francês e outras línguas: potencial da reflexão comparativa* coordinado por los profesores Christian Degache (Universidad Federal de Minas Gerais) y Olivier Kraif (Universidad Grenoble-Alpes), aprobado en la convocatoria de cooperación Francia-Brasil CAPES-COFECUB, número de proyecto 901/18, para el periodo 2018–2019. Así, esta investigación ha sido financiada por la agencia CAPES (Coordenação de Aperfeiçoamento de Pessoal de Nível Superior) dependiente del Ministerio de Educación de Brasil.

Abstract This paper aims to discuss the intercomprehension or mutual intelligibility between closely-related languages (Jamet, 2010) as a methodological approach applied to the teaching and learning of foreign languages for Specific Purposes. In order to do this, we will first introduce the concepts of intercomprehension, and integrated didactics of languages and cultures from the framework of pluralistic approaches (Candelier y al, 2009), as well as the bases of the didactics of languages for specific purposes. Secondly, we will present the results of the inclusion of this approach in the practice of teaching Portuguese, Spanish and French to students of foreign languages, business and tourism in Brazilian federal universities: the UFPB (in the State of Paraíba) and the UFPR (in the State of Paraná). Finally, based on these experiences, we confirm that this type of didactic approach improves students' self-confidence and develop their ability to travel between several languages.

1. La intercomprensión: de práctica ancestral a abordaje metodológico novedoso en la enseñanza de lenguas extranjeras

En los últimos años, las transformaciones derivadas del actual proceso de globalización han conducido a repensar varias áreas del conocimiento y, entre ellas, la lingüística aplicada. Constatamos que los diferentes actores (como gobiernos, instituciones de enseñanza públicas y privadas, asociaciones, organismos y empresas) se interesan de manera creciente por la formación en varios idiomas. Al mismo tiempo, los contextos académicos se han diversificado y, de este modo, a la enseñanza tradicional de lengua materna y de lengua extranjera se ha sumado la enseñanza de idiomas como lenguas de acogida (en ámbito migratorio), como lenguas de herencia (en el seno de las diásporas), como lenguas de escolarización (obligatorias u opcionales), como lenguas con fines específicos (aplicadas al campo del turismo, de la traducción o de las finanzas), entre varias otras. En suma, la diversidad de los contextos pedagógicos y el aumento cuantitativo de la demanda hacen que sea necesario establecer nuevos enfoques teóricos y metodológicos, así como propuestas didácticas innovadoras (Puren, 2002).

Dentro del panorama que brevemente trazamos, varios autores vienen discutiendo el papel hegemónico asumido por el inglés como principal vehículo de la globalización; hecho que somete a las demás lenguas de la humanidad a su constante influencia en cuanto idioma hipercentral, como explica Grin (2005). Frente a esta situación, en los años noventa del siglo XX, surgió la intercomprensión (en adelante IC) entre lenguas próximas como un abordaje didáctico novedoso; lo que, en palabras de Escudé y Janin (2010: 9), supuso una verdadera *revolución copernicana* en la enseñanza de idiomas. Transcurridas más de dos décadas desde las primeras publicaciones de Dabène (1994), Dabène y Degache (1996) y Blanche-Benveniste y Valli (1997) consagradas a la IC, el enfoque que aquí presentamos se ha consolidado mediante la aplicación de diversas experiencias y la producción de materiales de enseñanza; estos, de forma retroactiva, han contribuido a formar un corpus teórico sólido. Así, los llamados *Abordajes Plurales para la Enseñanza de Lenguas y de Culturas*, publicados por el Consejo de Europa bajo la dirección del profesor Candelier (2009) y conocidos por sus siglas en francés y en inglés: CARAP o FREPA respectivamente, recogen la intercomprensión entre lenguas emparentadas junto a la enseñanza integrada de idiomas, la sensibilización lingüística (*éveil aux langues*) y la interculturalidad. Y, de igual modo, definen la IC como la forma de comprender y hacerse comprensible entre hablantes de una misma familia usando estrategias cognitivas y metacognitivas que aprovechan los puntos compartidos por dichas lenguas para desarrollar estrategias de comprensión primeramente escrita y, más tarde, también oral. En este sentido:

> La intercomprensión, también llamada por algunos *sesquilingüismo*, apuesta menos por la competencia activa en otra lengua y más por competencias pasivas en varias de ellas de modo simultáneo. Es posible desarrollar la capacidad de hablar y comprender una lengua en grado suficiente para comunicarse con un nativo, sin necesidad de dominarla por completo, pero es más sencillo, en el interior de una familia lingüística como la románica, desarrollar técnicas de comunicación consistentes en hablar en nuestra lengua materna con locutores de otra, que la comprenden y responden en su propia lengua. Y todavía se requiere menos esfuerzo para ser capaces de entender un texto no complejo escrito en una variedad románica que no es la nuestra (Brea, 2010: 288–289).

Cabe recordar que la IC constituye una práctica ancestral principalmente entre comunidades que viven próximas a fronteras lingüísticas o en situaciones de contacto:

> Le fait de communiquer, directement ou indirectement, en recourant à sa langue et en comprenant celle de l'autre était en même temps une très vieille pratique, à laquelle on recourait avec un empirisme plus ou moins maîtrisé, selon les circonstances, les nécessités ou les capacités de chacun (Escudé y Janin, 2010: 9).

Así, otro concepto que merece nuestra atención es el de *lenguas vecinas*. Frente a concepciones ideológicas que adscriben las lenguas a un territorio (nacional) en el que rige una determinada norma estándar, Conti y Grin (2008) examinan el potencial de la comunicación entre poblaciones vecinas usando sus respectivas lenguas maternas (vernáculos locales) como vehículos que pueden mejorar la convivencia y la equidad en el seno de dichas comunidades. Entendemos que las posibilidades de intercomprensión entre lenguas vecinas extrapolan los parentescos genéticos y se centran en espacios compartidos, como pueden ser los del alemán suizo con las demás lenguas de la confederación helvética; el del euskara con el castellano y el francés en Euskadi; o el del guaraní, el aimará, el quechua y el español en Bolivia.

Entrando en el caso específico de la familia neolatina, las investigaciones en intercomprensión en lenguas románicas (en adelante ICLR) partían del conocimiento acumulado por la lingüística románica a lo largo de más de un siglo de existencia como disciplina humanística fundada por los trabajos del francés François Just Marie Raynouard y de los alemanes Friedrich Diez y Wilhelm Meyer-Lübke, quienes aplicaron el método histórico comparativo a los idiomas derivados del latín vulgar. Al mismo tiempo, la ICLR retoma estudios contrastivos entre idiomas pertenecientes a una misma familia, como Posner (1998) y Teyssier (2012). Así, partimos de la constatación de que todas las lenguas de este grupo, además de un origen común, comparten un desarrollo histórico paralelo marcado por una convivencia secular e intercambios recíprocos (Olmo, 2012). Este fondo abarca estructuras léxicas, semánticas, morfosintácticas, pragmáticas e, incluso, semejanzas culturales y literarias. En otras palabras, el conjunto de dichos factores nos permite afirmar que las lenguas románicas conforman un diasistema, un espacio de comunicación abierto a la intercomprensión.

Consecuentemente, la ICLR, como enfoque didáctico, presenta la lengua materna como llave para abrir la comprensión, en un primer momento, pero también la interacción e incluso la producción en otras lenguas con las cuales se establecen áreas de contacto. Es decir, el hecho de hablar una lengua románica como lengua materna nos proporciona herramientas para entender, y aprender, otras lenguas de la misma familia, otras variedades más o menos próximas que también integran dicho diasistema. Cabe subrayar que este tipo de abordaje pone en valor la biografía lingüística y el bagaje cultural del aprendiz contrastando con enfoques preexistentes que entendían la lengua materna del estudiante como un obstáculo, un problema o una dificultad a ser superada. Todo ello obliga a repensar la categoría de *lengua extranjera* pues, de acuerdo con nuestra argumentación, un locutor de catalán, por ejemplo, no sería completamente extranjero al depararse con el italiano, con el portugués o con el rumano.

La ICLR como llave para la comunicación da acceso a un vasto espacio entre hablantes romanófonos que suman aproximadamente diez mil millones de seres humanos, repartidos principalmente entre América Latina (región que cuenta con el mayor peso demográfico), la Europa mediterránea (donde la familia neolatina se originó) y África (tanto francófona como lusófona, donde las lenguas heredadas de la colonización se vernacularizan en la medida en que la población de estos países crece y el capitalismo occidental penetra en dichas sociedades). Los idiomas de esta familia también están presentes de manera más discreta en otras regiones del globo, como en la América anglófona (Hispanos en los EE. UU. y francófonos en Quebec y en Canadá) o en el Océano Pacífico y el sureste asiático (Nouvelle Caledonie, Timor Leste, Filipinas etc.). El siguiente mapa permite visualizar la distribución geográfica de las comunidades romanófonas a comienzos del siglo XXI.

En el panorama actual, el español, el francés y el portugués sirven como idiomas de comunicación global; el italiano y el rumano son lenguas oficiales en sus respectivos países, siendo también usados por una diáspora significativa. Otros miembros de la familia, como el catalán, el gallego, el friulano, el romanche, el occitano, el sardo o el corso quedan confinados a áreas mucho más restringidas, a pesar de las políticas de promoción de sus respectivas autoridades.

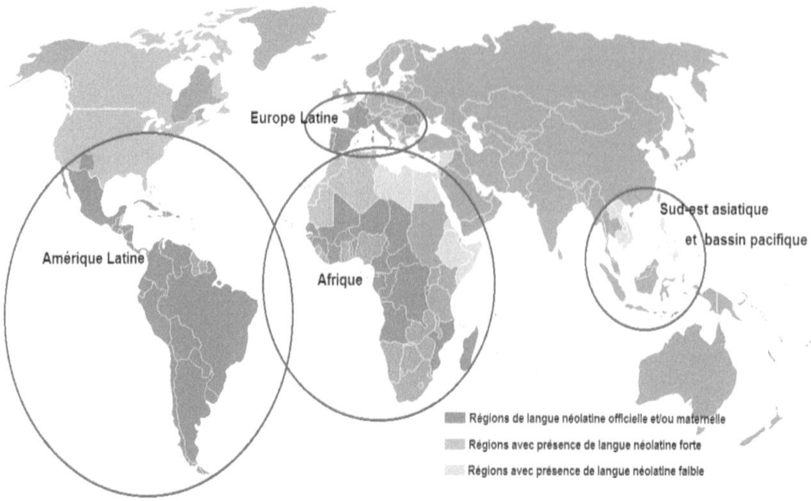

Ilustración 1: Mapa 1[2]. Distribución geográfica de las lenguas románicas a comienzos del siglo XXI

2. La enseñanza de lenguas extranjeras para fines específicos

Como explicamos en el apartado anterior, la ICLR, dentro de los enfoques plurales, ofrece una gama de las posibles prácticas y una metodología interesante para el aprendizaje simultáneo de las lenguas, así como para el desarrollo de habilidades y competencias plurilingües e interculturales. Cabe decir que, al enseñar una o varias lenguas, desarrollamos una metodología didáctica que parte de ciertos presupuestos teóricos determinados por la institución o por los contextos sociales (como ya

2 El Mapa 1 presenta la distribución de los hablantes de lenguas neolatinas con tres colores distintos: las regiones donde una lengua románica es la lengua oficial, materna y hegemónica están representadas por el naranja fuerte; las regiones en las que hay presencia significativa de lenguas románicas en convivencia con otros idiomas aparecen coloreadas en salmón; finalmente, aquellas áreas con débil presencia de una lengua neolatina aparecen en un color tierra más claro. La fuente de elaboración del mapa son los propios autores.

habíamos mencionado, tendríamos así lenguas maternas, extranjeras, de herencia, segundas, de acogida, etc.); pero, además, nuestras prácticas en clase enseñan itinerarios epistemológicos y recursos para la construcción de conocimientos científicos, culturales e identitarios al servicio de nuestra realidad social. De esta forma, el plurilingüismo, más allá del dominio en grados diferentes de varios idiomas, estimula una conciencia lingüística y sensibiliza a los estudiantes con una diversidad de lenguajes, de registros y variantes incluso al interior de una misma lengua. Es decir, el lenguaje humano genera variación y funciona dentro de esa variación; al reconocerlo en esa diversidad podemos desarrollar una conciencia de nuestras propias variedades y del diasistema como espacio más amplio en el que estas se integran.

Continuando con esta reflexión sobre la enseñanza y las prácticas plurilingües en nuestros contextos específicos (las universidades brasileñas), debemos abordar algunas de las nociones desarrolladas sobre la enseñanza de lenguas para fines específicos y sus particularidades. Santos Gargallo (1999), al examinar el desarrollo histórico de la lingüística aplicada en cuanto ciencia, comenta que esta área de estudio surgió como respuesta a una situación real dentro de un contexto sociohistórico específico: la Segunda Guerra Mundial. En este contexto, emergieron una serie de situaciones (de control y de espionaje) en las que era necesario aprender de forma rápida y eficaz lenguas como el alemán o el japonés. Esta necesidad, para Santos Gargallo, llevó a la creación de programas lingüísticos, con el objetivo de aplicar conocimientos lingüísticos previos a la enseñanza de lenguas extranjeras de forma general. Una vez acabada la contienda, la expansión del inglés como lengua de comunicación internacional absorbió ese conocimiento utilizándolo con nuevos objetivos. Así, en las décadas sucesivas, las diversas investigaciones y corrientes en la enseñanza de idiomas se interesarían por el estudio y el diseño de materiales didácticos no solo de forma general, sino también con funciones de espacialidad o para fines específicos (en adelante LFE), como los negocios, el turismo, las ciencias de la salud, el derecho y la jurisprudencia, entre otras.

A partir de los años 80, se produce un aumento del interés por el aprendizaje de otros idiomas y comienzan a desarrollarse materiales específicos; así surgen una serie de siglas como *English for Specific Purposes* (ESP), *Español para fines específicos* (EFE), *Português para*

Fins Específicos (PFE) y *Français sur objectifs spécifiques* (FOS). Como podemos observar, existe una necesidad de adaptar una didáctica que prepare al hablante para una comunicación dentro de un contexto determinado, de acuerdo con las necesidades y las posibles situaciones. Desde esta perspectiva, Carras *et al.*, proponen una definición de la didáctica del francés para fines específicos como «un área abierta, variada y compleja, que se caracteriza por la gran diversidad de sus contextos, situaciones de enseñanza, métodos, objetivos, prácticas y dispositivos»[3] (2007: 8). Así mismo, en la obra de Mangiante y Parpette (2004), se esbozan las diferencias de las diversas terminologías de la lengua de especialidad: francés profesional, francés para fines específicos o francés lengua profesional. Según los autores, la lengua para fines u objetivos específicos, como su propio nombre indica, propone un enfoque que consiste en analizar las necesidades del público aprendiz para, a partir de ellas, elaborar un programa de capacitación. Además de los materiales y los recursos utilizados, el formador o profesor debe ser capaz de integrar en su programa las demandas particulares; es decir, debe ofrecer una formación *sur mesure*, personalizada. Según Jean-Pière Cuq (2005), a diferencia de la enseñanza de lenguas extranjeras para objetivos generales o en modalidades de aprendizaje extensivo, la enseñanza de la LFE contiene objetivos de aprendizaje muy precisos dentro de un período de formación limitado y/o intensivo, lo que lleva a proponer una metodología adaptada a las situaciones comunicativas y, por lo tanto, a elaborar una base de datos y material relacionado con el campo seleccionado. Como ya mencionamos, la didáctica de LFE abarca todo tipo de áreas (legales, médicas, técnicas, científicas, etc.) y modalidades (presencial, a distancia, híbrida). Cuando se trata de aprender una lengua extranjera para objetivos académicos (francés para objetivos universitarios, por ejemplo) nos adentramos en una subespecialidad de la didáctica de LFE. El objetivo, en tal caso, será preparar a los estudiantes para llevar a cabo actividades relacionadas con la vida académica, inseridos en los actuales procesos de internacionalización del espacio universitario. Así, el desarrollo de actividades tales como la toma de apuntes, la lectura crítica, el vocabulario específico de las áreas de conocimiento, la elaboración de producciones académicas escritas

3 Traducción propia.

(informes, disertaciones, fichas de lectura) y producciones orales adaptadas a las situaciones socioculturales de la vida universitaria, desempeñan un papel central en dicha formación.

Asimismo, constatamos que la multiplicación de manuales, cursos y formaciones en LFE aumenta acompañando a los fenómenos del mundo globalizado: la movilidad de las personas y la internacionalización. En ese sentido, autores como Hutchinson y Waters (1987) defienden que la enseñanza de LFE no se limita necesariamente a un solo idioma, a una metodología y a un solo campo disciplinario, sino que, por el contrario, debe adecuarse a las necesidades del mundo global, plural y, por ende, multilingüe. En este orden de ideas, ser conscientes de dicha diversidad nos ha llevado a explorar las posibilidades metodológicas para adaptar los enfoques plurales propuestos por Candelier *et al.* (2009) tanto en nuestras clases de lenguas extranjeras para fines específicos como en la formación de futuros profesores y en la enseñanza de idiomas en contexto universitario de manera general.

3. La intercomprensión entre lenguas próximas en el espacio universitario latinoamericano

La intercomprensión representa una práctica constitutiva del espacio latinoamericano, ya que el proceso colonizador iniciado en 1492 provocó que tres lenguas neolatinas (el español, el portugués y el francés, aunque en menor medida) se convirtieran en idiomas hegemónicos de la región, donde, hasta el día de hoy, conviven con las lenguas ancestrales de los pueblos indígenas, las lenguas criollas (nacidas del propio contacto entre poblaciones africanas esclavizadas y colonizadores europeos) y las lenguas alóctonas (traídas por los inmigrantes en los siglos XIX y XX). De todo ello, resultan diversos contextos de bilingüismo y diglosia que pueden dar lugar a la aparición de códigos híbridos como el spanglish (español-inglés), el portunhol (portugués-español), el cocoliche (italiano-español), la media lengua de Ecuador (quechua-español) o el jopara (guaraní-español).

No debe, pues, causar sorpresa que la ICLR haya despertado el interés de profesores e investigadores en universidades brasileñas como la Federal de Rio Grande do Norte (UFRN), la Federal de Minas Gerais (UFMG), la Universidad de São Paulo (USP), la Universidad de Campinas (UNICAMP) y la Universidad Federal para la Integración Latinoamericana (UNILA) en Foz de Iguazú[4]. También las universidades hispanoamericanas se han interesado en este campo, creando materiales didácticos (impresos y en línea) e integrando dentro del currículum académico de las carreras de lenguas diversas disciplinas y formaciones en intercomprensión; tal es el caso de la Nacional de Córdoba (UNC) y la Universidad de Río Cuarto en Argentina; la Universidad de Playa Ancha (UPLA) en Chile y la Universidad de Antioquia (UDEA), Colombia. De manera general, las universidades latinoamericanas cuentan con equipos que desarrollan actividades de investigación y participan activamente en redes internacionales. Y, aunque es cierto que gran parte de los proyectos de ICLR más conocidos (como fue Galanet[5] y actualmente es MIRIADI[6]) han sido financiados a través de proyectos europeos, los equipos de América Latina no solo han participado en la concepción, elaboración y creación de las formaciones sino también en la aplicación y la promoción de la intercomprensión en las universidades, las escuelas y en otros espacios locales.

Como profesores de lengua española y de disciplinas lingüísticas en universidades brasileñas, nuestras actividades se encajan en un contexto particularmente propicio para la implementación de la intercomprensión como metodología de enseñanza, puesto que la práctica totalidad de nuestros alumnos tienen el portugués como lengua materna. Cabe subrayar que la incomprensión propone una formación lingüística plurilingüe y multicultural, que fomenta el respeto hacia la diversidad y la alteridad, promueve el tránsito interdisciplinario y desarrolla prácticas translingüísticas (Canagarajah, 2015). No obstante, podría pensarse

4 Sobre las situaciones de intercomprensión y contacto lingüístico portugués brasileño/español en esta universidad bilingüe puede consultarse la tesis doctoral de Erazo Muñoz (2016).

5 Plateforme de formation à l'intercompréhension en langues romanes: http://ute.umh.ac.be/galanet_proto/

6 Plataforma MIRIADI Mutualisation et Innovation pour un Réseau de l'Intercompréhension à Distance) https://www.miriadi.net/reseau

que integrar enfoques intercomprensivos exige que el profesor sea una especie de políglota erudito; nada más lejos de la realidad. Es cierto que el profesor debe tener conocimiento de, al menos, una de las lenguas del diasistema (en este caso, de español) así como una formación en enseñanza de idiomas; a partir de aquí, trabajará paralelamente con sus estudiantes, ya que su rol en la clase es guiar y motivar a los alumnos para que elaboren sus propias hipótesis, realicen analogías, inferencias y transferencias entre diferentes idiomas en función de sus conocimientos y de su bagaje personal. Así mismo, esta práctica está dirigida al estudio de una o más lenguas, pero también, a través del ejercicio metalingüístico, el aprendiz toma conciencia de cómo funciona su propia lengua y también de las variantes y variaciones en el interior de la lengua que está estudiando. El español, y también el portugués, son idiomas de gran difusión, hablados en varios países y contextos geográficos y sociales. Por esa razón, consideramos que durante el proceso de aprendizaje de dichas lenguas es esencial desarrollar una conciencia plurilingüe para despertar en los aprendices estrategias de traducción y adaptación lingüística según el público y el entorno sociocultural al que se dirijan.

En suma, el conjunto de las reflexiones que presentamos en estos tres primeros epígrafes nos ha permitido trazar el cuadro general en el que se inscriben nuestras prácticas didácticas. A continuación, dedicaremos los dos próximos epígrafes a presentar nuestras experiencias en dos universidades federales brasileñas: la Universidad Federal da Paraíba, en la ciudad de João Pessoa, y la Universidad Federal do Paraná, en Curitiba.

4. Experiencias didácticas en lenguas para fines específicos: integrando la intercomprensión en la UFPB

La Universidad Federal da Paraíba está situada en la ciudad costera de João Pessoa que, a su vez, se localiza en el extremo más oriental de América del Sur. Debido a su localización, el turismo constituye una de las actividades económicas más importantes de la región. Además, Paraíba es uno de pocos Estados en Brasil donde la oferta de la enseñanza de español es obligatoria en las escuelas públicas, abriendo un amplio campo de trabajo. La universidad, como institución que debe atender las demandas sociales, ofrece cuatro programas de pregrado relacionados a tal contexto: turismo, licenciatura en español (magisterio), traducción y lenguas extranjeras aplicadas a las negociaciones internacionales.

Cabe decir que los programas de Lenguas Extranjeras Aplicadas (también conocidos por sus siglas LEA) surgieron en Francia en los años 70 pero, en Brasil, solo se empezó a implementar este tipo de formaciones lingüísticas e interdisciplinares en los primeros años del siglo XXI[7]. Hoy en día, la UFPB es una de las cuatro universidades en el país que cuentan con una carrera de grado en lenguas extranjeras aplicadas a las negociaciones internacionales (a partir de ahora LEA-NI). De acuerdo con la organización curricular, durante los primeros cuatro semestres de la carrera se enseñan tres lenguas extranjeras (español, francés e inglés); en los siguientes tres semestres, el aprendizaje pasa a centrarse LEA, ya sea para negocios, turismo o derecho. Además de ello, el aprendizaje de idiomas va acompañado de las asignaturas obligatorias de administración, derecho, turismo, negocios y relaciones internacionales. Cada estudiante tiene un margen de elección para adaptar su trayectoria académica a sus intereses personales; esto recibe el nombre de *énfasis*[8].

Así pues, las carreras de la UFPB exigen no solo la adecuación de la enseñanza tradicional de lenguas extranjeras, sino también una reflexión sobre la organización de los componentes lingüísticos dentro del currículum; ya que, a diferencia de otras carreras, como las de magisterio, el profesional de LEA-NI tiene el objetivo utilizar las lenguas como herramientas de comunicación y mediación cultural en ámbitos profesionales no lingüísticos (la administración, el turismo, el comercio etc.). Consideramos que, en este contexto, la aplicación de los enfoques plurales es pertinente; más aún porque los alumnos aprenden

7 Un informe más detallado sobre sobre la implantación de estas carreras en Brasil y el papel del pensamiento académico francés en dicho proceso puede ser consultado en Ferreira Fraga (2017).

8 Para una comprensión más detallada de la organización del programa se puede consultar la página oficial de la UFPB y el diagrama disponible en: http://www.cchla.ufpb.br/lea/wp-content/uploads/2018/12/Fluxograma-2017-atual.pdf

tres lenguas extranjeras en paralelo; dos de ellas pertenecientes a la misma familia que el portugués brasileño.

A partir de estas observaciones, y sobre todo basándonos en experiencias de otras universidades donde la intercomprensión había sido implementada previamente (como la Universidad Federal de Paraná), comenzamos a incluir ciertas actividades de IC dentro de las clases de español (general), español para turismo y español jurídico. Si bien la proximidad entre el español y el portugués acelera el proceso de aprendizaje, los ejercicios de comparación con otras lenguas (como el catalán, el francés, el italiano y el gallego) han contribuido a generar una conciencia del continuum lingüístico románico, de diasistema, en los estudiantes que desarrollan sistemáticamente habilidades de reconocimiento de cada lengua. De este modo, llegan a establecer puentes entre todas esas lenguas; no solo con aquellas que son objeto de estudio formal sino también entre las otras, nuevas para los estudiantes, recurriendo a la transferencia de conocimientos.

En clase de español para turismo, por ejemplo, incluimos módulos de IC basados en el Manual *Euro-mania* (Escudé, 2008). En la lección 13, (p. 6), por ejemplo, se introduce la temática de la gastronomía para trabajar las medidas y los ingredientes de platos tradicionales en francés, español, italiano, portugués y rumano. Así, los estudiantes recurren a las similitudes y a las diferencias léxicas y realizan algunas inferencias y ejercicios de traducción que resultan relativamente fáciles y sobre todo que les generan confianza en ellos mismos. Este ejercicio plurilingüe nos permitió, también, profundizar en elementos más específicos de la lengua española como el léxico de los alimentos, algunos puntos gramaticales (infinitivo o imperativo), para conducir actividades contrastivas más conscientes sobre las variedades al interior del español, tomando como punto de partida las variantes del propio portugués. De esta forma, proponemos a nuestros estudiantes una comprensión no solo lingüística, sino también cultural, sobre el funcionamiento de las lenguas y su diversidad, lo cual los llevará a transitar de manera consciente entre diversos contextos, contenidos y universos sociolingüísticos indispensables para su labor profesional como negociadores. Por otro lado, se observa que el acercamiento a lenguas de menor difusión, como el catalán, el gallego y lenguas minoritarias de Brasil, también permiten que el aprendiz tome conciencia de la importancia sociocultural e histórica de estas lenguas y su papel dentro del fomento y la preservación del patrimonio material e inmaterial[9], temas de enorme relevancia para quien trabaja en el área del turismo.

Además de las clases de lenguas, otros trabajos paralelos fueron realizados en el 2018 dentro del área de la ICLR. En 2017 una editorial local y la Secretaría de Turismo de la ciudad de João Pessoa habían solicitado la traducción al inglés, al español y al francés de dos libros de historietas (tebeos) sobre la vida de dos personajes importantes de la región como propuesta de pasantía para los estudiantes. Si bien las tareas se dividieron por lenguas, tuvimos un arduo trabajo en equipo a través de una investigación contrastiva para adecuar a cada lengua elementos lingüístico-culturales, onomatopeyas y expresiones regionales. La intercomprensión en este caso contribuyó a explorar en las lenguas de llegada las diversas formas de expresarnos y a escoger entre las varias posibilidades la forma que fuera más próxima de la realidad del lector sin dejar a un lado la realidad y el contexto del texto fuente. Igualmente sucedió con la asistencia y el seguimiento de la población migrante venezolana con proyectos comunitarios en los cuales participaron los alumnos bajo nuestra coordinación. En experiencias como las que describimos, se observa que la ICLR y los enfoques plurales ponen a nuestra disposición herramientas metodológicas eficaces, tanto desde un punto de vista didáctico como práctico; ya que una educación monolingüe no ofrece los instrumentos adecuados para formar profesionales (y ciudadanos) competentes para enfrentar el mundo globalizado y multipolar en el que vivimos.

9 Libros como el de *Receitas da migração* y proyectos de organismos como el IPHAN Instituto do Patrimônio Histórico e Artístico Nacional de Brasil, o la secretaría de turismo muestran la importancia y el papel de las lenguas en diversos espacios.

5. La inserción de la intercomprensión como herramienta para la formación plurilingüe: la experiencia de la UFPR

Con sede en la ciudad de Curitiba, la Universidad Federal do Paraná (UFPR) fue fundada en 1912, por lo que se considera que es la más antigua de Brasil. Actualmente, la UFPR ofrece grados en lengua y literatura portuguesa (vernácula) y en lenguas extranjeras (alemán, español, francés, inglés, italiano, japonés y polaco)[10]. Cada año, entran 20 alumnos en la licenciatura de francés, 20 en la de español y 15 en la de italiano; a su vez, la licenciatura de portugués cuenta con dos grupos, uno matutino y otro nocturno, totalizando 40 alumnos por año. Presentamos estos datos para dar una idea de cuál es el número de estudiantes que *a priori* podrían interesarse en incorporar la ICLR en su formación académica.

Debido a las limitaciones de espacio, aquí nos centraremos exclusivamente en las actividades de enseñanza integradas en el currículum académico, dejando de lado otras acciones puntuales, como cursos de corta duración, talleres o conferencias que son realizados periódicamente desde los enfoques plurales. Así, la inserción de la ICLR en los grados de lengua y literatura vernáculas o extranjeras se inició en 2013, cuando el Departamento de Letras Extranjeras Modernas (DELEM) aprobó implantar la optativa de *Intercompreensão em Línguas Românicas* (código HE1103) con una carga de 30 horas de clase, abierta a todos los alumnos de la carrera con independencia de la lengua de su especialidad. En el programa de la asignatura consta el concepto de intercomprensión, la metodología de los enfoques plurales, así como los principales proyectos existentes (*Euro-mania, Galatea, Galapro, Miriadi*, etc.). Además, en las clases, se presenta el origen, la evolución y las características principales de la familia neolatina. Cabe añadir que, de acuerdo con la organización de la UFPR, cada semestre los profesores pueden escoger las asignaturas optativas que desean impartir, por lo que la existencia de una determinada asignatura no significa automáticamente que esté disponible a la hora de hacer la matrícula. En el caso de la asignatura de *Intercompreensão em Línguas*

10 Información disponible en: www.delem.ufpr.br/2015

Românicas, se impartió por primera vez en el primer semestre de 2014 y desde entonces viene siendo ofrecida con una periodicidad constante.

Más tarde, en 2016, comenzaron nuevos trámites para crear otra optativa dentro del cuadro teórico y metodológico trazado por la ICLR con el objetivo de ampliar y profundizar la oferta formativa. La nueva asignatura se llamó *Tipologia das Línguas Românicas* (código HE1094) y, al igual que la primera, tiene una carga de 30 horas de clase durante las cuales se abordan las principales características del diasistema románico. Así los alumnos deben desarrollar estrategias para reconocer los rasgos más llamativos de cada uno de los idiomas en relación con el portugués y con las lenguas de especialidad de las carreras de español, francés e italiano. En el desarrollo de las clases, se trabajan diversos documentos no solo en español, francés e italiano, sino también en catalán, gallego, occitano, friulano, rumano y en las lenguas criollas de base románica como el haitiano o el caboverdiano. Cabe decir que muchos de los alumnos que se matriculan en esta optativa han cursado previamente *Intercompreensão em Línguas Românicas*; completando así 60 horas de formación. Hasta el momento presente, más de 200 alumnos han cursado estas dos disciplinas; estos números dan buena muestra del interés por parte de la comunidad académica hacia este tipo de formaciones y representan la consolidación progresiva del área dentro de la oferta formativa vigente.

Además de las carreras de grado, la UFPR tiene un programa de postgrado en Letras, dividido en dos grandes áreas: estudios lingüísticos y estudios literarios[11]. Desde 2016, la ICLR y los enfoques plurales forman parte de la oferta del área de estudios lingüísticos como asignatura monográfica. Es importante explicar que las asignaturas del posgrado poseen un programa general, vinculado a un código, y que cada docente define el contenido y la bibliografía que trabajará en cada semestre dentro de ese cuadro general. En ese sentido, los contenidos específicos de este enfoque pedagógico han formado parte de la oferta en el primer semestre de 2016 y en el segundo 2017. Así mismo, la enseñanza y la investigación se vinculan de forma más estrecha en el posgrado; en consecuencia, varios de los alumnos que cursaron las asignaturas acabaron incorporando los enfoques plurales en sus respectivos proyectos de

11 Información disponible en www.prppg.ufpr.br/pgletras/

investigación, trabajos de fin de máster o tesis de doctorado. En suma, la oferta regular de asignaturas en el posgrado completa la oferta de optativas en el grado y amplía la presencia de la intercomprensión en todos los niveles formativos de la UFPR.

6. Consideraciones finales

Desde su surgimiento como enfoque pedagógico, la intercomprensión entre lenguas próximas ha atraído la atención de diversas universidades y actores políticos por ser una herramienta útil para la promoción de una sociedad plurilingüe y multicultural cuyos ciudadanos sean capaces de negociar diferentes modos de comunicación. A partir de este cuadro general, hemos examinado la trayectoria de los enfoques plurales en el currículum de las carreras de grado de dos universidades federales brasileñas. Más allá de las especificidades de los contextos de enseñanza en cada una de estas instituciones, hemos podido observar que ambas experiencias ayudan a formar profesionales e investigadores competentes para integrarse en las realidades plurilingües y globalizadas del mundo actual. En ese sentido, nuestra experiencia en la UFPR con la formación de futuros profesores nos revela que aquellos estudiantes que partían con un bagaje lingüístico previo más amplio demostraron mayor capacidad para asimilar los conocimientos y responder a las propuestas de trabajo del docente. En cuanto a la UFPB, los estudiantes realizaban espontáneamente transferencias de conocimientos previos entre las lenguas que aprendían en paralelo; no obstante, ello les provocaba cierto recelo en algunos momentos. El miedo de caer en la interlengua, o de la mezclar varios idiomas, continúa generando una enorme desconfianza en el ámbito académico, hecho que, desde nuestro análisis, justifica la respuesta de los alumnos. En ese punto, los abordajes plurales, además de mejorar la confianza del aprendiz en sus capacidades intuitivas de inferencia de significados, potencian el tránsito entre las lenguas, el conocimiento lingüístico y la asimilación de otros contenidos, creando puentes para el aprendizaje. Ciertamente, los datos aportados podrían ampliarse mediante la comparación con otras universidades que también ofrecen formación en ICLR, tanto en América Latina como en Europa, para alcanzar así una primera idea del estado en el que se encuentran estos estudios en la actualidad: si hay asignaturas específicas en los niveles de grado o de postgrado, si son formaciones obligatorias u optativas, si están integradas en el currículum de alguna carrera en particular, si hay equipos de investigación que se relacionen directa o indirectamente con dichas acciones, etc. Todo ello permitiría ampliar las bases empíricas de la IC dentro de los abordajes plurales.

De igual manera, nos parece destacable comentar el número relativamente importante de estudiantes que, una vez concluida su formación universitaria, trabajará como profesor de lenguas, como traductor o como profesional en actividades de comunicación. Nuestras alumnas y alumnos son potenciales *multiplicadores*, aumentando exponencialmente el número de personas que tendrán contacto con una formación en IC y que podrán aplicarla en su vida laboral. En ese sentido, consideramos que este tipo de formaciones deberían integrarse también en carreras de áreas adyacentes; tales como el periodismo, la traducción, la interpretación, el secretariado o las relaciones internacionales. Los resultados positivos de la UFPB que describimos en la cuarta sección de este capítulo son una buena muestra de ello.

Finalmente, pensamos que es necesario presentar la IC como una puerta de acceso a la capacitación lingüística tanto del personal universitario como de aquellos profesionales y docentes en activo que no tuvieron contacto con los abordajes plurales durante la carrera. Así pues, cabría pensar en diferentes propuestas de formación continuada (talleres, cursos de corta duración o de especialización) para aumentar los repertorios plurilingües e interculturales de estos profesionales, profesores e, incluso, del cuerpo técnico que atiende a un alumnado cada vez más internacional. Retomando las propuestas de Escudé y Janin (2010), la educación primaria y secundaria constituyen otro espacio en el que la IC tendría un verdadero efecto transformador. Las instituciones de gobierno, las oficinas de migración, el comercio y la diplomacia podrían interesarse por incluir esta formación entre sus cuadros de trabajadores. Por todo ello, la conclusión de estas páginas no representa un punto de llegada, un *terminus ad quem*, sino una pausa en la marcha para evaluar lo que fue construido hasta el momento y decidir las direcciones por las que nos gustaría avanzar.

Referencias bibliográficas

Blanche-Benveniste, C. y Valli, A. (1997). *L'intercompréhension: le cas des langues romanes*. Paris: Hachette.

Brea, B. (2010). ¿Para qué sirve la lingüística románica en el siglo XXI? En C. Alén-Garabato, X. Alfonso Álvarez y M. Brea (dirs.), *Quelle linguistique romane au XXIe siècle?* (pp. 279–291). Paris: L'Harmattan.

Canagarajah, S. (2015). Clarifying the Relationship Between Translingual Practice and L2 Writing: Addressing Learner Identities. *Applied Linguistics Review*, 6(4), 415–440.

Candelier, M. (dir.). (2009). *Cadre de Référence pour les Approches Plurielles des Langues et des Cultures*. Graz: Centre Européen pour les Langues Vivantes.

Carras, C., Tolas, J. y Kohler-Bally, P. (2007). *Le français sur objectifs spécifiques et la classe de langue*. Paris: CLE International.

Conti, V. y Grin, F. (eds.). (2008). *S'entendre entre langues voisines: vers l'intercompréhension*. Chêne-Bourg: Georg Éditeur.

Cuq J.-P. y Gruca I. (2005 [2002]). *Cours de didactique du français langue étrangère et seconde*. Grenoble: PUG.

Dabène, L. (1994). *Repères sociolinguistiques pour l'enseignement des langues*. Paris: Hachette.

Dabène, L. y Degache, C. (dirs.). (1996). Comprendre les langues voisines. *Études de Linguistique Appliquée*, numéro spécial 104.

Erazo Muñoz, A. M. (2016). *L'intercompréhension dans le contexte plurilingue de l'Université Fédérale de l'intégration Latino-Américaine (UNILA): expériences, contact et interaction plurilingue* (Tesis doctoral). Universidad Grenoble-Alpes, Grenoble, Francia. Recuperado de http://www.theses.fr/2016GREAL001

Escudé, P. y Janin, P. (2010). *Le point sur l'intercompréhension, clé du plurilinguisme*. Paris: CLE International.

Escudé, P. (2008). *Aprendo com as línguas. Manual europeu Euro-Mania*. Níveis A1 e A2 (8 aos 11 anos). Lisboa: Lidel. Recuperado de https://www.euro-mania.eu/index.php

Ferreira Fraga, K. (2012). La Filière Langues Étrangères Appliquées au Paraíba: réussites et défis pour le français. *Synergies Brésil*, 12, 59–68.

Grin, F. (2005). *L'enseignement des langues étrangères comme politique publique*. Paris: Haut Conseil de l'évaluation de l'école. Recuperado de https://fr.calameo.com/read/000018783513e23911444.

Hutchinson, T. y Waters, A. (1987). *English for Specific Purposes. A Learning-Centred Approach*. Cambridge: Cambridge University Press.

Jamet M.C. (2010). L'Intercompréhension: de la définition d'un concept à la délimitation d'un champ de recherche ou vice versa? *PUBLIF@RUM*, 11, 100–110.

Mangiante, J.-M. y Parpette, C. (2004). *Le Français sur objectif spécifique: de l'analyse des besoins à l'élaboration d'un cours*. Paris: Hachette FLE.

Olmo, F. J. C. (2012). La Romania: ébauche d'un carrefour linguistique. *Mutatis Mutandis*, 5(2), 391–409.

Posner, R. (1998). *Las lenguas romances*. Madrid: Cátedra.

Puren, C. (2002). Perspectives actionnelles et perspectives culturelles en didactique des langues cultures: vers une perspective co-actionnelle-co-culturelle. *Les Langues modernes*, 3, 52–68.

Santos Gargallo, I. (1999), *Lingüística aplicada a la enseñanza/aprendizaje del español como lengua extranjera*. Madrid: Arco/Libros.

Teyssier, P. (2012). *Comprendre les langues romanes. Du français à l'espagnol, au portugais, à l'italien et au roumain: méthode d'intercompréhension*. Paris: Chandeigne.

Marta Guirao Ochoa

Desarrollo de la competencia traductora español-inglés en textos turísticos mediante la práctica gramatical y sintáctica

Resumen Diversas circunstancias y realidades del mercado profesional de la traducción en España aconsejan que la formación inicial de traductores incluya algunas herramientas que puedan facilitar un desempeño como mínimo correcto de la traducción inversa en situaciones puntuales. La mayoría de estas situaciones pertenecen al ámbito del turismo, que continuamente demanda la traducción de textos y documentación a las lenguas más frecuentes entre los visitantes de nuestro país, y muy especialmente al inglés. El enfoque de práctica gramatical y sintáctica en el aula —siempre asociado a la práctica traductora, y en este caso aplicado a textos turísticos de diversa índole—, permite cumplir con dos objetivos: por una parte, activar y reforzar conocimiento lingüístico pasivo del inglés, y por otro reforzar la aplicación de estrategias traductoras de análisis componencial, simplificación y transformación, con el fin de optimizar el resultado según la capacidad del estudiante.

Abstract There are several aspects of the Spanish translation market which support the need to specifically include L2 translation in early translator training. This is to ensure that trained translators are at least able to produce adequate L2 translations if need be. This occurs mainly in the field of tourism, which consistently demands translations into the most frequent languages spoken among visitors to our country, and very especially into English. A practical, language-centred approach in the classroom —though always in the context of translation practice— helps to achieve two distinct objectives: on the one hand, it activates and reinforces passive English language structures, and on the other, it strengthens the use of translation strategies such as componential analysis, simplification and transformation. The result is an optimized L2 translation, depending on each student's language level and capacities.

1. Introducción

En este trabajo se presentan el planteamiento y contenidos de práctica lingüística que acompañan a las tareas de traducción inversa en la asignatura de Traducción Argumentada EN-ES en el grado de Traducción e Interpretación de la Universidad Complutense de Madrid.

Apenas se plantean ya en el ámbito académico dudas ni discrepancias sobre la necesidad de incluir la traducción inversa como área de estudio en los grados profesionalizantes de Traducción e Interpretación en nuestro país, como atestigua su presencia mayor o menor en todos los planes de estudios actualmente vigentes. La demanda de traducción de textos hacia la lengua extranjera es una constante en el mercado de trabajo, como se ha constatado en diversos estudios, entre ellos el pionero de Silvia Roiss de la Universidad de Salamanca, el más amplio realizado hasta la fecha, que en 2001 cifró en el 84 % el porcentaje de traductores que se enfrentaban a la traducción inversa en algún momento de su vida profesional (Roiss, 2001). Este porcentaje puede haber descendido ligeramente gracias a la mayor facilidad que puede tener ahora un cliente para localizar por medio de Internet un traductor nativo que realice una traducción directa, pero sigue siendo elevado si nos atenemos a estudios de menor amplitud realizados más recientemente (Lozano, 2011: 34–42).

Particularmente en el ámbito del turismo, la traducción inversa de textos pragmáticos, de discurso fundamentalmente expositivo con matices persuasivos, está a la orden del día. Ya en 1997 Roberto Mayoral y Dorothy Kelly afirmaban que la creciente profesionalización del mercado del turismo en España había conllevado de manera natural un gran aumento del volumen de traducciones hacia las lenguas de los principales mercados turísticos: el inglés, el francés y el alemán (1997: 22). Y, según José Yuste Frías (2005: 162–63), en España la demanda de traducción inversa en este sector puede duplicar e incluso triplicar a la demanda de traducción directa en determinadas temporadas y lugares. El idioma de mayor demanda en traducción inversa es invariablemente el inglés, algo esperable puesto que es la lengua de mayor difusión internacional, comprendida por buena parte de los millones de turistas extranjeros que visitan España cada año.

En respuesta a este panorama, el Grado en Traducción e Interpretación de la Universidad Complutense de Madrid articula la formación de los estudiantes en traducción inversa en dos asignaturas con un total de 12 créditos, una de traducción español-inglés en tercer curso, y otra de traducción español-francés o español-alemán en cuarto curso.

2. La traducción inversa en el ámbito del turismo

España acoge todos los años a millones de turistas provenientes de todo el mundo. Según datos del INE, por ejemplo, en el año 2017 recibimos a 82 millones de turistas y visitantes (INE, 2019). Por nacionalidades, los más numerosos fueron los británicos (23 %). El total de turistas presumiblemente angloparlantes, procedentes del Reino Unido, Estados Unidos, Irlanda y Canadá fue de 25 millones, un 30 % del total. Dejan estas cifras, por tanto, un 70 % de turistas que no proceden de países de habla inglesa, sino del resto de Europa (Países Bajos, países nórdicos, Bélgica etc.), del resto de América (hispanoparlantes y lusoparlantes), Rusia y algunos países asiáticos como China, Japón y Corea del Sur (véase Ilustración 1).

Ilustración 1. Turismo en España en 2017. Porcentajes por país de origen

Estos datos revelan que los receptores de textos traducidos en dirección inversa por traductores de lengua materna español no son en su mayoría angloparlantes. Puede asumirse que buena parte de ellos, especialmente los europeos, viajan con suficientes conocimientos de inglés como para poder afrontar situaciones habituales de la experiencia turística (alojamientos, restauración, visitas culturales, de naturaleza o práctica de aficiones). Aun así, este turista no angloparlante tiende a ser generalmente un consumidor pasivo de textos en inglés, que puede leer y entender, aunque no sea un usuario o hablante avanzado de la lengua. Como consecuencia, es también un consumidor textual más «agradecido», o menos exigente. Siempre que el texto cumpla su función —informativa y persuasiva por lo general en textos turísticos—, posibles errores lingüísticos de carácter menor, colocaciones inadecuadas o peculiaridades estilísticas pueden pasarle desapercibidos. Pero, incluso para el receptor angloparlante inmerso en su viaje, el encuentro con textos inteligibles, pero levemente atípicos, o ligeramente excéntricos en su expresión o elecciones léxicas es un elemento esperable y casi entrañable de la experiencia turística.

Entendemos pues que, aunque es deseable, la pura corrección lingüística no es la única medida del éxito de una traducción. Por el contrario, como defienden Dorothy Kelly y otros (2003: 38), la validez de la traducción inversa radica más bien en su adecuación a las expectativas de sus destinatarios, sea cual sea la situación en la que se produce esa traducción. Así pues, ¿cuáles son los criterios con que debe cumplir una traducción inversa competente? Según Gerard McAlester, son dos: el primero, que el texto transmita el mensaje deseado; el segundo, que esta transmisión se produzca por medio de un lenguaje claro y suficientemente correcto como para no resultar cómico ni poner a prueba la paciencia del lector (1992: 294). La ventaja relativa del traductor nativo de la lengua original facilita, como acabamos de mencionar, la consecución del primero de estos criterios. El traductor de lengua materna española conoce a la perfección su lengua, y está empapado de la cultura del país. Es capaz de comprender en toda su profundidad el texto fuente, sus matices y cualquier referencia cultural, y entiende en qué contexto y para qué usuarios se produce la traducción. Así, se acerca a esta con una idea absolutamente clara de qué mensaje tiene que transmitir, y puede insistir sobre él hasta llegar a una versión que le resulte totalmente adecuada y satisfactoria desde su conocimiento profundo del mensaje original. Sin perder de vista este primer criterio, la práctica lingüística en el aula de Traducción Inversa se centra fundamentalmente en el desarrollo de competencias lingüísticas dirigidas a la consecución del segundo de ellos.

3. La práctica lingüística en el aula. Objetivos

En la asignatura de traducción inversa español-inglés, el componente de práctica lingüística se plantea como complemento a la práctica traductora en el aula, atendiendo también a las técnicas y competencias que se aplican igualmente en la traducción directa, como el análisis textual, la labor de documentación y las tareas de revisión y corrección.

Uno de los principales escollos en la tarea de traducción inversa es sin duda la inseguridad que siente el estudiante de Grado cuando se le plantea el ejercicio de traducir hacia su lengua extranjera. El contacto diario con textos redactados en inglés, en la práctica de la traducción directa, lo ha sensibilizado frente a lo que percibe como sus limitaciones en lengua inglesa (léxico desconocido, estructuras gramaticales complejas, registros poco familiares, sintaxis inusual). Además, en el momento de empezar su tercer año ya ha oído, una y otra vez, el repetido mantra de «el traductor solo puede traducir bien hacia su lengua materna». No es de extrañar, pues, que el traductor en formación aborde la traducción inversa con aprensión —a veces verdadero miedo— y con la sensación de que no será capaz de realizarla adecuadamente. Es esta misma aprensión la que lo lleva en muchas ocasiones a supeditar su traducción al texto fuente: al iniciar la traducción de un segmento empieza reproduciendo la sintaxis inicial del mismo, y va traduciendo elementos en orden hasta el final del periodo. Indefectiblemente esto lleva a la aparición de calcos sintácticos —inglés redactado con estructuras del castellano— que impiden la correcta lectura y comprensión de su texto.

Pero el estudiante de tercer curso, aunque en un principio no sea plenamente consciente de ello, dispone ya de un bagaje de recursos lingüísticos y textuales adquiridos en asignaturas de lengua y traducción directa que pueden serle de valiosa ayuda para la traducción inversa. Para empezar, ha acumulado ya una enorme «biblioteca» de conocimiento pasivo de la lengua inglesa, vocabulario y estructuras que es perfectamente capaz de reconocer y entender al encontrárselos, pero que tal vez no evoca de manera espontánea al hablar o escribir en inglés. Por otra parte, se ha acostumbrado ya a realizar operaciones sintácticas de transformación (transposición, modulación, división de oraciones…) en su práctica de la traducción directa, y sabe que estas estrategias pueden dar lugar a textos traducidos más naturales e idiomáticos. Cuando en el aula de Traducción Inversa el estudiante adquiere mayor conciencia de estas capacidades latentes y consigue activarlas en la práctica, no solo amplía y mejora su competencia traductora en sentido inverso, sino que además aumenta su autoconfianza y consolida su aprendizaje.

Así pues, los dos retos lingüísticos del aula de traducción inversa son, por una parte, conseguir que el estudiante pueda acceder a su repertorio pasivo de conocimientos de lengua inglesa, y, por otra parte, que ponga en marcha las estrategias traductológicas que ya aplica a la sintaxis en traducción directa, para el tratamiento de textos en dirección inversa.

De aquí surgen, en consecuencia, los dos objetivos principales del enfoque lingüístico en la asignatura de Traducción Inversa:

1) Activar y consolidar los conocimientos lingüísticos pasivos del estudiante.
2) Reforzar el uso de estrategias de transformación y simplificación sintáctica.

4. La práctica lingüística en el aula. Desarrollo

Como se ha mencionado, en la asignatura de traducción inversa español-inglés, el componente de práctica lingüística se plantea como complemento a la práctica traductora en el aula. Mediante esta combinación, se pretende llegar a un desempeño como mínimo correcto de la traducción inversa para textos de tipo pragmático, sobre todo turísticos, en los que priman la función informativa y la función persuasiva. Para ello, se plantean ejercicios breves que se realizan cada día en los primeros quince minutos de la clase y quedan siempre disponibles en la plataforma virtual como recurso para los estudiantes que faltan o quieren repasar. Los ejercicios tienen dos formatos básicos:

1) Transformación monolingüe de oraciones (inglés).
2) Transformación y traducción de oraciones (español-inglés).

Cada ítem de cada ejercicio consta de una oración inicial, que se ha de transformar (en el primer tipo de ejercicio) o transformar y traducir (en el segundo tipo) para producir una o varias oraciones con significado exactamente equivalente y una estructura distinta. Veáse, como ejemplo, el siguiente ejercicio de transformación monolingüe:

Ejemplo 1:

a) You can drive in Spain if you hold a valid EU license.
b) Provided ______________________________.
c) As ____________________________________.

Este ejercicio requiere la transformación de la oración inicial en dos oraciones con estructura distinta, pero manteniendo el mismo sentido de la frase. Como se ve, la transformación es guiada y condicionada, puesto que se proporcionan las palabras iniciales de las dos oraciones equivalentes.

a) You can drive in Spain if you hold a valid EU license.
b) Provided *you hold a valid EU license, you can drive in Spain.*
c) As *long as you hold a valid EU license, you can drive in Spain.*

Este ítem en concreto sirve para recordar y consolidar el uso de marcadores condicionales distintos de la conjunción «if», pero también sirve para mostrar y recordar que es posible realizar la inversión de prótasis y apódosis en las condicionales para dar mayor claridad o naturalidad a una oración.

En algunos otros ejercicios se condiciona incluso más la tarea, proporcionando, además del inicio de cada oración, una palabra clave que necesariamente ha de figurar en ella. Como ejemplo, véase este de transformación y traducción:

Ejemplo 2:

a) Contrariamente a la opinión popular, no todo el país tiene un clima mediterráneo (*wrong*).
b) Many people ________________________________.

En este caso, la traducción al inglés queda condicionada por la transposición que convierte «popular» en el segmento «many people». Aunque sea una transformación un tanto inesperada, la mayoría de los estudiantes pueden ver claramente qué opciones de traducción se abren a partir de este punto, incluyendo una casi obligatoria modulación para convertir la oración negativa en afirmativa. Más problemática es la inclusión obligatoria de la palabra «wrong», que los lleva a plantearse alternativa tras alternativa para intentar encajarla correctamente. La recomendación que reciben en este caso es buscar la simplicidad, lo sencillo pero correcto.

Una de las posibles soluciones sería la siguiente:

a) Contrariamente a la opinión popular, no todo el país tiene un clima mediterráneo. (*wrong*)
b) Many people *believe that the whole country has a Mediterranean climate, but this is wrong.*

Los inicios de oración y las palabras clave tienen una función triple. Por una parte, evitan calcos sintácticos en inicio de oración que pueden constreñir significativamente la redacción del resto de la frase, algo que frecuentemente resulta en construcciones incorrectas. Por otra parte, acotan el repertorio de estructuras posibles, para guiar al estudiante hacia aquellas que se busca reproducir. Finalmente, estos elementos sirven como pistas para que los estudiantes puedan hacer memoria y activar dichas estructuras, que generalmente forman parte de su conocimiento latente de la lengua inglesa.

Al inicio de cada sesión de clase se proyecta un documento con tres o cuatro frases para transformar, y se emplean, como dijimos, unos quince minutos en resolverlas de manera individual y corregirlas en común. La dificultad de los ejercicios va aumentando a lo largo de las semanas, con patrones gramaticales y sintácticos cada vez más complejos, y oraciones con un abanico de transformaciones posibles más amplio. En los ejercicios en los que hay más de una solución posible, la recomendación que se hace al estudiante es que valore el nivel de complejidad lingüística que puede resolver correctamente según su competencia lingüística, e intente resolver opciones de mayor complejidad consultando una gramática, o con sus compañeros. De esta manera, va afinando y reforzando su conocimiento de sí mismo, de sus capacidades y de su aprendizaje, lo cual redundará en una mejor valoración de sus competencias frente a encargos profesionales una vez salga al mercado de trabajo.

Veamos como ejemplo de múltiples transformaciones la siguiente propuesta:

Ejemplo 3:

a) Without the waiter's help with the menu, we'd never have managed to order.
b) If ______________________________ (*never*).
c) We ______________________________ (*thanks*).
d) We only ______________________________ (*because*).
e) But ______________________________ (*help*).

Entre las cuatro alternativas hay tres que no revisten ninguna dificultad para un estudiante con nivel avanzado de inglés:

a) Without the waiter's help with the menu, we'd never have managed to order.
b) If *the waiter hadn't helped us with the menu, we'd never have managed to order.*
c) We *managed to order thanks to the waiter's help with the menu.*
d) We only *managed to order because the waiter helped us with the menu.*

Como se ve, aquí se pone en práctica la inversión en oraciones condicionales, pero también su transformación en oraciones causales. En general, estas tres se resuelven rápida y correctamente, incluso con alternativas igualmente válidas y más complejas, como, por ejemplo:

b) If it hadn't been for the waiter's help with the menu, we'd never have managed to order.

La cuarta, sin embargo, no resulta tan fácil, ya que el uso de «but for» para introducir la prótasis de la tercera condicional en inglés no es común hoy en día fuera del lenguaje poético o arcaizante, y la mayoría de los estudiantes no lo conocen o no lo recuerdan.

e) But for the waiter's help with the menu, we'd never have managed to order.

No es frecuente que los estudiantes acierten con esta última frase, pero esto no es el objetivo principal del ejercicio. Su valor didáctico radica en la constatación por parte del estudiante de que pueden existir numerosas variaciones sobre una misma oración, con estructuras sintácticas diferentes, que sin embargo mantienen intacto el sentido de la frase original y son todas igualmente funcionales. Además, el estudiante adquiere conciencia de que una versión sencilla de una oración puede ser igual de válida que una muy compleja, siempre que sean gramatical y sintácticamente correctas. En tercer lugar, comprueba que su competencia lingüística en inglés le permite producir rápidamente dos o tres de estas variantes con corrección, lo cual aumenta su confianza en sí mismo y en sus capacidades. La última alternativa, una vez contextualizada como lenguaje arcaizante e infrecuente, no representa un obstáculo a la consecución de estos objetivos, puesto que el estudiante puede normalizar su desconocimiento al tiempo que refresca su conocimiento de expresiones condicionales distintas de «if».

Precisamente una de las ventajas de los ejercicios de práctica lingüística en el aula de traducción es la posibilidad de orientarlos hacia las estructuras gramaticales o sintácticas que se quieren recordar y reforzar. Así, por ejemplo, puede practicarse la inversión con expresiones adverbiales negativas:

Ejemplo 4:

a) I will never purchase your product again, under any circumstances.
b) Under no ________________________________.
b) Under no *circumstances will I purchase your product again.*

O en un ejercicio de transformación y traducción:

Ejemplo 5:

a) Jamás habíamos visto un paisaje tan bello.
b) Never ________________________________ (*before*).
c) We ________________________________ (*beauty*).

En el que la respuesta de la opción b) requiere la inversión de sujeto y auxiliar, y la opción c), que no requiere inversión, puede resolverse de dos maneras distintas:

a) Jamás habíamos visto un paisaje tan bello.
b) Never *before had we seen such a beautiful landscape.*
c) We *had never seen a landscape of such beauty* / We *had never seen such beauty in a landscape.*

De la misma manera se pueden crear ítems que obliguen al empleo de estrategias específicas de traducción, sobre todo de modulación y transposición para poner en valor la variedad sintáctica y neutralizar la tendencia al calco. Por ejemplo:

Ejemplo 6:

a) Se cree que el acueducto tiene origen romano.
b) The aqueduct ________________________________.
c) It ________________________________.
d) Most people ________________________________.

Este ítem requiere un buen dominio de las estructuras del discurso indirecto en inglés, incluyendo la voz pasiva y el uso de infinitivos, pero la opción d) impone la transposición del impersonal «Se cree» como una estructura personal iniciada con el sujeto explícito «Most people», lo que lleva a una sintaxis más sencilla que las dos anteriores respuestas:

a) Se cree que el acueducto tiene origen romano.
b) The aqueduct *is believed to be of Roman origin.*
c) It *is believed that the aqueduct is of Roman origin.*
d) Most people *believe that the aqueduct is of Roman origin.*

Y algunas estrategias de inversión sintáctica y simplificación pueden reforzarse con ejercicios como los siguientes:

Ejemplo 7:

a) Nada más cruzar el arco de la muralla, el olor a jazmín nos envuelve.
b) The scent ____________________________________.
c) The scent *of jasmin surrounds us as soon as we cross the arch in the city walls.*

Ejemplo 8:

a) La increíble belleza de la Alhambra sobrepasó nuestras expectativas.
b) We ____.
c) We *didn't expect the Alhambra to be so incredibly beautiful.*

La fase de corrección de los ejercicios se realiza en común, con la participación de todos los estudiantes que quieren aportar sus respuestas. Estas se valoran como correctas o incorrectas teniendo en cuenta, por un lado, si reflejan exactamente el sentido de la oración inicial, y por otro lado según criterios gramaticales y sintácticos. Tanto la solución de estructura más sencilla como la más compleja se consideran igualmente buenas si cumplen ambas condiciones: mantener el sentido y emplear lenguaje correcto. Evidentemente, todas las oraciones propuestas para traducir admiten algunas variantes en determinados elementos estructurales y en las elecciones léxicas realizadas («We didn't think the Alhambra would be so amazingly beautiful», por ejemplo). Todas estas alternativas se valoran igualmente, con el fin de concienciar a los estudiantes de la amplitud y validez de sus conocimientos lingüísticos.

5. Resultados y conclusiones

En los dos años que llevamos realizando los ejercicios de práctica lingüística en el aula, los resultados han confirmado que se trata de una práctica útil y productiva para los estudiantes de traducción inversa. El formato de transformación más o menos guiada de oraciones los ayuda a recordar y tener presentes aspectos de la gramática del inglés que pueden haber quedado en su conocimiento pasivo, y que pueden recuperar para su práctica traductora. Así, su competencia gramatical y sintáctica en inglés muestra una mejoría clara del principio del semestre al final, cuando consiguen elaborar oraciones y textos mucho más correctos.

Por otra parte, uno de los beneficios de estos ejercicios de práctica lingüística es que permite a los estudiantes visualizar, para cada oración, la variedad de opciones sintácticas que tienen a su disposición, y comprobar que las opciones más sencillas pueden ser igual de correctas que las más complejas, aunque la sintaxis de estas últimas parezca acercarlas más a la oración original en español. En este sentido, la comparación de sus primeras traducciones con las últimas realizadas en la asignatura denota una mayor varianza en el uso de estructuras, y una menor dependencia de la sintaxis encontrada en el texto original. En cambio, buscan transmitir las mismas ideas con oraciones claras y sencillas, y aplican estrategias traductoras de transformación que les permiten recurrir a estructuras que dominan mejor y resultan naturales. Así se cumplen los dos objetivos de la práctica lingüística en el aula.

Por añadidura, con la combinación de un mejor dominio de la lengua y mayor soltura en la redacción de oraciones más idiomáticas se satisface el segundo de los criterios de McAlester para una traducción inversa exitosa: lenguaje claro y suficientemente correcto que permita comprender el mensaje. En los textos del ámbito turístico, fundamentalmente expositivos, estos parámetros de claridad en la transmisión del mensaje y corrección son esenciales. Finalmente, la práctica lingüística tiene en el estudiante un efecto psicológico positivo, ya que adquiere mayor confianza en su competencia lingüística, y un mejor conocimiento de los retos que supone la traducción inversa, con lo que puede y podrá valorar sus propias capacidades de manera más realista frente a futuras propuestas de trabajo en esta dirección.

Referencias bibliográficas

INE (2019). *Movimientos turísticos en fronteras*. Recuperado de https://www.ine.es/jaxiT3/Datos.htm?t=23984

Kelly, D., Martin, A., Nobs, M., Sánchez, D. y Way, C. (2003). Reflexiones en torno a algunos conceptos básicos. En D. Kelly *et al.* (eds.), *La direccionalidad en traducción e interpretación* (pp. 33–41). Granada: Atrio.

Lozano Argüelles, C. (2011). *Estudio de mercado sobre la traducción en España* (Trabajo Fin de Grado). Universidad de Salamanca. Recuperado de https://gredos.usal.es/jspui/bitstream/10366/108764/1/TFG_Cristina_Lozano_Arguelles.pdf

Mayoral, R. y Kelly, D. (1997). Implications of Multilingualism in the European Union for Translator Training in Spain. En M. Labrum (ed.), *The Changing Scene in World Languages: Issues and Challenges* (pp. 19–34). Amsterdam: John Benjamins.

McAlester, G. (1992). Teaching Translation into a Foreign Language. Status, Scope and the Aims. En C. Dollerup y A. Loddegaard (eds.), *Teaching Translation and Interpreting. Training, Talent and Experience* (pp. 291–298). Amsterdam: John Benjamins.

Roiss, S. (2001). El mercado de la traducción inversa en España. Un estudio estadístico. The Market for L1–L2 Translation in Spain. A statistical study. *Hermeneus. Revista de Traducción e Interpretación*, 3, 397–408.

Yuste Frías, J. (2005). Didáctica de la traducción inversa español-francés: el fin justifica los medios. En J. Yuste Frías y A. Álvarez Lugrís (eds.), *Estudios sobre traducción: teoría, didáctica, profesión* (pp. 147–170). Vigo: Universidade de Vigo.

Paloma Garrido Íñigo e Isabel Granda Rossi

Representaciones gráficas y corpus para la enseñanza del español de especialidad turística

Resumen Las investigaciones sobre el aprendizaje del lenguaje de especialidad de los campos empresarial y turístico en contextos universitarios se han multiplicado en los últimos años. La interferencia de la lengua inglesa en estos dos sectores ha sido una constante en el plano lingüístico y numerosos investigadores la han tratado en sus trabajos. De manera similar, la utilización de plataformas virtuales para la enseñanza de lenguas ha sido foco de estudio, debido a las posibilidades que ofrecen como instrumento didáctico: realidades en las que la identidad discursiva del usuario se reconstruye innumerables veces a través de su yo virtual. Este artículo presenta las ventajas del uso combinado de una plataforma 3D con un corpus original formado por conversaciones específicamente aeroportuarias que muestran un elevado número de préstamos y calcos léxicos procedentes del inglés, en la enseñanza del español de especialidad turística. El objetivo de este mundo virtual será que el estudiante incorpore esa interferencia en su discurso de español para fines turísticos y la utilice como punto de partida para afianzar sus conocimientos lingüísticos.

Abstract Research on specialized language teaching in both the business and tourism fields within university contexts have multiplied in the last few years. The interference of English in these two areas has been a permanent feature in the linguistic level and many researchers have studied it in their work. In a similar way, the use of virtual platforms in language teaching has been an increasing area of research, due to the wide variety of didactic tools that these platforms provide; namely different realities where the user's discursive identity may be countless times reconstructed across his/her virtual self. This paper, centered in the field of teaching specialized Spanish in the tourist sector, presents the advantages of using a 3D platform together with an original corpus of airport conversations that display a high number of loans and lexical translations from English. The main purpose of this virtual world is for the student to recognize such interference and incorporate it into the Spanish discourse for tourism purposes, thus using it as a starting point to improve the students' levels of linguistic production.

1. Introducción

La situación privilegiada de España como destino turístico ha sido, sin duda, una de las razones por las que, en los últimos tiempos, han tenido un notable desarrollo la creación de grados de Turismo y el estudio especializado de lenguas extranjeras para este campo en concreto. Así, contamos con numerosas publicaciones que no solo recogen la especificidad del español en este ámbito específico (Alcaraz, 2000; Calvi, 2000 y 2006), sino también la imparable influencia de la lengua inglesa en nuestra industria turística, algo que se hace, si cabe, más evidente en el sector de servicios aeroportuarios (Gómez Capuz, 2004; Lorenzo, 1996; Medina López, 2004).

Por otro lado, el empleo de plataformas virtuales 3D para la enseñanza de lenguas ha sido foco de estudio (Carr y Oliver, 2009; Chung, 2012; Hassan, Dzakiria e Idrus, 2015; Kaplan-Rakowski, 2011; Lan, 2015; Levy, 2009; Salazar Calderón *et al.*, 2017), debido a las posibilidades que ofrecen como herramienta didáctica: entornos en los que la identidad discursiva del usuario se reconstruye innumerables veces a través de su yo virtual (Rheingold, 1998).

1.1. Los mundos inmersivos

El usuario (en nuestro caso particular, el estudiante) o yo íntimo (Lemos, 1994) reside en una realidad física y tiene conciencia performativa, es decir, es consciente de que su participación en el mundo inmersivo generará una realidad que él mismo ha decidido transformar. Para ser partícipe de esta transformación, el yo íntimo utiliza un yo virtual, que forma parte de una comunidad en la que existen unas reglas y un sistema de valores, y con el que podrá interactuar en el metaverso (término acuñado por Neal Stephenson en su novela de ciencia ficción *Snow Crash*, publicada en 1992, para describir un entorno 3D inmersivo).

El yo virtual está representado por un yo avatar (Agger, 2004), disfraz tridimensional de nuestra era digital, que se diferencia de otras máscaras utilizadas en la didáctica de lenguas –como los juegos de rol– por la posibilidad de ubicuidad espaciotemporal; un yo con dos proyecciones: la física, delante del ordenador, y la virtual, dentro del simulador.

Como vemos, el yo íntimo utiliza la imagen del yo virtual, que a su vez emplea la imagen del yo avatar (Sánchez Martínez, 2012). Estamos ante una doble función representativa, que también se pondrá de manifiesto en el proceso comunicativo. Este desdoblamiento ofrece numerosas ventajas en la enseñanza. Por un lado, el yo íntimo se siente protegido, puesto que él mismo se ve «actuar». Dispone de un tiempo de reflexión sin ser observado por los demás usuarios. Por otro lado, su yo virtual se siente amparado por el disfraz, ya que lo que manifiesta dentro del mundo, aunque lo produzca en primera persona, es percibido a través de su avatar.

Nuestra plataforma, creada con *OpenSimulator*, tiene una finalidad didáctica[1] y un objetivo preciso, que no es otro que la enseñanza del discurso prototípico aeroportuario español a través de las conversaciones entre personal de tierra y pasajeros, aprovechando la interferencia del inglés en este discurso. Por lo tanto, el estudiante puede valorar ya la utilidad de la herramienta que se le ofrece, puesto que se corresponde con uno de los entornos laborales propio del grado de Turismo que cursa. En este sentido, nuestro mundo virtual se acerca al concepto de los mundos virtuales que propone Ananthaswamy (2007): son mecanismos de 'escape' a la dinámica cotidiana del 'mundo real' y, que eventualmente permiten simular, contrastar, reflexionar en torno a conflictos (mundo virtual como escenario controlado), para regresar con mejores condiciones a enfrentar el mundo real (en López de Anda, 2015: 130).

Queda ahora guiar al estudiante para que asimile los contenidos instruccionales. Para ello, el docente debe reformular el acercamiento al estudiante y aprovechar el supuesto anonimato del yo avatar (hablamos de «supuesto anonimato» porque en nuestra plataforma el *nick* del avatar se corresponde con el nombre real del estudiante) que es imagen de una imagen y funciona de puente entre los mundos físico y virtual.

1 El diseño del prototipo, con la descripción pormenorizada de la plataforma virtual y de los objetivos, está recogido en otros artículos (Garrido Íñigo y Rodríguez Moreno, 2015; Garrido Íñigo y Braga Riera, 2016).

Es evidente que, para fortalecer este acercamiento, la plataforma debe utilizarse de forma presencial, de tal manera que las tareas creadas dentro del mundo virtual potencien las habilidades que relacionen ambos mundos.

1.2. Los planos comunicativos

Como vemos, existen distintos planos en el proceso comunicativo: en el plano físico, se encuentran el yo estudiante y el yo profesor (ambos utilizan el intercambio oral, acompañado de la interacción no verbal). En el plano virtual, están los yoes avatares de estudiantes y profesor, que utilizan el canal escrito del chat general (todos los usuarios pueden leer las producciones escritas) y de los mensajes privados (la comunicación se produce a través de un canal privado que tan solo incluye a dos usuarios, ya sea estudiante-estudiante, ya sea estudiante-profesor). Este plano también conlleva su propia interacción no verbal: los avatares no pueden realizar gestos faciales ni mover las manos[2] de la misma manera que un ser humano acompaña su discurso con estos rasgos enfáticos, pero sí mueven las manos automáticamente cuando escriben, cubriendo así la función vocativa, de modo que los demás usuarios pueden anticipar que se va a producir un acto comunicativo (igual que en la mayoría de chats 2D aparece un mensaje que nos indica «X está escribiendo…»). El uso de caracteres gráficos especiales –emoticonos– aporta, además, el complemento emocional que el avatar no puede cubrir.

El chat por sí mismo constituye un nuevo plano discursivo, a caballo entre el virtual y el físico, en el que lo hablado se hace escrito: «Es una manifestación discursiva que combina, por un lado, la concepción hablada con el medio gráfico y, por otro, el medio gráfico con variedades lingüísticas que son propias de la inmediatez comunicativa» (Blanco Rodríguez, 2002: 17).

---

2 Aunque *OpenSimulator* permite la creación de gestos y animación de los avatares, en nuestro prototipo no se ha implementado esta posibilidad, dado que el objetivo de nuestra plataforma reside en el texto.

En el plano físico, si el estudiante desvía la mirada de la pantalla ve al profesor y a sus demás compañeros en el aula. Siendo así, el docente también puede controlar el grado de atención de los estudiantes y atender a sus necesidades, incluso percibir si el estudiante está cansado, distraído, etc.

En el plano virtual, el yo virtual puede prestar atención a las consignas del avatar del profesor y a los comentarios de sus compañeros o puede estar dirigiendo la cámara de su avatar hacia otro punto de la plataforma, sin que nadie se dé cuenta. Si en el mundo físico esto es más difícil de llevar a cabo, en el virtual es muy sencillo puesto que todo avatar está en un punto axial, pero el enfoque de su cámara puede estar en otro. Por lo tanto, lo que suceda dentro del mundo virtual tiene que ser lo suficientemente atractivo y guiado para que el estudiante cumpla con los objetivos de la plataforma.

Para ello, hemos organizado nuestro metaverso como un conjunto de islas que conformen un juego en el que habrá tres ganadores. Para conseguir la puntuación más alta, los estudiantes tendrán que realizar una serie de pruebas individuales y grupales. Estas actividades focalizarán en cuatro capacidades diversas: de lectura, de retentiva, de reconocimiento y de producción escrita.

2. Método

2.1. Objetivos

No existen hasta la fecha estudios que hagan hincapié en cómo esa interferencia del inglés en el discurso español de la que hablábamos arriba puede aprovecharse para propósitos pedagógicos, concretamente en la esfera de la enseñanza terciaria. De ahí que en este trabajo nos centremos, precisamente, en el estudiante de español turístico (concretamente alumnos extranjeros, no incluidos en el programa ERASMUS, cuya lengua materna no es el español y que están matriculados en los cursos 2.º y 3.º del Grado en Turismo de la Universidad Rey Juan Carlos de Madrid) con vistas a desarrollar una serie de tareas destinadas a la adquisición de ese léxico específico español recurriendo, para ello, al conocimiento previo que el alumno tiene de la lengua inglesa (y que pudiera tratarse de su segunda o tercera lengua).

Por otro lado, y dadas las posibilidades metodológicas que la virtualidad ofrece hoy en día (como queda constatado arriba), hemos ejecutado este objetivo primario desde un mundo virtual de creación propia a través del servidor *OpenSimulator*. Así, y teniendo como punto de partida las conversaciones habituales que tienen lugar en un aeropuerto español entre personal de tierra y pasajeros, este prototipo incluye una serie de tareas de aprendizaje que incorporan los anglicismos más frecuentes en este campo y que van destinadas a mejorar los niveles de producción lingüística de los estudiantes de español antes mencionados.

2.2. Metodología

El público que ha participado en estas pruebas está constituido por estudiantes de distintas nacionalidades, matriculados en el grado de Turismo en los cursos 2013–2016 (cuatro años de experimentación con el prototipo) cuya lengua materna no es la española: albaneses, alemanes, argelinos, búlgaros, georgianos, chinos, croatas, japoneses, marroquíes y rumanos.

En cada curso, el grupo asiático representaba casi el 50 % de los participantes. En todas las ocasiones, creamos cuatro grupos de doce estudiantes, de manera que los alumnos asiáticos no conformaran dos grupos en su totalidad, y tuvieran que relacionarse con los estudiantes europeos.

En la encuesta previa que realizamos a los cuarenta y ocho participantes del curso 2015–2016, se estableció su nivel de español (A1–A2, grupos asiáticos; B2, grupos europeos) y su nivel de inglés (B2–C1). También su conocimiento de las plataformas virtuales 3D: ninguno de ellos había participado en algún MUVE (entornos virtuales multiusuario, p. ej. *Second Life*), diecisiete habían jugado alguna vez en un MMORPG (videojuegos de rol multijugador masivos en línea, p. ej. *World of Warcraft*) y todos utilizaban diariamente las redes sociales (p. ej. Instagram).

Es frecuente que se utilice el término «real» para diferenciar el mundo físico del mundo virtual. Sin embargo, si por real entendemos aquello que es y existe, la identidad del yo virtual será tan real como las recreaciones que este quiera hacer de su discurso, puesto que el yo avatar tendrá que reconstruirse tantas veces como el entorno virtual en el que se encuentra lo requiera. El discurso tiene entidad y cuerpo, y más aún en un mundo virtual, pues queda plasmado en un chat que, a su vez, se guarda en el historial de la plataforma y todos los usuarios pueden recuperar. El discurso virtual es, por lo tanto, síncrono y asíncrono. No se trata de saber si este discurso corresponde a la experiencia del yo íntimo del estudiante, sino que tiene sentido gracias al soporte en el que se produce.

Con este punto de partida, podemos establecer que la identidad discursiva del yo virtual del docente también se reconstruirá a medida que interactúe con los avatares de los estudiantes, creando con ellos una comunidad que conformará por sí misma una entidad con su propio discurso. Y la gran ventaja de esta comunidad en la enseñanza de una lengua es que los avatares de los estudiantes perciben al avatar del profesor como a un igual. Lo que sucede dentro del mundo virtual queda dentro de este mundo. Siendo así, se producen situaciones que nunca se darían en el aula física y que constituyen por sí mismas una nueva identidad discursiva narrativo-visual: los avatares se empujan entre sí intencionadamente, chocan con los objetos, manifiestan su alegría o descontento a través del chat mediante recursos apelativos y expresivos propios del sociolecto juvenil (Ivars, 2004), gritan (utilizan mayúsculas), etc., y todas estas manifestaciones también son percibidas en el aula: los estudiantes ríen en voz alta, se producen momentos de silencio, se escuchan interjecciones, etc. Pero lo más significativo es que los avatares de los estudiantes escriben sus preguntas y hacen sus comentarios sin miedo a cometer errores ortográficos, léxicos o gramaticales.

En este intercambio textual, la representación física del yo estudiante se va borrando. Si en los primeros quince minutos de contacto con el mundo virtual aquel formulaba oralmente al profesor preguntas relacionadas con el uso del visor, a medida que va transcurriendo su experiencia dentro del mundo, su yo virtual se afianza en su yo avatar y se centra en el juego didáctico que tiene ante sí. Para poder avanzar en los objetivos que debe cumplir, esto es, para poder ganar, no será suficiente haber demostrado un aprendizaje individual, sino colaborar entre sí (Kanniah y Krish, 2010). Esta colaboración estará determinada por varios factores:

a) El factor intercultural, que conlleva un proceso de comunicación e interacción entre estudiantes con identidades culturales específicas: en nuestro caso, alumnos de distintas nacionalidades, de edades comprendidas entre 19 y 21 años, que residen en la misma ciudad (Madrid) y que comparten los mismos estudios (grado de Turismo);
b) El factor enunciativo, que conlleva un proceso de comunicación e interacción entre estudiantes según sus destrezas lingüísticas: en nuestro caso, estudiantes que utilizan el español como lengua vehicular y que pudieran recurrir a sus conocimientos de la lengua inglesa para compensar sus carencias léxicas;
c) El factor actitudinal, que conlleva un proceso de comunicación e interacción entre estudiantes según su motivación e integración en la comunidad virtual en la que participan: en nuestro caso, estudiantes que, en su mayoría, nunca antes han participado en un mundo virtual 3D, comparten la experiencia inmersiva a través del descubrimiento y el juego, saben que participan en una experimentación relacionada con sus estudios sin repercusión negativa en sus calificaciones y están guiados por un profesor con el que han creado un nexo virtual.

El proceso intercultural es, sin duda, el que mejor describe nuestro proyecto. Entendemos la interculturalidad desde una perspectiva situacional (Trujillo Sáez, 2005): la descripción de los mecanismos que intervienen en la efectividad de la interacción comunicativa entre individuos pertenecientes a distintas culturas.

2.3. Los anglicismos en el discurso español de turismo

Algunos estudiosos (Leiva, Yuste y Borrero, 2011; Priegue y Leiva, 2012) han centrado sus esfuerzos en la necesidad de construir comunidades virtuales de aprendizaje que promuevan la interacción cultural y educativa. Y es que los flujos de estudiantes resultado de los distintos programas de movilidad universitaria plantean nuevas exigencias pedagógicas que estén a la altura de la realidad social contemporánea, de manera que estos puedan gestionar el conocimiento y la información de forma interactiva (Reyzábal, 2012), trabajar de forma autónoma y, al mismo tiempo, interactuar en grupos heterogéneos (Priegue y Leiva, 2012). Hoy en día, si existen dos aspectos compartidos por el estudiante global son, precisamente, el estudio de la lengua inglesa y la interactuación por medio de las TIC.

Este papel preponderante que en la actualidad ejerce el inglés ha tenido una fuerte repercusión en muchas otras, español incluido, dando lugar a una constante interferencia de la lengua extranjera (Domínguez Romero y Braga Riera, 2013) que queda manifiesta en la aparición de los llamados «anglicismos», esto es, vocablos, giros o modos de hablar propios de la lengua inglesa y que Medina López (2004: 13) describe como «la influencia directa o indirecta del inglés en las estructuras fónicas, léxicas o sintácticas de otra lengua». Esta influencia puede manifestarse bien en forma de préstamos bien en forma de calcos, que, a su vez, pueden ser ortotipográficos, pragmáticos, fónicos, sintácticos, morfológicos y léxico-semánticos.

Los préstamos constituyen una transferencia directa de significante y significado de una lengua a otra, y son los encargados de introducir en nuestro idioma ciertas «novedades» relacionadas fundamentalmente con el mundo de la cultura, la industria o la tecnología. A nadie resultan extraños, hoy día, vocablos propios del mundo del turismo como *catering, finger, overbooking, ticket* o *trolley*, entre muchos otros. Si bien, tal y como constata García Morales (2009), los factores responsables de la introducción del anglicismo en nuestra lengua son variados, su incursión en el campo turístico responde las más de las veces a una necesidad léxica, por ejemplo debido a cuestiones de economía del lenguaje (así el concepto de *jetlag*, que resulta complejo de explicar en español sin usar un elevado número de palabras), o bien porque el término inglés es más genérico (*upgrade*), más conciso ('sala vip') o más eufemístico (como 'tarifa senior' para aludir a un grupo de población de mayor edad), aunque también se puede recurrir al anglicismo para designar nuevos conceptos (caso de *autocheck-in*). Huelga decir que la expansión de la cultura anglosajona también ha contribuido a impulsar de forma acusada este proceso (*FIM*, o *Flight Interruption Manifest, business, UM,* o

Unaccompanied Minor), cuando no cuestiones meramente comerciales o publicitarias (*Vueling*) (Calvi y Chierichetti, 2006). Como resultado, muchos de estos términos forman parte ya de nuestro sistema lingüístico (aun cuando contemos con un vocablo similar en castellano), por lo que obviarlos supondría falsear la realidad discursiva del lenguaje en este contexto.

Por su parte, los calcos también se han incorporado de forma masiva en nuestro idioma, entendidos estos como traducciones más o menos literales de palabras o estructuras (en nuestro caso inglesas) destinadas a preservar en la lengua de llegada el sentido original (aunque con resultados diversos). Rodríguez González (1999) distribuye los tipos de calcos en tres categorías, a saber, morfológicos, sintácticos y semánticos (o léxicos), si bien en el presente estudio solo se prestará atención a estos últimos, y que son resultado de una correspondencia no exacta entre dos términos de etimología análoga, pero con una evolución paralela en sus respectivas lenguas, de forma tal que acarrean distintos sentidos: «compensación económica», «vuelo doméstico», «tarifa económica», etc. Dentro de este tipo de calcos, y siguiendo a Haugen (1953/1969), podemos hablar simplemente de «extensiones», cuyo significado es una amplificación del original (así hablamos de *compensación económica*, *vuelo doméstico* y *tarifa económica* para aludir a «indemnización», «vuelo nacional» o «tarifa de clase turista», respectivamente), o de «creaciones», esto es, nuevas formaciones que se logran recurriendo a procesos de derivación, como «ofeleado» (del inglés *offloaded*, 'desembarcado'), «rerrutar» (del inglés *reroute*, 'redirigir, cambiar de dirección') o «deletear» (del inglés *delete*, 'borrar, eliminar'). Veamos a continuación algunos ejemplos de extensiones y creaciones, que constituyen parte de las actividades incorporadas en la plataforma:

a) El vuelo no ha salido por las inclemencias meteorológicas. Por tanto, la compañía no se hace responsable de la cancelación y no tiene usted derecho a una *compensación económica*.
b) Su vuelo no es *doméstico*, por lo que si necesita facturar debe presentarse en los mostradores dos horas antes de que salga el avión.
c) Debe pagar un suplemento si desea facturar el equipaje, ya que su billete es de tarifa *económica*.

d) Pasajero: No me han dejado embarcar en mi vuelo de conexión a Asturias.
   Personal de tierra: Claro, es que al llegar tarde el de Santiago de Chile le hemos tenido que *ofelear* de su vuelo de conexión.
   Pasajero: ¿Cómo? ¿Qué? Pero ¿¡qué me dice!?
   Personal de tierra: Sí, que le han tenido que *deletear* del vuelo, pero ahora enseguida le vamos a dar otro.
e) Pasajero: Mi amigo y yo llevamos dos maletas. La suya pesa mucho y la mía poco. ¿Podemos hacer *pool*?
   Personal de tierra: Para poder hacerlo los dos tienen que viajar en *business*.
f) La etiquet*a priority* identifica su equipaje para que le sea entregado con prioridad.
g) Para reclamar el equipaje tiene primero que rellenar el *PIR* (*Property Irregularity Report*, 'parte de irregularidad de equipaje').
h) El *Fast Track* permite pasar el control de seguridad en menos de dos minutos y agilizar así los trámites previos al embarque.

3. Resultados

El metaverso cuenta con las siguientes etapas de objetivos: instrucción (o aprendizaje de las herramientas básicas del sistema para saber desplazarse e interactuar con los objetos), comprensión escrita (pruebas individuales donde los estudiantes deben completar siete cuestionarios cuya finalidad es encontrar el término adecuado en español para el préstamo o calco), producción escrita (completar textos) y evaluación y recompensa, pues todas las pruebas conllevan una puntuación. Estas etapas se desarrollan en cinco islas, que se describen brevemente a continuación:

En la isla de control, los alumnos aprenden a utilizar las herramientas básicas que necesitarán para poder desenvolverse dentro del mundo virtual, así como el modo de realizar las pruebas del prototipo. Su nueva forma de avatar les otorga gran libertad de movimientos, lo que repercute en sus actos gestuales como verbales: inconscientemente, el estudiante usa constantemente la lengua extranjera. Se ha producido un desdoblamiento cognitivo y se siente dispuesto a intervenir.

La isla de aprendizaje reproduce un aeropuerto con objetos que, en el momento en el que se desplaza sobre ellos el cursor, informan sobre su denominación en español. Los estudiantes deben recorrer el edificio y encontrar siete objetos, cubiertos con una textura que recrea la imagen de una azafata, que les proporcionarán, mediante mensaje privado, una conversación escrita prototípica de un aeropuerto (tabla 1):

Tabla 1. Ejemplo de recreación de discurso aeroportuario

Pasajero: Buenas tardes.
Personal de facturación: Buenas tardes. ¿Puedo ver su *ticket*?
Pasajero: Sí, claro.
Personal: Veo que viaja usted en *business*. ¿Va usted a París?
Pasajero: Sí, a París.
Personal: Tiene usted derecho a facturar dos maletas. ¿Desea facturar también el *trolley*?
Pasajero: No, lo llevo conmigo. Tengo ahí el móvil y la *tablet*.
Personal: Perfecto. Esta es su tarjeta de embarque. El número de puerta podrá comprobarlo en un rato en las pantallas, aún no está disponible. Puede dirigirse ya a seguridad.
Pasajero: Gracias. Una pregunta: con un billete club, ¿con cuántas horas de antelación puedo hacer el *check-in online*?
Personal: 24 horas. En cualquier caso, no olvide incluir su número de tarjeta Plus cuando lo gestione. Así podrá acumular puntos y conseguir *upgrades* en el futuro.
Pasajero: Vale, gracias.
Personal: ¡Que tenga un buen viaje!

La isla de pruebas individuales recrea un aula donde, con la guía del profesor, se realiza una prueba consistente en completar siete paneles, cada uno de los cuales contiene cuatro ventanas de diálogo en las que deben seleccionar la respuesta adecuada. Los aciertos y los fallos quedan recogidos en una base de datos para su posterior análisis. Las preguntas (ilustración 2) se centran en el léxico prototípico de las conversaciones que se producen en un aeropuerto, y que el alumno ha leído previamente en la isla de aprendizaje:

Tabla 2. Modelo de panel

1. ¿A qué se refiere el término *trolley*?
a). A un carrito de bebidas
b). A un tipo de maleta (X)
c). A las ruedas de una maleta
2. ¿A qué corresponde la clase *business*?
a). A la primera clase
b). A la clase preferente
c). A la clase ejecutiva y a la preferente (X)
3. ¿Qué consigue el pasajero con un *upgrade*?
a). Una categoría superior (X)
b). Una rebaja en el precio
c). Puntos gratuitos
4. ¿A qué se refiere la expresión *check-in online*?
a). A un registro
b). A una facturación que se puede hacer en línea desde cualquier lugar (X)
c). A las etiquetas de facturación de equipaje

La isla de pruebas de grupo supone un cambio radical con respecto del estadio anterior, pues el sistema se ha diseñado para que organice aleatoriamente grupos colaborativos de estudiantes. Eso sí, estos deben centrarse en el chat textual para poder comunicarse con el resto de los componentes. La tarea consiste en completar un discurso mutilado correspondiente a algunas de las conversaciones leídas con anterioridad: de la fase individual, centrada en el reconocimiento y recuperación de información, se ha pasado a la fase de producción escrita y síntesis. Esta prueba es, sin duda alguna, la que disfruta de mayor aceptación y la que más datos aporta sobre los conocimientos del alumnado.

La isla de resultados permite a los estudiantes observar sus producciones escritas, que son calificadas por el profesor. Tras otorgar las puntuaciones, un *bot* hace una lectura de la base de datos y muestra los resultados correspondientes a las pruebas individuales y grupales, de forma tal que el estudiante aprecie su evolución en el paso por las diversas pruebas. La finalidad de esta isla es el debate y explicación de las producciones de los alumnos. Los comentarios pormenorizados sobre los errores y aciertos cometidos a lo largo de todas las pruebas les serán comunicados individualmente a través del campus virtual.

4. Conclusiones

La gran expansión de la industria turística en España y el creciente número de alumnos universitarios extranjeros que acuden a nuestro país para aprender el idioma están en la raíz de este trabajo, que nace, en concreto, con la intención de contribuir a la enseñanza y aprendizaje del español de especialidad turística para estudiantes matriculados en el grado de Turismo en la madrileña Universidad Rey Juan Carlos cuya lengua materna no es el castellano.

Con este objetivo en mente, se ha creado un prototipo virtual que incorpora actividades docentes basadas en conversaciones propias del ámbito aeroportuario que, además, incluyen numerosos anglicismos, ya sean préstamos (*finger, free, autocheck-in, trolley, upgrade*, *pool*, etc.) ya calcos léxico-semánticos («vuelo doméstico», «compensación», etc.). La inclusión de estos se justifica por su innegable presencia en el discurso español de la industria turística: por un lado, omitirlos supondría una adulteración de la realidad estudiada; por otro, el docente puede utilizar a su favor el conocimiento previo de la lengua inglesa por parte del estudiante, de manera que revierta en su propio beneficio a la hora de aprender castellano. Dada la procedencia diversa de los distintos sujetos, la interacción comunicativa en castellano, recurriendo en algunos casos a la lengua inglesa, se convierte en un nexo que aúna individuos pertenecientes a distintas culturas.

En la plataforma diseñada con este fin, el yo virtual del alumno queda representado por un «yo avatar». Se trata de un yo con dos proyecciones, la «real», delante del ordenador (pues la actividad está diseñada para su realización en el aula física), y la virtual: estamos ante una doble función representativa, que también se pondrá de manifiesta en el proceso comunicativo. Este se desarrolla de forma escrita, y de dos formas paralelas: por un lado, a través del canal escrito del chat general, utilizado por los yoes avatares de estudiantes y profesor; por otro, por medio de mensajes privados que incluyen exclusivamente dos usuarios, ya estudiante-estudiante, ya estudiante-profesor.

Así, el metaverso se configura como un conjunto de islas que conforman un juego consistente en la realización de pruebas individuales y grupales centradas en la comprensión escrita, la retentiva, el reconocimiento y la producción escrita. Pese a su carácter lúdico, el estudiante es consciente de estar inmerso en un proceso de aprendizaje en el que las tareas tradicionales en la enseñanza de lenguas se transforman en pruebas individuales y grupales insertas en un entorno virtual que le permite crear vínculos distintos, tanto con el profesor como con el resto de compañeros. Estas tareas se distribuyen en cinco islas diferentes, cada una de ellas con una función específica: isla de control, o instrucción sobre el manejo de la plataforma; isla de aprendizaje, o recreación de un aeropuerto que muestra por escrito conversaciones prototípicas; isla de pruebas individuales, o aula donde se efectúan preguntas relacionadas con las conversaciones vistas en la anterior isla; isla de pruebas de grupo, donde se debe completar un discurso de manera grupal, e; isla de resultados, o muestra final de las producciones de los alumnos.

Con este artículo se pretende dejar constancia de la utilidad de esta plataforma para estudiantes no nativos que desean aprender español para Turismo en contextos universitarios, en tanto que combina el nexo del inglés en un entorno multicultural y la virtualidad como herramienta que promueve la construcción del conocimiento lingüístico a través de procesos cognitivos. Concluimos, además, con esta publicación las pruebas con el prototipo para centrarnos de ahora en adelante en el estudio pormenorizado del corpus. Su elaboración[3] nos ha proporcionado

3 Con el fin de desarrollar los objetivos de nuestra plataforma, hemos recurrido a un corpus cerrado que nos permitiera llegar a conclusiones coherentes y bien justificadas. Para su creación hemos utilizado tres fuentes:

a) Las entrevistas realizadas al personal de tierra en la terminal T4 del Aeropuerto de Madrid Barajas Adolfo Suárez durante los meses de julio de 2014, 2015 y 2016 (unas doscientas horas de transcripciones procedentes de los mostradores de facturación de IBERIA y de los mostradores de información y de tránsito);
b) El *Manual de formación nuevo ingreso*, que se proporciona a los nuevos trabajadores que se incorporan como personal de tierra en el aeropuerto de Madrid;

un material importante de estructuras: más de 400 000 *tokens* y 10 000 entradas distintas, que estamos tratando con el *software* UNITEX, y cuyo objetivo será la extracción automática de información textual y traducción de construcciones en español, francés e inglés.

Referencias bibliográficas

Agger, B. (2004). *The Virtual Self.* Malden, MA: Blackwell Publishing.

Alcaraz Varó, E. (2000). *Diccionario de términos de turismo y de ocio. Inglés-español Spanish-English.* Barcelona: Ariel.

Ananthaswamy, A. (2007). Life less ordinary offers far more than just escapism. *The New Scientist*, 195(2618), 26–27.

Blanco Rodríguez, M. J. (2002). El *chat*: La conversación escrita. *ELUA. Estudios de Lingüística de la Universidad de Alicante*, 16, 5–90. Recuperado de http://rua.ua.es/dspace/bitstream/10045/6201/1/EL_16_02.pdf

Calvi, M. V. (2000). *Il linguaggio spagnolo del turismo*. Viareggio: Baroni.

Calvi, M. V. (2006). *Lengua y comunicación en el español del turismo*. Madrid: Arco.

Calvi, M. V. y Chierichetti, L. (eds.) (2006). *Nuevas tendencias en el discurso de especialidad*. Berna: Peter Lang.

Carr, D. y Oliver, M. (2009). Second life, Immersion and Learning. En P. Zaphris y C. S. Ang (eds.), *Social Computing and Virtual Communities* (pp. 205–222). London: Taylor and Francis.

Chung L. Y. (2012). Incorporating 3D-virtual reality into language learning. *International Journal of Digital Technology and Its Application (JDCTA)*, 6(6), 249–255.

Domínguez Romero, E. y Braga Riera, J. (2013). Native Language Influence in Teaching Subject Matter Content Through English in

c) Las páginas web de las principales compañías aéreas españolas: Iberia, Air Europa, Vueling, AENA y Aeropuertos en red.

Spanish Tertiary Education. En C. Abello Contesse, P. M. Chandler, M. D. López Jiménez y R. Chacón Beltrán (eds.), *Bilingual and Multilingual Education in the 21st Century* (pp. 136–154). Bristol: Multilingual Matters.

García Morales, G. (2009). Medio siglo de interés por el anglicismo léxico hispánico. En M. J. Reyes (coord.), *Léxico y cultura* (pp. 17–65). Sevilla: Editorial Abecedario.

Garrido Íñigo, P. y Rodríguez Moreno, F. (2015). The reality of virtual worlds: pros and cons of their application to foreign language teaching. *Interactive Learning Environments*, 23(4), 453–470.

Garrido Íñigo, P. y Braga Riera, J. (2016). Interferencia léxica y aprendizaje virtual: la enseñanza de la lengua extranjera de especialidad turística en contextos universitarios. *Revista Española de Lingüística Aplicada/Spanish Journal of Applied Linguistics (RESLA)*, 29(1), 115–140.

Gómez Capuz, J. (2004). *Préstamos del español: lengua y sociedad.* Madrid: Arco.

Hassan, R. F., Dzakiria, H. y Idrus, R. M. (2015). Examining Second Life's Virtual Learning Platform to Develop English Language Skills Competency: Opportunities and Challenges. *Journal of Modern Education Review*, 5(10), 978–986.

Haugen, E. (1953/1969). *The Norwegian language in America. A study in bilingual behavior*. Bloomington: Indiana University Press.

Kanniah, A. y Krish, P. (2010). Collaborative learning skills used in Weblog. *CALL-EJOnline*, 11. Recuperado de http://callej.org/journal/11-2/kanniah_krish.html

Kaplan-Rakowski, R. (2011). Foreign language instruction in a virtual environment: An examination of potential activities. En G. Vincenti y J. Braman (eds.), *Teaching through multi-user virtual environments: Applying dynamic elements to the modern classroom* (pp. 306–325). Hershey, PA: Information Science Reference.

Lan, Y. J. (2015). Contextual EFL learning in a 3D virtual environment. Language *Learning y Technology*, 19(2), 16–31.

Leiva, J. J., Yuste, R. y Borrero, R. (2011). La interculturalidad a través de las TIC: caminando hacia la "digiculturalidad" con las comunidades virtuales de aprendizaje. En A. Hernández y S. Olmos (eds.),

Metodologías de aprendizaje colaborativo a través de las tecnologías, (pp. 147–156). Salamanca: Universidad de Salamanca.

Lemos, A. (1994). Les communautés virtuelles. *Société*, 45, 253–261.

Levy, M. (2009). Technologies in use for second language learning. *The Modern Language Journal*, 93(1), 769–782.

López de Anda, M. M. (2015). *Estudio de prácticas de comunicación en Second Life* (Tesis doctoral). Universitat Oberta de Catalunya. Recuperado de http://hdl.handle.net/10803/363911

Lorenzo, E. (1996). *Anglicismos hispánicos*. Madrid: Gredos.

Medina López, J. (2004). *El anglicismo en el español actual.* Madrid: Arco/Libros.

Priegue, D. y Leiva, J. (2012). Las competencias interculturales en la sociedad del conocimiento: reflexiones y análisis pedagógico. *EDUTEC Revista Electrónica de Tecnología Educativa*, 40. Recuperado de http://www.edutec.es/revista/index.php/edutec-e/article/view/370

Reyzábal, M.ª V. (2012). Las competencias comunicativas y lingüísticas, clave para la calidad educativa. *Revista Iberoamericana sobre Calidad, Eficacia y Cambio en Educación (REICE)*, 10(4). Recuperado de http://www.rinace.net/reice/numeros/arts/vol10num4/art5.pdf

Rheingold, H. (1998). *The virtual community*. Recuperado de http://www.rheingold.com/vc/book/

Rodríguez González, F. (1999). Anglicisms in Contemporary Spanish. An Overview. *Atlantis*, XXI(1.2), 103–139.

Salazar Calderón, E. H., Armas Pesántez, P. R., Armas Pesántez, W. G., Guadalupe Bravo, L. O., Orozco Yánez, G. I. y Allauca Peñafiel, M. E. (2017). Entornos virtuales 3D con juegos de rol y diálogos para desarrollar la comunicación oral del idioma inglés. *European Scientific Journal*, 13(23), 51–64. Recuperado de http://eujournal.org/index.php/esj/article/view/9800

Sánchez Martínez, J. A. (2012). Cibercultura: semiótica del avatar y los mundos virtuales. *Veredas. Revista del pensamiento sociológico*, 22, 33–44.

Trujillo Sáez, F. (2005). En torno a la interculturalidad: reflexiones sobre cultura y comunicación para la didáctica de la lengua. *Porta Linguarum*, 4, 23–39.

Cristina Plaza-Lara

La traducción automática y la posedición para la enseñanza de la traducción inversa de textos turísticos

Resumen A pesar de que la traducción automática (TA) y la posedición (PE) siguen suscitando eternos debates, según la *European Language Industry Survey* (European Language Industry, 2018), la TA ha venido para quedarse. Por su parte, la traducción inversa también ha sido objeto de controversia tanto en el ámbito académico como profesional, pero el mercado demuestra que es una práctica asentada especialmente con textos de naturaleza turística. Por ello, ante las dificultades del alumnado a la hora de afrontar traducciones inversas (especialmente en el caso de las terceras lenguas), en este trabajo se expondrá la posibilidad de integrar la TA y la PE como una herramienta más para la enseñanza de la traducción inversa de textos turísticos. Aunque la traducción turística no suele cumplir con los requisitos ideales para que un motor de TA arroje un resultado aceptable, su aplicación en el aula de traducción inversa podría facilitar el desarrollo de habilidades de expresión, revisión y evaluación junto con otras de naturaleza técnica. Por este motivo, se abordará, en primer lugar, la problemática habitual en este tipo de textos y, posteriormente, se presentarán diferentes propuestas de integración de la TA y la PE en el aula, que aúnan competencias lingüísticas, instrumentales y estratégicas.

Abstract Although machine translation (MT) and post-editing (PE) still provoke endless debate, according to the *European Language Industry Survey* (European Language Industry, 2018), MT has come to stay. Reverse translation has also been controversial in both the academic and professional contexts, but market trends show that it is a common practice, particularly for texts in the tourism sector. For this reason, taking into account the difficulties faced by students when dealing with reverse translations (especially in the case of the third languages), this paper presents the possibility of integrating MT and PE as one more tool for teaching reverse translation of tourism texts. Although tourism texts do not usually meet the ideal requirements for an MT engine to produce an acceptable result, its application in the reverse translation classroom could facilitate the development of expression, revision and evaluation skills along with others of a technical nature. For this reason, this paper will explore the usual problems presented by this type of text and then introduce different proposals combining linguistic, instrumental and strategic competences for the integration of MT and PE in the classroom.

1. Introducción

En el ámbito de la traducción turística, algunos estudios de investigadoras destacadas demuestran que en España el mercado demanda con frecuencia la traducción de textos turísticos hacia lenguas no maternas (Beeby, 1996; Roiss, 2001; Kelly *et al.*, 2003; Wimmer, 2011; Masseau, 2013). Esta rcalidad se explica, en parte, por la importancia de este sector para la economía del país (Kelly *et al.*, 2003; De la Cruz Trainor, 2004) y la consiguiente necesidad de traducir desde folletos turísticos hasta cartas de restaurantes a diferentes idiomas.

Sin embargo, en ocasiones la calidad del texto final deja mucho que desear y no es raro encontrar errores en sitios web de temática turística. En la siguiente imagen, extraída de la página web de turismo de la provincia de Cádiz (Diputación de Cádiz, 2018), se observa cómo se hace un uso incorrecto del genitivo en alemán para las fechas e incluso aparece un término que no existe en dicha lengua (*Wettwe* en lugar de *Wetter* para referirse al tiempo).

Figura 1. Errores de la traducción al alemán de la *Web Oficial del Turismo de Cádiz* (http://www.cadizturismo.com/)

Aunque el empleo de la traducción inversa en el ámbito profesional ha suscitado multitud de debates (Wimmer, 2011: 19) y son muchos los detractores que se oponen a su uso, es innegable el hecho de que constituye una práctica profesional asentada en el sector y que, por tanto, requiere de atención por parte de docentes e investigadores. Como indica Durán Muñoz (2012: 110) «[e]n sí mismas, las traducciones inversas no deberían presentar ningún problema si se hicieran por traductores profesionales con una formación adecuada y con las competencias necesarias para realizarlas».

Para hacer frente a esta necesidad de formación, en el presente trabajo se va a abordar la enseñanza de la traducción de textos turísticos a una tercera lengua (también llamada lengua C), en este caso, el alemán, con una herramienta que tampoco ha estado exenta de críticas, la traducción automática (TA). Aunque sus orígenes se remontan a mediados del siglo pasado (García, 2012: 293), la reciente aplicación de la investigación en redes neuronales a los motores de TA ha supuesto un gran avance e informes como el de la *European Language Industry Survey* (European Language Industry, 2018) señalan que de una forma u otra más del 50 % de las empresas o profesionales de la lengua están utilizando este tipo de tecnología. Por consiguiente, se puede afirmar que la TA ha venido para quedarse y desde las universidades no se debe dar la espalda a esta realidad.

En el presente artículo, la aplicación de la TA y la consiguiente posedición (PE) del texto en el aula persiguen fines puramente didácticos. Como indican Massey y Ehrensberger-Dow (2017: 303–304), «[r]epetitive, controlled content such as user documentation and user interfaces will be increasingly covered by MT as it improves. However, marketing and brand content will remain the preserve of human translation». Esta afirmación permite deducir que los textos más comunes de las taxonomías textuales en el ámbito del turismo (véase, por ejemplo, De la Cruz Trainor, 2003; Calvi, 2010; Mapelli y Piccioni, 2010) no siempre resultan los más adecuados para obtener un resultado óptimo con este tipo de herramientas. No obstante, su implementación en el aula puede ayudar al estudiantado a reforzar tanto su competencia lingüística hacia lenguas no maternas como sus competencias instrumentales y estratégicas. A este respecto, O'Brien (2012: 118) señala lo siguiente: «increasing technologisation of the profession is not a threat, but an opportunity to expand skill sets and take on new roles».

2. ¿Por qué la TA para la enseñanza de la traducción inversa?

En España, para acceder al grado de Traducción e Interpretación, no se suelen requerir conocimientos previos en la lengua C. Si bien en algunas universidades se exige la superación de una prueba de acceso específica para el grado, esta se centra únicamente en la primera y segunda lengua de trabajo. Así pues, cuando los estudiantes tienen que hacer frente a sus primeras traducciones inversas en lengua C, la mayoría apenas lleva estudiando la lengua durante uno o dos cursos completos.

Estudios como el de Grauwinkel y Neunzig (2007) han constatado que la principal dificultad a la que hace frente el alumnado al abordar la traducción hacia su tercera lengua se presenta durante la fase de codificación del texto meta, donde se observan desde errores gramaticales y de puntuación hasta problemas en el plano léxico-semántico, pasando por otras dificultades propias tanto de la traducción directa como inversa (terminología, referencias culturales, etc.). Como indica Lorenzo (2008: 162), todo ello se debe en parte a la falta de recursos de los alumnos para evaluar la aceptabilidad del texto final. Ante estas dificultades, a las que hay que añadir las peculiaridades del proceso de traducción inversa señaladas por Grauwinkel y Neunzig (2007), se ha observado cierta frustración y desmotivación entre los alumnos que se enfrentan a la traducción hacia su tercera lengua de trabajo.

Por su parte, los avances conseguidos en los últimos años en lo que a herramientas de TA se refiere son una realidad conocida por todos y ya no solo por expertos en los campos de la lingüística y la traducción. Desde el archiconocido Google Translate hasta las funciones de «interpretación simultánea» ofrecidas por programas como *Skype* han sido objeto de titulares en prensa[1]. Pero estas noticias no solo se han limitado

1 Google traduce mientras escribes. *El País*, 17 de noviembre de 2009. Recuperado de https://elpais.com/tecnologia/2009/11/17/actualidad/1258452071_850215.html
Skype ya ofrece la traducción simultánea inglés-español. *ABC*, 7 de enero de 2015. Recuperado de https://www.abc.es/tecnologia/redes/20141215/abci-skype-traduccion-simultanea-ingles-201412151808.html
¿Cuáles son los traductores que compiten con Google Translate y cómo funcionan? *BBC Mundo*, 31 de enero de 2018. Recuperado de https://www.bbc.com/mundo/noticias-42819225

a las bondades de estas herramientas, también es posible encontrar casos de traducciones incorrectas[2].

En el ámbito de la investigación, la TA neuronal ha captado recientemente la atención de numerosos profesionales y se ha abierto el debate de si este tipo es mejor que su precursora, la TA estadística (Forcada, 2017: 304). Aunque todavía queda mucho por explorar en este ámbito, como señala Forcada en la siguiente cita, una de las grandes diferencias de la TA neuronal con la TA estadística es que la primera es capaz de conseguir un texto mucho más fluido en lo que a estilo se refiere. En cambio, dicha fluidez puede ocultar en ocasiones errores de significado:

> Manual evaluation, that is, subjective assessment of output fluency (a monolingual measure of quality) usually shows NMT output to be much more fluent than its SMT counterpart (Bojar *et al.* 2016, Section 3.5); automatic evaluation results are consistent with this finding (Toral and Sánchez-Cartagena 2017). Note that a translation can be very fluent but may not be adequate in the sense that it does not have the same meaning as the original sentence (Forcada, 2017: 305).

En este escenario, se ha observado una cierta inquietud entre el profesorado en lo que concierne al uso de herramientas de TA en clase. Aunque dicha preocupación puede estar justificada por diferentes razonamientos pedagógicos, lo cierto es que los motores de TA gratuitos en línea se encuentran al alcance del alumnado, que hace un uso incorrecto de ellos con la intención únicamente de aprobar una materia. Por este motivo, en el presente trabajo, se ha optado por aplicar su uso al aula de traducción inversa, por un lado, para apoyar la falta de una base lingüística sólida, potenciar la motivación del estudiantado y no favorecer el uso incorrecto de esta tecnología, y, por otro, con la intención de fomentar el desarrollo de las nuevas competencias que el uso de estas tecnologías ha impuesto. No se trata, por ende, de una amenaza, sino de nuevos desafíos que vienen a reinventar la metodología empleada en este tipo de asignaturas.

2 La bochornosa traducción con Google Translate de la web oficial de turismo de Santander. *El País*, 17 de enero de 2018. Recuperado de https://elpais.com/politica/2018/01/17/diario_de_espana/1516183473_130112.html

3. Características de los textos del ámbito turístico

Aunque el objetivo principal de este trabajo es realizar diferentes propuestas de integración de la TA y la PE en la clase de traducción inversa y no tanto abordar las particularidades de los textos de naturaleza turística, resulta fundamental tomarlas como referente, por un lado, para seleccionar textos que cumplan con estos requisitos y, por otro, porque estas características pueden suponer a su vez una problemática clara para los motores de traducción automática.

Son varias las publicaciones disponibles que ofrecen información en torno a las características de los textos turísticos. Para resumirlas, se han tomado como referencia principalmente los trabajos de la Cruz Trainor (2003), Durán Muñoz (2012) y Déniz Suárez (2015). Puesto que resultaría imposible exponer aquí cada uno de los rasgos distintivos señalados por estas autoras, a continuación, se resumirán los más importantes o aquellos que pueden causar problemas a la hora de abordar la traducción, tanto automática como humana:

a) Gran variedad de géneros: folletos, pósteres, guías, páginas web, revistas de viaje, anuncios, catálogos, blogs, etc. (véase Calvi, 2010).
b) Lenguaje de especialidad: aunque en torno a esta característica se ha producido cierto debate (véase Déniz Suárez, 2015: 20), parece existir consenso a la hora de considerar que el discurso turístico posee su propia terminología, a la que hay que sumar aquella propia de las diferentes temáticas abordadas en este tipo de textos (Mira Rueda, 2008).
c) Funciones comunicativas de los textos: siguiendo la propuesta de Nord (1997), estas pueden ser referencial, expresiva, apelativa o fática, y según el tipo de texto predominará una u otra. Cada función va a determinar a su vez otras características lingüísticas como el modo (imperativo para apelar) y el tiempo verbal (presente atemporal para describir), por ejemplo.
d) Referencias culturales que acercan al turista a la cultura de destino. Desde cuestiones relacionadas con las costumbres y las fiestas, la gastronomía o la flora y fauna, por citar algunos ejemplos, el traductor deberá optar por la estrategia de traducción más conveniente en cada caso, ya que en muchas ocasiones son términos intraducibles sin equivalente en otras lenguas.

e) Lenguaje poético: es bastante común el empleo de un lenguaje lleno de metáforas, hipérboles, metonimias, dobles sentidos y juegos de palabras. La intención principal es transmitir positividad e intensificar las características del destino turístico.
f) Nombres propios de personas, museos, instituciones, costumbres y fiestas, platos y topónimos, cuya traducción (en caso de que esta sea posible) no siempre está clara y puede variar según las lenguas. En este caso, se requieren competencias documentales para abordar estos problemas.
g) Tecnicismos que provienen de diversas disciplinas como la arquitectura, la botánica, la economía, la arquitectura, el deporte o la geografía.
h) Subordinación del texto a imágenes e iconos y limitaciones de espacio.
i) Redacción pobre del texto original, con frases ambiguas, errores ortográficos o sintácticos.

4. Propuesta de integración de la TA y la PE en la clase de traducción inversa de textos turísticos

Con el presente trabajo, se persiguen dos objetivos fundamentales en aras de una mayor integración de todos los componentes que constituyen la competencia traductora: se pretende, por un lado, que el alumno se inicie en la traducción turística inversa y, por otro, que descubra la PE y la TA, así como las ventajas y los inconvenientes del uso de esta tecnología. De esta forma, se le proporcionará nuevas herramientas que le ayuden a suplir algunas de las carencias lingüísticas propias de quienes solo llevan unos años estudiando la lengua de destino.

Para las propuestas que se van a presentar a continuación, se intentará aplicar la nomenclatura de González Davies (2004: 22–28) de actividades, tareas y proyectos, con el fin de que las primeras sirvan de apoyo o introducción a proyectos más complejos y cercanos a la realidad laboral. Los textos seleccionados se han extraído de la página web *Turismo de Córdoba* (Instituto Municipal de Turismo de Córdoba, 2018), pero los ejercicios propuestos son extrapolables a multitud de textos. En lo que concierne a las herramientas empleadas, para la TA se pueden aplicar motores en línea gratuitos, que no suponen ningún coste adicional ni entrenamiento previo. En el plano didáctico, se recomienda contar con una plataforma de gestión del aprendizaje, tipo Moodle o similar.

4.1. Texto informativo sobre medios de transporte: creación de corpus y evaluación de TA

Los textos en los que predomina la función referencial son posiblemente aquellos que menos problemas causan tanto al estudiantado como a los motores de TA. En el texto que se va a utilizar para esta tarea se realiza una descripción de los transportes disponibles para llegar a Córdoba.

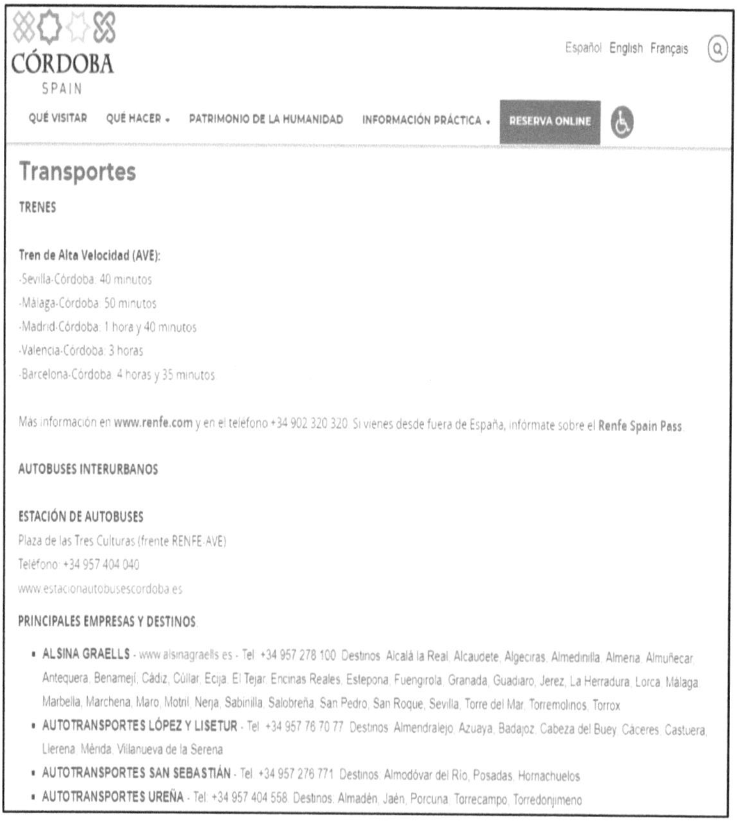

Figura 2. Texto sobre transportes de la página *Turismo de Córdoba* (https://www.turismodecordoba.org/transportes)

La elección de este texto se debe principalmente a que los medios de transporte son una de las temáticas habituales en los textos turísticos, y su carácter esquemático y conciso facilita la traducción inversa. Por este motivo, como primera actividad antes de trabajar con los resultados ofrecidos por el motor de TA, el alumnado se debe enfrentar a la traducción inversa sin más ayuda que otros textos paralelos que debe localizar para realizar la tarea. El trabajo de documentación se puede realizar en pequeños grupos y los resultados se compartirán con toda la clase, para crear con la ayuda del profesor un corpus de textos comparable que facilite posteriormente la traducción. Para ello, se recomienda la aplicación del protocolo sugerido por Seghiri Domínguez (2015). El fin principal es que con esta primera parte de la tarea los alumnos se familiaricen con los corpus, uno de los conceptos subyacentes en los motores de traducción automática.

Tras este primer acercamiento al texto, se puede emplear el resultado arrojado por el motor de TA para compararlo con el de los propios estudiantes. El objetivo es, en primer lugar, que revisen su propia traducción y, en segundo lugar, que categoricen los principales errores detectados en el resultado de la TA. Para tal fin, se puede emplear una plantilla en formato Excel, comúnmente utilizada en el sector, para que los alumnos empiecen a familiarizarse con esta forma manual de evaluación del *output* de TA. Los problemas o errores más interesantes serían los siguientes:

a) Siglas y acrónimos: en el caso de que el resultado del motor de TA sea correcto, podrían requerir explicación para que el lector los entienda.
b) Traducción de nombres propios como direcciones, localidades o nombres de empresas, que el TA podría traducir de manera indiscriminada.
c) Traducción de los nombres de medios de transporte.
d) Incoherencias en la traducción de un mismo término.
e) Errores de puntuación y acentuación: omisión de comas, espacios delante de signos de puntuación y acentuación incorrecta de nombres propios.

4.2. *Posedición de un texto informativo sobre una atracción turística con dos motores de TA diferentes*

Para esta tarea se ha seleccionado otro texto donde también predomina la función referencial, pero que posee una redacción mucho más elaborada, con un lenguaje positivo que ensalza las características de la atracción turística y algunos tecnicismos y referencias a la cultura árabe. Igualmente, el alumno encontrará ciertos problemas en la redacción del texto original que podrían dificultar la traducción.

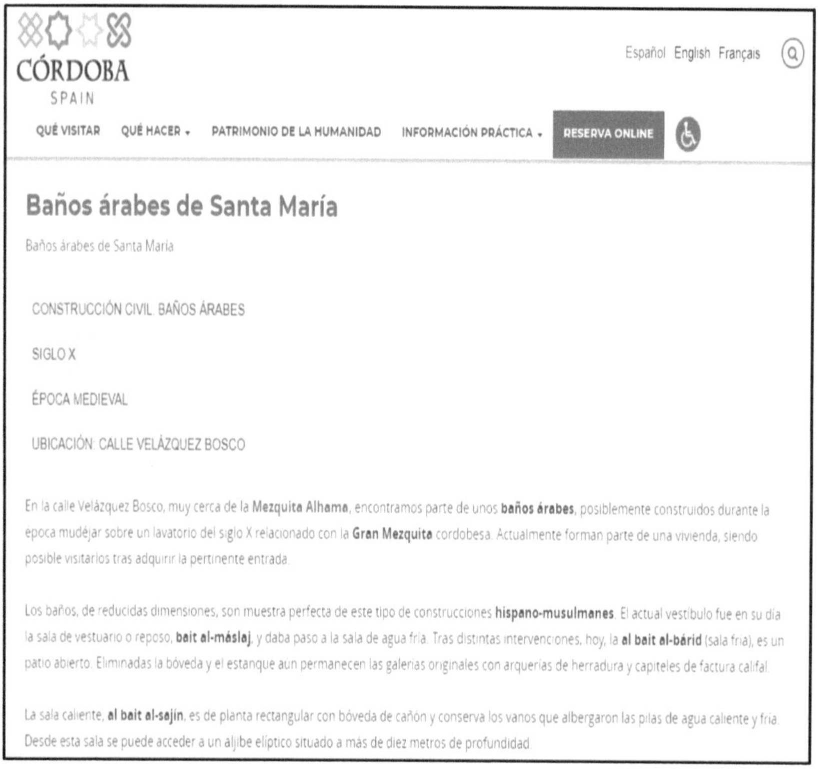

CÓRDOBA
SPAIN

Español English Français

QUÉ VISITAR QUÉ HACER PATRIMONIO DE LA HUMANIDAD INFORMACIÓN PRÁCTICA RESERVA ONLINE

Baños árabes de Santa María

Baños árabes de Santa María

CONSTRUCCIÓN CIVIL: BAÑOS ÁRABES

SIGLO X

ÉPOCA MEDIEVAL

UBICACIÓN: CALLE VELÁZQUEZ BOSCO

En la calle Velázquez Bosco, muy cerca de la **Mezquita Alhama**, encontramos parte de unos **baños árabes**, posiblemente construidos durante la época mudéjar sobre un lavatorio del siglo X relacionado con la **Gran Mezquita** cordobesa. Actualmente forman parte de una vivienda, siendo posible visitarlos tras adquirir la pertinente entrada.

Los baños, de reducidas dimensiones, son muestra perfecta de este tipo de construcciones **hispano-musulmanes**. El actual vestíbulo fue en su día la sala de vestuario o reposo, **bait al-máslaj**, y daba paso a la sala de agua fría. Tras distintas intervenciones, hoy, la **al bait al-bárid** (sala fria), es un patio abierto. Eliminadas la bóveda y el estanque aún permanecen las galerias originales con arquerías de herradura y capiteles de factura califal.

La sala caliente, **al bait al-sajín**, es de planta rectangular con bóveda de cañón y conserva los vanos que albergaron las pilas de agua caliente y fría. Desde esta sala se puede acceder a un aljibe elíptico situado a más de diez metros de profundidad.

Figura 3. Texto sobre baños árabes de la página *Turismo de Córdoba* (https://www.turismodecordoba.org/banos-arabes-de-santa-maria)

Para esta tarea se va a proponer la posedición del mismo texto con dos herramientas de TA diferentes: en primer lugar, Google Translate que, según datos ofrecidos por esta empresa, para la combinación español-alemán utiliza actualmente un sistema de TA estadística (Google, s.f.) y, en segundo lugar, DeepL, un sistema gratuito recientemente desarrollado de TA neuronal. El objetivo principal es que, además de realizar la posedición de los textos correspondientes, los alumnos sean capaces de comparar ambos sistemas y sacar sus propias conclusiones.

Tras la posedición del texto generado por Google Translate, además de detectar errores en la traducción de épocas históricas y referencias a siglos anteriores, así como elecciones terminológicas incorrectas, el alumno podrá percibir que esta herramienta tiene problemas a la hora de traducir al alemán oraciones más complejas en español. Los errores del motor de TA obligarán a rehacer prácticamente la totalidad de las oraciones, con errores básicos como no colocar el verbo alemán al final de una subordinada.

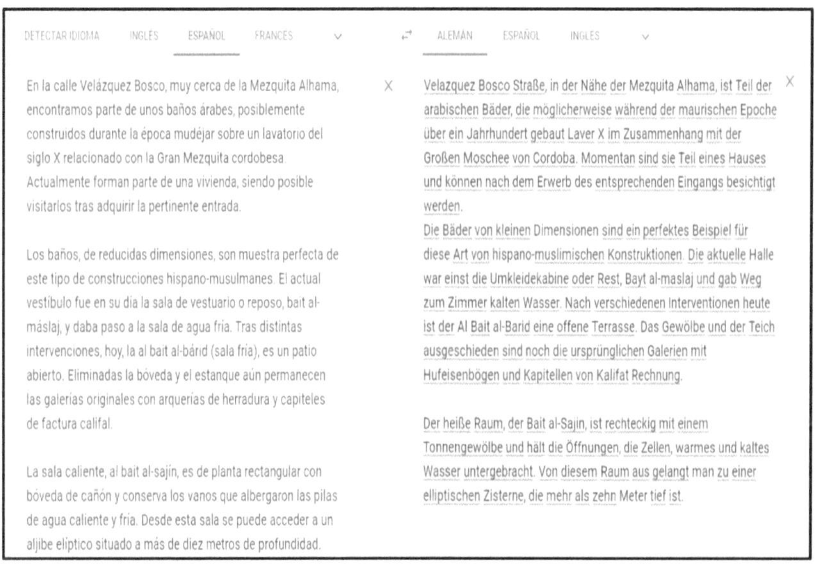

Figura 4. Traducción automática de Google Translate (https://translate.google.es/?hl=es)

Tras el análisis de los errores y la posedición del texto, se proporcionará a los alumnos el texto generado por el segundo motor de TA, en este caso, DeepL. Cabe destacar que, si bien la traducción puede parecer correcta a simple vista, el alumno encontrará errores de sentido. Por ejemplo, la oración «Eliminadas la bóveda y el estanque aún permanecen las galerías originales con arquerías de herradura y capiteles de factura califal» se traduce al alemán como «Die ursprünglichen Galerien mit Hufeisenbögen und Kaliferkapitellen wurden aus dem Gewölbe und dem Teich entfernt» (Las galerías originales con arquerías de herradura y capiteles de factura califal se eliminaron de la bóveda y el estanque). El uso del participio constituye evidentemente un problema que dificulta la TA.

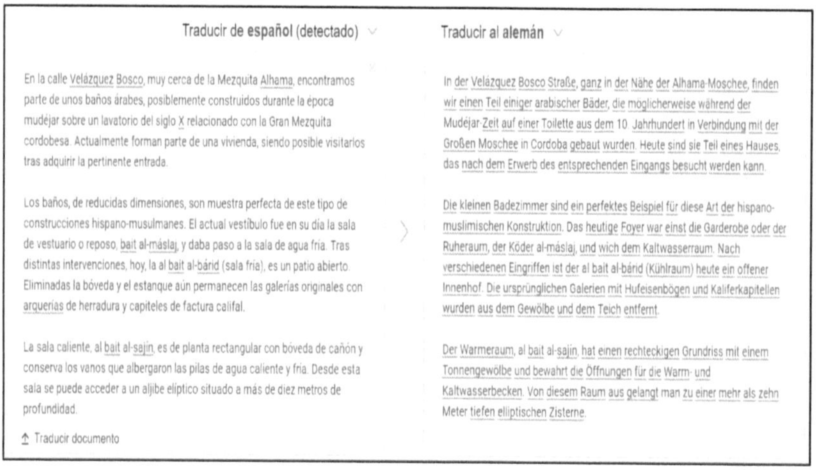

Figura 5. Traducción automática de DeepL (https://www.deepl.com/translator)

Tanto en este ejercicio, como en el anterior, el alumno desarrollará un espíritu crítico que le permitirá evaluar las traducciones ofrecidas por el motor de TA, así como resolver problemas con los que ellos mismos se encuentran si realizan la traducción inversa sin TA previa: elecciones terminológicas incorrectas, errores gramaticales o falsos sentidos, entre las cuestiones de mayor importancia.

4.3. Lenguajes controlados y preedición de textos

A colación de la tarea anterior, se plantea la siguiente actividad que toma como punto de partida los lenguajes controlados. Si bien los textos del ámbito turístico difícilmente pueden someterse a las reglas de un lenguaje controlado propiamente dicho (salvo excepciones como billetes o reservas), ciertas restricciones en el vocabulario, la gramática y el estilo (Ramírez Polo, 2012: 62) podrían facilitar la tarea del traductor automático y, por ende, la consiguiente PE del texto generado por la máquina.

Tras las dos actividades previas, el alumnado empezará a ser consciente de algunas de las restricciones de estos sistemas en lo que respecta al reconocimiento de determinadas estructuras. La actividad aquí planteada consistirá, por tanto, en preeditar aquellas partes de los textos que puedan resultar problemáticas para conseguir un *output* de TA de mayor calidad. En cierto modo, esta tarea de preedición guarda estrecha relación con la etapa de reformulación de la que hablan Grauwinkel y Neunzig (2004: 176) dentro del proceso de traducción inversa, según la cual, tras el análisis inicial, el traductor reformula el texto teniendo en cuenta la fase posterior de transferencia y aprovechando sus conocimientos en la lengua de origen.

Para realizar esta actividad, se pueden emplear los textos de las dos tareas anteriores, aunque se recomienda utilizar también otros no trabajados previamente en clase para reforzar estas habilidades. Se persigue principalmente que el alumno evalúe la calidad del texto de origen, resuelva errores en la redacción y detecte y reformule aquellos fragmentos que pueden ser problemáticos para la TA.

4.4. Wiki: el lenguaje del turismo

La inclusión de la TA en la clase de traducción inversa persigue un doble objetivo: que los alumnos descubran, por un lado, la PE y, por otro, la traducción turística y sus características. Para este último fin, en la presente tarea se sugiere la creación de una *wiki* en una plataforma Moodle o similar, en la que el grupo debe trabajar de manera conjunta para crear una fuente de recursos útiles que facilite la tarea de traducción inversa de textos de esta temática. El objetivo es que, tomando como referencia los textos trabajados en clase, extraigan conclusiones sobre sus peculiaridades y las recojan en la *wiki*. Se recomienda, por ejemplo, abordar expresiones típicas en los textos turísticos o características lingüísticas, como el uso constante de adjetivos en modo comparativo y superlativo o el empleo de determinadas formas verbales. Todo ello se puede acompañar, a su vez, de una explicación gramatical en la lengua C para reforzar los conocimientos lingüísticos.

4.5. Elaboración de pautas de PE

La última actividad propuesta pretende que el alumnado reflexione detenidamente sobre el proceso de PE y que, en parte, valore las ventajas e inconvenientes del uso de esta herramienta. Puesto que la propuesta que aquí realizamos va dirigida a alumnos que se están iniciando en la traducción, esta actividad requiere del apoyo del docente.

Tomando como referencia las pautas de PE publicadas por TAUS (*Translation Automation User Society*) en el año 2010, el grupo deberá debatir y completar dichas pautas según su experiencia con la traducción inversa de textos turísticos. Las particularidades del alemán también pueden dar a lugar a pautas específicas para esta combinación de idiomas. Con este ejercicio, se pretende que el alumno desarrolle conciencia sobre las prácticas habituales en este tipo de tareas y empiece a interiorizarlas.

5. Conclusiones

Como se indicaba al inicio, dos de los pilares en los que se fundamenta el presente trabajo, la TA y la traducción inversa, siguen siendo objeto de intensos debates tanto en el ámbito académico como empresarial. Como profesionales del campo de la traducción comprendemos estas reticencias, en las que sería imposible ahondar sin desviarnos del objeto de este estudio. Sin embargo, los imperativos del sector imponen una realidad que obliga a reconocer ambas prácticas y, en consecuencia, a formar a los futuros egresados de acuerdo con estas exigencias.

Si bien con la llegada de la traducción asistida por ordenador allá por los años 90, el debate tenía lugar principalmente en círculos profesionales por los ajustes de tarifas que esta tecnología traía consigo, la facilidad de acceso a los motores de TA gratuitos disponibles en Internet ha abierto diferentes frentes, entre los que se encuentra el profesorado. Los alumnos, conscientes de la existencia de estas herramientas, las utilizan de manera indiscriminada y sin reparar en sus límites o posibilidades. Por su parte, las dificultades que la traducción inversa plantea al estudiantado predisponen a utilizar esta tecnología con esta clase de traducción (Hurtado Albir, 2008: 52).

Las limitaciones lingüísticas con las que se encuentran los alumnos en el caso de la traducción inversa a las lenguas C son difícilmente abordables solo durante el grado. Por este motivo, y con la intención de que cuando se incorporen al mercado laboral cuenten con los medios necesarios para hacer frente a este tipo de encargos, la tarea del profesor será ir más allá de la automatización de tareas que implica la TA. La posedición de textos turísticos en clase de traducción inversa ha demostrado ser una buena herramienta para ello.

Como se ha puesto de manifiesto con las diferentes actividades y tareas expuestas en el apartado anterior, la traducción de textos turísticos puede llegar a plantear casi los mismos desafíos lingüísticos a la máquina y al humano. La traducción de referencias culturales y el uso, en ocasiones, de un lenguaje poético o simplemente más elaborado que un texto de naturaleza técnica siguen constituyendo verdaderos retos para los motores de TA. Sin embargo, su nivel de perfeccionamiento es cada vez mayor y los resultados de los motores de TA neuronal pueden llegar a ser sorprendentes.

Por lo tanto, con el fin de promover una interpretación constructivista y holística de las competencias (Pérez Gómez, 2008: 77) y de adaptarnos a los desafíos tecnológicos de las últimas décadas, la propuesta metodológica de este trabajo fusiona el desarrollo de las competencias en traducción inversa (especialmente en lengua C), con el descubrimiento de las características de los textos turísticos y otros conceptos más relacionados con el proceso de traducción que con el producto: los corpus textuales, la TA estadística y neuronal, los lenguajes controlados, la preedición y la posedición.

Referencias bibliográficas

Beeby, A. (1996). *Teaching Translation from Spanish to English.* Ottawa: University of Ottawa Press.

Calvi, M. V. (2010). Los géneros discursivos en la lengua del turismo: una propuesta de clasificación. *Ibérica: Revista de la Asociación Europea de Lenguas para Fines Específicos*, 19, 9–32.

De la Cruz Trainor, M. M. (2003). *La traducción de textos turísticos: propuesta de clasificación y análisis de muestras* (Tesis doctoral). Málaga: Universidad de Málaga.

De la Cruz Trainor, M. M. (2004). Traducción inversa: una realidad. *Trans. Revista de Traductología*, 8, 53–60. doi: 10.24310/TRANS.2004.v0i8.2963.

DeepL (s. f.). Recuperado de https://www.deepl.com/translator

Déniz Suárez, G. R. (2015). *La traducción de textos turísticos (español-inglés). Los folletos de museos* (Tesis doctoral). Las Palmas de Gran Canaria: Universidad de Las Palmas de Gran Canaria.

Diputación de Cádiz (2018). *Web Oficial del Turismo de Cádiz.* Recuperado de http://www.cadizturismo.com/

Durán Muñoz, I. (2012). Caracterización de la traducción turística: problemas dificultades y posibles soluciones. *Revista de Lingüística y Lenguas Aplicadas*, 7, 103–113.

European Language Industry (2018). *2018 Language Industry Survey — Expectations and Concerns of the European Language Industry.* Recuperado de https://ec.europa.eu/info/sites/info/files/2017_language_industry_survey_report_en.pdf

Forcada, M. L. (2017). Making sense of neural machine translation. *Translation Spaces*, 6(2), 291–309. doi: 10.1075/ts.6.2.06for.

García, I. (2012). A Brief History of Postediting and of Research on Postediting. *Revista Anglo Saxonica*, serie III, 12, 293–308.

González Davies, M. (2004). *Multiple Voices in the Translation Classroom.* Amsterdam, Philadelphia: John Benjamins.

Google (s. f.). AI & Machine Learning Products. Language Support. *Google Cloud.* Recuperado de https://cloud.google.com/translate/docs/languages

Grauwinkel, G. y Neunzig, W. (2004). El uso inteligente de las tecnologías de la información: un reto para la traducción especializada inversa. En R. Gaser, C. Guirado y J. Rey (eds.), *Insights into Scientific and Technical Translation* (pp. 175–185). Barcelona: Universitat Pompeu Fabra.

Grauwinkel, G. y Neunzig, W. (2007). Fundamentos de un modelo para la traducción especializada inversa y propuesta de validación. En L. Pegenaute, J. A. Decesaris, M. Tricás y E. Bernal (eds.), *Actas del III Congreso Internacional de la Asociación Ibérica de Estudios de Traducción e Interpretación. La traducción del futuro: mediación lingüística y cultural en el siglo xxi, vol. 2.* Barcelona 22–24 de marzo de 2007 (pp. 213–224). Barcelona: PPU.

Hurtado Albir, A. (2008). *Traducción y Traductología. Introducción a la Traductología*. Madrid: Cátedra.

Instituto Municipal de Turismo de Córdoba (2018). *Turismo de Córdoba*. Recuperado de https://www.turismodecordoba.org/

Kelly, D., Nobs, M. L., Sánchez, D. y Way, C. (2003). La traducción A-B en el mercado profesional. En D. Kelly, A. Martin, M. L. Nobs, D. Sánchez y C. Way (eds.), *La direccionalidad en traducción e interpretación: perspectivas teóricas, profesionales y didácticas* (pp. 43–64). Granada: Atrio.

Lorenzo, M. P. (2008). Competencia revisora y traducción inversa. *Cadernos de traduçao*, 2(10), 133–166. doi: 10.5007/6148.

Mappelli, G. y Piccioni, S. (2010). Taxonomía de los textos turísticos: factores lingüísticos y factores contextuales. En M. V. Calvi y G. Mapelli (eds.), *La lengua del turismo. Géneros discursivos y terminología* (pp. 47–74). Berna: Peter Lang.

Masseau, P. (2013). La traducción inversa en el grado de traducción: ¿un mal necesario? En M. T. Tortosa Ybáñez, J. D. Álvarez Teruel y N. Pellín Buades (eds.), *XI Jornadas de Redes de Investigación en Docencia Universitaria* [Recurso electrónico]: *Retos de futuro en la enseñanza superior: docencia e investigación para alcanzar la excelencia académica* (pp. 282–295). Alicante: Universidad de Alicante.

Massey, G. y Ehrensberger-Dow, M. (2017). Machine Learning: Implications for translator education. *Lebende Sprachen*, 62(2), 300–312. doi: 10.1515/les-2017-0021.

Mira Rueda, C. (2008). *El discurso turístico en inglés y en español: su tratamiento lexicográfico* (Tesis doctoral). Málaga: Universidad de Málaga.

Nord, C. (1997). *Translating as a purposeful activity: functionalist approaches explained.* Manchester: St. Jerome.

O'Brien, S. (2012). Translation as Human-Computer Interaction. *Translation Spaces*, 1(1), 101–122. doi: 10.1075/ts.1.05obr.

Pérez Gómez, Á. I. (2008). ¿Competencias o pensamiento práctico? La construcción de los significados de representación y de acción. En J. Gimeno Sacristán (comp.), *Educar por competencias, ¿qué hay de nuevo?* (pp. 59–102). Madrid: Morata.

Ramírez Polo, L. (2012). *Use and Evaluation of Controlled Languages in Industrial Environments and Feasibility Study for the Implementation of Machine Translation* (Tesis doctoral). Valencia: Universidad de Valencia.

Roiss, S. (2001). El mercado de la traducción inversa en España. Un estudio estadístico. *Hermeneus. Revista de traducción e interpretación*, 3, 379–408.

Seghiri Domínguez, M. (2015). La traducción turística inversa (español-inglés) con corpus virtual: protocolo de diseño y compilación en el aula de traducción. En G. Corpas Pastor, M. Seghiri Domínguez, R. Gutiérrez Florido y M. Urbano Mendaña (eds.), *New Horizons in Translation and Interpreting Studies* (pp. 123–124). Geneva: Editions Tradulex.

TAUS (2010). Machine Translation Post-Editing Guidelines Produced in Partnership with CNGL (Centre for Next Generation Localisation). *TAUS. The Language Data Network.* Recuperado de https://www.taus.net/academy/best-practices/postedit-best-practices/machine-translation-post-editing-guidelines

Wimmer, S. (2011). *El proceso de la traducción especializada inversa: modelo, validación empírica y aplicación didáctica* (Tesis doctoral). Barcelona: Universidad Autónoma de Barcelona.

Aurora Ruiz Mezcua

Estudio empírico sobre el discurso especializado en el ámbito turístico dentro del aula de interpretación

Resumen El Turismo es uno de los pilares socioeconómicos de la comunidad autónoma de Andalucía por eso muchos alumnos de Traducción e Interpretación muestran un especial interés por este campo. En vista de este acercamiento, pensamos que el lenguaje turístico (básico, primeramente, y luego más) especializado, puede servir de ayuda para la adquisición de las técnicas de interpretación. De este modo, hemos llevado a cabo un estudio empírico dentro de la asignatura «Técnicas de la interpretación de la lengua B II» en tres cursos académicos consecutivos (2016, 2017 y 2018), en el que hemos comparado los resultados de los alumnos frente a distintos tipos de ejercicios: dos actividades de clase con vocabulario general y semiespecializado frente a una tarea específica para la interpretación consecutiva corta especializada dentro del campo del Turismo. El objetivo de dicho estudio es: comprobar si aumenta el grado de dificultad al tratarse de interpretación especializada (previa documentación por parte del alumno) y ver con qué actividades se obtenían mejores calificaciones: discurso especializado (visita a la Mezquita-Catedral) para la interpretación directa, discurso no especializado, pero con terminología semiespecializada (comisaría de policía) y discurso no especializado con vocabulario general (consulta de medicina general).

Abstract Tourism is an essential socio-economic cornerstone for Andalusia. This is why many students enrolled in Translation and Interpretation degrees pay special attention on it. Considering this high interest, we think touristic vocabulary (first, basic, then advanced and specialized) may help in the acquisition of interpretation techniques. Thus, we have carried out an empirical case study within the subject «Técnicas de la interpretación de la lengua B inglés II» in three consecutive academic years (2016–2017 and 2018) to compare the undergraduate students' results performing different tasks: two class activities using general vocabulary and semi-specialised vocabulary with a specific exercise on «short consecutive interpretation» using specialised Tourism vocabulary. The objective of this study is: to see if the degree of difficult improves when doing specialised interpretation (students can do research on the topic in advance) and to compare the final performance results in terms of marks: specialised speech for direct interpretation into Spanish (context: visit to the Mosque-Cathedral), not specialised speech using semi-specialised terminology (Police Station) and not specialised speech using general vocabulary (Primary care consultation).

1. Introducción: justificación del estudio y estado de la cuestión

El sector turístico es uno de los pilares socio-económicos de la comunidad autónoma de Andalucía, esto hace que los alumnos de Traducción e Interpretación, en ocasiones, decidan acercarse al ámbito turístico de la ciudad en la que cursan sus estudios, bien sea matriculándose en asignaturas con dicha temática, incluso, cursando los planes de estudio del doble itinerario de Traducción y Turismo (recientemente implantado en las universidades de Córdoba y Granada); realizando prácticas curriculares o extra-académicas o simplemente entrando en contacto con extranjeros que visitan el país, pues ven en el Turismo una fuente para poner en práctica sus conocimientos lingüísticos, especialmente en la vertiente oral. En vista de este acercamiento, pensamos que el lenguaje turístico (a nivel básico, primeramente, y luego más especializado) puede servir de ayuda para la adquisición de las técnicas de interpretación.

El empleo de terminología especializada en diversos campos temáticos se ha tratado frecuentemente en la literatura académica en relación con la enseñanza de la Traducción (Muñoz, 2004; Martínez López, 2009; Barceló y Gutiérrez, 2011), pero no tanto con la interpretación, pues los trabajos de esta última giran en torno a otras cuestiones, como son, por ejemplo: los modos (simultáneo, consecutivo, susurrado, telefónico, dialógico-bilateral…), la calidad, el proceso cognitivo, su aplicación en contextos formales (como la diplomacia o las conferencias) o su vertiente social para la atención en hospitales, servicios de urgencias, comisarías de policía, peticiones de asilo, asistencia en carretera o violencia de género, por mencionar algunos ámbitos. Sin embargo, en el aula de interpretación también se emplea terminología especializada (más concretamente, discursos especializados), que precisamente deriva de esos distintos contextos en el que el intérprete puede trabajar.

Uno de los ámbitos con los que los alumnos de Traducción e Interpretación están más en contacto en la CCAA de Andalucía y tienen más facilidad para poner en práctica sus conocimientos lingüísticos adquiridos es el sector turístico. Por lo tanto, pensamos que el lenguaje especializado turístico puede servir de ayuda para la adquisición de las técnicas de interpretación. Hemos llevado a cabo un estudio empírico a lo largo de cuatro años que nos indica que la motivación de los alumnos aumenta cuando realizan actividades que ven más plausibles y su interés por la preparación de la asignatura también aumenta.

2. Metodología

2.1. Descripción del tipo de interpretación empleado

Para realizar nuestro estudio, nos basamos en la asignatura «Técnicas de la interpretación de la lengua B II», materia en la que en la Universidad de Córdoba nos centramos en la adquisición de habilidades para interpretar en los modos consecutivo (que ya se inició en la asignatura anterior, «Técnicas de la interpretación de la lengua B I», por lo tanto, podríamos hablar de perfeccionamiento de dichas habilidades) y bilateral, que comienza al iniciarse dicha asignatura.

La interpretación consecutiva puede definirse de una forma más o menos tradicional (sin tener en cuenta el uso de las nuevas tecnologías o los diversos contextos en los que la técnica puede emplearse), pero clara, como:

> La técnica en la que el intérprete suele estar al lado del orador, toma notas, gracias a un método especial, de una parte del discurso que este pronuncia, y después reproduce el mensaje en la lengua meta. La duración de la intervención del intérprete suele ser más breve que la del orador principal y esta puede variar de un breve fragmento a unos cuantos minutos (Morelli, 2007: 444).

Si los segmentos que se van a interpretar no son excesivamente largos y se pueden memorizar y posteriormente reproducir sin anotaciones, hablamos de «interpretación consecutiva corta»:

> Consecutive interpreting, with the use of systematic note-taking is sometimes referred to as «classic» consecutive, in contrast to short consecutive without notes, which usually implies a bidirectional mode in a liaison constellation (Pöchhacker, 2004: 19).

Por su parte, es recurrente la literatura en la que se pone de manifiesto que la interpretación bilateral recibe distintas denominaciones y definiciones, pues existen crecientes trabajos en los que se analizan los contextos en los que se practica y entran a debate sus rasgos distintivos. De este modo, en este trabajo, nos restringiremos a delimitar la técnica sobre la que hemos trabajado en el aula, dejando al margen otras concepciones igualmente válidas. Así, la interpretación bilateral puede definirse como:

> (...) modalidad de interpretación que se caracteriza porque se desarrolla fundamentalmente en un contexto dialógico. Lo cierto es que se produce una interacción entre dos partes que se diferencian por lengua y cultura, lo que provoca que entre en juego una tercera parte con el fin de facilitar la comunicación y hacer que se llegue a un acuerdo (Collados Aís y Fernández Sánchez, 2001: en línea).

Jiménez Ivars (2002:2), clasifica esta técnica como «interpretación consecutiva dialógica», cuyas particularidades son:

> El rasgo diferenciador de esta modalidad es que su finalidad es la traducción de diálogos orales en tiempo real frente a monólogos. El intérprete reformula oralmente lo enunciado por cada hablante en cuanto este cede su turno de palabra. Es la modalidad de traducción primigenia, se conoce desde el surgimiento de comunidades lingüísticas diferentes con necesidades de comunicación. El canal de comunicación afecta la interacción y puede ser directo, telefónico o videoconferencia. Las intervenciones suelen ser breves de manera que no es necesaria la toma de notas (...). Las destrezas específicas que requiere esta modalidad son dominar el cambio rápido de código y los turnos de palabra. El número de participantes suele ser reducido y el diálogo es privado aunque en algunas ocasiones sea público como en conferencias de prensa o en los tribunales. La interacción determina el desarrollo de la interpretación en mayor medida que en otras modalidades dada la relación de proximidad entre los participantes. Los géneros habituales de esta modalidad son entre otros: entrevista (periodística, laboral, social, terapéutica), negociación, debate, conferencia de prensa, cursos, adiestramiento, exámenes, interrogatorios y ceremonias.

En este tipo de interpretación, sobre todo cuando el público es reducido, el intérprete suele estar más presente en el acto de comunicación (incluso en los casos de interpretación a distancia) y, por tanto, suelen desempeñar un papel crucial los protocolos y los elementos culturales, las pautas de actuación, la comunicación no verbal (distancia interpersonal, tono, mirada, gestos, actitud, etc.) e incluso los factores psicológicos, especialmente en el caso de contextos hospitalarios, refugiados, asilo político o violencia de género, por mencionar algunos de los más complejos en este sentido.

No obstante, establecer una línea divisoria entre la interpretación consecutiva (corta) y la interpretación bilateral, de enlace o dialógica es, en ocasiones, complicado, especialmente cuando ambas se realizan en contextos formales. Curiosamente, hasta podría tratarse de una cuestión económica o de prestigio:

> En la conferencia hay un orador que habla a un público en un idioma que este no entiende. Cuando no hay interpretación simultánea, el intérprete realiza su labor en consecutiva, donde tiene que aplicar sus habilidades mnemotécnicas. Es la actividad mejor pagada en el mercado privado, por encima de la simultánea. Por eso muchos intérpretes califican de interpretación consecutiva de conferencia lo que no es mas que interpretación de enlace... (León, 2000: 190).

Independientemente de este debate, en la asignatura «Técnicas de la interpretación de la lengua B II» los alumnos realizan ejercicios tanto de interpretación consecutiva como bilateral, por eso, para nuestro estudio realizaremos un ejercicio que en cierta medida puede considerarse como híbrido, pues se encuadraría dentro de lo que se denomina «consecutiva corta». Comparte elementos comunes con ambas; por un lado, se trata de un discurso completo para interpretación directa, cuyo contexto podría definirse como de conferencias (dentro de las visitas guiadas), pero, por otro, las intervenciones son muy breves, más parecidas a un diálogo y no existe «público» asistente como tal, más allá del grupo de alumnos. En este ambiente con cierto grado de «confianza» el alumnado tiene a preguntar cuando no conoce algún término o cree no haber entendido alguna expresión, lo cual es más propio de la interpretación bilateral o de otros registros.

2.2. Descripción y limitaciones del estudio

El estudio empírico consiste en la realización de una actividad para practicar la interpretación consecutiva corta en contexto turístico: una visita a la Mezquita que hipotéticamente realiza un grupo de turistas españoles con un guía que habla inglés. Los alumnos, por turnos, interpretan del inglés al español. Las intervenciones son cortas, más o menos una frase o un pequeño párrafo, no es necesario realizar toma de notas (aunque sí es recomendable apuntar cifras y nombres propios en determinadas ocasiones, siempre a criterio del propio intérprete), trabajando exclusivamente en interpretación directa (en nuestro caso inglés-español).

La primera limitación del estudio es precisamente la direccionalidad de las pruebas: aquella en la que vamos a usar el discurso especializado requiere solo traducción (interpretación) directa por parte del alumno/a, mientras que el resto serán bidireccionales (inversa y directa). Entendemos que un discurso especializado interpretado en traducción (interpretación) inversa sería demasiado complejo para la muestra del estudio, dado el nivel general de idioma extranjero del alumnado. De este modo, pensamos que, si bien realizar una comparativa entre las tres actividades usando una lengua meta o dos lenguas meta puede considerar una limitación del estudio, una actividad con interpretación inversa especializada solo mostraría un gran nivel de fracaso, que no es el objeto de este trabajo. Recordemos que nuestro propósito es comprobar si existen diferencias entre los resultados de los ejercicios, pero contando siempre con que la muestra pueda realizarlos. Así, tal como se ha elaborado el estudio, partimos de la base de que el alumnado puede enfrentarse a todas las pruebas con cierto nivel de éxito y, al mismo tiempo, atendemos a los tres grados de dificultad que pretendemos: discurso especializado para la interpretación directa, discurso no especializado pero con terminología semiespecializada para interpretación directa e inversa en la Comisaría de Policía y discurso no especializado con vocabulario general para interpretación directa e inversa en la Consulta de medicina general.

Para la visita turística (discurso especializado con interpretación directa), los alumnos se personaron en el lugar a la hora acordada[1].

---

1 Dado que todos son alumnos de la Universidad de Córdoba, podemos entrar de forma gratuita en el monumento habiéndolo solicitado por escrito y fax al Deán de la Catedral-Mezquita de Córdoba previamente.

Pensamos que este dato es especialmente relevante, pues añade un toque de veracidad al ejercicio. Los alumnos pueden «meterse» en la piel del intérprete más fácilmente y empelar recursos (como observar físicamente el espacio) que podrían usar si hubieran sido contratados a tal efecto. La profesora adopta el rol del guía turístico que realizará el *tour* en inglés. La ventaja que representa estar físicamente en la Mezquita-Catedral es también una limitación del estudio, pues no hemos podido personarnos en la consulta de un médico, ni en la comisaría de policía, ni en un tribunal, por ejemplo, que son otros contextos en los que los alumnos han trabajado en clase (si bien para el estudio solo hemos empleado los resultados de los dos primeros, pues son de un nivel más sencillo[2]) y con los que, de forma sucinta, simplemente a modo de ejemplo, compararemos los resultados. Sin embargo, sí hemos simulado dichos contextos empleando una página web creada por un equipo de la Universidad de Córdoba con la intención de acercar esos ámbitos especializados, pero de difícil acceso a nuestro alumnado, la web *Breaking the ICE (Interpretación en Contextos Especializados) in Interpretation*[3].

También mencionaremos como limitación del estudio que, al realizarse durante tres años consecutivos, las distintas promociones que han llevado a cabo los ejercicios pueden tener distintos niveles de idiomas. Si bien no son especialmente significativos, la primera podría destacar sobre las otras dos. No obstante, para llegar a los resultados, no es relevante qué promoción era más sobresaliente, sino que las tres han tenido menor dificultad en general en el ejercicio de interpretación especializada dentro del ámbito turístico.

2 Los resultados del ejercicio de interpretación en un juicio son posteriores a la visita a la Mezquita y denotan: falta de documentación por parte del alumnado, que desconocía muchas expresiones indispensables del ámbito jurídico-judicial (especialmente en la interpretación inversa al inglés) y, por tanto, una necesidad de profundizar en la terminología especializada y en los protocolos del contexto tratado. Posiblemente dichos contextos son más propios de cursos posteriores, de ahí que se hayan descartado de este trabajo.

3 Disponible en: http://www.uco.es/organizacion/calidad/ice/

Asimismo, el ejercicio de interpretación consecutiva corta es el último que realizamos en el curso de los cuatro mencionados, con lo cual, es posible que el alumnado haya evolucionado desde la primera tarea hasta la última, pues ha transcurrido un tiempo aproximado de cinco semanas desde la primera a la última.

Por último, cabe destacar que muchos estudios empíricos que pasan por la evaluación de un ejercicio se someten a cierto grado de subjetividad por parte de la persona que realiza su valoración. En este estudio, para considerar un ejercicio como válido, nos centramos sobre todo en la transmisión del sentido[4], como suele ocurrir en interpretación. Las palabras expresan ideas y estas ideas deben quedar reflejadas en el discurso meta, con unos términos u otros: «La construcción del sentido de un mensaje oral y/o visual está encarada, por un lado, como un proceso semasiológico, de la forma al sentido y, por el otro, como un proceso onomasiológico, del sentido a la forma» (Famularo, 2010: en línea).

Sin embargo, cuando tratamos discursos, hay términos que sí deben quedar reflejados en nuestra interpretación (sean especializados o no) para que esta pueda considerarse como correcta; o, si el término en sí no aparece, al menos sí debe haberse producido una modulación correcta que haga que la frase funcione, que la conversación tenga coherencia, que el diálogo no se interrumpa y que se mantenga dicho sentido en el discurso meta.

Para intentar paliar, en cierta medida, este posible sesgo, utilizamos una hoja de autoevaluación que los alumnos/as completan después de realizar cada actividad. De esta manera, observamos la impresión de los alumnos/as, primeramente, y luego escuchamos su ejercicio para cotejarlo con la de la profesora. De esta manera, contamos con dos valoraciones (la que cada alumno/a ofrece de su propio trabajo y la de la profesora).

4 Recordemos en este punto la famosa «Teoría de sentido» de Seleskovitch y Lederer.

Tabla 1. Hoja de autoevaluación simplificada

Comprensión	Lengua meta	Puntos positivos
Omisión grave	Vocabulario específico	Aparición de términos
Falsos sentidos	Prosodia	específicos
Omisión leve	Tono y velocidad	Buenas traducciones
Precisión	Pausas verbalizadas	Coherencia discursiva

3. Corpus textual y muestra del estudio

3.1. El corpus: el discurso especializado en el ámbito turístico

El corpus empleado está diseñado específicamente para la puesta en práctica de las habilidades necesarias para realizar una interpretación consecutiva corta en contexto especializado dentro del sector turístico. El *role-play* se corresponde con una visita a la Mezquita-Catedral de Córdoba. Los alumnos, de uno en uno, van interpretando las frases al español. Dicho corpus está pensado para una duración de un par de horas, habida cuenta de que el grupo de alumnos (36) interprete al menos en 3 ocasiones (3 frases por persona para la «interpretación consecutiva corta»).

La terminología especializada del ámbito turístico de este texto que los alumnos reciben como palabra clave para documentarse previamente al ejercicio es: *Mosque-Cathedral, Roman temple, Visigothic catedral, Abd al-Rahman I, Al-Hakam II, Al-Mansur, horseshoearch, reforms, plasterwork, Islamic Art* and *Mihrab.*

Asimismo, podríamos considerar como vocabulario especializado el siguiente listado:

Tabla 2. Vocabulario Visita Mezquita-Catedral

Nombres propios	Espacios	Términos relacionados con el arte	
—St. Mary of the Assumption	—Courtyard of the Orange Trees	—UNESCO World Heritage Site	—Byzantine-style tiles
—Ferdinand III	—Tower of the Alminar	—Baroque belfry	—Mosaics and plasterwork
—God Janus	—Minaret	—Hypostyle hall	—Islamic Art
—St Vincent of Saragossa	—Mérida amphitheatre	—Double arches	—Renaissance cathedral
—Alfonso X the Wise	—Villaviciosa Chapel	—Ceilings	—High altar
—Charles V, king of Castile and Aragon	—the Royal Chapel	—Horseshoe shape	—Baroque lectern and pulpit
—Antonio Palomino	—Mihrab	—Lower arches	—North and south transept
	—Maqsura	—Semi-circular shape	—Choir stalls
		—Upper arches	—Embossed
		—Base, shaft, and gallery	—Decorative ornamentation
		—apse	
		—Gothic carpentry	
		—Octagonal dome	

El texto completo por escrito, que fue leído en las tres ocasiones como discurso oral, puede consultarse en el *Anexo I* de este trabajo[5].

El resto de corpus de este estudio están extraídos de la mencionada web *Breaking the ICE (Interpretación en Contextos Especializados) in Interpretation* y transcurren en: la consulta de un médico general (2 minutos de duración, *ejercicio 1,* titulado «*consulta médico gafas*») y en una comisaría de policía (5 minutos, *ejercicio 2,* titulado «*Comisaría de policía*»), contextos ambos en los que podríamos decir que se trabaja puramente en interpretación bilateral, utilizando interpretación directa e inversa, con segmentos breves.

5 Al tratarse de interpretación, el alumnado se ha expuesto al discurso enunciado de forma oral, que se trataba de una lectura del texto escrito que presentamos en el *Anexo I.* Por tanto, en las tres ocasiones ha sido muy similar al texto escrito, pero puede haber sufrido alguna modificación propia del discurso oral y no sustancial para este trabajo. De hecho, en el último año se realizó una pequeña omisión de dos de los párrafos relacionaos con el arte islámico por falta de tiempo (cierre del monumento).

Tabla 3. Vocabulario sobre los ejercicios sobre comisaría de policía y consulta médica

	Ejercicio 1: médico	**Ejercicio 2: comisaría**
Palabras clave (no proporcionadas al alumnado de antemano; solo indicamos los contextos: consulta médica por dolor de cabeza y comisaría de policía por robo de un monedero)	—Dolor pasajero o constante —Estrés —Dificultades para ver —Oftalmólogo —Ibuprofeno —Receta (médica)	—Purse stolen —ID —Visa card —*Tesco* discount —*Mulberry*[6]

3.2. Muestra del estudio

La muestra de este estudio la conforman tres promociones de alumnos/as de Traducción e Interpretación que cursaban en segundo cuatrimestre la asignatura «Técnicas de la interpretación de la lengua B II» en los cursos académicos 2016, 2017 y 2018. Su edad oscilaba entre los 19–22 años y todos ellos habían cursado, mínimo, una asignatura de interpretación previamente. La mayoría del grupo ha realizado una estancia del programa *Erasmus*, pero curiosamente, en países donde ponían en práctica sus lenguas C, generalmente. Toda la muestra es hablante nativo de español. La muestra recibió las palabras clave indicadas en el apartado anterior con una antelación aproximada de dos semanas a través de la plataforma Moodle de la asignatura con el fin de que cada alumno se documentara de forma individual en casa. Algunos de los alumnos enviaron sus listados terminológicos pensando que era obligatorio entregarlos.

6 Incluimos este término (que es una marca comercial, una empresa de moda de lujo fundada en el Reino Unido en 1971 (*Mulberry*, «OurStory», 2019, disponible en: https://www.mulberry.com/us/) porque, si bien no es de gran relevancia para mantener el sentido de la interpretación, la mayoría de los alumnos/as no ha reproducido la frase correctamente por no haberlo entendido. No ocurre lo mismo con el anterior, *Tesco*, cadena de supermercados británicos (https://www.tesco.com/), que sí conocían y han entendido en su mayoría.

4. Resultados

4.1. Gráficas correspondientes a los resultados

Dividiremos los resultados obtenidos tras el estudio empírico en dos gráficas: la primera de ellas muestra el porcentaje de alumnos aptos en la prueba que nos ocupa frente a las otras dos primeras realizadas en otros contextos, con un vocabulario menos especializado.

Como en los dos primeros casos podemos considerar que se trata de «discurso no especializado», nos ceñiremos a estudiar en qué medida se han resuelto correctamente las frases en las que aparecían las «palabras clave», valorando su funcionalidad como enunciado en el discurso meta y atendiendo a la falta o no de información relevante para la conversación.

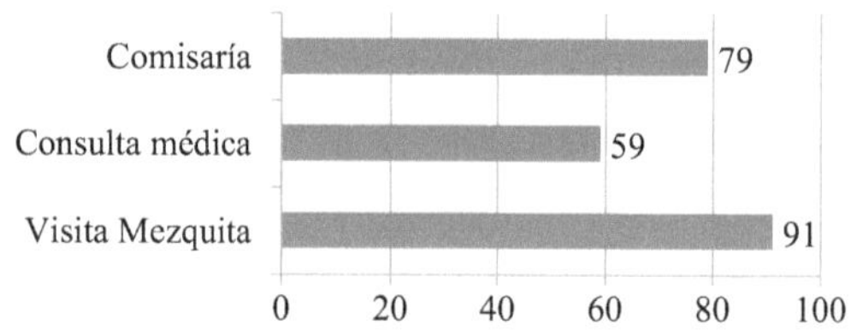

Gráfico 1. Resultados de alumnos/as aptos/as que superan la prueba

Podemos comprobar que no existe una diferencia muy notable en los resultados, si bien observamos claramente una mayor cantidad de alumnos/as aptos/as en la prueba que se corresponde con el ejercicio realizado en la Mezquita-Catedral, en segundo lugar, en la comisaría de policía y, por último, en la consulta de medicina general. Los alumnos/as aptos/as son aquellos/as que han realizado el ejercicio de forma que se mantiene el sentido del original, el discurso meta tiene coherencia y el diálogo ha podido desarrollarse.

En la segunda gráfica mostramos el nivel de éxito con respecto al vocabulario especializado.

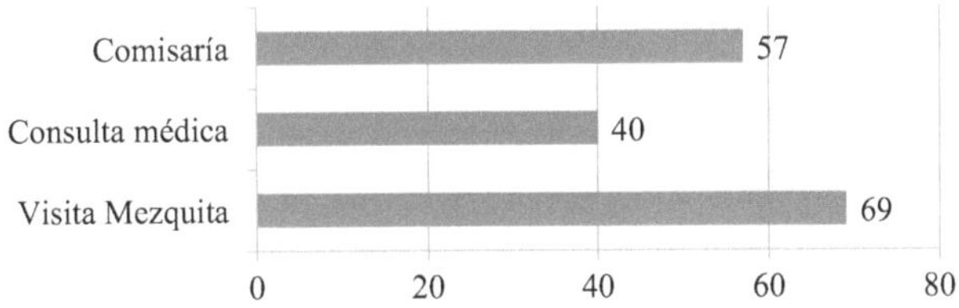

Gráfico 2. Resultados de vocabulario especializado

En este caso existe una mayor diferencia entre los resultados, aunque no excesiva. Volvemos a tener una mayor cantidad de alumnos/as que conocen y traducen correctamente la terminología específica en la prueba que se corresponde con el ejercicio realizado en la Mezquita-Catedral. En segundo lugar, queda el contexto policial y en último el bio-sanitario. La terminología empleada en la consulta de medicina general es menos especializada, pero al mismo tiempo, quizás es más difícil para el alumno/a encontrar otra expresión cuando no conoce el significado y si opta por la elisión del enunciado, se puede considerar «error de omisión», pues cuando desaparece esa información, el diálogo no fluye o carece de sentido.

4.2. Análisis de los ejercicios

4.2.1. Contexto: consulta de medicina

En el caso de la consulta de medicina, que es el que ha obtenido los resultados más bajos con respecto al nivel de alumnos/as «aptos/as», los términos más problemáticos han sido: «Dolor pasajero o constante» (entre un 60–70 % no han traducido esta frase correctamente o directamente no la han traducido[7]), la pregunta «*¿Algún tipo de malestar?*[8]» (un 60 % ha dudado o no ha sabido qué hacer en este caso) e «ibuprofeno»

7 El resto, o conocía la expression, o ha sabido modular la frase de manera que se mantuviera el sentido.

8 *Breaking the ICE in interpretation*, disponible en: http://www.uco.es/organizacion/calidad/ice/practica/interpretacion-bilateral/item/23-consulta-medico-gafas-en-es

(aproximadamente un 30 % no han sabido qué decir y un 20 % lo han pronunciado de forma incorrecta[9]).

Los términos «intermitente/pasajero» e «ibuprofeno» resultan clave para la producción del discurso, pues la pregunta «¿El dolor es constante o pasajero? (ibíd.)» queda sin enunciar, sin enunciar de forma completa o su sentido queda alterado. Por otra parte, el ibuprofeno es la solución a la cefalea que el médico propone, si el intérprete no es capaz de traducirlo, no estaría a la altura de las circunstancias; de ahí que una parte más del alumnado no haya superado la prueba. El término «receta», que también sería importante para el discurso, se ha traducido de forma correcta en aproximadamente un 70 % de los casos, un pequeño porcentaje, alrededor del 20 %, ha empleado lo que podríamos denominar «falso amigo», pues una de sus acepciones coincide con el español, pero la que buscamos en este contexto no (*recipe*) y cerca de un 10 % ha omitido esa información.

— Médico: De todas formas, voy a prescribirle ibuprofeno, como siempre, para que lo tome si el dolor persiste. ¿Tiene en su casa o le hago una receta? (ibíd.).

Por lo demás, el resto de términos se han traducido de forma adecuada. En este caso el vocabulario, que habíamos considerado como «no especializado», sino «general», ha sido un problema para un porcentaje relativamente alto del alumnado.

4.2.2. Contexto: comisaría de policía

En el caso de la comisaría de Policía, un 5 % no conocían el significado de la palabra «purse», lo cual supone un problema para la elaboración de una de las primeras frases con la que se abre el diálogo, si bien si el alumno/a indica «me han robado», omitiendo el objeto en sí, el diálogo podría continuar sin influir negativamente en la conversación:

9 Aunque pronunciado de forma incorrecta, consideramos como válido el enunciado, pues pensamos que un angloparlante entendería de qué medicamento se trata.

— Policía: Buenos días, ¿En qué puedo ayudarla?
— Usuario: *I have my purse stolen.*
— Policía: No se preocupe, haremos todo lo posible por ayudarla.
— Usuario: *I've got my money on it…*[10].

Los términos relacionados con las marcas comerciales (*Mulberry* y *Tesco*) han sido omitidos aproximadamente en el 50 % de los casos (el primero en más ocasiones que el segundo), si bien ninguno es decisivo para la interpretación, como puede apreciarse al leer los enunciados donde aparecen: 1) Una descripción física del objeto (para considerar la frase como correcta el alumno/a debe indicar al menos dos términos de los tres que el usuario emplea para la descripción del monedero) y 2) Una descripción del contenido del monedero (donde en realidad es de mayor importancia la cantidad económica y las tarjetas bancarias por su valor).

— Usuario: It's black leather from Mulbery, it's quite long, but not that big.
[…]
— Usuario: 80 euros in cash. Then my visa card, my company's card, and a Tesco discount card (ibíd.).

Los conceptos *Visa card* y *ID* no han supuesto un problema para los estudiantes, que en prácticamente todos los casos han realizado una buena traducción de la frase en la que aparecían («Usuario: *I had all my money in it, all my credit cards, my ID card and other personal stuff*» (ibíd.).

Los alumnos/as que no superan la prueba no lo hacen, en su mayoría, por errores gramaticales y de expresión en su lengua B, más que por falta de vocabulario o problemas terminológicos; es decir, pensamos que se trata de una manifestación de insuficiente nivel lingüístico o bien falta de práctica a la hora de trabajar en interpretación inversa (o una combinación de ambas cuestiones).

10 *Breaking the ICE in interpretation*, disponible en: http://www.uco.es/organizacion/calidad/ice/practica/interpretacion-bilateral/item/16-comisaria-de-policia-es-en

4.2.3. Contexto: visita a la Mezquita-Catedral

Por último, en el caso de la visita a la Mezquita-Catedral, los alumnos/as tienden a «salir del paso» con mayor facilidad, salvo excepciones. Algunas veces consultan sus notas para buscar la terminología que llevan apuntada.

En cuanto a las palabras que hemos considerado «clave»: los nombres propios apenas han supuesto problemas (solo la denominación del antiguo templo romano de «Jano» que no hemos considerado palabra clave, pues lo importante para el discurso meta es que se indica que hay un pasado romano, por encima del nombre del dios al que el templo se consagraba). Los nombres de los espacios tampoco.

Sin embargo, se ha producido más errores de traducción u omisiones en el vocabulario «eclesiástico-artístico», por ejemplo, en los términos: «belfry», «choir», «pulpit and lectern» y, en un número muy inferior de casos, «dome». Quizás esto se deba a que la mayoría se han documentado más sobre el monumento en su faceta anterior de Mezquita y no han tenido en cuenta que, hoy, se trata en realidad de una Catedral, por lo tanto, aparecerían términos de ambos templos en el discurso original.

No obstante, en general, los alumnos han sabido buscar subterfugios para una posible falta de información puntual, y han sido capaces, en gran medida, de «disimular» de manera más exitosa aquellos segmentos del discurso que quizás no tenían claros o no habían comprendido completamente y, por tanto, han sido capaces de producir frases que cumplían con las expectativas del contexto en el que estaban realizando la interpretación de forma más satisfactoria, con lo cual, se ponía de manifiesto que las técnicas para interpretar eran más adecuadas que en los ejercicios anteriores.

En conclusión, los resultados del estudio muestran que el alumnado es capaz de obtener calificaciones ligeramente mejores en los ejercicios de interpretación especializada dentro del ámbito turístico. Los datos ponen de manifiesto que el vocabulario o, mejor dicho, el discurso especializado en el sector turístico (de corte histórico-artístico) no es un hándicap para la realización de la actividad.

5. Consideraciones finales

Como hemos mencionado anteriormente, el sector turístico es uno de los pilares socioeconómicos de la CCAA de Andalucía y de la ciudad de Córdoba en concreto, ciudad en la que se enmarca nuestro estudio empírico. Esto hace que una gran parte del alumnado de Traducción e Interpretación muestre un especial interés por este campo. En vista de este acercamiento, pensamos que el lenguaje turístico (básico, primeramente, y luego más) especializado, puede servir de ayuda para la adquisición de las técnicas de interpretación.

Pensamos que la asignatura «Técnicas de la interpretación de la lengua B II» es caldo de cultivo para la realización de estudios empíricos sobre la didáctica de la interpretación, pues no es la primera materia de interpretación que los alumnos cursan y presenta características que resultan ventajosas para la selección de la muestra: especialmente gran cantidad de alumnado y homogeneidad del mismo (en términos de edad, nivel lingüístico tanto del idioma materno como del inglés, en este caso; experiencias previas similares, etc.). Por tanto, hemos comparado los resultados de los alumnos frente a distintos tipos de ejercicios: uno para la interpretación consecutiva corta especializada y otro para la interpretación bilateral para comprobar si aumenta el grado de dificultad según la técnica empleada y con qué actividades se obtienen mejores calificaciones. Este nos ha mostrado que: 1) la motivación del alumnado aumenta cuando ve una aplicación plausible a aquello que estudia, 2) el empleo de la terminología especializada no suele ser un problema en interpretación cuando conocemos el tema/nos documentamos adecuadamente de antemano, 3) no existen diferencias remarcables en el uso de una técnica u otra. De este modo, en nuestro estudio, los discursos que contenían terminología especializada en el ámbito turístico hacían que los alumnos obtuvieran mejores resultados.

Por último, los resultados del estudio muestran que el alumnado es capaz de obtener mejores calificaciones en los ejercicios de interpretación especializada dentro del ámbito turístico. Esto puede deberse, como indicábamos en las limitaciones del estudio, a que se trataba de una de las últimas actividades de clase, momento en el que quizás habían adquirido las técnicas para interpretar de forma más adecuada, pero también al hecho de que sabían que la visita a la Mezquita-Catedral era una práctica real y no una simulación en el laboratorio de idiomas. Esto puede incitar a pensar que quizás los alumnos tenían una mayor motivación y prepararon el vocabulario especializado con mayor ahínco que en las otras ocasiones.

Anexo I: corpus para la interpretación consecutiva

The Mosque of Cordova

Dear students,

Thank you very much for joining this workshop and welcome to you all. As you probably or hopefully know, today we are going to speak about the Mosque of Cordova. I´m going to divide my speech into different sections. We will talk about History and Arts, mainly. We are going to start here, by the fountain. The Mosque-Cathedral of Cordova is called ***St. Mary of the Assumption.*** *It is an UNESCO World Heritage Site. This great building was built in the 8th century and renovated on several occasions. After the conquest of Cordoba by Ferdinand III, in the 13th century, the mosque was consecrated as a cathedral. So before we start, I´d like to point out a certain of number of aspects.*

The fountain. *We begin our tour here, by the fountain. Outside the Mezquita is the* ***Courtyard of the Orange Trees****. In springtime it is perfumed with orange blossoms and has a beautiful fountain. It is said that if you drink from the four water pipes you get married. So, if anyone of you are willing to wear a bride/groom dress soon, you know what to do… From here we can also see The* ***Tower of the Alminar.*** *This minaret was once used to summon the faithful to prayer. It has a Baroque belfry. Its access is nowadays limited, so it is not included in normal visits.*

Is it a Cathedral, a Mosque, or Both? *Cordoba's cathedral is referred to as La Mezquita (meaning «The Mosque») by locals, newspapers, tourist books, and schools. Certainly, it was first a church, then a great* *mosque and after the conquest of Cordoba, the mosque became a cathedral. This means that today it is in the hands of the Church. But the cathedral has been the object of repeated demands on the part of the Muslim community, whose believers want to pray inside the mosque as a mosque. Christian Catholics do not agree with the Muslim proposal of praying together, as there is no place in the world where Catholics and Muslims share their worship space. There is a long running controversy. Let's go in…*

The inside. A bit of History*… First of all, we can say that talking about the Great Mosque of Cordova's architecture is like talking about Córdoba s History itself, as the construction of this building is full of remains that reflect the past of this city. The site on which the Mezquita stands has long been a sacred space: it was host to a* ***Roman temple*** *devoted to the roman god Janus first, and a Visigothic cathedral dedicated to St Vincent of Saragossa after that. But the Mosque itself was constructed in the 8th century. Saint Vincents floor was recently revealed beneath the Mezquita's floor.*

MUSLIMS

The Mosque-Cathedral of Cordoba is the most important monument of all the Western Islamic world. Prince Abd al-Rahman I bought the Christian half of the church of St. Vincent. The construction of the Mezquita lasted for over two centuries, starting in ***784 AD*** *under the supervision of the emir of Cordoba, Abdar-Rahman I. Additionally, Abd al-Rahman I used the mosque as an adjunct to his palace. The Great Mosque of Córdoba held a place of importance amongst the Islamic community of al-Andalus for three centuries. In Córdoba, the capital, the Mosque was seen as the heart and central focus. As Cordoba became a bigger and richer city, there was a stronger need to accommodate larger congregations of people, (especially at the Friday noon prayers). Some extensions were made: the Mosque was added to by Abd al-Rahman II, before being completed by al-Hakam II and the vizier al-Mansur in the second half of the 10th century. Of the four stages, that of Al-Hakan —containing the mihrab (niche in the wall pointing to Mecca)— is the most decorative and striking.*

The main hall of the mosque was used for a variety of purposes. It served as a central hall for teaching and to manage law. Once I heard it was considered to be the first University in Europe. The hypostyle hall has 856 columns made of jasper, onyx, marble, and limestone. These were made from pieces of the Roman temple which had occupied the site previously, as well as other destroyed Roman buildings, such as the Mérida amphitheatre. The double arches were a new introduction to architecture, permitting higher ceilings than would otherwise be possible with relatively low columns. Notice the horseshoe shape of the lower arches and the semi-circular shape of the upper arches which are recurrent in all the mosque. The horseshoe arch was borrowed from Visigothic architecture.

Reforms

The mosque underwent numerous subsequent changes: ***Abd al-Rahman II*** *ordered a new minaret. A minaret is a distinctive architectural feature of Islamic mosque. Minarets provide a visual focal point and are used for the call to prayer. The basic form of a minaret includes a base, shaft, and gallery. Styles vary regionally and by period. Alhakam II secured peace with the Christian kingdoms of northern Iberia, and made use of the stability to develop agriculture and knowledge. In the 10th, enlarged the building and enriched the apse. So, his building works included an expansion of the main mosque of Cordoba (962–966) and the completion of the Royal residence of Medina Azahara (976), which Abdar-Rahman III had begun before. The last of the reforms was carried out by* ***Al-Mansur*** *in 987. His rule marked the peak of power for Moorish Iberia. He completed the outer naves and orange tree courtyard, although his reforms are rather plain in comparison with the others. When finished, the Mezquita was the most magnificent of the more than* ***1,000*** *mosques in Cordoba. But Cordoba was subject to frequent invasions and each conquering wave added their own mark to the architecture.*

Main muslims Parts

Traditionally, the apse of a mosque faces in the direction of Mecca; this means that, by facing the apse, worshipers pray towards Mecca. Mecca is east-southeast of the mosque, but the mihrab points south.

***Mihrab**: Experts say the Mezquita's most interesting feature is the mihrab. We can see an octagonal dome that rises above the mihrab and the maqsura, which is flanked by columns. You can see enterlaced multi-lobed arches surrounded by Byzantine-style tiles with Arabic inscriptions. It was built by Al Hakam II (961–76). It is one of the rare jewels of the Umayyad dynasty. It once housed the Koran and relics of Muhammad. In front of the Mihrabis the Maksoureh, a kind of anteroom for the caliph and his court; its mosaics and plasterwork make it a masterpiece of Islamic art.*

CHRISTIANS

In 1236, Córdoba was conquered from the Moors by King Ferdinand III of Castile in the Reconquista. This way, the mosque was returned into a Catholic church. The Christians initially left the architecture largely undisturbed — they simply devoted it to the Saint Mary, and used it as a place of Christian worship. But the minaret of the mosque was converted to the bell tower of the cathedral. The openings leading from the patio (in whose fountains ablutions were carried out) were closed, and some Christian chapels were inserted along the walls.

GOTHIC CHAPEL

This is the West view of the old, 13th-century Cordoba Cathedral (Capilla Mayor) built within Al-Hakam II's section of the Great Mosque. At the east end stands Villaviciosa Chapel and the Royal Chapel. The king who oversaw its construction, Alfonso X the Wise, was buried at the east end of this nave in the Royal Chapel. This ceiling is a rare example of gothic carpentry in Spain.

THE CATHEDRAL

Stepping directly from the mosque into the Capilla mayor is a cultural shock. There is a lot of light, brightness and a very different style. Obviously, the most significant alteration was the building of a Renaissance cathedral right in the middle of the mosque's structure. The insertion was constructed by permission of Charles V, king of Castile and Aragon. However, when Charles V visited the completed cathedral he was displeased by the result and famously commented, I quote: «they have taken something unique in all the world and destroyed it to build something you can find in any city». We can see the Cathedral's renaissance high altar, its gothic ceiling, the baroque lectern and pulpit, and the renaissance walls of the north and south transept, which blend into Islamic arches from Almanzor's final expansion of the Mosque at the end of the 10th century. Over the years, the space within the Capilla mayor and choir was filled with images and figures which are forbidden in Islam, since the adoration of images could lead to idolatry. For Christians, the paintings and sculpture that adorned the churches served a didactic purpose. In an age when the masses were illiterate, sculpture and painting offered a visual memory aid to the Bible and to Christian gospels. The altarpiece of Córdoba's Capilla mayor, for example, contains five paintings by the 18th-century Cordovan artist Antonio Palomino, four of which depict Cordovan martyrs while the other shows the Virgin Mary ascending to heaven.

Let's look at the choir. The 18th-century choir stalls are carved in rich mahogany from the West Indies and contain: scenes from the Bible, the life of the Holy Virgin, depictions of local martyrs, and also a proliferation of decorative pieces like masks, eagles and a variety of flora and fauna. There isn't a single vertical or horizontal line in the choir stalls that isn't embossed, a much favoured technique of baroque artists. Even the ceiling is a combination of geometrical forms enclosing all kinds of decorative ornamentation.

After all this tour, I think we can easily appreciate how this building is actually unique in the world. It's difficult to imagine another monument where you can stand with one foot in an Islamic house of worship and the other in a church. Together, the two temples are an ideal architectural metaphor for the shared history of Christianity and Islam.

I hope you have enjoyed the visit and now I give you some time to explore the Mosque-cathedral by yourself. I will be available to answer any questions you might want to ask. See you in an hour outside the building, by the fountain.

Referencias bibliográficas

Fuentes primarias

Collados Aís, A. y Fernández Sánchez, M. (2001). *Manual de Interpretación bilateral*. Comares: Granada.

Famularo, R. (2010). El sentido en el interpretar. *LSI. Lengua de Señas e Interpretación*, 1, 57–71.

Jiménez Ivars, A. (2002). Variedades de interpretación: modalidades y tipos. *Hermeneus*, 4, 1–15.

León, M. (2000). *Manual de Interpretación y Traducción*. Madrid: Luna Publicaciones.

Morelli, M. (2008). La evaluación y la autoevaluación en la formación de intérpretes. En S. Pastor Cesteros y S. Roca Marín (ed.), *XVIII Congreso Internacional de la Asociación para la Enseñanza del Español como lengua Extranjera (ASELE): La evaluación en el aprendizaje y la enseñanza del español como lengua extranjera/ segunda lengua*. Alicante, 19–22 de septiembre de 2007 (pp. 441–448). Alicante: Servicio de Publicaciones de la Universidad de Alicante.

Pöchhacker, F. (2004). *Introducing Interpreting Studies*. London: Routledge.

Fuentes secundarias

Del Pozo Triviño, M. I. (2009). Una propuesta formativa en interpretación en los servicios públicos en el marco del EEES. *Revista electrónica de didáctica de la traducción y la interpretación*, 3, 31–51.

Güemes, I. V., Álvarez, S. A., y Domínguez, M. C. (2017). El desarrollo de la interpretación en el siglo xx: el intérprete de guerra en el mundo actual. *Revue Internationale d'Études en Langues Modernes Appliquées*, 10, 99–114.

Fjørtoft, M. R. (2010). *La traducción del lenguaje no sexista: Un estudio cualitativo de la interpretación consecutiva del español al noruego* (Tesis doctoral). University of Bergen.
Martínez, T. y Gutiérrez, I. (2011). Adquisición de conocimiento experto y terminología en el proceso de enseñanza-aprendizaje de la traducción especializada (ámbitos jurídico y técnico). *Anales de filología francesa*, 19, 25–39.
Martínez López, A. B. (2009). Sobre la traducción de documentos médico-legales (de español a inglés): práctica profesional y explotación didáctica en el aula de traducción especializada. *Redit*, 2, 33–52.
Muñoz, M. S. (2004). Hacia la definición de necesidades de aprendizaje de los alumnos de traducción científico-técnica. *Panace@*, 5(16), 141–148.
Seleskovitch, D. y Lederer, M. (1984). *Interpréter pour traduire*. Paris: Didier Érudiction, CollectionTraductologie.

Astrid Schmidhofer

Cómo integrar los programas gratuitos de traducción automática en el aula de traducción

Resumen Los programas gratuitos de traducción automática de última generación, que se basan en redes neuronales, han alcanzado un nivel de calidad tan alto que se están convirtiendo para muchos en una alternativa a la traducción humana. Este desarrollo requiere necesariamente de una reacción por parte de las instituciones que forman traductores. En nuestra opinión, los currículos de formación deben incorporar estos programas de forma controlada enseñando a los estudiantes las posibilidades que ofrecen al igual que sus límites. En este trabajo, exploraremos posibles usos en el aula que abarcan tanto una actividad práctica como preguntas para el debate y la reflexión.

Abstract The latest generation of free machine translation software, which is based on neural networks, has reached such a high quality level that many have started to consider it an alternative to human translation. This development undoubtedly requires a reaction from translator training institutions. In my opinion, translator training programmes should incorporate this software in a controlled way by teaching students the possibilities it offers as well as its limits. In this paper, I will discuss possible classroom uses and present a practical activity as well as questions for discussion and reflection.

1. Introducción

En los últimos años hemos presenciado una mejora notable en los programas gratuitos de traducción automática que están al alcance de todos los usuarios de Internet. Se han convertido, para muchos usuarios, en herramientas útiles para conocer el sentido (aproximado) de textos escritos en idiomas que antes no habrían sido capaces de leer debido a su desconocimiento del idioma en cuestión.

Estos programas también están siendo usados, habitualmente de forma clandestina, por los estudiantes de traducción para realizar encargos de traducción para clase y, en algunos casos, hasta en exámenes.

Al mismo tiempo, la traducción automática está cobrando una importancia cada vez más notable en el mercado de la traducción (Sánchez-Gijón 2016: 152; Flanagan y Christensen, 2014: 257; Mellinger, 2017: 281–283), pues con la mejora de estos programas surge una y otra vez la pregunta del valor añadido del traductor humano frente a la máquina y si este valor añadido justifica el gasto considerable asociado a la traducción humana. De momento, la fórmula más popular en términos de gastos y calidad parece ser la combinación de traducción automática más posedición humana. Parece tener razón Pym, quien ya en 2012 auguró que la traducción automática «is destined to turn most translators into posteditors one day, perhaps soon».

La cuestión que hemos de afrontar los docentes de traducción es cómo reaccionar ante esta realidad cambiante. A pesar de que algunas universidades ofrecen cursos específicos de posedición en sus programas, la traducción automática parece seguir siendo un tabú en la mayoría de las clases de traducción.

Al plantear este asunto, las reacciones que observamos entre compañeros eran muy variados: algunos se inclinan por prohibir estos programas de forma tajante, otros por mostrar a los estudiantes su inutilidad, mientras que otros favorecen planteamientos más pragmáticos que consisten en reconocer esta nueva realidad y buscar maneras de integrarlos en la formación de traductores[1].

Es esta última postura aquella que a nosotros nos parece la más sensata y realista. Los programas de traducción automática han llegado para quedarse. Si queremos preparar a nuestros estudiantes para el mercado de hoy día, debemos abordar también estas herramientas y enseñar a los estudiantes las ventajas que ofrecen y las limitaciones que albergan para la labor del traductor.

1 Resultados de una encuesta informal realizada a mediados de 2018. Esperamos que poco a poco la balanza se vaya inclinando hacia una mayor aceptación e integración de la TA en la formación de traductores.

Este trabajo explora, por lo tanto, cómo se pueden integrar estos programas en el aula de traducción general y qué ajustes requieren por parte del docente y de los estudiantes con respecto a la enseñanza de la traducción más tradicional.

2. La traducción automática (TA)

2.1. Historia de la Traducción Automática

Aunque las primeras ideas sobre una mecanización del proceso traductor datan del siglo XVII, es en la década de los 1930 cuando se registran los primeros trabajos pioneros. Entre 1947 y 1954 se produce una fase de gran actividad y optimismo y tras una demostración pública de un sistema basado en 6 reglas y 250 palabras, el Gobierno estadounidense aumenta la financiación para impulsar el desarrollo de estos sistemas. Sin embargo, los resultados esperados no acaban de llegar y en 1966 el informe de ALPAC (*Automatic Language Processing Advisory Committee*) concluye que la traducción automática es más lenta, menos precisa y más cara que la traducción humana y que no se espera que esto cambie en el futuro cercano. Como consecuencia, la inversión en el desarrollo de la TA se reduce drásticamente en EE. UU.

En otras partes del mundo, como en Europa y Canadá, la investigación continúa y a partir de la época de los 1980, la TA empieza a diversificarse tanto a nivel técnico como a nivel geográfico. También es en esa época en la que surgen los primeros sistemas de Traducción Asistida por Ordenador (TAO). En la época de los 90 comienzan a desarrollarse métodos basados en corpus y la investigación se empieza a centrarse más en el desarrollo de aplicaciones prácticas.

A partir de la primea década de este milenio, empiezan a ofrecerse aplicaciones gratuitas en línea, como por ejemplo el traductor de Google que entra en funcionamiento en 2006.

2.2. *Tipos de programas de traducción automática*

En el ámbito de la TA se distinguen, por lo general, tres tipos de sistemas:

1) La TA basada en reglas dominó, durante mucho tiempo, el ámbito de la TA (Bentivogli *et al.*, 2016: 257). Los sistemas de este tipo comprenden un gran número de reglas lingüísticas y diccionarios bilingües para cada combinación lingüística. El programa realiza un análisis sintáctico del texto original y genera un texto meta a partir de las reglas gramaticales y las entradas de los diccionarios integrados. A día de hoy, estos sistemas no pueden solucionar problemas de traducción asociados a ambigüedades léxicas y muestran deficiencias gramaticales según la complejidad y distancia estructurales de los idiomas en cuestión. Pueden obtener, sin embargo, buenos resultados en el ámbito de la traducción especializada si se incorporan diccionarios de especialidad.
2) La TA estadística, en cambio, se basa en el análisis de corpus de textos bilingües. El sistema asocia lemas y formas gramaticales entre los dos idiomas en función de su frecuencia y sus contextos de uso. Para ofrecer buenos resultados, estos sistemas requieren de corpus bilingües muy amplios.
3) La TA neuronal también se nutre de grandes corpus bilingües, pero genera además una red neuronal artificial. Esta red permite asociar información adicional a cada palabra como el contexto en el que aparece con frecuencia. Asimismo, estos sistemas están capacitados para «aprender», es decir, extraer información de los textos introducidos para mejorar su rendimiento. Estos sistemas, de reciente creación, están obteniendo resultados más que respetables, que es lo que nos ha llevado a plantear la cuestión que subyace al presente trabajo.

2.2.1. *Panorama actual de la TA en línea*

Existe, a día de hoy, ya un número considerable de programas gratuitos de traducción automática en línea entre los que destacan DeepL y Google Translate por su popularidad y la calidad de sus resultados. Una prueba rápida con un texto periodístico en la combinación alemán/

español nos mostró que estos dos programas proporcionan textos con una corrección lingüística considerable y pocos errores de sentido, aunque, en muchos casos, la idiomaticidad de los textos no se ajusta a las convenciones de la lengua de llegada. Vamos a describir, a continuación, estos dos programas, pues nos parecen los más indicados para los propósitos que vamos a analizar en este artículo.

2.2.2. Google Translate

En septiembre de 2016, Google Translate anunció un nuevo sistema neuronal, con el nombre de Google Neural Machine Translation (GNMT). Este sistema realiza traducciones en todas las combinaciones lingüísticas entre las 103 lenguas soportadas por Google (Merkert, 2016). Una de las novedades más revolucionarias consiste en la llamada *Zero-Shot Translation*, la traducción entre dos lenguas para los que el sistema no dispone de corpus paralelos (Merkert, 2016; Schuster, 2016). Esto es posible, dado que el sistema ya no comprende redes neuronales para cada par de idiomas, sino una red gigante con diversas subredes y capas que analiza las frases introducidas y las compara con la información extraída de traducciones ya realizadas (Merkert, 2016). Esto significa que el sistema es capaz de «aprender» de traducciones ya realizadas.

Los algoritmos de estos sistemas de Inteligencia Artificial se basan en las estructuras del cerebro humano (Rubinoff, 2017). La posibilidad de traducir entre todos los idiomas soportados sugiere que el sistema aprende una lengua universal (Merkert, 2016).

2.2.3. DeepL

Desde hace unos meses, la empresa alemana DeepL, que ya desarrolló el diccionario contextual Linguee[2], ofrece un traductor online gratuito, que ha superado a otros sistemas gratuitos en diversas pruebas (Plass-Fleßenkämper, 2017). Aparte de proporcionar resultados razonables, este sistema además pone a disposición del usuario opciones alternativas para cada lema propuesto en un desplegable.

Los desarrolladores, a día de hoy, no han revelado detalles acerca del funcionamiento del sistema. Solo se sabe que el programa emplea

2 https://www.linguee.de/.

redes neuronales convolucionales, que se usan en el reconocimiento de imágenes (Plass-Fleßenkämper, 2017).

2.2.4. Ventajas y límites de la TA

La cuestión de si la TA sustituirá a la traducción humana en algún momento lleva años discutiéndose en el ámbito de la Traductología. Hasta hace poco tiempo, no existía ningún programa al alcance del usuario de Internet que pudiera satisfacer exigencias mínimas de calidad. Por lo general, las traducciones ofrecidas no suponían ninguna ayuda para el traductor profesional. Sin embargo, las mejoras introducidas en los programas gratuitos de TA que hemos descrito en el apartado anterior nos hacen replantear esta cuestión, pues permiten a millones de usuarios acceder a programas de TA que ofrecen, en muchos casos, resultados razonables.

Si evaluamos la utilidad de estos programas desde la perspectiva del usuario o del cliente de servicios de traducción, quedan patentes ventajas como una considerable reducción de los costes y del tiempo de espera (Marheinecke, s.f.).

En el lado de las desventajas hay que destacar que los sistemas no producen traducciones idiomáticas y no pueden manejar fragmentos humorísticos o metafóricos (Marheinecke, s.f.) y pueden, asimismo, contener fallos lingüísticos o de contenido. Por eso, en el sector comercial deben usarse con cautela, pues según Weidemann (2017), las traducciones imprecisas pueden acarrear consecuencias negativas para la reputación de una empresa e incidir negativamente en sus ventas.

A día de hoy, las traducciones realizadas por sistemas de TA requieren siempre un trabajo de posedición humano (Marheinecke, s.f.; Weidemann, 2017). Puede constatarse entonces que, de momento, la TA es una ayuda para un traductor en que le puede proporcionar un producto base. En muchos casos, esto conduce a una aceleración del proceso de traducción. En otros, sin embargo, la revisión llevaría tanto tiempo que es más conveniente optar por una traducción totalmente humana. Tampoco debe olvidarse que la TA condiciona la labor del traductor y pone límites a su autonomía y creatividad (véase Massey y Ehrensberger-Dow, 2017: 305).

3. La TA en el aula de traducción

3.1. Curriculums

Como dijo Mellinger, ya en 2017 (2017: 281), «[t]he incorporation of machine translation (MT) into translation curricula is a growing trend». Con todos los cambios que se están llevando a cabo en este ámbito, cualquier trabajo exhaustivo acerca de la presencia de la TA en los currículums universitarios realizado en este momento, estaría condenado a quedarse anticuado en breve.

Renunciamos, por lo tanto, a un trabajo exhaustivo y presentaremos, a modo de ejemplo, la situación en Austria, un país que cuenta con tres departamentos que imparten estudio de Traducción e Interpretación: Viena, Graz e Innsbruck. Los estudios se dividen en un ciclo de grado de tres años y otros de máster de dos. Los programas de máster suelen ser de especialización en traducción especializada o literario e interpretación de conferencias o comunitaria.

A nivel de grado se observa que ningún plan de estudios menciona la TA de forma explícita, sino que se emplean fórmulas genéricas que hacen referencia a los aspectos tecnológicos como «tecnologías del lenguaje relevantes para la traducción»[3] (Curriculum Bachelorstudium Transkulturelle Kommunikation Universität Wien 2016: 8), «posibilidades de uso de tecnologías de comunicación e información relevantes para la traducción» (Curriculum Bachelorstudium Transkulturelle Kommunikation Karl-Franzens-Universität Graz, 2017: 20) o «uso de tecnologías aplicadas a la traducción y herramientas profesionales actuales» (Curriculum Bachelorstudium Translationswissenschaft Leopold-Franzens-Universität Innsbruck, 2016: 11).

El panorama en los programas de máster es bastante más diverso. Hay un currículum que menciona la TA de forma explícita y es el de Viena que en su itinerario «Traducción Especializada e Industria del Lenguaje» tiene un módulo con el nombre de «Métodos, Procesos y Tecnologías» cuya descripción comprende «tecnologías y herramientas para la traducción automática, la traducción asistida por ordenador y la

3 Traducción de las citas de los currículums: Astrid Schmidhofer.

localización (inclusive pre- y la posedición, gestión de corpus y contenidos multilingües, memorias de traducción, bases de datos terminológicos, ontologías y gestión de recursos terminológicos y lingüísticos)» (Curriculum Masterstudium Translation Universität Wien, 2017: 7). El currículum de Innsbruck tiene un módulo transversal obligatorio con el nombre de «Tecnologías de la Traducción», en el que no se hace, sin embargo, referencia explícita a la traducción automática (Curriculum Masterstudium Translationswissenschaft Leopold-Franzens-Universität Innsbruck, 2009: 4); no obstante, hay que destacar que la última actualización de este currículum se realizó antes de la irrupción de la TA en los mercados. Esta universidad ofrece asimismo una asignatura optativa con el nombre de «Perfiles, Ética y Campos Profesionales de la Traducción», que comprende «redacción técnica», al igual que «pre- y posedición». El currículum de Graz, en cambio, solo menciona la «traducción asistida por ordenador» en su módulo «Fundamentos de la Traducción» (Curriculum Masterstudium Übersetzen Karl-Franzens-Universität Graz, 2017: 14).

3.2. La TA en la formación de traductores: estado de la cuestión

Aunque el papel de la traducción automática en la formación de traductores es un tema muy candente, el número de trabajos e investigaciones dedicados a él es más bien reducido. Esto se debe, a nuestro parecer, a que ha sido principalmente en estos últimos dos años, con la aparición de programas de última generación que usan redes neuronales, que la TA ha suscitado un aumentado interés en la comunidad docente. Esto también se hace patente en los congresos de la disciplina con una mayor presencia de comunicaciones dedicadas a este tema.

Organizaremos esta revisión bibliográfica en dos grandes bloques. Por un lado, se presentarán las propuestas de índole más general como la inclusión de la TA en los currículums de traducción más allá de los cursos específicos y el impacto de la TA en la modelación de la competencia traductora; por otro se resumirán algunos trabajos empíricos que se han realizado en este ámbito.

Con respecto al primer punto mencionado, la integración de la TA a lo largo de todo el currículum, se observa un fuerte apoyo a la idea de integrar la TA en un amplio número de asignaturas de traducción, ya en la etapa del grado, en lugar de abordarla únicamente en asignaturas dedicadas específicamente a estas tecnologías. Flanagan y Christensen (2014: 272) opinan, por ejemplo, que «trainees will benefit more from being introduced to technology earlier in the programme because they have the opportunity to use it in conjunction with translation exercises, instead of in isolation» y Massey y Ehrensberger-Dow (2017: 307) abogan por un «sustained use of CAT tools and TM in practical translation courses and not just in translation technology courses». También Mellinger (2017: 284) se pronuncia a favor de la integración de la TA y opina que «language-specific translation courses provide a natural locus for inquiry and learning related to specific target language renditions resulting from machine translation».

Si buscamos propuestas más concretas, encontramos las sugerencias de Mellinger (2017: 281), quien propone incluir «controlled authoring, terminology management, engine tuning, and post-editing». Massey y Ehrensberger-Dow (2017: 307), a su vez, consideran que los estudiantes deberían «develop information literacy skills, to assess the opportunities and risks of the internet, and to work effectively with (parallel) corpora and digital language data». Asimismo, los estudiantes deberían, según estos autores, «be encouraged to develop the metacognitive capacity to reflect on the deployment of language technologies, by learning about the capabilities and limitations[4] of the machines and tools with which they are and will be working».

Varios autores destacan que la integración de la TA también está directamente vinculada a una mejora de la empleabilidad de los egresados, pues no solo serían capaces de ofrecer y realizar un abanico más amplio de servicios, sino también estarían mejor preparados para un mercado que está experimentando profundos cambios (véase también Massey y Ehrensber-Dow, 2017: 307):

> With multiple language industry stakeholders regularly using machine translation, university translation programmes must now consider how best to prepare their

4 Los autores (2017: 308) advierten específicamente del peligro de una dependencia de la TA y una rutinización del trabajo del traductor y sugieren que los programas formativos deberían fomentar la intuición y creatividad humanas y el compromiso ético de los estudiantes.

graduates to work in this professional context. The systematic incorporation of these topics into the curriculum is appropriate, since commercial demands for machine translation continue to increase (Mellinger, 2017: 283).

El otro tema destacado de este bloque versa sobre el impacto de la TA en la modelación de la competencia traductora. Pym apunta ya en 2012 que la revolución tecnológica nos obliga a replantearnos algunos conceptos básicos como los modelos de competencia traductora actuales o los conceptos de texto original y texto meta, pues hoy día

we are faced with situations in which the translator is working from a database of some kind (a translation memory, a glossary or at least a set of bitexts), often sent by the client or produced on the basis of the client's previous projects.

Sanchez-Gijón (2016) distingue entre dos perfiles de poseditores. El primer perfil, que es un perfil más limitado, se centra en la validación de fragmentos proporcionados por un motor de TA tal como se concibe hoy día, generalmente, en la industria de la traducción. El segundo perfil que define la autora es mucho más amplio y es el de un experto integral que aparte de validar fragmentos traducidos puede preparar materiales para la posedición, preparar motores de TA y gestionar sistemas de TA. La diferencia entre estos dos perfiles reside, principalmente, en la competencia instrumental que «permite al traductor tomar decisiones sobre qué recursos son los más apropiados en cada momento» (Sánchez-Gijón, 2016: 156). Consecuentemente, también la inclusión de la TA en los programas de formación puede llevarse a cabo de dos maneras, siendo la primera su concepción como un recurso para la traducción sin prestar mayor atención a los aspectos tecnológicos. En cambio, Sánchez-Gijón (2016: 161) defiende una formación con un perfil de egresado que sea «capaz de gestionar e incluso asumir cualquier fase del proyecto de traducción completo. Para ello, debe adquirir unas competencias instrumentales específicas».

Rico (2017) define competencias y objetivos de aprendizaje con el objetivo de que «el estudiante llegue a interactuar con la tecnología como si esta fuera una extensión de sus capacidades y mediante el establecimiento de un proceso creativo en el aprendizaje». Para ello, propone métodos didácticos centrados en el estudiante para que el aprendizaje vaya más allá del simple conocimiento de la herramienta y refleje «la importancia de la tecnología en la traducción más allá de su uso puramente instrumental».

Con respecto a los estudios empíricos llevados a cabo en el aula, mencionaremos a Flanagan y Christensen (2014), quienes analizaron cómo un grupo de estudiantes interpretó y aplicó las directrices de posedición proporcionadas por una asociación profesional. Los estudiantes tuvieron que realizar tareas de posedición y redactar ensayos reflexivos; asimismo se llevaron a cabo entrevistas con los probandos. Los resultados muestran que los estudiantes tienen dificultades para entender algunas de las directrices. Las autoras concluyen que es conveniente adaptar las directrices de posedición a las necesidades de los estudiantes y consideran que se debe prestar especial atención a este aspecto en la investigación llevada en el ámbito de la formación de traductores (2014: 258): «One area requiring further investigation is the training of translators in PE, with particular focus on PE guidelines for training purposes».

Moorkens (2018) realizó un ejercicio de evaluación con estudiantes de segundo año de grado que tenían poca o ninguna experiencia en el ámbito de la TA y participantes de una escuela de verano de doctorado «to empower the students, and help them understand the strengths and weaknesses of this new technology» (2018: 375). En este estudio, los estudiantes tuvieron que comparar los textos traducidos por sistemas de TA neuronal y estadística con el resultado de que una amplia mayoría opinó que la traducción automática neuronal proporcionaba mejores textos. El estudio mostró, asimismo, que la mayoría de los estudiantes tiene una actitud positiva hacia la TA.

3.3. *Ventajas e inconvenientes*

Antes de diseñar una clase o una asignatura que incorpore el trabajo con sistemas de TA, el docente de traducción ha de ser consciente de las ventajas y de los inconvenientes que dicho cambio alberga desde un punto de vista didáctico.

Pocos negarían que la integración de la TA en la formación de traductores ayuda a los estudiantes a gestionar esta realidad nueva que estará presente, sin duda alguna, en la profesión del traductor en el futuro. Mediante actividades como la que presentamos en este artículo, los estudiantes entrarán en contacto con la TA y aprenderán a evaluar sus beneficios y sus límites. Al mismo tiempo, se verán obligados a probar y evaluar la TA de primera mano y juzgarla basada en la propia experiencia más allá de las opiniones que puedan escuchar.

El manejo eficiente de programas de TA ampliará el abanico de herramientas de los que disponen los estudiantes y complementará las herramientas ya conocidas como los programas de traducción asistida por ordenador (TAO), los diccionarios, los textos paralelos u otras fuentes habituales.

Asimismo, es de esperar que la aplicación de programas de TA conllevará una diversificación de las clases, pues se podrá combinar el análisis de la traducción humana (de los propios estudiantes) con la revisión de textos producidos por TA, compararlas y desarrollar estrategias para cada una de ellas. Dado que el trabajo con la TA otorgará más peso a la revisión, se ampliará la gama de competencias desarrolladas en la clase de traducción.

Sin embargo, el trabajo en clase con programas de TA también alberga ciertos peligros de los que el docente ha de ser consciente.

El desarrollo de la competencia traductora de los estudiantes se puede ver mermado, puesto que ya no deben crear soluciones desde cero, sino trabajar con opciones proporcionadas por el programa. Sería conveniente, por lo tanto, postergar el trabajo con programas de TA a fases avanzadas del grado cuando los estudiantes ya hayan desarrollado una buena base de competencia traductora.

Cuando comienza el trabajo con programas de TA, los estudiantes ya deben haber alcanzado la capacidad de analizar y evaluar traducciones para no caer en la trampa de aceptar prematuramente las opciones proporcionadas por la máquina debido a la propia falta de competencia o inseguridad a la hora de juzgar la aceptabilidad de una opción traductora.

Es asimismo importante conocer el peligro de la comodidad de disponer de una propuesta y aceptarla sin realizar cambios o solo cambios mínimos para ahorrar tiempo y trabajo. Los estudiantes deben ser conscientes de que lo que proporciona la TA no puede ser más que un punto de partida que puede requerir muchas modificaciones para satisfacer las expectativas del profesor o del cliente.

La incorporación de los programas de TA en el aula de traducción viene, por lo tanto, acompañada de ciertos retos. Requiere del docente (o del departamento) respuestas acerca del cuándo y del cómo de su utilización y llevará, con toda probabilidad, a formas nuevas de trabajo en el aula.

3.4. Propuesta de clase con TA

En este apartado esbozaremos nuestro planteamiento de una clase basada en la TA. Está pensado para una clase de traducción general alemán-español de la fase final del grado de Traducción e Interpretación[5].

3.4.1. Introducción

Si es la primera vez que los estudiantes trabajan con programas de TA en clase, es conveniente llevar a cabo una actividad introductoria de concienciación en forma de debate. Este debate debe comprender las siguientes cuestiones:

- — Conocimiento de programas de TA y actitud: recabar la experiencia previa de los estudiantes, sus impresiones, sus ideas y sus prejuicios acerca de la TA.
- — Pruebas *in situ*: realizar pruebas rápidas con diferentes programas y debatir si el producto es suficientemente bueno para trabajar con él o si es preferible optar por la traducción humana.
- — Peligros: abordar temas como la confidencialidad o la comodidad frente a la máquina.
- — Estrategias de revisión: concienciar a los estudiantes de las limitaciones de los programas de TA y animarles a no tener miedo de realizar cambios, puesto que estos no requieren la misma justificación que se exige cuando un revisor modifica el trabajo de un colega de profesión.

5 Ya hemos realizado experimentos preliminares en este campo que se ven reflejados en el planteamiento presentado.

3.4.2. Análisis textual

Cuando el docente decide realizar una actividad con un programa de TA, es especialmente importante llevar a cabo un buen análisis textual previo, puesto que la revisión de un texto ya traducido (sea por un sistema o por otro traductor) no implica un trabajo tan pormenorizado como la traducción y es más probable que se pasen por alto aspectos que pueden ser importantes para asegurar una buena calidad de la traducción.

El análisis previo debe prestar especial atención a los siguientes factores:

— la situación comunicativa de partida y de llegada: naturalmente, los sistemas de TA no tienen en cuenta el encargo de traducción que puede implicar cambios en fechas o la denominación de lugares o hacer necesario añadir explicaciones para el lector del texto meta.
— la función textual: los sistemas de TA no conocen la función textual pretendida; es, por lo tanto, tarea del traductor asegurarse de que el texto meta se ajuste a ella.
— las características lingüísticas: el traductor debe determinar tanto las características lingüísticas que el texto traducido debe poseer como detectar aquellos fragmentos donde el sistema de TA fallará con alta probabilidad, como son los elementos culturales, los juegos de palabras, las metáforas o los elementos humorísticos.

3.4.3. Fase de posedición

La fase de posedición, que es la actividad central de esta propuesta didáctica, puede hacerse en diferentes formatos en función del nivel y del tamaño del grupo:

— el profesor proyecta el texto traducido en el aula y se realiza una revisión conjunta entre todos. Este formato requiere bastante tiempo, pero es útil para la primera clase con TA para que los estudiantes vean en qué tienen que fijarse y detecten las carencias típicas de la TA. Conviene utilizar la función «control de cambios» para que quede constancia de las modificaciones. Esto permitirá a los estudiantes ver la cantidad de cambios que se han introducido en el texto.

— los estudiantes revisan el texto en grupos con la función «control de cambios» y, a continuación, el profesor proyecta uno o dos ejemplos y se hace un análisis de los cambios entre todos. El análisis debe centrarse principalmente en el resultado, es decir, si el texto final ofrece la calidad pretendida y no en analizar los fallos del texto proporcionado por la máquina.

— los estudiantes revisan el texto en grupo o de forma individual. Al final se proyectan tres o cuatro ejemplos de los textos finales (sin que se vean los cambios realizados) y se debate entre todos si tienen suficiente calidad para ser entregados al cliente.

En todos los debates de esta fase es importante comprobar si el texto traducido se ajusta a los resultados del análisis textual realizado.

3.4.4. Ejemplo

En este apartado, aplicaremos, a modo ejemplo, lo expuesto a un texto breve del ámbito del turismo, un campo muy popular en las clases de traducción general. Proporcionaremos la traducción realizada mediante un programa de TA, preguntas para el análisis conjunto en clase y una versión final que se basa en el texto traducido por TA y una revisión realizada por nosotros mismos.

El texto describe una ruta ciclista a orillas del Danubio en la región austríaca de Baja Austria. Se encuentra publicado en el portal turístico donau.com[6]:

6 Fuente: https://www.donau.com/de/donau-niederoesterreich/ausflug-bewegen/bewegung/donauradweg/

260 Kilometer pure Radfreuden am Fernradweg durch Niederösterreich

Marillen, Wein, Römerstädte, Schlösser, imposante Gartenanlagen, 260 Kilometer Naturlandschaften entlang des zweitgrößten Flusses in Europa … die Liste an Highlights könnte wohl noch eine Weile so weitergeführt werden. Kein Wunder: Ist doch der Donauradweg nicht nur einer der beliebtesten, sondern zweifelsohne auch einer der sehenswertesten Fernradwege Österreichs. Warum? Nun, dafür gibt es zahlreiche Gründe.

Von sonnigen Logenplätzen entlang des Flusses über die liebevolle Gastfreundschaft bis hin zu den zahlreichen Genussstationen, die während des Fernradweges auf Sie warten: Der Donauradweg bietet für jeden Radler die perfekte Urlaubskulisse.

3.4.5. Breve análisis textual

Se trata de un texto publicitario acerca de la ruta ciclista del Danubio publicado en un portal turístico online. El texto está disponible en línea en diferentes idiomas. La función textual consiste en informar al viajero sobre esta ruta y a animarle a visitarla. A nivel lingüístico, el texto se caracteriza por un léxico muy descriptivo (*imposant, sehenswert, sonnig, Naturlandschaften, Urlaubskulisse*), con el que se pretende crear una imagen idílica y atractiva de la región. A nivel estructural, puede constatarse que se ha optado por estructuras sintácticas sencillas y elípticas gracias a las cuales la atención del lector se centra más en los lemas de contenido.

Las posibles áreas de dificultad que hemos detectado son las siguientes:

—Nivel pragmático: No se ha detectado ningún concepto cultural que requiera de una explicación para el lector español.

—Convenciones textuales: las frases elípticas, muy comunes en alemán para condensar la información, no se suelen encontrar en este tipo de textos en español. Habría que eliminar las elipsis y sustituirlas por frases completas.

—Nivel léxico: es de esperar que el programa no encuentre buenos equivalentes para nombres compuestos como *Radfreuden* o *Logenplätze*. Asimismo, el anglicismo *Highlights* podría suponer una dificultad.

Introducimos, a continuación, el texto en el traductor DeepL[7]:

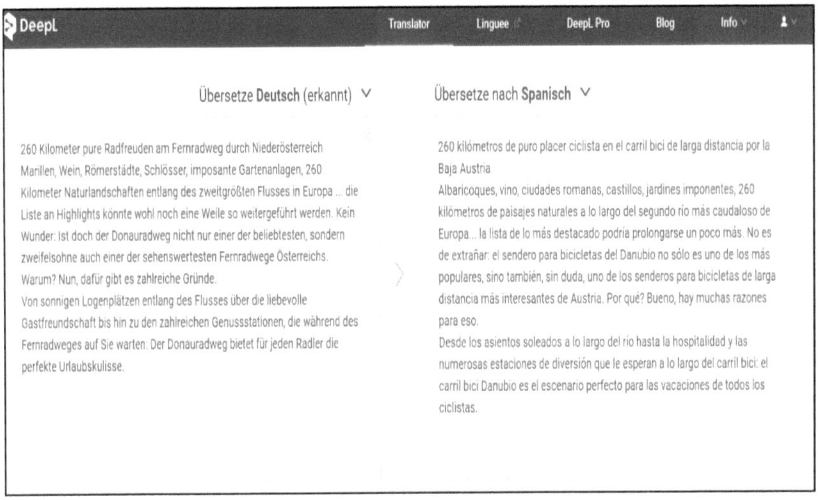

El texto obtenido es, por lo general, comprensible y muestra un nivel aceptable de corrección lingüística. Puede servir, por lo tanto, como punto de partida para una revisión, que no debería suponer ninguna dificultad para un traductor profesional.

Para aprovechar este texto para la clase de TA, ofreceremos, a continuación, tras cada párrafo las preguntas principales que plantearíamos a los estudiantes[8].

> 260 kilómetros de puro placer ciclista en el carril bici de larga distancia por la Baja Austria

a) ¿El texto propuesto cumple la función de un título, es decir, llama la atención del lector y se limita a presentar la información más importante?
b) ¿Es acertada la colocación *puro placer ciclista*?

---

7 Prueba realizada el 26 de marzo de 2018.
8 Obviamente, en el trascurso de la revisión conjunta surgirán más cuestiones que deben debatirse y solucionarse. Aquí nos limitaremos a señalar los aspectos de mayor importancia.

c) ¿Es correcto el término *carril bici de larga distancia*?

Albaricoques, vino, ciudades romanas, castillos, jardines imponentes, 260 kilómetros de paisajes naturales a lo largo del segundo río más caudaloso de Europa... la lista de lo más destacado podría prolongarse un poco más. No es de extrañar: el sendero para bicicletas del Danubio no solo es uno de los más populares, sino también, sin duda, uno de los senderos para bicicletas de larga distancia más interesantes de Austria. Por qué? Bueno, hay muchas razones para eso.

a) Al texto le falta idiomaticidad, ¿en qué se nota?
b) ¿Qué colocaciones son poco acertadas en español?
c) Al texto le falta coherencia en algunos fragmentos: ¿dónde?
d) ¿Qué dato habría que comprobar?

Desde los asientos soleados a lo largo del río hasta la hospitalidad y las numerosas estaciones de diversión que le esperan a lo largo del carril bici: el carril bici Danubio es el escenario perfecto para las vacaciones de todos los ciclistas.

a) ¿Es aceptable la estructura de la frase en español?
b) ¿Se detecta una expresión poco comprensible que puede ser fruto de un error de sentido?
c) ¿Merece la pena corregir este párrafo o sería más eficiente traducirlo desde cero?

Ofreceremos, a continuación, una versión revisada por nosotros:

260 kilómetros de puro placer ciclista en la Baja Austria

Albaricoques, vino, ciudades romanas, castillos, magníficos jardines: todo eso y mucho más le espera al ciclista en la ruta del Danubio, que le llevará por preciosos parajes naturales a lo largo del segundo río más largo de Europa. Por todo ello, la ruta del Danubio no solo es una de las más transitadas, sino también una de las más atractivas de Austria. Hay muchas razones para creerlo. Entre ellas destacan los miradores soleados a orillas del río, la hospitalidad de su gente y la extensa oferta culinaria, que convierten la ruta del Danubio en el destino perfecto para cualquier ciclista.

3.4.6. *Reflexión sobre la actividad*

Nos parece conveniente llevar a cabo una fase de reflexión y debate con los estudiantes tras la primera utilización de los programas de TA. Esta fase puede comprender las siguientes preguntas:

a) ¿Se han confirmado vuestras ideas iniciales acerca de los programas de TA?
b) ¿Os ha parecido útil el uso de la TA? ¿Por qué (no)?
c) ¿Creéis que trabajáis más rápido con programas de TA?
d) ¿Cuáles han sido los retos para vosotros en esta actividad?
e) ¿En qué se diferencia el trabajo con TA de la traducción tradicional?
f) ¿Qué competencias y habilidades requiere del traductor?
g) ¿Creéis que los programas de TA sustituirán, en algún momento, a los traductores humanos?

3.5. *Beneficios y peligros de la TA en el aula*

Vamos a resumir, en este apartado, los beneficios y los peligros que hemos observado en nuestros primeros intentos de incorporar la TA en el aula de traducción.

Entre los beneficios contaremos el menor esfuerzo cognitivo frente a la traducción y la clase de traducción tradicionales. Al contar ya con un texto traducido, el trabajo del traductor se centra más en evaluar y menos en crear. El coste cognitivo disminuye aún más si, además, el programa de TA ofrece alternativas que se pueden consultar en caso de querer realizar cambios.

En función de la calidad del texto producido por el sistema, el uso de la TA permite aumentar el ritmo de trabajo. Esto es de especial interés para los estudiantes cara a la incorporación al mercado laboral, pues su ritmo de trabajo al terminar el grado a menudo es muy inferior a lo que se exige en el mercado laboral.

Los peligros que hemos observado residen sobre todo en una cierta resistencia a realizar cambios, especialmente si estos cambios implican reescribir frases enteras.

Asimismo, hemos observado que estos programas eran de más utilidad para los estudiantes que traducían hacia su lengua materna que para aquellos que traducían hacia su lengua extranjera. Estos últimos no se veían capaces de juzgar la corrección del texto producido por el programa y tendían a aceptar las soluciones propuestas. Los estudiantes nativos, en cambio, se beneficiaron enormemente de las propuestas del programa, pues poseían la competencia lingüística necesaria para juzgar la idoneidad de cada una de forma rápida.

4. Conclusiones

Con los avances que se han observado en el ámbito de la TA en los últimos años, especialmente debido a la mejora de los sistemas gracias a la traducción automática neuronal, es de esperar que el impacto de estos sistemas sobre el trabajo del traductor aumentará (Rubinoff, 2017). Marheinecke (s.f.) incluso augura que se creará un campo profesional totalmente nuevo que requerirá nuevas competencias y cualificaciones.

La formación de traductores tiene que adaptarse a los cambios del mundo laboral y a los avances tecnológicos (Massey y Ehrensberger-Dow, 2017; Pym, 2012), y esto significa integrar la TA ya en la etapa del grado, pues se supone que ya en el grado los estudiantes adquirirán las competencias básicas necesarias para poder acceder al mundo laboral (véase Curriculum Bachelorstudium Translationswissenschaft Leopold-Franzens-Universität Innsbruck, 2016: 1).

La incorporación de la TA en la formación de traductores planteará preguntas nuevas a los docentes e investigadores del campo de la Didáctica de la Traducción. Habría que redefinir, por ejemplo, la competencia traductora para prestar más atención a la revisión, una competencia que, de momento, se halla infrarrepresentada en el aula de traducción. También habría que replantearse el alcance de la competencia tecnológica e instrumental teniendo en cuenta las observaciones de Sánchez-Gijón (2016). Asimismo, la incorporación de la TA promoverá nuevos formatos didácticos que están aún por diseñar.

Con este trabajo hemos querido llamar la atención sobre un desarrollo que va a tener un impacto enorme en la profesión del traductor en el futuro. Asimismo, hemos querido ofrecer una propuesta de cómo la formación de traductores puede incorporar estas innovaciones en los programas formativos, pues es nuestra firme convicción que deben formar parte de estos si queremos preparar a nuestros estudiantes para un mercado cada vez más orientado hacia procesos automatizados que también afectarán a la traducción.

Para nosotros, esta contribución constituye solo el primer paso en un campo didáctico en el que queda mucho por explorar. En el futuro queremos llevar a cabo proyectos de investigación-acción en clase para recabar más datos acerca de la utilidad de la TA en el aula y de la respuesta de los estudiantes en el trabajo tanto con textos de índole general como con textos especializados.

Referencias bibliográficas

Bentivogli, L., Bisazza, A., Cettolo, M. y Federico, M. (2016). *Neural versus Phrase-Based Machine Translation Quality: A Case Study*. Recuperado de https://aclweb.org/anthology/D16-1025

Curriculum Bachelorstudium Transkulturelle Kommunikation Karl-Franzens-Universität Graz. (2017). Recuperado de https://online.uni-graz.at/kfu_online/wbMitteilungsblaetter_neu.display?pNr=14880&pDocNr=3772034&pOrgNr=14190

Curriculum Bachelorstudium Translationswissenschaft Leopold-Franzens-Universität Innsbruck. (2016). Recuperado de https://www.uibk.ac.at/translation/studium/bachelor/ba-studium-neu-ab-1.10.2016/ba-translationswissenschaft_01.10.2016_mitteilungsblatt_19.07.2017.pdf

Curriculum Bachelorstudium Transkulturelle Kommunikation Universität Wien. (2016). Recuperado de https://transvienna.univie.ac.at/fileadmin/user_upload/z_translationswiss/Studium/Curricula/Curriculum_Bachelorstudium_Transkulturelle_Kommunikation_2016.pdf

Curriculum Masterstudium Übersetzen Karl-Franzens-Universität Graz. (2017). Recuperado de https://static.uni-graz.at/fileadmin/gewi-institute/Translationswissenschaft/Curricula_neu/UEbersetzen.pdf

Curriculum Masterstudium Translationswissenschaft Leopold-Franzens-Universität Innsbruck. (2009). Recuperado de https://www.uibk.

ac.at/translation/studium/master/curriculum_ma-translationswissenschaften_stand-01.10.20091.pdf

Curriculum Masterstudium Translation Universität Wien. (2015). Recuperado de https://transvienna.univie.ac.at/fileadmin/user_upload/z_translationswiss/Studium/Curricula/Curriculum_Masterstudium_Translation_2015.pdf

Flanagan, M. y Christensen T.P. (2014). Testing post-editing guidelines: how translation trainees interpret them and how to tailor them for translator training purposes. *The Interpreter and Translator Trainer*, 8(2), 257–275.

Hutchins, J. (2005). The history of machine translation in a nutshell. Recuperado de http://hutchinsweb.me.uk/Nutshell-2005.pdf

Marheinecke, K. (s.f.) *Maschinelle Übersetzung: Zukunft oder Ende einer Branche?* Recuperado de https://www.textform.com/maschinelle-uebersetzung-zukunft-oder-ende-einer-branche/

Massey, G. y Ehrensberger-Dow, M. (2017). Machine Learning: Implications for Translator Education. *Lebende Sprachen*, 62(2), 300–312.

Mellinger, C.D. (2017). Translator and Machine Translation: Knowledge and Skills Gaps in Translator Pedagogy. *The Interpreter and Translator Trainer*, 11(4), 280–293.

Merkert, J. (2016). *Google: Translate-KI übersetzt dank selbst erlernter Sprache*. Recuperado de https://www.heise.de/newsticker/meldung/Google-Translate-KI-uebersetzt-dank-selbst-erlernter-Sprache-3502351.html

Moorkens, J. (2018). What to Expect from Neural Machine Translation: A Practical In-class Translation Evaluation Exercise. *The Interpreter and Translator Trainer*, 12(4), 375–387.

Plass-Fleßenkämper, B. (2017). *DeepL aus Deutschland könnte Google Translate den Rang ablaufen*. Recuperado de https://www.wired.de/collection/tech/deepl-google-translate-linguee

Pym. A. (2012). *Translation skill-sets in a machine-translation age*. Recuperado de http://usuaris.tinet.cat/apym/on-line/training/2012_competence_pym.pdf

Rico, C. (2017). La formación de traductores en traducción automática. *Tradumática*, 15, 75–96.

Rubinoff, S. (2017) *Google Translate's deep AI upgrade represents the future of machine translation*. Recuperado de https://multilingual.com/google-translates-deep-ai-upgrade-represents-future-machine-translation/

Schuster, M., Johnson, M. y Nikhil, T. (2016). *Zero-Shot Translation with Google's Multilingual Neural Machine Translation System*. Recuperado de https://research.googleblog.com/2016/11/zero-shot-translation-with-googles.html

Sánchez-Gijón, P. (2016). La posedición: hacia una definición competencial del perfil y una descripción multidimensional del fenómeno. *Sendebar*, 27, 151–162.

Systran. (s.f.) *¿Qué es la traducción automática? Traducción automática basada en reglas vs. traducción automática estadística?* Recuperado de http://www.systran.es/systran/tecnologia-de-traduccion/que-es-la-traduccion-automatica/

Weidemann, V. (2017) *Ersetzt maschinelle Übersetzung die Übersetzung durch Menschen?* Recuperado de https://de.textmaster.com/blog/maschinelle-uebersetzung-menschen/

Sección 2: Difusión y divulgación

Olga Alas Mínguez

Exposición permanente vs. exposición temporal en los museos de arte: traducción de catálogos y folletos

Resumen En los museos de arte se suele dar la siguiente paradoja: son instituciones de carácter permanente que se dinamizan y actualizan gracias a las exposiciones temporales. El museo se ve cada vez más como una atracción turística, como museo-monumento que prioriza el continente sobre el contenido. Son instituciones de las que, en principio, no se espera rentabilidad, aunque sí se pretende aumentar el público o conseguir la recurrencia de este. El público de los museos se distribuye entre la visita a las colecciones permanentes o a las temporales dependiendo de su origen: los turistas, en general, se interesan en las primeras mientras que el público local se siente más atraído por las segundas. Todas las exposiciones generan numerosos textos, cada vez más en soporte multimedia, pero todavía muchos de ellos en soporte tradicional. Entre estos últimos podemos incluir, entre otros, los catálogos, las guías de la colección permanente o de las exposiciones temporales y los folletos. Estos textos se traducen, o no, a una lengua meta o a varias, dependiendo de la propia institución donde han sido escritos, del público destinatario y dependiendo de la temporalidad o permanencia de la exposición. Mediante el análisis del público visitante del Museo del Prado, elegido como ejemplo, y de las traducciones de los catálogos y folletos publicados en estos últimos años, nos proponemos demostrar la importancia de las traducciones de calidad para la comunicación y el acercamiento al visitante que habla un idioma diferente al del museo.

Abstract The following paradox usually occurs in art museums: they are permanent institutions that are dynamized and updated thanks to temporary exhibitions. The museum is increasingly seen as a tourist attraction, as a museum-monument that prioritizes the continent over the content. They are institutions from which, in principle, no profitability is expected, although it is intended to increase the public or achieve the recurrence of this. The public of the museums is distributed between the visit to the permanent collections or to the temporary ones depending on their origin: the tourists, in general, are interested in the first while the local public feels more attracted by the second ones. All the exhibitions generate numerous texts, increasingly in multimedia support, but still many of them in traditional support. The latter include, among others, catalogues, guides of the permanent collection or temporary exhibitions and brochures. These texts are translated, or not, into a target language or several, depending on the institution where they have been written, the target audience and depending on the temporality or permanence of the exhibition. By analyzing the visiting public of the Prado Museum, chosen as an example, and the translations of catalogues and brochures published in recent years, we aim to demonstrate the importance of quality translations for communication and the approach to visitors who speak a language other than that of the museum.

1. La exposición permanente

Es la que está en la sede del museo, la que ha motivado la creación de este. Las diferentes definiciones de museo, entre ellas la definición legal vigente en España, o la del ICOM (Consejo Internacional de Museos) subrayan el carácter permanente de estas instituciones, que está en su fundamento y razón de ser. Algunos de los museos más destacados de nuestro país, además de tener este carácter de permanencia, son verdaderas instituciones culturales: sus fondos son públicos y están disponibles para el estudio y disfrute colectivo.

En los tres museos del llamado triángulo del arte en Madrid observamos que el origen de las colecciones de cada uno es bien diferente: la del Museo del Prado tiene su origen en las obras de arte que pertenecían a los reyes de España; para el Museo Reina Sofía, el grueso de la colección proviene del MEAC (Museo Español de Arte Contemporáneo) y el Museo Thyssen-Bornemisza tiene en cambio su origen en una colección particular, constituida en tan solo dos generaciones. Por supuesto, las colecciones de base se han incrementado considerablemente con adquisiciones y donaciones posteriores.

Más allá de las exposiciones, sean estas permanentes o temporales, el museo se ve cada vez más como una atracción turística, como museo-monumento donde la atracción del continente llega a superar el interés por el contenido. El edificio y su arquitectura acaba siendo el objeto de la visita, antes que las obras de arte expuestas. «La sociedad ha cambiado y cambia el concepto de museo. El espectador se convierte en consumidor y cliente, y el museo, en parque temático o empresa cultural». Esto afirma Luis Jiménez-Clavería en la *Revista de la Asociación profesional de Museólogos de España*; pero va más lejos al insistir en la dependencia del museo de «la industria turística, la cual impone su fuerte impronta en la personalidad de la propia institución» (2007: 72). Hablar de parque temático quizá sea una exageración, lo cierto es que ya no se entra en un museo con el respeto reverencial de tiempos pasados. Los circuitos turísticos no se consideran cerrados si no incluyen el museo estrella de la ciudad visitada. Los museos proporcionan una satisfacción cultural a los visitantes, pero también material o puramente consumista a través de los servicios complementarios, como la cafetería, el restaurante, la tienda de recuerdos, las publicaciones...

Jiménez-Clavería habla de los «museos estrella», enumerando las condiciones que tienen que cumplir para serlo: que sean imprescindibles para los turistas, que tengan un poder de atracción general y elevado número de visitantes, que tengan obras de primera categoría que todo el mundo conoce, que sean capaces de generar ingresos significativos y en los que:

> la arquitectura cobra un gran valor, de tal forma que el continente potencia el contenido, llegando incluso a formar parte del mismo. Así ocurre con el Museo Guggenheim de Nueva York, obra de Frank Lloyd Wright, o la pirámide de cristal del Louvre, de Ming Pei. También podemos incluir en este apartado la ampliación del Museo Reina Sofía, de Jean Nouvel, o la ampliación del Museo del Prado, de Rafael Moneo (Jiménez-Clavería, 2007: 74).

Otro ejemplo espectacular de museo-obra arquitectónica es el Guggenheim de Bilbao, del arquitecto Frank O. Gehry que, con más de un millón de visitantes anuales, ha causado un impacto extraordinario en la economía y la sociedad vascas impulsando el turismo en la región.

Los museos son instituciones de las que en principio no se espera rentabilidad. Es cierto que la definición de museo en la legislación española no precisa que deba ser sin ánimo de lucro y en este aspecto no coincide con la del ICOM, que sí lo precisa. En cualquier caso, en Europa, la tendencia es el modelo de gestión pública, frente al modelo americano de gestión privada. La rentabilidad que se pretende es más social o política que económica (Jiménez-Clavería, 2007). Son lugares de referencia que otorgan prestigio a las ciudades donde están situados, y en ciertos casos se convierten en verdaderos embajadores de la cultura y la historia de un país. Javier Portús considera el museo del Prado como uno de los «lugares de memoria» más importantes del país, por la riqueza patrimonial que custodia y por el sentimiento de pertenencia que puede despertar, y nos recuerda que el pintor Ramón Gaya, desde el exilio llegó a referirse al museo como su «patria» (Portús, 2018). En Madrid, la visita al Museo del Prado o al Museo Reina Sofía suele estar incluida en la planificación de las visitas oficiales. Del mismo modo, en los circuitos turísticos es prácticamente obligatoria la inclusión de una visita a como mínimo uno de los dos museos. Aun no buscando la rentabilidad, los museos buscan aumentar el número de visitantes. Sin embargo, como dice Eike Schmidt, director de la Galleria degli Uffizi, que con 3,4 millones de visitantes anuales es el más visitado de Italia, las instituciones museísticas no deberían perder el objetivo cultural. Si en la gestión de la institución se busca el incremento de visitantes sin preocuparse por la calidad de la visita, «el riesgo es que algunos directores gestionen los museos como supermercados. La ambición no debe ser acortar el tiempo de las visitas y tener todavía más gente comprando entradas. Se podría hacer más dinero, pero el museo perdería su sentido cultural». Pese a est*a priori*dad cultural defendida por el director de los Uffizi, es el museo más rentable de Italia, se autofinancia y cada año tiene que dar 20 % de sus beneficios al Ayuntamiento y otro 20 % a museos menos exitosos (Verdú, 2017). Daniel Verdú plantea la cuestión del turismo sostenible cuando dice que

> El turismo de masas y las huestes del palo *selfie* han transformado la manera de visitar el mundo. Y también, por supuesto, las prioridades de los museos. La revolución, la modernidad, ya no pasa tanto por innovar en el relato de la ordenación de las colecciones, como en los años noventa, sino por algo tan prosaico como la mejora de una experiencia masificada y cada vez más insoportable (Verdú, 2018).

2. Las exposiciones temporales

Una manera de conseguir la recurrencia de los visitantes, o la obtención de nuevos, es la organización de exposiciones temporales. La exposición, sea permanente o temporal, es el canal de comunicación del museo y es la que permite a la institución cumplir con el objetivo de difundir el patrimonio. El Museo del Prado, entre sus objetivos, menciona el de

> dotar al museo de una programación continua de exposiciones temporales de máxima calidad y atractivo para el visitante, articulada principalmente en torno a su propia colección y que se convierta en complemento de la visita a la colección permanente[1].

Las exposiciones temporales se organizan entorno a los temas más variados, el comisario de la exposición es el que decide y crea el guion expositivo o hilo argumental entorno al que se eligen las obras que se van a exponer. Estas son por definición efímeras y se fundamentan en el préstamo de obras de otras instituciones, o de coleccionistas privados. Son la razón principal para el desplazamiento de obras de arte y la ocasión de contemplar algunas sin necesidad de viajar a museos de otros países o continentes. A menudo se elige un artista del museo y se decide hacer una monográfica, o se le compara con otro artista de la misma época o de otra para contrastar. Lo cierto es que estas exposiciones suelen plantear una tesis que hay que comunicar al público. En efecto, los museos, a través de sus exposiciones, son verdaderos espacios de comunicación y así lo consideran autores como Martin R. Schärer[2] (2007), que define el museo como un lugar donde las cosas y los valores se salvaguardan, estudian y se comunican, o Francisca Hernández, que sostiene que el museo es un medio de comunicación como lo es la radio, la televisión y los medios interactivos (Hernández, 2011). Las exposiciones nos enseñan y nos dicen sobre lo que exponen; son productoras de discursos resultantes de la asociación entre componentes textuales y contextuales, hay una parte visible y otra legible. Los objetos o las obras de arte, su disposición en el espacio, la elección de unas y la exclusión de otras son la parte visible; todos los textos que acompañan y rodean a las obras expuestas son la parte legible. La construcción de sentido se hace a partir de la combinación de objetos

---

1 *Las exposiciones temporales. Memoria de actividades 2016* (Museo del Prado, 2017: 141 y ss.).

2 *Conceptos claves de museología* (ICOM, s. f.): https://icom.museum/es/ressource/conceptos-claves-de-museologia/

y textos, incluyendo la aportación de los visitantes, que interactúan y visitan de manera participativa.

3. El público de la exposición permanente y el público de las exposiciones temporales

El público de los museos se distribuye entre la visita a las colecciones permanentes o a las temporales dependiendo de su origen: los turistas, en general, se interesan en la exposición permanente mientras que el público local se siente más atraído por las exposiciones temporales.

Si tomamos como ejemplo el Museo del Prado, y según sus propias fuentes, cerró el año 2017 con más de dos millones ochocientos mil visitantes en su sede (2 824 404); la cifra superó el objetivo fijado por la institución de consolidar 2 700 000 visitantes anuales. Las tres principales procedencias de visitantes para la visita a la colección permanente del museo han sido la Comunidad de Madrid (16,45 %), EE. UU. (10,25 %) e Italia (8,21 %). Si comparamos con las procedencias para las visitas a las exposiciones temporales vemos que las principales fueron también tres, las mismas, aunque Italia pasa de tercero a segundo lugar: la Comunidad de Madrid (20,37 %), Italia (7,97 %) y Estados Unidos (7,69 %) (Álvarez, 2017) lo que confirma el mayor interés del público local por las exposiciones temporales. Parece lógico que el visitante que entra por primera vez en un museo quiera visitar las colecciones permanentes, y entre estas suele preferir una selección de obras maestras que le den una perspectiva general de la colección, antes que limitarse a unas salas o a unas escuelas determinadas; y, por supuesto, antes que entrar en una exposición temporal, a la que eventualmente puede dedicarle cierto tiempo al final de la visita, dependiendo de su disponibilidad y de sus intereses culturales. En el artículo titulado «Las exposiciones temporales salvan a los grandes museos», Paz Álvarez nos habla del incremento de visitas en las principales pinacotecas españolas y nos dice que en parte este incremento se debe al interés que despiertan las exposiciones temporales. Siguiendo con el ejemplo del Museo del Prado, durante el ejercicio de 2016 recibió 3 033 754 visitantes, un 12,5 % más que en 2015, en el que acogió a 2 696 666. Esto fue debido al éxito de la exposición temporal *El Bosco- La exposición del V Centenario*, que alcanzó los 589 692 visitantes. Se considera esta muestra como la más visitada en la historia del museo, y motivó que se retrasara dos semanas su clausura y se prolongaran los horarios de acceso. También despertaron mucho interés las exposiciones dedicadas a los pintores franceses Dominique Ingres, por la que pasaron 402 690 personas y Georges La Tour con 163 750 visitas (Álvarez, 2017).

El cambio de concepto de museo tiene como consecuencia la búsqueda del acercamiento por parte de la institución hacia el visitante, intentado captar las expectativas y necesidades de este. Una de las categorías de público, que visita sobre todo la exposición permanente del museo y en menor medida las exposiciones temporales, es la de los visitantes extranjeros que hablan una lengua diferente a la del museo. Para estos, la traducción de toda la parte legible de la exposición es fundamental.

4. La traducción de textos en las exposiciones temporales

Tanto las exposiciones permanentes como las temporales generan numerosos textos, cada vez más en soporte multimedia, pero todavía muchos de ellos en soporte tradicional. Entre estos últimos podemos incluir, entre otros, los catálogos, las guías de la colección permanente o de las exposiciones temporales, las guías didácticas, los folletos, los planos, los paneles explicativos, etc. Estos textos se traducen, o no, a una lengua meta o a varias, dependiendo de la propia institución donde han sido escritos y por supuesto dependiendo también del público destinatario. En efecto, las traducciones de calidad acaban siendo recurso de los museos que tienen un presupuesto considerable, son receptores de turismo internacional y están situados en las grandes ciudades.

Las exposiciones temporales a menudo están rodeadas de una serie de actividades, investigaciones, estudios y publicaciones. Sin embargo, si analizamos los idiomas en los que aparecen estas publicaciones, nos damos cuenta de que las lenguas meta son realmente reducidas, limitándose en la mayoría de los casos al español, y si hay traducción, esta suele ser exclusivamente al inglés, que en el ámbito museístico acaba también siendo la lengua franca. Si seguimos con el ejemplo del museo del Prado hay un contraste llamativo entre la amplia oferta de idiomas para las publicaciones relacionadas con las colecciones permanentes y el reducido bilingüismo para aquellas relacionadas con las exposiciones temporales.

En la exposición temporal dedicada al Bosco, se publicó un catálogo de 400 páginas, disponible en castellano e inglés, con textos de los más grandes especialistas en el tema; se propuso en francés *Les jardín des délices*, encuadernado en tela, de 280 páginas, quizá para compensar la ausencia de catálogo en este idioma y satisfacer al público francófono. Haciendo un repaso de otras publicaciones originadas por exposiciones temporales, vemos que se han publicado o en español únicamente, o en español e inglés, dependiendo de la exposición, los autores del catálogo, y si esta continúa después o viene de otra sede. Pero no suele haber traducción a más idiomas. Llama la atención el hecho de que no suele haber traducción ni siquiera al idioma del país al que pertenece el artista: los catálogos de las exposiciones temporales del Museo del Prado dedicadas a los artistas franceses Ingres y George La Tour no se propusieron en francés.

Una excepción fue la publicación que acompañó a la muestra *El arte de Clara Peeters,* dirigida por Alejandro Vergara, con tres ediciones diferentes, en español, inglés y holandés. En la elección de lenguas meta para la traducción de los textos museísticos intervienen criterios de tipo económico o a veces político (la oferta de lenguas nacionales no está justificada por la demanda), pero rara vez criterios que tengan que ver con el contenido de la exposición, con el idioma del artista cuyas obras se exponen, o con criterios de tipo histórico. Sin embargo, los visitantes de una cierta nacionalidad que visitan el museo, si descubren, aunque sea por casualidad y no como objetivo inicial, que se está celebrando una exposición de un artista de su país, van a querer dedicar un cierto tiempo a la exposición temporal. En estos casos, sería muy apreciado un folleto informativo en el idioma correspondiente a la nacionalidad del artista. Patrimonio Nacional tampoco tiene en cuenta criterios de tipo histórico en la presentación de los paneles informativos de las salas del Palacio Real de Madrid, donde las informaciones aparecen en español e inglés; los visitantes franceses suelen echar de menos la traducción al francés, ausencia que les sorprende más teniendo en cuenta el origen francés de la dinastía Borbón.

5. La traducción de textos en la exposición permanente

Las publicaciones originadas a partir de exposiciones temporales suelen proponerse en español, inglés, y de manera muy excepcional en otros idiomas. Si lo comparamos con los idiomas meta de los folletos, catálogos y guías referidos a la colección permanente, nos damos cuenta de que son muchos más, aunque la elección de estos no siempre es proporcional al número de visitantes de la lengua propuesta y aunque no siempre sea coherente la elección de lenguas meta entre las distintas publicaciones. El folleto del Museo del Prado, con el plano de situación de las salas y otras informaciones básicas, es el primer documento con el que entra en contacto un visitante; se propone en un abanico amplio de lenguas meta, catorce en total: inglés, francés, italiano, alemán, portugués, ruso, chino, japonés y coreano, además de español, catalán, euskera, gallego y valenciano, cuyas versiones se han introducido recientemente. En los indicadores de visita que aparecen en la memoria de actividades anualmente publicada por el propio Museo del Prado[3], vemos que el mayor número de folletos entregados son en español, algo más del 30 %, seguido, de los traducidos al inglés, (27,37 %), al coreano, (7,96 %) y al francés (7,89 %). Sin embargo, la traducción a los idiomas nacionales es más política que práctica puesto que el número de folletos entregados en estas lenguas, 733, es ínfimo respecto al número total de folletos entregados, que son más de un millón y medio (en idioma valenciano tan solo se han entregado 24 folletos, en euskera 57, en catalán 213 y en gallego 439). Por otro lado, aun tratándose de textos que conciernen a la exposición permanente de las colecciones, y que por tanto están previstos para un periodo de tiempo bastante largo, se puede observar que las traducciones de

3 *Memoria anual de actividades 2016 (Museo del Prado, 2017).*

los contenidos de los textos museísticos no siempre son exhaustivas o exactas, aunque es cierto que la traducción en el ámbito museístico no requiere el rigor y la exactitud de las traducciones jurídicas y juradas. En muchas ocasiones, las variaciones respecto al texto original introducen matices culturales, que nos recuerdan la función de mediador cultural del traductor. Un ejemplo interesante es el de la *Guía de visita del Museo del Prado – 50 obras maestras*. En la última página además de los autores, Trinidad de Antonio y José Riello, se da visibilidad a los traductores para cada lengua: para el francés Agnès Delage, para el italiano Massimo Mattera y para el inglés Aston Traducciones S.L.U. Philip Sutton Elizabeth Mascola, lo cual está muy bien porque no siempre se hace. Si analizamos la traducción del texto dedicado al célebre cuadro del Bosco, *La mesa de los pecados capitales*, observamos matices ya desde la traducción del título: en la versión francesa (*La table des péchés capitaux*) la traducción corresponde exactamente a la versión original; sin embargo, tanto en la versión en italiano (*I sette peccati capitali*) como en la versión en inglés (*Table of the Seven Deadly Sins*) han creído oportuno añadir el número preciso de pecados capitales, siete. En el cuerpo del texto también se observan algunas diferencias entre la versión original y las versiones traducidas: en el cuadro aparece un letrero pintado con la frase «Cave, Cave, Deus videt», que es transcrita en latín solamente en la versión italiana, donde seguidamente, entre paréntesis aparece la traducción. En el original en castellano, y en las versiones francesa e inglesa se ha ido directamente a la traducción de la frase, pero con leves alteraciones que pueden aportar matices a las interpretaciones. La versión española «Cuidado, Cuidado, el Señor lo ve» añade el pronombre *lo* que quizá se refiera a «todo». En italiano «Attento, il signore t'osserva» el pronombre personal *ti* implica al lector de la guía o espectador del cuadro, te ve a *ti*, pecador. La versión francesa «Attention, le Seigneur regarde» va en el sentido contrario, los pecadores franceses pueden estar tranquilos porque Dios mira, pero no ve: se ha elegido el verbo «regarder» (mirar) en vez de «voir» (ver).

Otro matiz de orden religioso es que en la versión en italiano se hace mención de *I Novissimi* (La Morte, il Giudizio, l'Inferno e il Paradiso). En español se utiliza también el término religioso *Postrimerías*, mientras que en inglés o francés se recurre a términos más genéricos como *things* (cosas) o *cercles* (círculos) en las expresiones *The Four Last Things* y *Cercles consacrés à la fin de la vie.*

Entrar en el análisis de estos detalles permite ver la importancia de las palabras, y de la traducción, que puede de manera sutil, manipular o introducir el punto de vista del traductor y llevar a interpretaciones algo diferentes, de cuestiones filosóficas o religiosas.

Uno de los principios fundamentales en traducción es el de coherencia, es decir el de mantener la misma traducción de las mismas palabras, dentro del mismo texto. Este principio no se respetó en una edición anterior de la misma guía de obras maestras del Museo del Prado arriba mencionada. En la edición de 2012, en la versión francesa, el nombre de alguno de los artistas aparecía de manera alternada; así, a nuestro querido Diego Velázquez tan pronto lo llamaban Vélasquez / Velázquez; lo mismo sucedía con El Bosco / Jérôme Bosch o con Durero / Durer / Albrecht Dürer. Es decir, que el traductor a veces tomaba la iniciativa de traducir el nombre, cuando existe una traducción, o a veces lo deja como aparece en la versión original en español, donde ya el nombre va traducido. Esta alternancia de grafías crea confusión y desconcierto en el visitante, que puede llegar a tener dudas sobre quién es el autor de una determinada obra o de qué artista se está hablando.

6. Conclusiones

La exposición permanente es la razón de ser de los museos, y el carácter de permanencia se menciona en la propia definición. Sin embargo, para evitar ser «museos-mausoleo» utilizando la acertada expresión del filósofo alemán Theodor Adorno, se organizan periódicamente exposiciones temporales, con el objetivo de conseguir la recurrencia y el incremento de visitantes. Estas son fundamentales porque ayudan a la consecución de los objetivos de la institución en cuanto al número de visitantes anuales, pero también porque originan actividades, movimiento de obras y relación entre instituciones museísticas, además de publicaciones específicas, como folletos o catálogos, que se suelen proponer en español, o traducidos solamente al inglés, salvo raras excepciones. La traducción es utilizada para facilitar la accesibilidad del visitante extranjero a la colección permanente, pero queda mucho por hacer en lo que se refiere a las exposiciones temporales, en las que no se tiene en cuenta ningún criterio relacionado con el contenido de la exposición, el idioma original del artista o criterios de tipo histórico. El desarrollo de la traducción en los proyectos expositivos contribuiría, sin lugar a duda, al éxito de estas exposiciones: la parte visible es temporal, pero las publicaciones permanecen.

Referencias bibliográficas

Álvarez, P. (2017). *Las exposiciones temporales salvan a los grandes museos*. Recuperado de https://cincodias.elpais.com/cincodias/2017/01/03/ sentidos/1483473134_050203.html

Antonio Sáenz, T. de y Riello, J. (2017). *Guía de visita – Museo del Prado – 50 OBRAS MAESTRAS*. Madrid: Museo del Prado Ediciones.

Antonio Sáenz, T. de y Riello, J. (2017). *Visitor's guide – Museo del Prado – 50 MASTERPIECES*. Traducido por Aston Traducciones, S.L.U. Philip Sutton y Elizabeth Mascola. Madrid: Museo del Prado Ediciones.

Antonio Sáenz, T. de y Riello, J. (2017). *Guide de visite – Museo del Prado – 50 CHEFS-D'ŒUVRES*. Traducido por Agnès Delage. Madrid: Museo del Prado Ediciones.

Antonio Sáenz, T. de y Riello, J. (2017). *Guida alla visita – Museo del Prado – 50 CAPOLAVORI*. Traducido por Massimo Mattera. Madrid: Museo del Prado Ediciones.

Antonio Sáenz, T. de y Riello, J. (2012). *Guide de visite – Museo del Prado –*. Traducido por Agnès Delage. Madrid: Museo del Prado Ediciones.

Hernández, F. (2011). *El museo como espacio de comunicación*. Gijón: Trea.

Jiménez-Clavería, L. (2007). Museos: de templos del arte a empresas de gestión cultural. *Museo: Revista de la asociación profesional de museólogos de España*, 12, 67–87.

ICOM Consejo Internacional de Museos (s. f.). *Conceptos claves de museología*. Recuperado de https://icom.museum/es/ressource/conceptos-claves-de-museologia/

Museo del Prado. (2017). *Las exposiciones temporales. Memoria de actividades 2016*. Madrid: Ministerio de Educación, Cultura y Deporte.

Museo del Prado. (2018). El Museo del Prado cierra 2017 con más de dos millones ochocientos mil visitantes en su sede. *Museo del Prado 200 años*. Recuperado de https://www.museodelprado.es/actualidad/noticia/el-museo-del-prado-cierra--2017-con-mas-de-dos/677283f9-9cb4-4fa2-189a1beb665f

Portús, J. (2018) *Museo del Prado 1819-2019. Un lugar de memoria* Madrid: Museo Nacional del Prado.

Verdú, D. (2018). *La Galería de los Uffizi recurre a un algoritmo para combatir las colas*. Recuperado de https://elpais.com/cultura/2018/10/09/actualidad/1539101816_555709.html

Verdú, D. (2018). *La revolución de los Uffizi*. Recuperado de https://elpais.com/cultura/2017/02/11/actualidad/1486830198_988540.html

María José Arévalo Benito

Estudio contrastivo del discurso turístico en español/francés: ¿quién vende mejor?

Resumen Actualmente todos los destinos turísticos se muestran a través de una página web cuya finalidad es atraer e informar al turista potencial. Basándonos en la hipótesis de que en Francia se utiliza un lenguaje más eficaz que en España, hemos realizado una investigación empírica de los discursos en ambas lenguas para comprobarlo. Tras seleccionar presentaciones de diez atracciones turísticas de características similares, hemos comparado cuantitativa y cualitativamente los recursos lingüísticos utilizados en dichos textos en francés y en español. Tras el análisis pormenorizado del léxico y las marcas de subjetividad en los fragmentos escogidos en ambas lenguas, hemos llegado a la conclusión de que los textos redactados en francés resultan más atractivos que los españoles.

Abstract Actuellement toutes les destinations touristiques sont affichées sur un site web destiné à attirer et à informer les touristes potentiels. Partant de l'hypothèse qu'en France on utilise un langage plus attractif qu'en Espagne, nous avons mené une enquête empirique sur les discours dans les deux langues pour le prouver. Après avoir sélectionné des descriptions des monuments parmi dix attractions touristiques présentant des caractéristiques similaires, nous avons comparé quantitativement et qualitativement les ressources linguistiques utilisées dans ces textes en français et en espagnol. Après une analyse détaillée du lexique et des marques de subjectivité dans les fragments choisis dans les deux langues, nous sommes arrivés à la conclusion que les textes rédigés en français sont plus captivants que ceux écrits espagnol.

1. Introducción

Cuando un turista decide acudir a visitar un monumento, o bien se deja aconsejar por las guías de viajes o bien, cada vez con más frecuencia, acude a Internet para informarse sobre los aspectos prácticos y descriptivos de la atracción turística que desea conocer. Además de elementos visuales y de diseño, las páginas web institucionales presentan un breve texto introductorio de cada monumento en el que se describen sus características más sobresalientes, tanto desde el punto de vista artístico como histórico.

Entendemos estas páginas web como representativas del discurso turístico con tres rasgos fundamentales: se trata de una lengua de especialidad (Calvi, 2012) con características del lenguaje publicitario (Durán, 2014) y con propiedades del lenguaje digital (Rodríguez, 2012).

Deseamos aquí realizar un estudio empírico y contrastivo sobre el discurso turístico francés y español y para ello elaboraremos una comparación entre los textos de páginas web institucionales de monumentos franceses y españoles. Dicho análisis será exclusivamente lingüístico ya que no nos referiremos a otros parámetros como los visuales o dinámicos propios de las páginas web (López Sánchez *et al.*, 2010). Queremos señalar, asimismo, que el corpus utilizado para nuestro trabajo no supone más que una pequeña muestra de todos los ejemplos que se encuentran a nuestra disposición y, por ello, esperamos que este artículo pueda dar lugar a ulteriores estudios más exhaustivos sobre el análisis contrastivo del discurso en ambos idiomas.

En la bibliografía consultada hemos leído estudios sobre análisis del discurso turístico tanto en francés (Seoane, 2013 y Blanco, 2016) como en español (Bugnot, 2009) y también advertimos un creciente interés sobre los fenómenos de traducción (Eurrutia, 2012) pero en nuestra investigación no hemos encontrado ningún trabajo que compare lingüísticamente ambos discursos ni que incida sobre el aspecto de atracción al turista sobre que el que hemos basado nuestro estudio.

2. Hipótesis, material y método

Nuestro objetivo es, por un lado, estudiar los procedimientos lingüísticos a través de los cuales la lengua resalta las cualidades de la riqueza turística y, por otro, establecer una comparación entre dichos procedimientos utilizados en discursos turísticos en francés y en español.

Partiremos, por ello, de la hipótesis de que la lengua francesa utiliza el lenguaje un modo más atractivo que la española para impulsar al futuro turista a visitar su patrimonio cultural. Con el objeto de comprobarlo analizaremos lingüísticamente diez monumentos de características históricas y artísticas similares.

Para confirmar esta hipótesis hemos elaborado un análisis cualitativo y cuantitativo de diez páginas web institucionales que aparecen en los primeros puestos de un buscador de Internet y que corresponden a diez monumentos semejantes respecto a su ubicación, época de construcción y estilo artístico.

De los cinco primeros, cuatro corresponden a monumentos inscritos en el Patrimonio Mundial Cultural y Natural de la Unesco. Los museos emblemáticos de las capitales (el Louvre y el Prado) no figuran en dicha lista, pero nos ha parecido interesante seleccionarlos dada su importancia cultural y el gran número de visitantes que atraen anualmente. Estos son los monumentos a los que haremos referencia:

a) Dos monumentos religiosos con gran tradición histórica en ambos países pero que no se hallan en la capital: la Mezquita Córdoba (Andalucía) y la Catedral de Reims (Champaña-Ardenas).
b) Dos edificios civiles y utilitarios, dos puentes: en el País Vasco, el Puente de Vizcaya de hierro (Puente Colgante) y Provenza-Alpes, Costa Azul, el puente de Aviñón de piedra.
c) Dos museos emblemáticos que incluyen en sus colecciones obras maestras del patrimonio nacional: el Museo del Prado (Madrid) y el Museo del Louvre (París).
d) Dos cuevas en las que se encontraron pinturas rupestres consideradas como las «capillas Sixtinas» de la prehistoria, ambas descubiertas en el siglo XX: las Cuevas de Altamira (Cantabria) y las Cuevas de Lascaux (Aquitania).
e) Dos teatros romanos: el de Mérida (Extremadura) y el de Orange el *Théâtre Antique* (Provenza-Alpes-Costa Azul).

Los cinco siguientes son monumentos que no siempre se visitan porque, o bien en la ciudad en la que están ubicados existe un monumento mucho más conocido (el caso de Segovia con el acueducto), o bien se trata de lugares que se encuentran en zonas periféricas y a los que hay que realizar una excursión expresa para poder conocerlo.

a) Dos plazas: la Plaza Mayor de Segovia (Castilla León) y la Place Plumerau de Tours (Centro-Valle del Loira).
b) Dos castillos fortaleza de origen medieval: el castillo de Peñafiel (Castilla León) y el castillo de Fougères (Bretaña).
c) Dos museos cuyo protagonista es un escritor, situados en las ciudades que los vieron nacer: la Casa Cervantes (Madrid) y el Museo de Jules Verne (Centro-Valle del Loira).
d) Dos iglesias románicas de pequeñas dimensiones que comparten la misma advocación: la iglesia de San Andrés (Castilla León) y la iglesia románica de Saint André de Bâgé (Auvernia-Ródano-Alpes).
e) Por último, dos museos situados en zonas periféricas y cuya temática es un elemento típico del país: el Museo del Botijo de Villena (Comunidad Valenciana) y el Museo de la Boina (Aquitania).

Tras la selección de dichas páginas, hemos realizado un análisis de las características lingüísticas desde un punto de vista cualitativo y cuantitativo. Para ello, nos hemos basado en la teoría de la enunciación de Kerbrat-Orecchioni (2009) que exponemos a continuación.

3. Marco teórico

La teoría de la enunciación de Kerbrat-Orecchioni (2009) nos ha parecido idónea para realizar el análisis del discurso turístico. En efecto, su estudio sobre la argumentatividad de los textos aparentemente descriptivos, como es el caso del discurso turístico, nos permite realizar un examen detallado sobre los textos en español y francés para poder posteriormente llegar a conclusiones válidas. Resumimos sucintamente su teoría sobre la clasificación de los sustantivos, adjetivos, verbos y adverbios. Para ilustrar los ejemplos utilizaremos términos del corpus que vamos a analizar.

Kerbrat-Orecchioni (2009) divide los sustantivos en axiológicos y no axiológicos. Define los axiológicos como aquellos que actúan de modo argumentativo en un enunciado descriptivo. Estos sustantivos pueden ser valorativos o peyorativos. En nuestro análisis encontramos sustantivos axiológicos valorativos como «combinación de belleza, estética y funcionalidad» o «la pureté de son style et le bonheur de ses proportions». Ejemplos de sustantivos axiológicos peyorativos serían: «riesgos» o «fragilidad del arte rupestre».

Los adjetivos se reparten en dos grandes grupos: los objetivos, que responden a cualidades objetivas («el aspecto actual») y los subjetivos («extraordinarias creaciones artísticas») que dependen de la percepción del locutor. Dentro de los adjetivos subjetivos Kerbrat-Orecchioni (2009) distingue dos grupos: los afectivos y los evaluativos. Los afectivos responden a una cualidad del objeto y a una reacción emocional del locutor. Los evaluativos pueden ser axiológicos y no axiológicos. Los adjetivos evaluativos axiológicos presentan, al igual que los adjetivos afectivos, una subjetividad por parte del locutor como «belles façades» o «espectacular estructura de hierro» y los no axiológicos se limitan a enunciar una cualidad sin emitir ningún juicio de valor: «una sola nave muy amplia».

Los verbos pueden ser también considerados como unidades léxicas subjetivas. Kerbrat-Orecchioni (2009) diferencia los que son subjetivos de modo ocasional como los verbos de sentimiento (gustar), de alabanza (apreciar) o de ofensa (odiar), de percepción (observar) o de opinión (pensar) y verbos intrínsecamente subjetivos como los que evalúan algo como bueno (triunfar) o malo (perpetrar) o los que lo evalúan como algo cierto (saber) o falso (negar). Dado que el discurso turístico es esencialmente descriptivo, veremos más adelante que no siempre es la categoría verbal en la que más se percibe la subjetividad del texto. Por lo tanto, utilizaremos aquí verbos con connotaciones positivas como «enriquecer» o «bénéficier».

Por último, Kerbrat-Orecchioni (2009) señala bajo el nombre de adverbios modalizadores aquellos que indican el grado de adhesión del locutor a los contenidos enunciados implicando un juicio de verdad. Generalmente, se utilizan adverbios de modo como «popularmente» o «étonnamment préservé».

Una vez expuesto el marco teórico, pasamos al estudio cualitativo y cuantitativo de los textos seleccionados.

4. Análisis de los datos

4.1. Análisis cualitativo

En este punto vamos a realizar un análisis cualitativo de las ocurrencias lingüísticas de los textos. En este apartado resaltaremos únicamente las ocurrencias lingüísticas más significativas para nuestro estudio.

4.1.1. Catedral

En la mezquita de Córdoba encontramos abundante adjetivación en la descripción de la catedral ya que esta es considerada como uno de los «edificios más bellos y singulares del mundo» e invitan al turista a realizar un «recorrido excepcional». Todos estos adjetivos son subjetivos, evaluativos y axiológicos y con connotaciones positivas. También encontramos un superlativo, que, aunque es relativo, se acerca mucho al absoluto: «del mundo».

Respecto a la catedral de Reims encontramos también adjetivos: «incontournable», «haut lieu du tourisme champenois» y sustantivos axiológicos valorativos como «fleuron de l'architecture gothique» o «référence universelle».

En lo que respecta a ambas catedrales no podemos señalar diferencias significativas, pero sí que advertimos una tendencia en francés en lo que se refiere a los adjetivos: el texto español añade un superlativo para su descripción «del mundo» y el francés escoge el término «universal», si observamos la gradación semántica empleada queda claro que la elección francesa del término siempre connota mayor amplitud que la española.

4.1.2. Puente

En la redacción en castellano encontramos gran número de adjetivos subjetivos, evaluativos y axiológicos como: «espectacular estructura de hierro» y no axiológicos como «gran coloso», «compleja construcción». Añadimos a la lista sustantivos axiológicos valorativos: como «combinación de belleza, estética y funcionalidad». En su homólogo francés aparecen, sin embargo, bastantes adjetivos subjetivos, evaluativos, unos axiológicos: «indispensable» y otros no axiológicos: «quatre célèbres arches», «importants itinéraires de pélerinage». En este caso, en el ejemplo español aparecen más términos positivos que en el francés.

4.1.3. Museo de la capital

En la descripción del Museo del Prado abundan adjetivos subjetivos evaluativos y axiológicos: «la alta misión de conservar…», «elevadas manifestaciones», «valor universal». En el caso del Louvre francés aparece un superlativo absoluto: «les architectes les plus novateurs» además de adjetivos subjetivos evaluativos y axiológicos: «grands théâtres» «véritable leçon d'architecture». Como en las catedrales, tampoco podemos indicar aquí grandes diferencias respecto al análisis del discurso.

4.1.4. Cuevas prehistóricas

Las cuevas Altamira y las de Lascaux poseen historias paralelas puesto que ambas fueron descubiertas por casualidad en el siglo XX. En las dos apareció arte rupestre de extraordinaria calidad, pero debido al exceso de visitas hubo que cerrarlas y crear réplicas para que se pudieran admirar sin dañar las verdaderas pinturas prehistóricas. En la descripción de las cuevas de Altamira leemos adjetivos subjetivos evaluativos y axiológicos: «excepcional valor». Respecto a los superlativos, siendo ambos relativos, en español el complemento restrictivo, es decir, la tercera parte del superlativo que hace referencia al conjunto espacio-temporal que acota el adjetivo, es siempre más humilde que en francés: «una de las manifestaciones artísticas más extraordinarias del arte paleolítico», mientras que en francés aparece definido como: «une des découvertes archéologiques les plus prestigieuses du 20e siècle». Mientras que en España «la comunidad científica […] no aceptó la originalidad de las pinturas hasta 1902 (después de que se produjeran) tras los descubrimientos de algunas cuevas con arte rupestre paleolítico en Francia». En Francia, sin embargo, «la grotte de Lascaux, qui sera classée monument historique en décembre de la même année». Con el objeto de no dañar las cuevas en español escoge sustantivos axiológicos peyorativos como «fragilidad, riesgos», mientras que en francés se habla de: « annonce la fermeture de la grotte, dans l'objectif de la protéger des agressions extérieures et de préserver cet héritage exceptionnel». En este ejemplo se ve con nitidez cómo en español utiliza sustantivos axiológicos peyorativos y el francés, aun narrando hechos muy similares, lo hace de un modo mucho más valorativo escogiendo para ello términos con connotaciones positivas.

4.1.5. Teatro romano

En este caso subrayamos la existencia de dos superlativos relativos en español «el elemento más representativo del Conjunto Monumental de Mérida» «la zona más espectacular del teatro» frente a la afirmación francesa de: «le théâtre le mieux conservé d'Europe», «l'un des plus grands héritages de la Rome Impériale». En francés se añaden varios sustantivos axiológicos como «renommée» «plaisir des mélomanes» y adjetivos subjetivos y axiológicos como: «exceptionnel», «beaux», «magnifique» y «unique». Corroboramos, por lo tanto, lo mencionado ya en otros monumentos como las cuevas prehistóricas y las catedrales en los que queda clara la tendencia en francés a utilizar superlativos relativos con elementos de comparación mayores que en español. Tras el estudio de estos monumentos, podemos advertir algunas diferencias entre el español y el francés como:

a) el uso de adjetivos subjetivos evaluativos y axiológicos con connotación positiva.
b) la utilización de superlativos relativos cuyo complemento restrictivo acotando más elementos espacio temporales en francés («d'Europe», «du xxème siècle»…) que en castellano («del conjunto monumental», «del arte paleolítico») que resulta más restringido.

Sin embargo, no podemos constatar aquí excesivas diferencias desde el punto de vista lingüístico en estos monumentos emblemáticos de obligada visita. Por lo tanto, deseamos ahora analizar lingüísticamente las diferencias en las páginas web de lugares turísticos que no siempre se visitan y que, por lo tanto, necesitan una presentación mucho más atractiva para el potencial turista.

4.1.5. Plazas

Hemos seleccionado dos plazas situadas en el centro del país: una en «el corazón de la ciudad de Segovia» y otra en Tours. En la descripción de la primera se mencionan hechos históricos no siempre positivos: «se cayó el techo de la iglesia de San Miguel» también aparecen adjetivos subjetivos evaluativos unos axiológicos como «deliciosas actuaciones » y otros no axiológicos: « lugar emblemático». La Place Plumerau de Tours, sin embargo, se presenta de un modo mucho más atractivo para el visitante: tanto en hechos históricos «l'un des plus vastes secteurs sauvegardés d'Europe» como en adjetivos subjetivos evaluativos y axiológicos: «le cadre y est plaisant, l'ambiance conviviale et même festive» y superlativos: «le guide touristique anglo-saxon *Lonely Planet*» a classé la place Plumereau en tête des «*plus belles terrasses de France pour prendre l'apéro*». Es decir, la place Plumerau (Francia) se presenta lingüísticamente de modo más atractivo que su homóloga española.

4.1.6. Castillos medievales

Encontramos características similares en el análisis de dos castillos medievales. Resulta llamativo el hecho que el castillo de Peñafiel «dominaba los valles de los ríos Duero, Duratón y Botijas, y protegía a la población», nos resulta chocante el primer imperfecto porque entendemos que las condiciones geográficas son las mismas actualmente. El castillo de Fougères, en cambio, se enuncia con superlativos absolutos: «la plus grande forteresse d'Europe» y adjetivos subjetivos evaluativos y axiológicos: «Vous revivrez cette période fascinante de rebondissements». Por lo tanto, el castillo francés invita con más eficacia al turista a acercarse a visitarlo.

4.1.7. Museos

En los museos dedicados a los escritores resaltaremos la diferencia más significativa que, sin embargo, carece de relevancia a la hora de subrayar la importancia del museo. En el de Cervantes se trata de la verdadera casa natal del escritor: «Luis Astrana Marín, autor de *Vida ejemplar y heroica de Miguel de Cervantes Saavedra*, dio a conocer este emplazamiento como tal». En el de Julio Verne, se limitan a una cita literaria en la que se supone en que por ahí debió pasar el escritor: «à l'endroit où "Jules Verne a dû venir bien souvent contempler de cette hauteur le fleuve, là où il devient la porte du large et le chemin de l'aventure" (Julien Gracq, *La Forme d'une ville*)». Los adjetivos aquí utilizados responden a la tendencia ya vista en los ejemplos anteriores: «un importante fondo bibliográfico de ediciones cervantinas», «consolidada programación de actividades con múltiples propuestas» son adjetivos objetivos, mientras que en francés los adjetivos son subjetivos, evaluativos y axiológicos: «un lieu unique et incontournable pour découvrir la vie et l'œuvre de l'illustre écrivain». Aquí se observa que el empleo de adjetivos subjetivos evaluativos axiológicos y de sustantivos axiológicos («la richesse») incide en la mejora del texto si atendemos a las características del texto turístico como texto con rasgos publicitarios. Notemos la diferencia semántica entre «importante» y «múltiple» y «unique» y «incontournable».

4.1.8. Iglesias románicas

En las páginas web de las iglesias románicas analizadas encontramos los mismos rasgos que los ya estudiados en las plazas y en los museos dedicados a escritores. Resaltaremos aquí la utilización de los sustantivos axiológicos valorativos, inexistentes en español pero que en francés se enuncian como: «chef d'oeuvre de l'Art Roman», «témoin de la ferveur artistique et religieuse de la fin du XIè siècle», «la pureté de son style et le bonheur de ses proportions», «le joyau des églises de Bresse». En castellano se da una lista de acontecimientos históricos: «reedificada en el Siglo XVI por la familia Sotelo» y adjetivos objetivos: «templo de notables dimensiones». «la torre (desmochada)», «una sola nave muy amplia». De esta manera, y sin dar datos precisos, el autor del texto francés proyecta una imagen más positiva que el español respecto a la ermita, ¿quién no desea conocer un «chef d'oeuvre» (obra maestra) o «un joyau» (una joya)?

4.1.9. Museo típico

Terminamos este epígrafe estudiando algunas de las diferencias lingüísticas más importantes entre el museo del Botijo (Villena, Comunidad Valenciana) y el Musée du Béret (Nay, Aquitania). Lo que más destaca aquí es la utilización de sustantivos axiológicos valorativos por parte del museo francés: «cette entreprise a décidé de rendre un véritable hommage patrimonial à un des emblèmes du département», «vous rappellera avec plaisir les coutumes et les tendances actuelles » así como de superlativos relativos: «fabrication du plus célèbre et du plus emblématique couvre-chef de France» y adjetivos subjetivos evaluativos y axiológicos: «magnifique bâtiment style directoire», «unique au monde». El español, sin embargo, insiste en su singularidad, pero no es único en el mundo, si no que existe otro museo no muy lejos: «la singularidad de este Museo radica en que es, junto con el de Argentona, la única colección de Botijos que actualmente pueden visitarse en España» y se añade un adjetivo subjetivo evaluativo y axiológico: «el Museo del Botijo de Villena expone una interesante colección privada». De nuevo, podemos señalar aquí lo ya visto en los cuatro monumentos anteriores, ya que el museo francés está, definitivamente, mejor presentado que el español.

Resumiendo, aunque no se advierten excesivas diferencias en la comparación establecida entre los textos franceses y españoles que corresponden a los cinco primeros monumentos importantes, sí que advertimos en ellos una tendencia como una graduación superior en la escala semántica, el uso continuado de adjetivos subjetivos evaluativos y axiológicos positivos y la utilización de sustantivos axiológicos. Esta tendencia se corrobora en el análisis de los textos correspondientes a monumentos más periféricos, donde la utilización de sustantivos axiológicos valorativos y el empleo de adjetivos subjetivos evaluativos y axiológicos es constante.

4.2. Análisis cuantitativo

Pasamos ahora al análisis cuantitativo del contenido lingüístico. Este epígrafe se ha realizado siguiendo a Kerbrat Orecchioni (2009) y su análisis sobre la enunciación y subjetividad en el lenguaje como ya hemos explicado anteriormente. Según esta autora el lenguaje, aún aquel con pretensiones descriptivas puede ser subjetivo y para demostrarlo estudiaremos los distintos tipos de sustantivos, adjetivos, verbos y adverbios y su función argumentativa en los textos. El color negro corresponde a los textos españoles y el gris a los franceses.

4.2.1. Número de palabras

Como se aprecia en la figura 1, hemos contabilizado el número de palabras. ya que estamos ante un texto publicitario y que el lector no suele profundizar mucho en dicha lectura, resulta llamativo el gran número de palabras utilizadas por los hispanohablantes, lo que hace menos eficaz desde el punto de vista comunicativo estos textos.

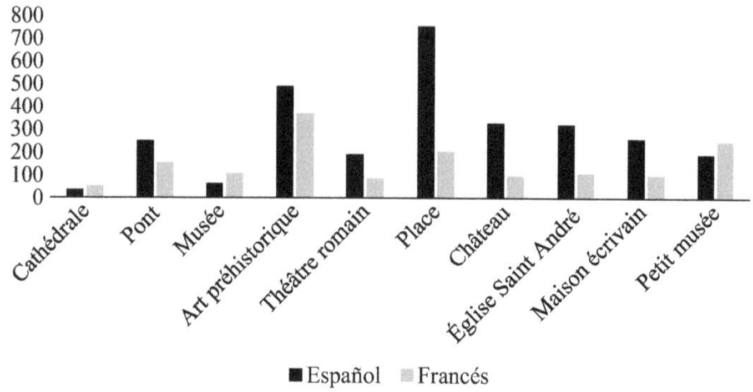

Figura 1: Número de palabras

4.2.2. Sustantivos

Proseguimos nuestro análisis con el número de sustantivos encontrados (figura 2). Aquí, en coherencia con el número de palabras encontradas, es mayor el número de los sustantivos (de todo tipo) contabilizados en los textos españoles.

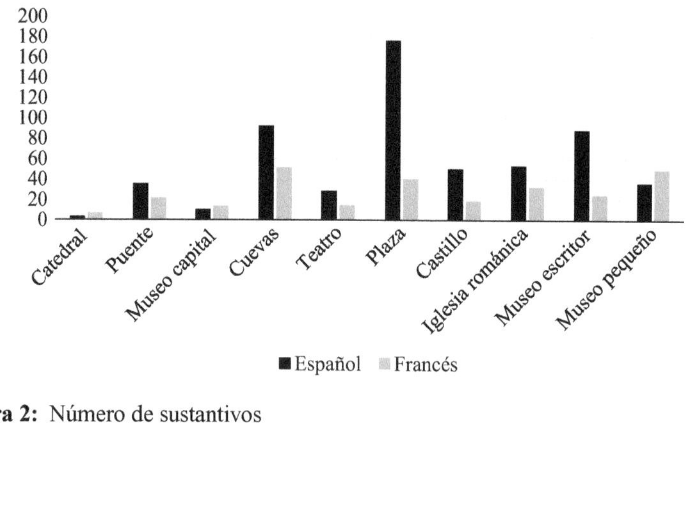

Figura 2: Número de sustantivos

Deseamos ahora incidir en la importancia de los sustantivos axiológicos en la figura 3. Los sustantivos axiológicos (Kerbrat-Orecchioni, 2009) son aquellos que marcan la subjetividad del discurso con la elección de sustantivos que pueden ser valorativos («coloso», «bonheur de ses proportions») o peyorativos («riesgos», «fragilidad»). Vemos en la figura 3 cómo la mayoría de los textos franceses aparecen de forma continuada sustantivos axiológicos, sobre todo en los cinco monumentos menos conocidos.

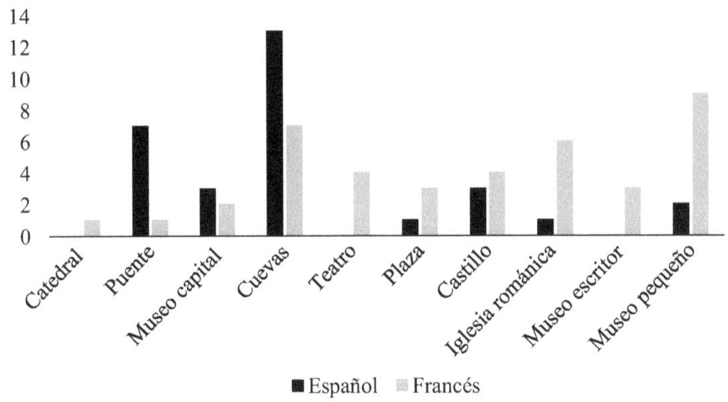

Figura 3: Sustantivos axiológicos

4.2.3. Adjetivos

Los adjetivos constituyen una marca de subjetividad. Como en español encontramos mayor número de palabras, es lógico que aparezcan más adjetivos en los ejemplos que se refieren a España si lo analizamos cuantitativamente.

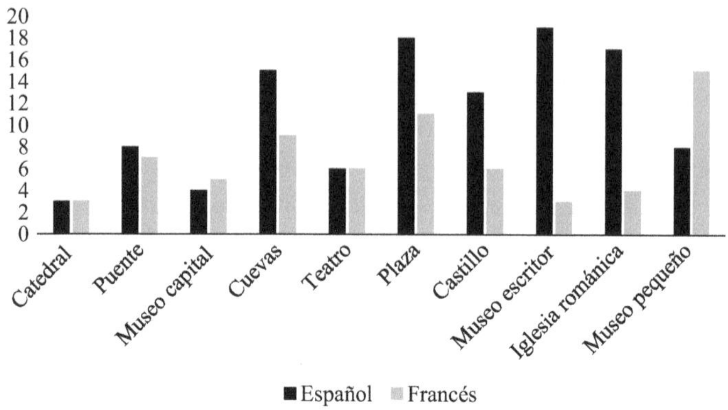

Figura 4: Número de adjetivos

Pasamos ahora a contabilizar los adjetivos subjetivos evaluativos axiológicos, que vemos que en francés son más numerosos que en castellano, siendo los españoles, en su mayoría, no axiológicos.

Respecto a los adjetivos solamente encontramos uno desvalorizante en francés y atribuido al gran poeta Petrarca: «qualifiée alors par le poète Pétrarque de "plus infecte et plus puante des villes de la Terre"», con lo cual el autor del escrito no se hace responsable de dicha enunciación.

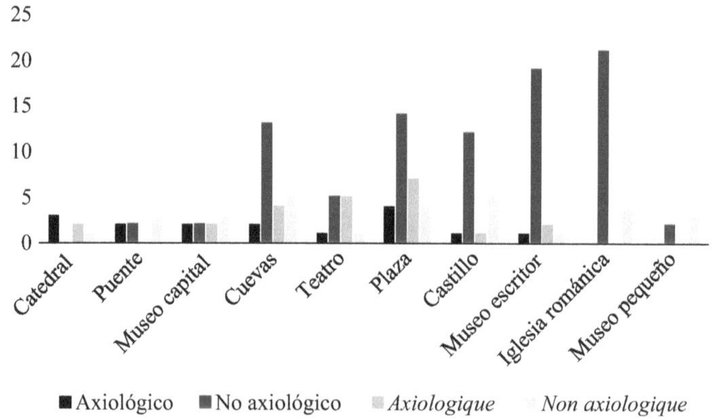

Figura 5: Adjetivos axiológicos y no axiológicos

4.2.4. Verbos

Hemos señalado los verbos que presentan más marcas de subjetividad. Teniendo en cuenta que en este tipo de textos turísticos no vamos a encontrar verbos que denoten intrínsecamente la subjetividad como: «pensar» o «creer», hemos realizado el análisis cuantitativo dividiéndolos en tres grupos: los verbos con un contenido semántico neutro, es decir, aquellos que carecen de toda marca de subjetividad como «se encuentra» o «fut édifiée» y un segundo grupo, más subjetivo con una connotación positiva: «ha cumplido» o «bénéficie» y otros negativa: «se ha desanimado». En francés no hallamos nunca connotaciones negativas y sí muchas positivas.

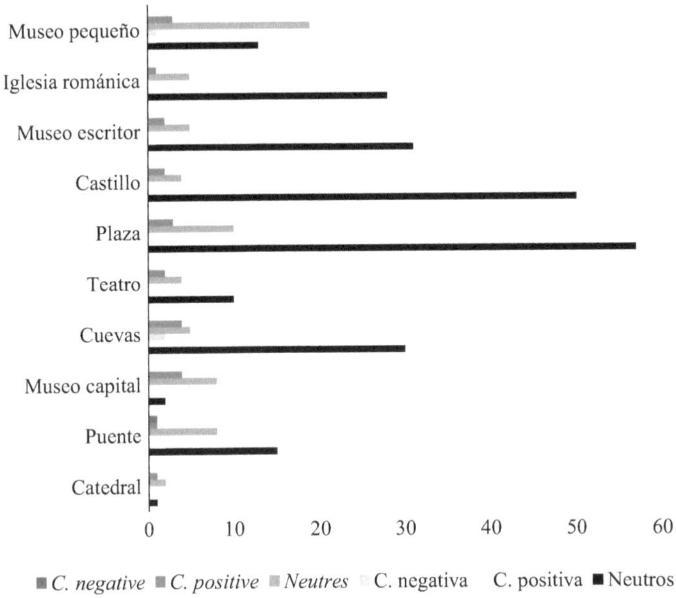

Figura 6: Verbos

4.2.5. Adverbios

Al contar el castellano con mayor número de palabras, resulta obvio que aparecen más adverbios. En el gráfico aparecen sumados todos los adverbios de tiempo: «encore aujourd'hui», «hoy en día», lugar: «allí», «ici» y modo: «étonnamment préservé» o «popularmente». Los adverbios contabilizados tanto en castellano como en francés son aquellos referidos al texto narrativo (historia del monumento), para lo que se utilizan adverbios de tiempo y al texto descriptivo para lo que se emplean adverbios de lugar. Los adverbios de modo, que son los que matizan el grado de adhesión del locutor al enunciado, aparecen con menos frecuencia en castellano que en francés.

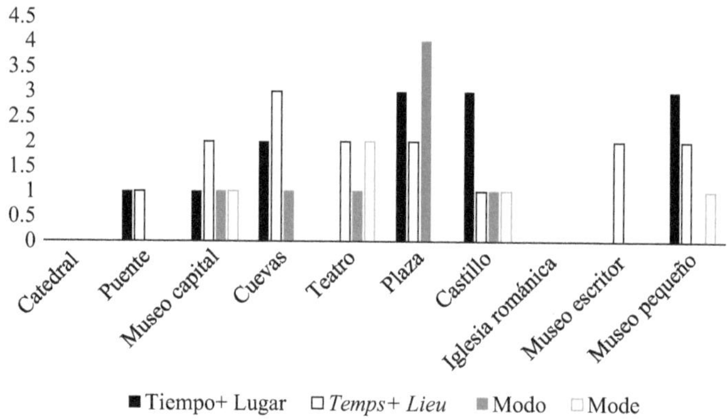

Figura 7: Número de adverbios

En definitiva, atendiendo al número de palabras, es decir al análisis cuantitativo, advertimos que en castellano se da mayor número de ellas, pero observamos diferencias significativas en cuanto a la mayor utilización de sustantivos axiológicos y de adjetivos evaluativos subjetivos por parte del francés.

5. Conclusiones

En este análisis comparativo de los textos que presentan monumentos en páginas web francesas y españolas se demuestra que el francés utiliza recursos lingüísticos que hacen más atractivo el monumento, utilizando para ello los siguientes recursos:

a) Empleo frecuente de sustantivos axiológicos valorativos («bonheur de ses proportions», «précision hors du commun», «renommée»).
b) Selección de adjetivos subjetivos, evaluativos no axiológicos («quatre célèbres arches») y axiológicos («belles façades») casi siempre con una connotación positiva («véritable leçon d'architecture»).
c) Utilización reiterativa de superlativos, relativos o absolutos. En francés o bien son absolutos («le mieux conservé d'Europe») o relativos cuyo complemento restrictivo abarca una gran extensión temporal o espacial («une des découvertes archéologiques les plus prestigieuses du 20e siècle»).
d) Preferencia por utilizar verbos con una connotación semántica positiva («bénéficie»).
e) Uso de adverbios de modo («étonamment») para modalizar el enunciado junto con adverbios de tiempo y lugar, que corresponden a un texto descriptivo propio del discurso turístico.

Estos son los rasgos de las mismas ocurrencias lingüísticas en español:

a) Empleo, en menor número que en francés de sustantivos axiológicos valorativos («combinación de belleza, estética y funcionalidad»). Incluso encontramos sustantivos axiológicos peyorativos («riesgos»).
b) Selección de adjetivos objetivos («templo de notables dimensiones») y, a veces, incluso subjetivos evaluativos y axiológicos negativos («torre desmochada») en mayor número que los adjetivos subjetivos evaluativos que también abundan en los textos («recorrido excepcional»).
c) Los verbos escogidos para su enunciación son, en general, descriptivos y no muestran más que en contados textos una connotación positiva («ha cumplido») o, incluso, negativos («se ha desanimado»).
d) Respecto a los adverbios, se limita, en líneas generales, a enunciar tiempo y espacio con adverbios temporales y espaciales.

Excepto el Puente de Vizcaya observamos que la mayoría de los monumentos franceses presenta mucho mejor el contenido lingüístico en las webs institucionales que su homólogo español. Así pues, el texto español de estas atracciones turísticas corresponde tipológicamente a un texto descriptivo, mientras que el caso de Francia nos hallamos ente un texto descriptivo con tendencias argumentativas.

Asimismo, subrayamos que la argumentatividad de estos textos está marcada esencialmente por dos rasgos lingüísticos que han aparecido en este estudio reiteradamente: por un lado, el uso del superlativo y por otro, la utilización de los sustantivos axiológicos.

Debemos recordar que estas diferencias se dan, sobre todo, en aquellas atracciones turísticas que no figuran en la lista del Patrimonio de la Humanidad de la Unesco, es decir, aquellos lugares fuera de los circuitos habituales y que requieren de un viaje expreso para conocerlos. Con lo cual podemos afirmar que en Francia se cuidan más (siempre desde el punto de vista lingüístico) los lugares más alejados de las rutas clásicas.

Por lo tanto, vemos como la hipótesis de partida se confirma ya que las marcas lingüísticas analizadas en francés desde el punto de vista cualitativo y cuantitativo lo atestiguan. De nuestro estudio se desprende la importancia de cuidar el texto escrito para los profesionales del turismo, ya que utilizando los recursos lingüísticos adecuados se podría atraer a más turistas a los lugares de interés cultural.

Referencias bibliográficas

Blanco Calvo, M. P. (2016). El estilo de la frase en el portal france.fr. Contribución al discurso turístico digital. *Aposta. Revista de Ciencias Sociales*, 69, 104–139. http://apostadigital.com/revistav3/hemeroteca/mpblanco.pdf

Bugnot, M. A. (2009). Estereotipia y localización en el discurso turístico. *Çédille: Revista de Estudios Franceses*, 5, 56–80.

Calvi, M. V. (2006). *Lengua y comunicación en el español del turismo*. Madrid: Arco/libros.

Calvi, M. V. (2012). Palabras y cultura en la lengua del turismo. *Pasos: revista de turismo y patrimonio cultural*, 10(4). Recuperado de https://cvc.cervantes.es/literatura/aih/pdf/16/aih_16_2_007.pdf
Durán, I. (2014). Aspectos pragmático-lingüísticos del discurso del turismo de aventura: estudio de un caso. *Revista Norma*, 4, 4–49.
Eurrutia, M. (2012). Enfoque semántico contrastivo francés-español del léxico del transporte y de la gestión en el ámbito turístico. *Revista de Lingüística y Lenguas Aplicadas*, 7, 115–113.
Kerbrat-Orecchioni, C. (2009). *L'énonciation. De la subjectivité dans le langage*, 4ème édition. Paris: Armand Colin.
López Sánchez, J. A., Chica Ruiz, A., Arcila Garrido M., Azzariohi A. y Soto Benito A. (2010). Modelo de análisis de páginas web turísticas en Andalucía. *Historia Actual Online*, 22, 185–200. Recuperado de Dialnet-ModeloDeAnalisisDePaginasWebTuristicasEnAndalucia-3671383.pdf
Rodríguez, R. (2012). La lengua de la promoción turística institucional. Análisis del portal www.spain.info. *Pasos: revista de turismo y patrimonio cultural*, 10(4), 115–126.
Seoane, A. (2013). Les guides touristiques: vers de nouvelles pratiques discursives de contamination. *Mondes de tourisme*, 8, 33–43.

Referencias del corpus analizado

Castillo de Fougères: https://www.bretagne35.com/visites-et-activites/visites/PCUBRE035FS0003A/detail/fougeres/chateau-de-fougeres
Castillo de Peñafiel: http://www.turismopenafiel.com/recurso.php
Catedral de Reims: http://www.reims.fr/culture-patrimoine/reims-et-son-patrimoine/le-patrimoine/la-cathedrale-notre-dame-de-reims-7511.html
Cuevas de Altamira: http://www.cuevasturisticas.es/cueva_15.asp?c=18
Cuevas de Lascaux: https://www.lascaux.fr/fr/contenu/36-lhistoire-de-lascaux

Iglesia de Saint André: https://www.ain-tourisme.com/fiches/Saint-Andre-de-Bage/Site-et-monument-historiques/Eglise-romane-de-Saint-Andre-de-Bage/147701/

Iglesia de San Andrés: https://www.romanicozamora.es/es/monumentos/ver/iglesia-de-san-andres/26

Mezquita de Córdoba: https://mezquita-catedraldecordoba.es/

Museo Cervantes: http://www.museocasanataldecervantes.org/el-edificio/

Museo de la boina: http://www.museeduberet.com/content/6-le-musee

Museo del botijo: http://www.museodelbotijo.com/

Museo del Louvre: https://www.louvre.fr/histoire-du-louvre

Museo del Prado: https://www.museodelprado.es/museo

Museo Julio Verne: http://www.julesverne.nantesmetropole.fr/home/decouvrir/presentation-du-musee.html#article

Plaza Mayor de Segovia: https://www.rutasconhistoria.es/loc/plaza-mayor-de-segoviatique

Plaza Plumerau: http://www.tours-tourisme.fr/incontournables/ place-plumereau

Puente de Aviñón: http://www.avignon-et-provence.com/monuments/pont-davignon

Puente de Vizcaya: http://www.getxo.eus/es/turismo/que-ver/puente-colgante

Teatro de Mérida: http://www.consorciomerida.org/conjunto/monumentos/teatro

Teatro de Orange: https://www.theatre-antique.com/fr/la-decouverte-du-lieu/theatre-an

Jorge Leiva Rojo

¿Es la traducción automática una opción factible? Reflexiones acerca de un estudio comparado de textos museísticos traducidos (inglés-español)

Resumen Este trabajo tiene como objetivo el estudio de la traducción de un tipo de texto, el texto museístico, que, a diferencia de otros ámbitos relacionados, caso de la traducción turística, no ha contado con numerosas investigaciones relevantes hasta hace poco, a pesar de su enorme peso en la industria cultural. En el presente capítulo se tomarán como punto de partida 14 textos procedentes de un corpus paralelo de textos museísticos de la ciudad de Nueva York (escritos originariamente en lengua inglesa y traducidos a la lengua española) que se tradujeron mediante traducción humana, para comparar su calidad con la calidad resultante de traducirlos con un sistema de traducción automática. Tras evaluar la calidad de la traducción de acuerdo con 12 parámetros, se concluye que la traducción automática no supone una mejora clara de los resultados obtenidos con la traducción humana, y que los resultados en ambos casos son muy deficientes. A pesar de todo, la traducción automática logra crear en los casos estudiados fragmentos de fácil lectura y con algunas soluciones acertadas.

Abstract This work focuses on the translation of a type of text, museum texts, which, unlike other related fields, such as translation of touristic texts, has not been supported by abundant studies of relevance, in spite of its key importance within cultural sectors. This paper has as starting point 14 texts from a parallel corpus of museum texts from New York City (originally written in English and translated into Spanish) which are human-translated, in order to contrast its quality levels with the correlative quality of the same texts translated by a machine translation system. After assessing the quality of the translated texts according to 12 different parameters, it is concluded that the use of machine translation does not significantly overcome the results from the assessment of the human-translated texts, and the performance of both modalities of translation, machine and human, is very poor. Nonetheless, in the analyzed cases, machine translation creates excerpts that are easy to read and, at the same time, provides some appropriate translation solutions.

1. Antecedentes de la traducción de textos museísticos

No cabe duda de la relevancia de la traducción de textos museísticos en tanto que actividad decisiva para la mediación lingüística e intercultural. Como consecuencia de esto, en los últimos años han surgido investigaciones que analizan aspectos relativos a la traducción de este tipo de textos desde distintos prismas. A pesar de todo, el número de trabajos se considera aún insuficiente, como expresa Guillot (2014: 74) al afirmar que el «[r]esearch interest in museum communication has been limited in translation studies and linguistics, with a few notable exceptions (e.g. Neather 2005 y 2008; Jiang 2010; Sturge 2007; Ravelli 2006, for sources in English)». A los trabajos que cita Guillot pueden añadirse los siguientes, algunos de ellos posteriores a su trabajo: las contribuciones de Serrell (2015), Ravelli y Heberle (2016), y Gazi (2017), relativos a la redacción y escritura de textos museísticos; tres trabajos más de Neather (2009, 2012, 2018) y el reciente de Westhoek (2017), en los que se presta especial atención a cuestiones relativas a la calidad de los textos traducidos; y el interesante trabajo de Liao (2018), acerca de la aportación de los Estudios de traducción a la industria cultural y museística. Igualmente, es preciso mencionar otros trabajos que abordan diversas cuestiones relacionadas con la traducción de textos museísticos. Sirvan como ejemplo de ello los trabajos de Jiménez Hurtado, Seibel y Soler Gallego (2012), sobre la traducción e interpretación y accesibilidad en museos; Miklošević (2015), sobre la traducción en un museo de Eslovenia; Liao (2016), y Chen y Liao (2017), sobre la traducción en un museo de Taiwan; Valdeón (2015), acerca de la traducción de lo colonial en museos estadounidenses; Lazzeretti (2016), en referencia a la comunicación en museos en lengua inglesa; y Randaccio (2017), acerca de la traducción y audiodescripción en museos.

La relevancia del estudio de los textos que se producen y traducen en el entorno de los museos no se justifica solo desde el punto de vista de la transmisión —y, en ocasiones, manipulación— cultural, sino que también este tipo de textos es relevante desde un punto de vista cuantitativo, puesto que tienen un impacto potencial enorme en cuanto a número de lectores y usuarios. Valgan como ejemplo de ello las abrumadoras cifras que proporcionan Falk y Dierking, quienes calculan que «more than a billion people, young and old, alone or in groups, visit a museum of some kind every year» (2016: 23). Teniendo en cuenta que, en la mayoría de los casos, tal y como señalan Brida, Dalle Nogare y Scuderi (2016: 261), la mayoría de los visitantes de los museos suele ser de localidades distintas a donde se encuentra el museo en cuestión, no es de extrañar que traducción sea un elemento imprescindible para la comunicación en los museos. La calidad de la traducción de los textos no es solo importante para favorecer la comunicación, sino que además puede comprometer incluso el prestigio de la institución, como manifiestan Ambrose y Paine: «a bad translation may make your visitors laugh, but it will not help them to understand your exhibition» (2018).

2. Descripción del corpus y selección de los textos

A pesar de que el número de estudios relativos a la traducción de textos turísticos, aunque insuficiente, es cada vez mayor, llama la atención la escasa repercusión de la Lingüística de corpus en trabajos que versen sobre textos museísticos, pues tenemos constancia solo de un reducido número de trabajos. En dos de ellos —el trabajo de Guillot (2014: 83) y la contribución de Valdeón (2015: 364), mencionados anteriormente— no se indica cómo son los corpus empleados, mientras que en un trabajo reciente (Lazzeretti, 2016), aunque se trata de un trabajo totalmente perteneciente a la Lingüística de corpus, solamente se estudian los textos en inglés y desde un punto de vista monolingüe, sin tratamiento, por lo tanto, de cuestiones relativas a la traducción. En trabajos realizados por el autor de este capítulo, por su parte, se recurre a la Lingüística de corpus para el estudio de diversos aspectos (análisis de la calidad de la traducción de unidades fraseológicas y de elementos ortotipográficos, entre otros) en museos de la ciudad de Nueva York (Leiva Rojo, 2018a, 2018b) y de Málaga (Leiva Rojo, 2018c). Precisamente, el primero de los trabajos mencionados (Leiva Rojo, 2018a) es el punto de partida para el presente estudio. En él se analizaron las 1000 primeras palabras de 14 pares de textos procedentes de museos de Nueva York, que se seleccionaron al azar de entre los que componen el corpus de textos de museos de esa ciudad. Dicho corpus, denominado *MUSA16*, se compone de 151 bitextos, con 381 074 palabras y 452 424 tokens en el subcorpus de lengua inglesa y 429 019 palabras y 499 895 tokens en el subcorpus de textos traducidos a la lengua española (Leiva Rojo, 2018b: 69). Los textos seleccionados para el estudio, escritos originariamente en lengua inglesa y traducidos al español, se publicaron entre los años 1999 y 2016 y pertenecen a 14 museos distintos de Nueva York[1].

En el artículo mencionado se realizó, de una parte, una revisión de la traducción de las unidades fraseológicas y, de otra, una revisión general del texto, para contrastar los resultados de ambas evaluaciones en busca de una posible correlación. En el presente trabajo, por su parte, se pretende confrontar los resultados que arrojó la evaluación general en aquel trabajo con los resultados de la revisión de los mismos textos, pero traducidos en esta ocasión mediante un traductor automático. La motivación para ello se encuentra en una de las conclusiones a las que se llegaba en el artículo ya mencionado, donde se percibía que «the scores from the analysis [...] for the overall assessment [...] offer very negative results in general terms» (Leiva Rojo, 2018a: 12). De los 14 pares de textos que se analizaron, solamente uno de ellos obtuvo una nota superior a 5 sobre 10 puntos, mientras que 9 de los textos restantes arrojaron calificaciones por debajo de los 0 puntos. Como consecuencia de estos resultados tan negativos, nos preguntamos ahora si compensa la inversión en tiempo y dinero que supone recurrir a la traducción humana para obtener unos resultados tan poco favorables y si, como consecuencia de todo ello, el recurso a la traducción automática para la traducción de estos textos podría suponer cambios significativos en la calidad de los textos.

1 Más concretamente, los museos a los que corresponden los textos son los siguientes: American Museum of Natural History (AMNH), Brooklyn Museum (BROM), American Folk Art Museum (FOLK), The Frick Collection (FRIC), Solomon R. Guggenheim Museum (GUGG), El Museo del Barrio (BARR), Museum of Arts and Design (MAD), Metropolitan Museum of Art (METM), Museum of Jewish Heritage (MJHN), Museum of Modern Art (MOMA), National Museum of the American Indian (NMAI), New York Historical Society (NYHS), Queens Museum of Art (QMOA) y The Skyscraper Museum (SKYM).

Para el presente trabajo, se tradujeron en el mes de octubre de 2018 los 14 TO mediante Traductor de Google, por ser el sistema de traducción automática más empleado (Leiva Rojo, 2018d: 271, véase también Cerasani, 2016: 283) y por existir indicios —en determinados casos, incluso la certeza— del empleo de Traductor de Google en textos museísticos, como afirma Monagle (2017: 33, 44). En cuanto a la modalidad de traducción empleada con Traductor de Google, se trata de traducción automática neuronal, lanzada en el mes de septiembre de 2016 y capaz de traducir «whole sentences at a time, rather than just piece by piece» (Turovsky, 2016). Las traducciones automáticas se evaluaron de forma manual, recurriendo a la misma plantilla que se empleó para el estudio citado anteriormente[2]. La razón para recurrir a esta plantilla, en lugar de a evaluaciones específicas para sistemas de traducción automática —tanto en la modalidad de evaluación humana (White, O'Connell y O'Mara, 1994; White, 2003) como en la de evaluación automática (Papineni, Roukos, Ward y Zhu, 2002; Banerjee, y Lavie, 2005)—, estriba en los beneficios de emplear los mismos criterios de valoración, puesto que de esa forma se facilita la comparación entre la traducción humana y la traducción automática[3]. Igualmente, como se hizo en aquellas revisiones y atendiendo a reflexiones como las de Temizöz (2016), se han incorporado los errores repetidos a la hora de realizar las revisiones de las traducciones automáticas.

2 Se trata de la plantilla de revisión y corrección de traducciones directas hacia el español que se emplea en Hermes Traducciones (España) y que sigue, en parte, los principios básicos de dos modelos de evaluación muy habituales en el sector: el LISA QA Model 3.1. y el SAE J2450.

3 A pesar de todo, es justo tener en cuenta que los errores típicos de la traducción humana divergen de los que se producen en la traducción automática. A este respecto, véanse, por ejemplo, los trabajos de Guerberof Arenas (2008: 15; 2012: 229) y Koponen (2010: 7).

3. Resultados

De acuerdo con los parámetros que establece la plantilla de revisión y corrección empleada, las categorías que se pueden evaluar son 13, a saber: traducción, omisiones y precisión, terminología, gramática/ sintaxis, ortotipografía, puntuación, ortografía y acentuación, estilo, registro, error mecanográfico, adaptación cultural, coherencia, y no seguimiento de instrucciones. Se han tomado en consideración todas las categorías a excepción de la última, «No seguimiento de instrucciones», puesto que se desconoce el contexto específico en que se ha desarrollado la traducción, además de ser algo de difícil aplicación en la traducción automática sin posedición. Por su parte, a pesar de que se han calificado los errores de acuerdo con los dos niveles de gravedad existentes en la plantilla (leves o graves), se ha decidido no hacer distinción de estos niveles en este trabajo para simplificar la lectura y el tratamiento de los datos.

Por razones de espacio, en los subapartados 3.1., 3.2. y 3.3. se comentarán solamente algunos resultados y particularidades de las categorías que atañen especialmente al contenido de las traducciones realizadas con Traductor de Google (denominadas en adelante *TG*) y su comparación con las traducciones que se realizaron mediante traducción humana (en lo sucesivo, *TH*), para analizar finalmente, en el subartado 3.4., los resultados generales de las revisiones de los textos de TG en comparación con los resultados de las revisiones de las traducciones realizadas con TH.

3.1. Errores de traducción

El estudio comparado de los errores relativos al contenido semántico de los textos permite concluir que, en líneas generales, los textos traducidos mediante traducción humana obtienen mejores resultados que los textos traducidos con la intervención de Traductor de Google. Ello es debido a que los errores de traducción son, sumando las 14 traducciones de cada modalidad, menos frecuentes en cifras totales en las traducciones TH: 17 errores frente a 33 en las TG. En este mismo sentido, es significativo también destacar que, de las 14 traducciones TH, seis no presenten errores de traducción, mientras que en el caso de las traducciones TG son solamente tres los textos sin este tipo de error. El único texto que no presenta errores de traducción en las dos versiones de la traducción es MOMAESI7[4].

Llama igualmente la atención el hecho de que dos de las traducciones de TG aporten casi el 50 % de todos los errores de traducción, puesto que suman 16 de los 33: nos referimos a los textos AMNHESO8TG y BROMES01TG, que, por lo demás, como se verá en el apartado 3.4., son los que obtienen las peores calificaciones de los textos traducidos con TG.

Algunos de los ejemplos más llamativos de esta categoría son los que aparecen a continuación. En el caso de la traducción TG de (1), se advierte cómo *4th grader* no se traduce de forma que se aluda al curso de educación primaria a la que alude el TO, lo que puede comprometer la comprensión del texto. En el caso del ejemplo (2), por su parte, se advierte cómo el adjetivo *American* del TO se identifica erróneamente con los Estados Unidos, cuando en realidad en el original inglés se está aludiendo al continente, por lo que *americano* habría sido la opción correcta de la traducción[5].

(1) Can my **4th grader** apply? Do you have spots for older students? (AMNHENO8).
¿Puede mi **4 ° alumno** aplicar? ¿Tienes lugares para estudiantes mayores? (AMNHESO8TG).

(2) a social order that ranked Spaniards above people of New World birth—Creoles (**American-born Spaniards**) and people of indigenous and mixed race—and African enslaved people (BROMEN01).

4 Con objeto de identificar los textos, se ha empleado el siguiente sistema de codificación, tomado del corpus MUSAI6: tres o cuatro letras que identifican el museo del que procede el texto —véase la nota al pie 1 para conocer las abreviaturas empleadas en cada museo—, la cadena *EN O ES*, que indica si se trata del original inglés o de la traducción al español, dos dígitos y, para este trabajo y en el caso de los textos traducidos, la identificación de si el texto se ha traducido mediante traducción humana (TH) o mediante Traductor de Google (TG).

5 En los ejemplos que aparecen a continuación se emplea el tipo de letra negrita para identificar mejor los elementos en los que se desea hacer hincapié. Por otra parte, se emplea la barra vertical (|) para indicar los retornos de carro que aparecen en los textos del corpus estudiado.

un orden social que clasificaba a los españoles por encima de las personas del Nuevo Mundo: criollos (**españoles nacidos en Estados Unidos**) y personas de raza autóctona y mestiza, y esclavos africanos (BROMESOITG).

Una de las situaciones más llamativas y frecuentes en los 14 textos estudiados consiste en que el traductor automático ofrezca como resultado un texto en los que el error de traducción es muy evidente, puesto que el texto resultante carece de sentido pleno. Así sucede, por ejemplo, en (3), donde, a pesar de todo, el contenido es inteligible.

(3) Children do not «outgrow» autism, but studies show that early diagnosis and intervention lead to significantly improved outcomes. | —**Autism Society of America** (QMOAENOI).
Los niños no «superan» el autismo, pero los estudios muestran que el diagnóstico temprano y la intervención conducen a resultados significativamente mejores. | —**Autismo Sociedad de América** (QMOAESOITG).

Un caso más extremo, no obstante, se da en (4) y (5), donde la comprensión del TD queda comprometida —máxime si el lector no lo coteja con el TO, situación que se dará con frecuencia— y, sobre todo, en el ejemplo (6), en el que el error queda puesto en evidencia por la abrupta interrupción del enunciado.

(4) the works of such makers as the Venezuelan artist Rolando Peña who has created **new seating from oil barrels** especially for this exhibition (MADENOI).
los trabajos de fabricantes como el venezolano Rolando Peña, que ha creado **asientos nuevos de aceite barriles especialmente para esta exposición** (MADESOITG).

(5 the **Frick's King Philip IV of Spain** (1644) is one of the artist's consummate achievements (FRICENO5).
el **Rey Frick de Felipe IV de España** (1644) es uno de los logros consumados del artista (FRICESO5TG).

(6) joined forces with the Museum for a collaborative effort to archive, preserve, and interpret original artifacts **related to the Jewish refugees** in Sosúa (MJHNENOI).
unieron fuerzas con el Museo para un esfuerzo de colaboración para archivar, preservar e interpretar artefactos originales **relacionados con el judío. refugiados** en Sosúa (MJHNESOITG).

3.2. Errores de omisión y precisión

Al contrario de lo que sucedía en los errores de traducción, los textos de TG obtienen mejores resultados que los textos traducidos mediante TH en lo que respecta a los errores de omisión y precisión: la cifra total de errores es de 99 en TH, mientras que en el caso de TG se detectan 75 errores. A pesar de todo, se trata de un error muy frecuente que, además, se da en los 28 textos revisados (TH y TG), con un promedio de 7 errores por texto traducido con TH y de 5,3 errores por texto traducido con TG. Tres textos de TH presentan 10 errores o más de esta categoría, mientras que, por su parte, solo un texto de TG se encuentra en la misma situación.

El examen individual de cada texto, no obstante, reduce al máximo la distancia existente entre las dos modalidades de traducción: si se atiende al número de errores de omisión y precisión en cada modalidad, la igualdad es máxima: en dos ocasiones se detecta el mismo número de errores en TH y TG, mientras que, en las 12 ocasiones restantes, cada una de las versiones es mejor que la otra en justo la mitad de casos, seis.

A pesar de las similitudes en cuanto a los resultados, al analizar pormenorizadamente cada texto traducido sí se comienzan a ver divergencias en cuanto a la naturaleza del error. Se advierte en este sentido cierta tendencia a que en TH prevalezcan los casos de omisión, como sucede en (7), donde la alusión a *Jalisco* desaparece en la traducción.

(7) Martín Ramírez (1895–1963) left his **native Mexico** in 1925 with the aim of finding work in the United States and supporting his wife and children back home **in Jalisco** (FOLKENO2).
Martín Ramírez (1895–1963) dejó su **tierra natal** en 1925 con la intención de encontrar trabajo en los Estados Unidos para mantener a su esposa e hijos **en México** (FOLKESO2TH).

En el caso de los textos TG, si bien la omisión se da en contados casos y prácticamente todos los errores detectados se deben a imprecisiones, se localizan algunos errores debidos a omisiones que son bastante significativos. Así ocurre, por ejemplo, con el caso de (8), donde la no traducción de *hair* da como resultado una traducción confusa:

(8) Two surprising details: the child on the sofa next to the mother is not a girl, but a three-year-old boy **whose hair has been allowed to grow**, following the customs of the time (METMEN16).

> Dos detalles sorprendentes: el niño en el sofá junto a la madre no es una niña, sino un niño de tres años **al que se le permitió crecer**, siguiendo las costumbres de la época (METMESI6TG).

En lo que respecta a los errores de precisión en los textos traducidos con TG, se muestran seguidamente dos de los ejemplos más llamativos. En el primero de ellos, (9), una errónea traducción de *traditional museum settings* transmite un mensaje distinto al que se expresa en el TO, cosa que se podría haber logrado con *entornos museísticos tradicionales* o, simplemente, *museos tradicionales*. A la confusión en el fragmento de TG contribuye, además, la traducción incorrecta de la preposición *from* y del adjetivo *under-represented*. En el caso de (10), por su parte, la no explicitación del sujeto de la proposición subordinada puede crear confusión sobre quién o qué es capaz de eliminar obstáculos. Es llamativo este caso, además, por el texto del que procede, ya que se trata de material educativo para niños, por lo que es conveniente, desde nuestro punto de vista, evitar posibles malinterpretaciones por parte de los lectores.

(9) New Territories is part of the Museum's Global Maker's Initiative—a series of exhibitions, launched in 2010 with The Global Africa Project, that highlights creation **from** parts of the world often **under-represented** in **traditional museum settings** (MADENOI).
New Territories forma parte de Global Maker's Initiative del museo, una serie de exposiciones, lanzadas en 2010 con The Global Africa Project, que destaca la creación **de** partes del mundo a menudo **bajo representado** en la **configuración del museo tradicional** (MADESOITG).

(10) You can probably tell that Ganesha likes to eat sweets—do you see the one he's holding? Hindus believe **he can remove obstacles** (METMENI6).
Probablemente puedas decir que a Ganesha le gusta comer dulces. ¿Ves el que está sosteniendo? Los hindúes creen que **puede eliminar obstáculos** (METMESI6TG).

3.3. Errores de terminología

Se trata de un error muy frecuente en las dos modalidades de traducción. En el caso de la traducción automática, en numerosos casos se debe a la presencia de términos polisémicos, en la línea de lo señalado por Cerasani en un estudio sobre traducción automática del inglés al italiano: «[t]he most common semantic error [in machine translation] is the incorrect translation of polysemous words» (Cerasani, 2016: 281). En cualquier caso, si bien los resultados son muy negativos en general en este tipo de error, destaca el bajo rendimiento de la TH: 281 errores en los 14 textos frente a los 190 errores detectados en los 14 textos de TG, lo que equivaldría a un promedio de 20,1 errores en cada texto de TH frente a 13,6 de cada texto de TG. Este error, por lo demás, está presente con abundancia en prácticamente todos los textos: solo cinco de los 28 textos revisados (uno en TH y cuatro en TG) presentan menos de 10 errores de terminología. El texto que presenta más errores, 33, es el perteneciente a la versión de TH del Brooklyn Museum (BROMESO1TH), mientras que el que menos errores acumula, 5, pertenece a un texto de TG, QMOAESO1TG, del Queens Museum of Art.

La impresión general de que en esta categoría el sistema de traducción automática al que se ha recurrido tiene un rendimiento general mejor que el de los textos traducidos con traducción humana se repite al analizar los resultados de las evaluaciones en detalle. Sirva como ejemplo de ello el siguiente dato: de los 14 textos revisados para cada modalidad, en solo tres ocasiones la versión de TH obtiene mejores resultados que su correlativo traducido mediante TG.

El estudio detallado de los errores de terminología permite advertir tres tendencias en cuanto a su naturaleza, a saber: errores motivados por la traducción literal de los elementos léxicos; errores por polisemia y errores en terminología específica del arte y la museografía. En cuanto a los primeros, destacan los casos de (11) y (12), procedentes del mismo texto, que, por motivos distintos, dan como resultados sendas propuestas de traducción en las que el error resulta evidente sin necesidad siquiera de cotejar la traducción con el TO.

(11) along with **lively drawings** by Francisco de Herrera the Elder and his son and the Madrid court artist Juan Carreño de Miranda (FRICENO5).
junto con **dibujos animados** de Francisco de Herrera el Viejo y su hijo y el artista de la corte de Madrid Juan Carreño de Miranda (FRICESO5TG).

(12) Contemporary chronicles as well as **bills and invoices** in Spanish archives indicate that it was painted in a makeshift studio (FRICENO5).
Las crónicas contemporáneas, así como **las facturas y las facturas** en los archivos españoles indican que fue pintado en un estudio improvisado (FRICESO5TG).

En lo relativo a los errores debidos a la presencia de elementos léxicos polisémicos, los ejemplos son muy numerosos. Se muestran aquí tres de los más ilustrativos, el primero de los cuales se da también en más de una ocasión en los 14 textos de TG evaluados. En el primero de ellos (13), puede verse cómo se ofrece una traducción inadecuada en el contexto para *show*, cuyo equivalente más correcto en español puede ser *exposición*. Aunque no se muestra aquí por falta de espacio, una situación similar se da en dos ocasiones en las que *works* se traduce como *trabajos*, cuando, en el contexto en el que aparece —al hablar de elementos de la producción artística de artistas—, lo más correcto habría sido hablar de *obras*. En el ejemplo que le sigue (14), por su parte, el equivalente correcto para *stories* habría sido *plantas*, pues se refiere a la construcción de rascacielos de la ciudad de Nueva York. Por último en cuanto a los errores por polisemia, es llamativo el caso de (15), en el que *staff* debería haberse traducido como *bastón*, *vara* o, como se emplea en la versión de TH, *báculo*.

(13) They have unearthed previously unknown facts about the artist's life, and for this **show** provide new ideas of how Ramirez's life story informs the drawings (FOLKEN02).
Han desenterrado hechos previamente desconocidos sobre la vida del artista, y para este **espectáculo** proporcionan nuevas ideas de cómo la historia de vida de Ramírez informa los dibujos (FOLKES02TG).

(14) Skyscrapers can multiply the utility of land by piling many **stories** on a relatively small site (SKYMEN01).
Los rascacielos pueden multiplicar la utilidad de la tierra acumulando muchas **historias** en un sitio relativamente pequeño (SKYMES01TG).

(15) The figure on the other side is most likely a judge—identified by his clothing and **staff**—who observes the performer (METMEN16).
La figura en el otro lado es muy probablemente un juez —identificado por su vestimenta y **personal**— que observa al ejecutante (METMES16TG).
La figura que hay al otro lado es probablemente un juez (identificado por su ropa y su **báculo**) que observa al músico (METMES16TH).

Los errores motivados por una traducción deficiente de la terminología relacionada con el arte y la museografía, en tercer lugar, son muy numerosos, como podría esperarse por el tipo de textos evaluados.

Con respecto a los primeros, destacan los ejemplos (16) y (17), en los que *red chalk* y *oil* tienen como alternativas correctas *sanguina* y *óleo*, respectivamente. Nótese además la traducción que se da para *on paperboard* en (17), *en el carton* [*sic*], en lugar de la forma *sobre cartón*, que es la que se suele emplear en este campo de especialización. En el ejemplo (18), por su parte, se advierte una traducción literal de *mixed media*, cuando lo más correcto habría sido emplear *técnica mixta* en su lugar.

(16) followed by a number of spectacular **red chalk** drawings by the celebrated draftsman Jusepe de Ribera (FRICEN05).
seguidas de una serie de espectaculares dibujos de **tiza roja** del célebre dibujante Jusepe de Ribera (FRICES05TG).

(17) **oil**, graphite, ink, and gold leaf **on paperboard** (METMEN16).
aceite, grafito, tinta y pan de oro **en el carton** (METMES16TG).

(18) El Barrio y Mi Barrio | **Mixed-Media** Mosaic (BARREN21).
El Barrio y Mi Barrio | Mosaico de **medios mixtos** (BARRES21TG).

En lo relativo a la terminología relacionada con la museografía, son numerosos los casos en los que los textos TG presentan deficiencias. Sirvan como ejemplo de ello las traducciones de *artifacts* (20), *group exhibition* (19) y *special exhibition* (21), que, si bien son inteligibles para el supuesto lector, no son las más correctas para este ámbito —*objetos*, *exposición colectiva* y *exposición temporal*, respectivamente—.

(19) First **U.S. Museum Group Exhibition** Of Contemporary Latin American Design (MADEN01).
La primera **exposición del grupo de museos de los Estados Unidos** sobre diseño latinoamericano contemporáneo (MADES01TG).

(20) El Museo's varied permanent collection [...] includes pre-Columbian Taíno **artifacts** (NYHSEN19).
La variada colección permanente [...] incluye **artefactos** taínos precolombinos (NYHSES19TG).

(21) Sometimes we have to move works of art or even close some galleries to renovate them or install **special exhibitions** (METMEN16).
A veces tenemos que mover obras de arte o incluso cerrar algunas galerías para renovarlas o instalar **exposiciones especiales** (METMES16TG).

3.4. Aspectos generales

Como se comentaba en el apartado 2., los resultados de la evaluación de los textos traducidos mediante TH fueron muy poco satisfactorios. El análisis, global y pormenorizado, de las versiones de TG que se ha realizado para este trabajo están en sintonía con los resultados del trabajo mencionado anteriormente (Leiva Rojo, 2018*a*). En líneas generales, en ambas versiones el número de errores es muy elevado: en los 14 textos evaluados (de 1000 palabras cada uno), las versiones de TH contenían un total de 958 errores (promedio de 68,4/texto), mientras que las de TG presentan unos resultados ligeramente peores: 992 errores (70,9/texto). El texto que obtiene mejores calificaciones en la revisión es el mismo en las dos versiones, MOMAES17: 7,86/10 (TH) y 4,39 (TG). La versión de TH de este texto es, además, la única de las 28 (14 de cada modalidad de traducción) que obtiene una calificación superior a cinco puntos. En este mismo sentido, solo 9 de las 28 traducciones obtienen valores por encima de cero puntos, con un reparto bastante equilibrado: cuatro textos son de TH y cinco son de TG. En la tabla 1 se muestran los resultados globales de las evaluaciones de los 14 textos en sus dos modalidades de traducción. Igualmente, se indica, mediante el sombreado en color gris, cuál de las dos modalidades de texto traducido, TH o TG, obtiene mejor calificación para cada texto. Como puede apreciarse, en este sentido el rendimiento de las dos modalidades es idéntico: de los 14 textos analizados, en 7 ocasiones la versión de TH es la mejor, mientras que en las 7 restantes la traducción realizada con TG es la que obtiene mejores resultados. No obstante, es preciso tener en cuenta que el hecho de que un texto en una modalidad obtenga mejor resultado que en la otra no equivale a que la traducción sea publicable necesariamente, puesto que, como se ha mencionado, los resultados, en líneas generales, son muy insatisfactorios. Sirva como ejemplo de ello el caso del texto MADES01: aunque la modalidad que obtiene la mejor calificación es la de TH, ello no es óbice de que sea publicable el texto, puesto que ambas modalidades obtienen una calificación por debajo de cero.

Tabla 1: Comparación de calificaciones de las dos modalidades de traducción

Nombre del texto	Traducción humana	Traductor de Google
AMNHES08	-3,59	-15,04
BARRES21	-1,08	-0,31
BROMES01	-0,11	-18,86
FOLKES02	-3,59	-0,7
FRICES05	1,53	-6,88
GUGGES07	3,35	-3,48
MADES01	-0,6	-6,59
METMES16	4,64	-1,24
MJHNES01	-0,86	3,26
MOMAES17	7,86	4,39
NMAIES03	-2,85	0,54
NYHSES19	-2,4	-2,16
QMOAES01	-0,46	2,15
SKYMES01	-3,29	1,75

En cuanto a las categorías de errores en las que cada modalidad obtiene un mayor y peor rendimiento, la tabla 2 muestra información al respecto. Como se puede apreciar en la tabla mencionada, los textos traducidos mediante TH acumulan más errores, en primer lugar, en la categoría de terminología (281), seguida de ortotipografía (246) y gramática/sintaxis (122), mientras que las categorías en las que se detectan menos errores son registro y coherencia (8 casos en ambas) y error de traducción y adaptación cultural (14 casos en cada una). En lo relativo a los textos traducidos con TG, la categoría que obtiene peores resultados es gramática (230 errores). Le siguen dos categorías que estaban presentes también en los errores más frecuentes de las traducciones realizadas con TH: terminología (190) y ortotipografía (177). En cuanto a las categorías que obtienen un mejor rendimiento, sorprende la de errores mecanográficos, con un solo error detectado. El recurso a TG, además, permite lograr buenos resultados en lo relativo a ortografía y acentuación y registro (8 y 12 errores, respectivamente).

Tabla 2: Errores detectados por categoría y modalidad de traducción

Categoría de error	Traducción humana	Traductor de Google
Error de traducción	14	33
Omisiones y precisión	99	75
Terminología	281	190
Gramática/sintaxis	122	230
Ortotipografía	246	177
Puntuación	40	41
Ortografía y acentuación	30	8
Estilo	78	146
Registro	8	12
Error mecanográfico	15	1
Adaptación cultural	14	48
Coherencia	8	31
Error de traducción	14	33
Total	**955**	**992**

A pesar de que los resultados en líneas generales son deficientes (tanto en una como en otra modalidad de traducción) y de que, en el caso concreto de la traducción automática, el número de errores es muy abultado, ello no quiere decir que el recurso a TG plantee solamente inconvenientes. Además de las ventajas obvias que se podrían esgrimir de que es una modalidad de traducción rápida y mucho más barata que la traducción profesional, muchos de los textos resultantes que se han evaluado son, en líneas generales, muy comprensibles, con algunos fragmentos en los que resulta realmente complicado advertir que se trata de una traducción ejecutada por un sistema de traducción automática. Los ejemplos podrían ser numerosos, pero nos limitaremos a mostrar uno, (22), en el que destaca, además, la inclusión de *por sus siglas en inglés* a la hora de indicar la sigla del museo del que se habla.

(22) Since its founding in 1804, the New-York Historical Society **(N-YHS)** has been a mainstay of cultural life in New York City and a center of historical scholarship and education (NYHSEN19).
Desde su fundación en 1804, la Sociedad Histórica de Nueva York **(N-YHS, por sus siglas en inglés)** ha sido un pilar de la vida cultural en la ciudad de Nueva York y un centro de estudios históricos y educación (NYHSES19TG).

4. Conclusiones

En las páginas anteriores se han mostrado los resultados principales de la revisión de los 14 textos museísticos, traducidos del inglés al español mediante traducción humana, que se trataron en un trabajo anterior (Leiva Rojo, 2018a), confrontados en este caso con las traducciones de estos mismos textos realizadas mediante un traductor automático, Traductor de Google. Los resultados, en ambos casos, son negativos, puesto que ambas modalidades de traducción (traducción humana y traducción automática realizada con Traductor de Google) obtienen puntuaciones bajas y acumulan numerosos errores en líneas generales. Sirva como ejemplo de ello el siguiente dato: de los 28 textos revisados (14 por modalidad), solo uno de ellos, realizado mediante traducción humana, obtiene una calificación superior a los cinco puntos sobre un total de diez. En términos absolutos, por su parte, el resultado de confrontar ambas modalidades de traducción no podría ser más igualado: de los 14 pares de textos, solo en siete ocasiones (el 50 %) la versión traducida con Traductor de Google obtiene mejor calificación que el texto equivalente realizado mediante traducción humana.

En lo relativo a las tres categorías de errores que se han visto en mayor profundidad, se advierte que la traducción humana obtiene un mejor rendimiento que la automática en cuanto a los errores de traducción, mientras que la traducción automática obtiene mejor valoración en lo referente a los errores de omisión y precisión y los de terminología. El error que más se comete en las versiones de los 14 textos realizados mediante traducción humana pertenece a la categoría de terminología; por su parte, los textos traducidos con Traductor de Google presentan como error más frecuente el de la categoría de gramática/sintaxis.

En cuanto a una posible viabilidad del uso de la traducción con Traductor de Google en textos museísticos similares a los analizados aquí, es justo indicar que, a pesar de los resultados tan negativos que obtiene, puesto que no supone una mejora (ni siquiera mínima) de la calidad de los 14 textos traducidos mediante traducción humana, la modalidad con Traductor de Google consigue *grosso modo* el mismo rendimiento que el que obtienen los 14 textos traducidos mediante traducción humana, pero con una inversión de tiempo mínima y de forma gratuita. A pesar de que tenga ventajas evidentes en términos de rapidez y economía, y de que los textos en líneas generales sean bastante comprensibles, con buenas estrategias de traducción, a día de hoy, solo podría considerarse como una posible opción —quizá con posedición— en textos de consumo rápido o destinado a un público limitado (por ejemplo, para anuncios de actividades paralelas o publicación de entradas de blogs). Sin embargo, en textos que gozan de una mayor visibilidad y mediante los que los museos se juegan parte de su prestigio —caso de comunicados de prensa, micrositios de exposiciones, textos de pared o planos del museo—, el recurso a la traducción automática parece aún estar lejos de ser factible.

Referencias bibliográficas

Ambrose, T. y Paine, C. (2018). *Museum basics: The international handbook*. London: Routledge.

Banerjee, S., y Lavie, A. (2005). METEOR: An automatic metric for MT evaluation with improved correlation with human judgments. En J. Goldstein, A. Lavie, C.-Y. Lin y C. Voss (eds.), *Proceedings of the ACL Workshop on Intrinsic and Extrinsic Evaluation Measures for MT and/or Summarization* (pp. 65–72). Ann Arbor, Michigan: Association for Computational Linguistics.

Brida, J. G., Dalle Nogare, C. y Scuderi, R. (2016). Frequency of museum attendance: motivation matters. *Journal of Cultural Economics*, 40, 261–283. doi: 10.1007/s10824-015-9254-5.

Cerasani, G. (2016). On the correctness of machine translation: an English-Italian case study. En Tradumàtica Research Group (ed.), *Translators and machine translation: Book of presentations* (pp. 280–300). Bellaterra: Departamento de Traducción e Interpretación y de Estudios del Asia Oriental. doi: 10.13140/RG.2.2.12770.12484.

Chen, C. L., y Liao, M. H. (2017). National identity, international visitors: Narration and translation of the Taipei 228 Memorial Museum. *Museum and Society*, 15(1), 56–68.

Falk, J. H., y Dierking, L. D. (2016). *The museum experience revisited.* London: Routledge.
Gazi, A. (2017). Writing text for museums of technology. The case of the Industrial Gas Museum in Athens. *Museum Management and Curatorship*, 33(1), 57–78. doi: 10.1080/09647775.2017.1416310.
Guerberof Arenas, A. (2008). Productivity and quality in the post-editing of outputs from translation memories and machine translation. *Localisation Focus*, 7(1), 11–21.
Guerberof Arenas, A. (2012). *Productivity and quality in the post-editing of outputs from translation memories and machine translation* (Tesis doctoral). Recuperada de http://hdl.handle.net/10803/90247
Guillot, M.-N. (2014). Cross-cultural pragmatics and translation: The case of museum texts as interlingual representation. En J. House (ed.), *Translation: A multidisciplinary approach* (pp. 73–95). Hampshire: Palgrave. doi: 10.1057/9781137025487_5.
Jiang, C. (2010). Quality assessment for the translation of museum texts: Application of a systemic functional model. *Perspectives: Studies in Translatology*, 18(2), 109–126. doi: https://doi.org/10.1080/09076761003678734.
Jiménez Hurtado, C., Seibel, C., y Soler Gallego, S. (2012). Museos para todos: la traducción e interpretación para entornos multimodales como herramienta de accesibilidad universal. *MonTi*, 4, 349–383. doi: https://doi.org/10.6035/MonTI.2012.4.15.
Koponen, M. (2010). Assessing machine translation quality with error analysis. En *MikaEL — Electronic proceedings of the KäTu symposium on translation and interpreting studies*, vol. 4 (pp. 1–12). Helsinki: Universidad.
Lazzeretti, C. (2016). *The language of museum communication: A diachronic perspective*. London: Palgrave Macmillan. doi: 10.1057/978-1-137-57149-6.
Leiva Rojo, J. (2018a). Phraseology as an indicator for translation quality assessment of museum texts: A corpus-based analysis. *Cogent Arts & Humanities*, 5, 1442116. doi: https://doi.org/10.1080/23311983.2018.1442116.
Leiva Rojo, J. (2018b). Diseño y compilación de corpus paralelos alineados: dificultades y (algunas) soluciones en el ejemplo de un

corpus de textos museísticos traducidos (inglés-español). *Revista de Lingüística y Lenguas Aplicadas*, 13, 59–73. doi: https://doi.org/10.4995/rlyla.2018.7912.
Leiva Rojo, J. (2018c). Paisajes ortográficos y ortotipográficos: interferencias en los textos traducidos de los museos de Málaga (español-inglés). En E. Ortega Arjonilla (ed.), *El paisaje. Percepciones interdisciplinares desde las Humanidades* (pp. 237–245). Granada: Comares.
Leiva Rojo, J. (2018d). Aspects of human translation: the current situation and an emerging trend. *Hermeneus. Revista de Traducción e Interpretación*, 20, 257–294. doi: https://doi.org/10.24197/her.20.2018.257-294.
Liao, M. H. (2016). Translating time and space in the memorial museum. *Translation Spaces*, 5(2), 181–199. doi: https://doi.org/10.1075/ts.5.2.02lia.
Liao, M.-H. (2018). Museums and creative industries: The contribution of Translation Studies. *JoSTrans: The Journal of Specialised Translation*, 29, 45–62. doi: https://doi.org/10.1080/09076761003678734.
Miklošević, Ž. (2015). Delivering messages to foreign visitors – Interpretative labels in the National Gallery of Slovenia. *Solsko Polje*, 26(5-6), 119–139.
Monagle, T. (2017). *It's all Greek to me: how museums use language to connect community* (Trabajo de Fin de Máster). Recuperado de https://digital.lib.washington.edu/researchworks/handle/1773/39764
Neather, R. (2005). Translation quality in the museum: Towards a greater awareness of end-user needs. *Translation Quarterly*, 38, 1–24.
Neather, R. (2008). Translating tea: On the semiotics of interlingual practice in the Hong Kong Museum of Tea Ware. *Meta*, 53(1), 218–240. doi: 10.7202/017984ar.
Neather, R. (2009). Translation in a «non-translation» community: Practices, ideologies and conceptualizations of translation in the PRC Museum Discourse Community. *Translation Quarterly*, 51–52, 145–174.

Neather, R. (2012). Intertextuality, translation, and the semiotics of museum presentation: The case of bilingual texts in Chinese museums. *Semiotica*, 192, 197–218. doi: 10.1515/sem-2012-008.

Neather, R. (2018). Museums, material culture, and cultural representations. En S.-A. Harding, y O. Carbonell Cortés (eds.), *The Routledge handbook of translation and culture*. Oxon: Routledge, 361–377. doi: 10.4324/9781315670898-20.

Papineni, K., Roukos, S., Ward, T. y Zhu, W. J. (2002). BLEU: a method for automatic evaluation of machine translation. En *Proceedings of the 40th Annual Meeting of the Association for Computational Linguistics* (pp. 311–318). Stroudsburg, Pensilvania: Association for Computational Linguistics. doi: 10.3115/1073083.1073135.

Randaccio, M. (2017). MuseumADE: A Transdisciplinary Encounter. *Rivista Internazionale di Tecnica della Traduzione / International Journal of Translation*, 19–206. doi: 10.13137/2421-6763/17359.

Ravelli, L, y Heberle, V. M. (2016). Bringing a museum of language to life: the use of multimodal resources for interactional engagement in the Museu da Língua Portuguesa, Brazil. *Revista Brasileira de Linguística Aplicada*, 16, 521–546. doi: 10.1590/1984-639820159920.

Ravelli, L. (2006). *Museum texts: Comunication frameworks*. Londres: Routledge.

Serrell, B. (2015). *Exhibit labels. An interpretive approach*, 2.ª ed. Laham: Rowman & Littlefield.

Sturge, K. (2007). *Representing others. Translation, ethnography and the museum*. Manchester: St. Jerome.

Temizöz, Ö. (2016). Counting or not counting recurring errors in translation quality evaluation. *SKASE Journal of Translation and Interpretation*, 9(1), 51–63. Recuperado de http://www.skase.sk/Volumes/JTI10/pdf_doc/04.pdf

Turovsky, B. (2016). *Found in translation: More accurate, fluent sentences in Google Translate*. Google. Recuperado de https://www.blog.google/products/translate/found-translation-more-accurate-fluent-sentences-google-translate/

Valdeón, R. A. (2015). Colonial museums in the US (un)translated. *Language and Intercultural Communication*, 15(3), 362–375. doi: 10.1080/14708477.2015.1015351.

Westhoek, A. (2017). *The British visiting the Netherlands: Cross-cultural communication in museum marketing* (Trabajo de Fin de Máster). Leiden University. Recuperado de https://openaccess.leidenuniv.nl/bitstream/handle/1887/46867/Westhoek%20A.J.%200809470%20MA%20Thesis%20Linguistics%20Translation.pdf?sequence=1

White, J. S. (2003). How to evaluate machine translation. En H. Somers (ed.), *Computers and translation: A translator's guide* (pp. 211–244). Amsterdam: John Benjamins.

White, J., O'Connell, T. y O'Mara, F. (1994). The ARPA MT evaluation methodologies: evolution, lessons, and future approaches. En *Proceedings of the First Conference of the Association for Machine Translation in the Americas* (pp. 193–205). Columbia, Maryland: AMTA.

Gisella Policastro Ponce

La multimodalidad en la traducción de textos turísticos

Resumen Desde finales del siglo XX, se lleva produciendo una profunda transformación en la forma de concebir la conceptualización del texto, implantándose nuevas líneas de investigación en torno al concepto comunicativo que contemplaban múltiples modalidades expresivas, hasta entonces consideradas en un segundo plano. En la era de la comunicación, aparecen nuevas herramientas comunicativas que proponen una nueva modalidad de entender la conceptualización del texto. Partiendo de esta premisa, procedemos a analizar la manera de concebir hoy en día los textos turísticos, por medio del análisis de los recursos multimodales que actualmente forman parte activa en el discurso turístico a fin de complementar la labor traductora del mismo. Con este objetivo, hemos sistematizado el presente estudio en cuatro apartados diferenciados: introduciremos de forma concisa al lector en la actualidad del mercado turístico, para proseguir con el segundo apartado reservado a las características principales de los textos turísticos y la presencia de elementos semióticos en los mismos. En el tercer apartado, pretendemos abordar el impacto de la teoría multimodal en la traducción de textos turísticos, para concluir con una valoración de los resultados finales del trabajo de investigación desarrollado.

Abstract Towards the end of the twentieth century, a significant transformation in the way of conceptualizing the text has taken place, and new lines of research around the concept of communication have been developed by introducing multiple expressive modalities, which were put aside until that moment. In the E-communication era, innovative communication tools have been created with the purpose of implementing a new interpretation of the text. On this basis, we conduct a study on the way of conceiving the production of tourist texts on today's date, through the analysis of multimodal resources, which currently play an active part in the tourist discourse to complement the translator's work. To this end, we have structured the present study in four different sections: a briefly introduction on today's tourist market, a second section reserved for the main features of tourist texts and the presence of multimodal resources therein. In the third section, we intend to address the impact of multimodal theory in the translation process of this type of texts, to conclude with an assessment of the results of the research work which has been carried out.

1. Introducción a la actualidad del mercado turístico

En los últimos años, según datos recopilados por la OMT (2016), el turismo se ha consolidado como la principal actividad económica de una importante cantidad de países, convirtiéndose, así mismo, en el sector de crecimiento más rápido, en términos de creación de empleo y generación de ingresos.

Cabe mencionar que las nuevas tecnologías han revolucionado el desarrollo turístico a nivel mundial, siendo determinante no solo para los profesionales del sector sino también para los consumidores. Hoy en día la industria turística no podría concebirse sin la presencia de Internet y de los medios de comunicación digitales. Herramientas como las páginas web, las aplicaciones web, las redes sociales o el comercio electrónico, dan buena cuenta de la necesidad de este tipo de recursos para la promoción del turismo, actuando como instrumentos mediadores de esta nueva conversión digital. El entorno corporativo en el que se enmarca el sector turístico constituye uno de los que más se beneficia de instrumentos que faciliten la eficacia comunicativa, la inmediatez y la optimización de recursos.

Ante esta situación, aunque Internet haya favorecido el impulso de muchas empresas y de diversos sectores, el consumidor cuenta con más información a su alcance, de manera que son más reflexivos en sus decisiones y más exigentes en sus elecciones, con el añadido de que cuentan a su disposición con una oferta más variada, más simple y cada vez más orientada a captar su atención y persuadir sus sentidos.

El ingente contenido de información que se publica en la red (páginas y sitios web, portales turísticos, comentarios y opiniones de usuarios compartidos en *apps*, redes sociales, etc.) y se pone a disposición del usuario es la carta de presentación de la empresa que expone su imagen en cualquiera de los medios antes citados. Concretamente, la actividad turística hace un uso intensivo de la información durante todas las fases de su cadena de valor. En palabras de la OMT (2001:288), en su obra «Introducción al Turismo», en la Nueva Era del Turismo el principal objetivo:

> es la implantación de sistemas globales de información y comunicaciones, de rápida difusión, que permitan la conexión entre los diferentes sectores de la industria turística, a fin de optimizar el manejo de la información disponible.

Por su parte, las analíticas de datos permiten convertir la enorme cantidad de información generada en resultados útiles con el fin de personalizar los servicios en función del perfil del usuario, de la ubicación, de los patrones de consumo, etc. A este respecto, la empresa debe prestar especial atención, puesto que el *turista 2.0*, según queda definido por O'Reilly (2005), se ha vuelto mucho más exigente, busca la calidad del producto o del contenido y que este se adapte a sus necesidades. El viajero se informa, selecciona, compara precios, comentarios, experiencias, y compra de forma online, con el añadido de que realiza estas funciones durante su trayecto de viaje e incluso una vez durante el mismo, resultando en la necesidad de un servicio de oferta-demanda que requiere una atención 24x7. No cabe duda, por tanto, de que la recontextualización que ha sufrido la comunicación turística en la era digital ha supuesto una ruptura con las convenciones tradicionales y ha abierto un horizonte de nuevas expectativas para los turistas.

En definitiva, como dice Maci (2007: 42) «la industria turística está diseñada para atraer al mayor número posible de turistas a fin de obtener ganancias». La comunicación turística tiene como principal objetivo dar a conocer cierta información, acerca de determinados productos o destinos, y que a través de dicha comercialización tenga lugar el fenómeno del turismo. Por ello, es ineludible la necesidad de los textos turísticos sean objeto de traducción con el fin de llegar al mayor número de usuarios posible.

El papel que desempeña el traductor en el sector turístico no se basa únicamente en una labor de mediación cultural que traduce una información turística de un idioma a otro. Las estrategias discursivas y los recursos semióticos que caracterizan al discurso turístico cobran especial protagonismo en el proceso de traducción por su importancia a la hora de construir la identidad corporativa y por la dificultad que su traducción entraña.

Una vez comentadas las consideraciones previas, procedemos a identificar las características lingüísticas y multimodales de los textos turísticos.

2. Características principales de los textos turísticos

Antes de profundizar en este contenido, nos gustaría identificar brevemente qué consideramos como «texto turístico». Para nuestra explicación, hemos elegido la clasificación, que todavía se encuentra en fase de construcción, propuesta inicialmente por Calvi (2010) en su proyecto «Linguaturismo», cuya finalidad es la «creación de corpus textuales paralelos y comparables, en español y en italiano, pero con una sólida base teórica de los géneros textuales», y es considerada actualmente la primera taxonomía de los géneros del turismo. En su modelo, muy próximo a las propuestas de García Izquierdo y Monzó Nebot (2003), la autora identifica un nivel superior de clasificación representado por las familias de géneros «que se definen por la comunidad profesional de origen, así como por sus objetivos principales» (Calvi, 2010: 22) y que detallamos a continuación:

Tabla 1. Familias de géneros y ejemplos (Calvi, 2010: 22–23)

Familias de géneros	**Descripción**	**Ejemplos**
Géneros editoriales	Se elaboran principalmente en el mundo editorial y responden a la demanda de información del turista	Guías de viajes, revistas de viajes y turismo, etc.
Géneros institucionales	Originados en los organismos oficiales (gobiernos nacionales, comunidades autónomas, ayuntamientos, etc.), con el propósito de afianzar o posicionar la imagen de un destino turístico.	Folletos, anuncios de destinos turísticos, páginas *web* institucionales, etc.
Géneros comerciales	Se desarrollan en los departamentos de marketing de las agencias y otras empresas de turismo, destinados a promover la venta directa del producto turístico, conquistando la mente del consumidor.	Anuncios comerciales, catálogos de viajes, folletos de hoteles, páginas *web* de agencias, etc.
Géneros organizativos	Propios de las agencias y otros sectores colindantes (hostelería, transportes, ferias, etc.), para sus relaciones internas y externas	Billetes, reservas, cartas, facturas, contratos, informes, etc.

Familias de géneros	Descripción	Ejemplos
Géneros legales	Pertenecientes al campo del derecho y encaminados a reglamentar las distintas facetas de las actividades turísticas.	Normativas, reglamentos, etc.
Géneros científicos y académicos	Utilizados en los sectores disciplinares que enfocan el fenómeno del turismo	Artículos y libros de sociología, antropología del turismo, etc.
Géneros informales	Comprenden el amplio caudal de textos en los que el turista mismo se transforma en experto y emisor del discurso turístico, con el propósito de intercambiar opiniones y expresar valoraciones	Foros y blogs de viajeros

Otra autora con la que concordamos en su afirmación es Feminía (2011, p. 41) al definir la comunicación turística como «el proceso mediante el cual la organización creadora del producto turístico da a conocer su disponibilidad al potencial turista. La base de la comunicación es lograr el posicionamiento idóneo en la mente del turista».

Esta cita nos muestra con claridad que el lenguaje y los elementos extralingüísticos son las herramientas que demuestran mayor poder persuasivo en el marco de la promoción turística. Por ende, se establece como condición necesaria conocer su uso y aplicación en los productos turísticos, de manera que estos se conviertan en atractivos y seductores para clientes potenciales, con la intención de que se conviertan en clientes reales.

En este orden de ideas, se concluye que una de las principales características de los textos turísticos es la difusión de contenido promocional, persuasivo y empático, tanto a través de lenguaje como de elementos metadiscursivos y multimodales. El objetivo principal del presente trabajo es identificar estos elementos y explicar cuáles son las dificultades que plantean al traductor, como detallaremos en lo sucesivo.

Por lo que respecta al plano puramente lingüístico, la terminología cobra un protagonismo especial que diferencia al discurso turístico de otros lenguajes de especialidad, por lo que hemos reservado una sección específica para identificar las particularidades lexicológicas más destacadas:

a) Heterogeneidad; el lenguaje turístico se caracteriza por englobar una amplia variedad de temáticas de lo más dispares (hospedaje, restauración, transporte, economía, agencias de viaje, derecho, entre otras).
b) Culturemas; se trata de unidades de comunicación específico-culturales de un ámbito cultural o un país en concreto, que se caracterizan por presentar una estructura semántica y pragmática compleja (Luque, 2009). Son especialmente característicos de los textos turísticos porque se trata de un género discursivo marcadamente sociocultural e impregnado por los patrones culturales y rasgos lingüísticos propios de cada lengua.
c) Prestamos, calcos y extranjerismos; este tipo de elementos surgen del contacto entre una cultura y otra, que inevitablemente provoca la introducción en un sistema lingüístico de un término perteneciente a otro sistema lingüístico específico, mediante procesos de integración fonética, semántica, gráfica, morfosintáctica o bien ausencia de adaptación a la lengua meta, según el caso.
d) El inglés se erige como la *lingua franca* del sector turístico, por tanto, es muy frecuente el uso del léxico derivado de este idioma.
e) Neologismos; en un sector en el que la vanguardia y el progreso son esenciales, es habitual que surjan nuevos términos que sirven para nombrar nuevas realidades o cambios de significado o de forma, según contexto.
f) Otra técnica muy frecuente es la recurrencia a la adjetivación y los recursos estilísticos, con el objeto de «aportar belleza al texto y mantener su función poética y emotiva» (Durán: 2012: 4), apelando directamente a los sentidos del consumidor del producto turístico.

El traductor de textos turísticos debe ser consciente de que existen otros medios de significación más allá del plano lingüístico, como analizaremos más adelante, comprobándose, en ocasiones, la insuficiencia de la búsqueda de terminología equivalente o la aplicación de técnicas de traducción estudiadas, cuando nos enfrentamos a la traducción de elementos que generan respuestas emocionales o sensoriales, muy complicadas de expresar a través del lenguaje.

En lo que respecta al nivel funcional del lenguaje turístico, concordamos con Durán (2012) cuando identifica la presencia de las seis funciones establecidas por el modelo de Jakobson (1984) en el discurso turístico; si bien, dada la multifuncionalidad característica de este tipo de lenguaje, coincidimos con autores como Calvi (2006), Dann (1996), en que existe una preponderancia de las funciones informativa (propia de los textos especializados como los textos turísticos) y apelativa (teniendo en cuenta que los documentos que se generan en la esfera del turismo apelan, generalmente, a las sensaciones, en particular aquellos documentos de carácter propagandístico y/o publicitario).

Por último, el plano pragmático del lenguaje turístico que, en el contexto traductológico, hace referencia a la competencia sociocultural e intercultural de la que debe valerse el traductor para trasladar las referencias, estereotipos y otros rasgos culturales propios de la cultura meta a una cultura destino, todo ello respetando las particularidades propias del lenguaje turístico en ambas lenguas, así como la cohesión y coherencia del texto meta.

Una vez identificadas las principales características de este tipo de textos, podemos concluir que es de vital importancia que el traductor reconozca el texto que le ha sido encomendado (Bugnot, 2005: 33), haciendo hincapié en el tema que nos ocupa, es decir, la presencia de condicionamientos extralingüísticos y recursos semióticos que constituyen el discurso de promoción y que se encuentran presentes en los textos turísticos. En el siguiente apartado, procedemos a identificar su presencia en el discurso turístico.

3. La presencia de recursos multimodales en el discurso turístico

Para poder delimitar los conceptos básicos del discurso multimodal, centraremos nuestra atención en el sistema semiótico del contexto comunicativo que nos ocupa, teniendo en cuenta los mecanismos de construcción comunicativa más habituales en el discurso turístico anteriormente referenciados.

En palabras de Parodi (2010: 38), el «sistema semiótico» o «modalidad» están constituidos por:

> un conjunto o repertorio de signos de una misma naturaleza (e.g., verbal, gráfica, matemática, etc.) que se articulan interrelacionadamente a partir de principios de organización funcional, semántica o morfológica, propios a cada sistema; en otras palabras, un sistema semiótico cuenta, a la vez, con un grupo de unidades constitutivas y un tipo de sintaxis que regula su disposición. Estos sistemas también se caracterizan por una ordenación específica de las unidades, ordenación que responde a una forma de conceptualizar y significar, haciendo así uso singular del espacio dentro del texto.

De esta forma, determinamos que los textos turísticos pueden incluir sistemas semióticos como medios de expresión para el desarrollo de nuevas prácticas discursivas, adaptadas a la realidad lingüística contemporánea, que ha evolucionado hacia una dimensión multimodal del lenguaje. La implementación de este fenómeno dentro del texto turístico se ha tornado necesaria ante una serie de aspectos que analizamos a continuación:

a) su heterogeneidad distintiva, que requiere abordajes metodológicos capaces de expresar el contenido cognitivo multidisciplinar de un modo directo, claro y simple.
b) se han identificado diversas prácticas discursivas derivadas de la expansión de múltiples recursos semióticos en diferentes medios, con la necesidad de describir una amplia gama de expresiones sensoriales, casi imposibles de articular de otro modo.
c) las tecnologías digitales contemporáneas e interactivas, que exigen la adaptación del lenguaje a las nuevas realidades comunicativas.
d) la persuasión, la respuesta empática y la captación de la atención sensorial del usuario son características intrínsecas a la realidad lingüística del turismo promocional, de modo que dependen ineludiblemente de la presencia de elementos multimodales.

Resulta importante precisar que la naturaleza multimodal del mensaje turístico cumple con una función informativa y/o persuasiva, que puede variar según el tipo de texto, por lo que estimamos pertinente clasificar el análisis de dichos sistemas de significación sobre la base de su principal finalidad en cada caso.

3.1. Elementos multimodales con fines informativos

Un ejemplo evidente de la presencia de elementos multimodales con fines informativos, podemos encontrarlo en un mapa turístico. Resulta indudable que las imágenes e iconos presentes en un mapa, representan un papel importante del mensaje que se desea transmitir, cobrando un protagonismo especial, dado que sin su presencia el documento carecería de significado y sería totalmente ininteligible, a la par que imposible de interpretar. Cabe señalar, además, que el formato de este tipo de textos, hoy en día, puede variar desde el formato físico al virtual, digital o visual, mediante imagen a tiempo real gracias al uso de un GPS. Independientemente de ello, se puede apreciar que el enunciado se enriquece multimodalmente, y no se limita a lo verbal: las imágenes, los efectos, la música, los vídeos, la visualización a tiempo real, participan en la construcción del mensaje, mejorando enormemente la dimensión cognitiva del usuario, contribuyendo a la formación del significado del mensaje, en vista de que los elementos verbales y no verbales se entrelazan y plasman la información deseada, cumpliendo con su finalidad referencial.

Otro paradigma similar lo encontramos en los folletos turísticos de índole informativa. En este tipo de textos turísticos, se ha observado un progreso en el grado de trascendencia multimodal, que se ha visto favorecida por la implementación de nuevas técnicas de visualización digital web que favorecen la contribución recurrente de componentes ajenos a lo lingüístico (imágenes, audios, animaciones, vídeos, espacio de consulta virtual, interacción directa y activa, entre otros). Todos ellos favorecen la eficacia comunicativa mediante el material extralingüístico apropiado en cada caso. Asimismo, podemos observar que el enunciado se enriquece visualmente y no se limita a lo verbal.

3.2. *Elementos multimodales con fines persuasivos*

La presentación multimodal de los mensajes hace que estos se complementen y se coordine lo textual con lo visual, con fines estratégicos, con el fin de obtener un efecto persuasivo y promocional en el usuario, integrando el lenguaje con otros recursos.

En particular, como afirma Llorens (2017: 292) «el sector turístico constituye uno de los entornos corporativos más interesados en la eficacia comunicativa y la optimización de las estrategias persuasivas en sí mismas».

En este caso, utilizaremos como ejemplo un texto turístico promocional (Imagen 1) a partir del cual analizaremos la subordinación de los elementos semióticos con el mensaje promocional y viceversa.

Los elementos multimodales destacados en el ejemplo elegido son los más comunes en los textos turísticos en formato escrito y están integrados en un todo significativo. Pasamos a describir brevemente cada uno de ellos:

a) Imagen: actúa como elemento realzador que reafirma la veracidad de los contenidos y potencia la afectación empática. Introduce los encantos de cada lugar captando los sentidos del lector. Especialmente los textos promocionales del entorno turístico suelen ir siempre acompañados por imágenes (o vídeos y música, en el caso de material digital), creando un vínculo y una interrelación comunicativa con el consumidor. (Kress, 2010). Precisamente, su principal objetivo no es otro que conseguir un efecto positivo en relación con los servicios que se ofrecen gracias a la activación inconsciente de respuestas y experiencias emocionales, representando algo a través de la similitud (O'Halloran, 2012: 81). Ninguna imagen que se decida incluir en un documento promocional habrá sido seleccionada aleatoriamente. Los modos visuales de expresión semiótica están orientados a cubrir carencias lingüísticas y conseguir respuestas emocionales, de manera que la disposición, la variedad cromática, el tamaño, es decir, todas las formas extralingüísticas, aportan valor y requieren de un estudio riguroso, que tenga en cuenta factores lingüísticos, socioculturales, sensoriales, empáticos, promocionales, etc.

b) Recursos semióticos, según la semiótica de Peirce (Gorlée, 1993): estos elementos visuales de comunicación son otro claro ejemplo de marcador multimodal. Apelan directamente al usuario a través de una estructura simple, que facilita la interconexión con el mismo, y está destinada a influir en su percepción sensorial. De acuerdo con el estudio de Everaert-Desmedt (2006: 5) sobre la semiosis según Peirce:

> la semiosis integra todos los componentes de la semiótica: la pragmática (el dominio del interpretante) es inseparable de la semántica (el dominio del objeto) y de la sintaxis (el dominio del representamen).

Por tanto, Pierce identifica una relación triádica en el proceso de semiosis entre tres elementos formales que son divisibles en tres tricotomías, clasificando el signo en función de su triple relación: consigo mismo, con el objeto al cual alude y con el interpretante.

Tabla 2. Las tricotomías semióticas de Peirce (*apud* Everaert-Desmedt, 2006)

Elementos / Tricotomías	**Primeridad**	**Segundidad**	**Terceridad**
Representamen	Cualisigno	Sinsigno	Legisigno
Objeto	Icono	Indicio	Símbolo
Interpretante	Rema	Decisigno	Argumento

En el caso que nos ocupa (Imagen 1), podemos observar que el código no verbal se manifiesta a través de diversos modos semióticos en una relación triádica genuina. De acuerdo con el ejemplo elegido, reconocemos la presencia de un representamen, en relación directa con su objeto, a través de la simbología icónica que encabeza el cuadro de texto, que cobra sentido en el momento en el que transmite correctamente su mensaje al interpretante. Dicha interpretación no excluye otros aspectos o dimensiones sensoriales.

La división propuesta por Peirce resulta muy útil para nuestro propósito, permitiéndonos analizar la comunicación simbólica creada por los elementos semióticos y la relación entre el significado y significante (Saussure, 1998). Sin embargo, como comentan Guzmán *et al.* (2017)

es necesario tomar conciencia de la «convencionalidad de las palabras», teniendo en cuenta que «el significado de los nombres pueda cambiar dependiendo del uso que se les confiera». Esta valoración es evidente en los textos turísticos, al estar en contacto continuo con diferentes culturas, que interpretan la realidad en función de la «conciencia de quienes la emplean». No todos los usuarios meta podrán captar el mismo significado de un recurso semiótico dado, por lo que este debe ajustarse a los parámetros de la cultura meta con el propósito de cumplir su fin último: «sistema semiótico»

> apelar a las sensaciones y vivencias de los receptores para activar sus procesos cognitivos y conseguir que su percepción sobre lo ofertado no solo se quede en el estadio de la convicción momentánea, sino que trascienda más allá y se posicione en una fidelización potente y, por consiguiente, perdure en el tiempo precisamente por haberse cumplido la finalidad pretendida desde el inicio (Llorens, 2017: 296).

A pesar de no estar incluido en nuestro ejemplo, por tratarse de un texto escrito en formato físico, consideramos oportuno mencionar el contenido multimedia (imágenes, audio, vídeo, efectos especiales), que se ha convertido en uno de los recursos multimodales de mayor impacto en los últimos años, ante la creciente expansión de la tecnología lingüística en la dimensión turística. Ello ha impulsado la implantación de elementos digitales en la comunicación del sector del turismo, enriqueciendo su contenido lingüístico.

Ante el evidente protagonismo de la multimodalidad en la comunicación turística con fines persuasivos, el contenido de la información del folleto, según se puede comprobar, queda relegado a un segundo lugar. Como comentábamos al principio, en esta nueva era de la comunicación, se produce una transición desde lo monomodal hacia lo multimodal y este es un claro ejemplo de ello. Gracias al empleo de elementos semióticos que comunican al mismo tiempo que llaman la atención de los sentidos, se consiguen alcanzar los objetivos promocionales deseados.

Imagen 1. Texto promocional turístico (Fuente: Banco de imágenes Shutterstock)

4. Consideraciones para traducir los recursos multimodales en los textos turísticos

Una vez analizadas las principales características lingüísticas y semióticas del discurso turístico, hemos decidido reservar un espacio a la valoración de las consideraciones que, a nuestro parecer, deben tenerse en cuenta en la traducción especializada de textos turísticos, bien con fines profesionales o bien con fines académicos.

Somos de la opinión de que el traductor debe conocer el modo en el que el lenguaje se manifiesta en diferentes modos de significación mediante la abstracción de los elementos multimodales identificables en términos generales, más allá de los parámetros meramente lingüísticos.

De acuerdo con Hatim, «translation [must be] successful in preserving both the sociocultural aspect of terminology and the socio-textual practices involved» (*apud* Durán, 2012: 2). Esta es gran parte de la esencia de la traducción turística, un proceso en el que el traductor se convierte en un mediador intercultural pero, no solo del contenido lingüístico, sino también multimodal, teniendo en cuenta el conjunto de modos de vida y costumbres, conocimientos y grado de desarrollo del contexto social meta, por un lado, y por otro, las estrategias de promoción turística, enfocadas a cumplir con las necesidades y objetivos del turista origen, y que el traductor es el responsable de transmitirlas al turista meta.

Partiendo de esta consideración, el traductor debe ser consciente de este doble esfuerzo que implica traducir el contenido lingüístico y trasladar y adecuar al texto meta los elementos semióticos y extralingüísticos presentes en el producto final. El dominio de los elementos lingüísticos y paralingüísticos anteriormente identificados en los textos turísticos posibilitará, desde una perspectiva multimodal, encontrar las equivalencias adecuadas para su correcta traducción.

No debemos olvidar las cuestiones pragmáticas relacionadas con el contenido promocional, que se manifiestan tanto en el lenguaje escrito como en los recursos multimodales, afectando tanto a aspectos sensoriales como cognitivos, mediante la persuasión, la estética y la comunicación socioafectiva. Proponemos que el traductor aborde este doble proceso en dos niveles:

a) Un primer nivel, que asociamos al proceso documental propio de toda traducción, en el que se analice, de forma individualizada, de una parte, el plano lingüístico, en el que se incluyen los elementos metadiscursivos, las particularidades terminológicas, los recursos estilísticos y marcadores que cumplan con funciones informativas y/o apelativas; y, de otra parte, el plano multimodal, en el que se identifican los elementos semióticos así como la función que desempeñe cada uno en el texto.
b) Un segundo nivel, correspondiente al proceso traductor, en el que proponemos que se valore la incidencia de la multimodalidad en el contenido textual, considerando la combinación resultante de los sistemas lingüísticos y semióticos. A este respecto, se deberá estimar la significación cultural, sensorial y promocional de dichos elementos semióticos en relación con las cuestiones lingüísticas, para garantizar un texto meta que satisfaga al consumidor turístico de destino, respetando en la medida de lo posible el discurso turístico original o, en su defecto, adaptándolo para su correcta traducción. Cabe añadir que el traductor se verá sujeto en numerosas ocasiones a restricciones de espacio y de formato, limitando su capacidad creativa y resolutiva.

La traducción de este tipo de textos ha suscitado y continúa suscitando numerosos comentarios, ante la inexistencia de metodologías teórico-prácticas que traten las diferentes posibilidades de dar cuenta de este fenómeno y proponer maneras de abordarlo para alcanzar un nivel de calidad satisfactorio dentro de un marco turístico, empresarial, publicitario, cultural y, no podemos olvidar, lingüístico.

5. Conclusiones

Analizado desde la perspectiva de la traducción, el texto turístico en todas sus modalidades representativas cuenta con un carácter interdisciplinar, así como una gran riqueza terminológica, semiótica y lingüística y traslativa. La comunicación se concibe como una estrategia para informar y *persuadir* a turistas y viajeros potenciales, así como para realizar acciones de promoción y estrategias de publicidad.

La figura del traductor se erige como una pieza clave en el proceso de promoción turística al convertirse en una herramienta crucial para trasladar un mensaje de un idioma a otro, de una cultura a otra, de una realidad a otra, de un entorno turístico a otro.

Conviene señalar que no existen apenas estudios, publicaciones, investigaciones o manuales que ayuden al traductor a tratar con las dificultades que este discurso intercultural, intersemiótico, e interlingüístico tan particular presenta. Escasos son los autores, como Suau (2006, 2007, 2011, 2012), Mapelli (2008) Llorens (2017), que han estudiado la comunicación multimodal en el contexto de la traducción aplicada al sector turístico. De manera que el presente trabajo aspira a contribuir a la investigación en torno a esta temática, así como a la mejora de la comunicación interlingüística e intersemiótica, favoreciendo la coherencia y cohesión en la traducción del discurso turístico.

Referencias bibliográficas

Bugnot, M. (2004). *Texto turístico y traducción especializada. Estudio crítico de un corpus español-francés sobre la Costa del Sol* (Tesis doctoral). Universidad de Málaga.

Calvi, M. V. (2001). El Léxico del Turismo. En *Cultura e Intercultura en la enseñanza del español como lengua extranjera*. Recuperado de http://www.aelfe.org/documents/01_19_Calvi.pdf

Calvi, M. V. (2006). El uso de términos culturales en el lenguaje del turismo: los hoteles y su descripción. En M. V. Calvi y L. Chiexichetti (eds.), *Nuevas tendencias en el discurso de especialidad* (pp. 281–292). Berna: Peter Lang.

Calvi, M. V. (2010). Los géneros discursivos en la lengua del turismo: una propuesta de clasificación. *Ibérica*, 19, 9–32.

Dewey, M. (2007). English as a Lingua Franca and Globalization: An Interconnected Perspective. *International Journal of Applied Linguistics*, 17(3), 332–354.

Durán Muñoz, I. (2012). Necesidades de mejora y adecuación en la traducción de textos turísticos promocionales. *Hermeneus*, 14, 264–277.
Everaert-Desmedt, N. (2006). Peirce's Esthetic. En L. Hébert (dir.), *Signo*. Recuperado de http://www.signosemio.com/peirce/esthetics.asp
Femenía Millet, O. (2011). *La imagen de un destino turístico como herramienta de marketing*. Málaga: Universidad de Málaga.
Finney, J. (1970). *Time and Again*. Nueva York: Simon and Schuster.
García Izquierdo, I. y Monzo Nebot E. (2003). Corpus de géneros GENTT. Una enciclopedia para traductores. *Traducción y Comunicación*, 4, 31–53.
García Yebra, V. (1984). *Teoría y práctica de la traducción*. Madrid: Gredos.
Gorlée, D. L. (1994). *Semiotics* and the *Problem* of *Translation*: With *S pecial Reference* to the *Semiotics* of *Charles S. Peirce*. Amsterdam y Atlanta: Rodopi.
Guzmán Robledo, G., Villegas Mariscal, L. y Espinosa Proa, S. (2017). Platón, la imagen y el concepto. *Revista Digital FILHA*, 17. Recuperado de http://www.filha.com.mx
Hatim, B. (2004). Culture as Textual Practices: The Translation of the Tourist Brochure as a Genre. En M. P. Navarro Errasti, R. Sanz Lorés y S. Murillo Ornat (eds.), *Pragmatics at Work: The Translation of Tourist Literature* (pp. 15–27). Berna: Peter Lang.
Kress, G. (2010). *Multimodality. A social semiotic approach to contemporary communication*. London: Routledge.
Llorens Simón, E. M. (2017). ¿Empatía, persuasión y/o comunicación efectiva? Traducción y multimodalidad en el sector turístico. Mensajes corporativos en el ámbito del ocio y el tiempo libre. *E-Aesla*, 3, 290–210.
Luque Nadal, L. (2009). Los culturemas: ¿unidades lingüísticas, ideológicas o culturales? *Language Design*, 11, 93–120.
Maci, S. (2007). Virtual touring: The web – language of tourism. *Linguistica e Filologia*, 25, 41–65.
Mapelli, G. (2008). Las marcas de metadiscurso interpersonal de la sección turismo de los sitios web de los ayuntamientos. En M. V.

Calvi, G. Mapelli y J. Santos López (eds.), *Lingue, culture, economia: comunicazione e pratiche discorsive* (pp. 173, 190). Milano: Franco Angeli.
O'Halloran, K. (2004). *Multimodal discourse analysis: Systemic functional perspectives*. London: A&C Black.
O'Halloran, K. (2012): Análisis del discurso multimodal. *Revista Latinoamericana de Estudios del Discurso*, 12(1), 75–97.
O'Reilly, T. (2005). *What is Web 2.0? Design Patterns and Business Models for the Next Generation of Software*. Recuperado de http://www. oreillynet.com/pub/a/oreilly/tim/news/2005/09/03/ what-is-web-20.html?page=1
O'Reilly, T. (2006). *Web 2.0 compact definition. Trying againg*. Recuperado de http://radar.oreilly.com/archives/ 2006/12/web_20_compact.html
Organización Mundial del Turismo (OMT) (2001). Introducción al Turismo. [En línea]. Recuperado de http://www.utntyh.com/wp-content/uploads/2011/09/INTRODUCCION-AL-TURISMO-OMT.pdf
Organización Mundial del Turismo (OMT) (2016). *Panorama OMT del turismo internacional*. Recuperado de http://www.eunwto.org/doi/book/10.18111/9789284418152
Parodi, G. (2010). Multisemiosis y lingüística de corpus: Artefactos (Multi)Semióticos en los textos de seis disciplinas en el corpus. *Revista RLA*, 48(2), 33–70.
Saussure, F. (1998). *Curso de lingüística general*. Madrid: Alianza.
Suau Jiménez, F. y Dolón Herrero, R. (2007). The importance of metadiscourse in the genre 'Promotion of Touristic Services and/or Products': differences in English and Spanish. En D. Gálova (ed.) *Languages for Specific Purposes: Searching for Common Solutions* (pp. 71–79). Cambridge: Cambridge Scholars Publishings.
Suau Jiménez, F. (2006). El metadiscurso en el género servicios y productos turísticos en inglés y español: importancia de su traducción como recurso para la persuasión del cliente. *I Congreso Internacional de Traducción Especializada organizado por el Colegio de Traductores Públicos de la ciudad de Buenos Aires*, julio 2006. Universidad de Buenos Aires.

Suau Jiménez, F. (2011). La persuasión a través del metadiscurso interpersonal en el género Página Web Institucional de promoción turística en inglés y en español. En M. V. Calvi y G. Mapelli (eds.), *La lengua del turismo: géneros discursivos y terminología* (pp. 177–200). Berna: Peter Lang.
Suau Jiménez, F. (2012). Páginas web institucionales de promoción turística: el uso metadiscursivo interpersonal en inglés y español. En J. Sanmartin (ed.), *Discurso turístico e internet* (pp. 125–154). Madrid: Iberoamericana/Vervuert.

Isidoro Ramírez Almansa

La labor terminográfica en el proceso de traducción alemán-español del folleto turístico de Medina Azahara

Resumen El objetivo de este trabajo consiste en la creación de un recurso *ad hoc* que ayude a la resolución de problemas y dificultades que entraña la traducción del folleto turístico de Medina Azahara dada su relevancia al haber sido proclamada Patrimonio Mundial de la Humanidad el pasado 1 de julio de 2018. En primer lugar, se ha demostrado la importancia de la traducción del documento hacia la lengua alemana y, en segundo lugar, se ha corroborado que no se encuentra disponible para su consulta en alemán ningún tipo de folleto turístico, o la información de la web oficial de Medina Azahara. Para ello, se han analizado los problemas y dificultades que presenta el documento en su proceso de traducción, y, posteriormente, se ha llevado a cabo un trabajo terminográfico que ha dado como resultado un glosario bilingüe español-alemán cuya consulta servirá de ayuda a los traductores para solucionar, en gran medida, los problemas y dificultades hallados.

Abstract The article aims at creating an *ad hoc* resource that enables translators to solve the problems and difficulties that arise when translating the Medina Azahara brochure given its relevance after being declared World Heritage site last 1st July 2018. Firstly, it has been demonstrated the importance of its translation into the German language. Subsequently, it has been corroborated there is not available any brochure, or any information on the official Medina Azahara website in German. To do so, the study analyzes problems and difficulties translations of the document. Next, a terminographic work is carried out, whose result is a bilingual glossary (German-Spanish), which help translators find a solution to most problems and difficulties.

1. Introducción

La importancia del turismo en España es más que evidente, huelga decir que los datos facilitados por el Instituto Nacional de Estadística (INE) así lo corroboran. En lo que respecta al número de visitantes, España recibió en 2017 un total de 81,8 millones de turistas, un incremento del 8,6 % respecto al año anterior. Asimismo, el impacto económico del turismo es obvio, pues aportó a la economía del país 137 020 millones de euros en 2017, lo que representa el 11,7 % del PIB, cuatro décimas por encima que en 2016. En puestos de trabajo, las ramas características del turismo representan un 12,8 % del empleo total con la creación de 2,60 millones de puestos de trabajo. Analizando los datos de la procedencia de los países emisores de turistas internacionales en 2017 se observa cómo los primeros puestos se los disputan Reino Unido con 17 779 466 millones de visitantes, Alemania con 11 888 019 millones y Francia con 11 250 278 millones respectivamente. Sin embargo, a pesar de que el volumen de turistas alemanes y franceses es bastante similar, sí existe una gran diferencia en el gasto que acumulan: Alemania representa el 14,1 % del gasto total del visitante internacional, ya que aporta 12 220 millones de euros y Francia tan solo un 3,7 %, con 7029 millones de euros.

Si se trasladan estos datos a la Comunidad Autónoma de Andalucía, se advierte de acuerdo con el informe *Turismo extranjero en Andalucía* (2017), que dicha comunidad autónoma recibió 11,95 millones de turistas extranjeros en 2017, 2,1 puntos más que en 2016, es decir, 1,2 millones más de turistas. Estos turistas dejaron en la comunidad andaluza 12 651 millones de euros. Atendiendo a la nacionalidad de estos turistas, el primer puesto lo ocupa Reino Unido y el segundo puesto Alemania, apreciándose un aumento del 8,3 % de turistas teutones con un total de 1,34 millones de visitantes. El 30,4 % de los turistas alemanes que visitaron Andalucía durante el año 2017 lo hicieron atraídos en primer lugar por su riqueza monumental, por otro lado, el 55,2 % del total de los turistas procedentes de Alemania que visitaron la comunidad autónoma andaluza durante el mismo año registraron entre sus actividades la visita a monumentos.

Los datos indicados anteriormente ponen de manifiesto el importante papel que desempeña Alemania como uno de los principales países emisores de turistas extranjeros, ya sea a nivel nacional o autonómico en el caso de Andalucía. Además, hay que sumar la calidad del turista alemán en términos económicos siendo esta una de las nacionalidades que más gasta al viajar a España. Según datos del INE, el turista alemán en España gastó durante el año 2018 una media de 133 € por día frente a los 93 € diarios del turista francés o lo 127 € del turista procedente del Reino Unido, es decir, el turista procedente de Alemania es de entre las tres nacionalidades que más visitan España el que acumula un mayor gasto[1]. Por ello, se debe trabajar para ofrecer un turismo de mejor calidad que atienda a las necesidades de este turista. El principal motivo que trae al visitante alemán a tierras españolas es el clima y la playa, pero, en segundo lugar, es la visita de monumentos. Es en este aspecto desde el que podemos con la traducción contribuir a mejorar este servicio, debido a la ingente cantidad de material textual que se produce en este ámbito del turismo, y, por tanto, el gran volumen de traducción que esto conlleva. No obstante, hasta hace unos años el hecho de ofrecer una buena traducción al turista no se consideraba un aspecto importante. De hecho, Durán (2010: 350) explicaba que cuando el turista está en el extranjero forma su imagen del país de acuerdo con la realidad que percibe a través del lenguaje turístico, es decir, a través de los textos turísticos. En este punto las palabras de Kelly (1997: 3) cobran gran importancia al destacar la importancia que tiene la traducción en el sector turístico:

> Tourism (in the widest sense) is a sector in which a great deal of translation work is carried out. It is often the case that visitors to a town, region or country receive their first impression from a translation of some sort, be it a tourist brochure, an information leaflet, a sign or a guide book.[...]It is true that tourist texts often do require considerable «adaptation», situating the activity of tourist translation close to that nebulous border existing in theory between translation and rewriting [...] The ideal solution would perhaps be to produce specific texts for each target culture.

1 Fuente: INE. Disponible en: https://www.ine.es/jaxiT3/Datos.htm?t=23994

2. El ámbito turístico: tipologías y géneros textuales

Dado el amplio campo de actuación del turismo, se podría calificar como texto turístico todo texto creado en torno al sector turístico. Al hablar sobre turismo y tipos de textos es necesario hablar sobre el trabajo de Calvi (2010: 16), que ofrece una clasificación para los géneros turísticos. En primer lugar, establece varios niveles jerárquicos: familia de géneros (comparten la finalidad comunicativa), suprágenero (categoría que engloba los textos que comparten el propósito comunicativo y el canal), género (se caracteriza por sus rasgos comunicativos y pragmáticos) y el subgénero (se caracteriza por el campo temático). Más adelante, Calvi (2010: 18–19) clasifica las producciones textuales en tres bloques:

1. Reflexión teórica sobre el turismo y sus características.
2. Gestión de toda actividad relacionada con el turismo, desde agencias de viajes a congresos o ferias.
3. Descripción y promoción del destino turístico, el texto turístico por antonomasia.

Calvi (2010: 22–24) cuando habla de «familias de géneros turísticos» distingue: géneros editoriales; géneros institucionales; géneros comerciales; géneros científicos y académicos; géneros organizativos; géneros legales y géneros informales. Asimismo, diferencia cinco macrogéneros: guía de turismo, folleto, revista de viaje, catálogo de viajes y páginas web. Calvi finaliza su trabajo argumentando una «lista de géneros necesariamente inconclusa» que la propia autora define como «incompleta, pero brinda una visión panorámica de la multiforme producción textual de esta especialidad».

Aunque la clasificación de Calvi es una de las más utilizadas a la hora de clasificar el texto turístico, puede resultar compleja. Además de su clasificación, la literatura disponible sobre el texto turístico ofrece otras opciones, como la compartida por Kelly (1997: 34) y Brosson (2008: 10) que diferencian entre textos turísticos promocionales y textos turísticos no promocionales. Ante esta clasificación, Durán (2014: 51) apunta que «realmente la mayoría de los textos turísticos recaen en una categoría intermedia o híbrida que, por su aspecto pragmático-lingüístico, presenta una mezcla de ambos géneros». De acuerdo con la última clasificación ofrecida, el primer grupo lo conformarían aquellos textos que persiguen publicitar y vender productos y servicios de un destino turístico, entre estos textos podríamos encontrar los folletos turísticos; catálogos de hoteles, agencias de viaje, etc.; los reportajes y artículos no especializados y las páginas web promocionales. En el segundo grupo y de acuerdo con Kelly (1997: 35) se incluirían los «textos operativos para el turista» como las guías turísticas, audioguías, mapas, planos, seguros turísticos, etc. Dentro de esta categoría se incluyen aquellos textos que tratan sobre el turismo desde un punto de vista científico o aquellos textos que tienen un carácter prescriptivo. En palabras de Durán (2014: 52) «el principal objetivo de estos textos deja de ser prioritariamente de persuasión para imperar el aspecto informativo, bien para informar acerca de la seguridad de los turistas o bien sobre algún aspecto concreto del lugar de destino».

Por último, en este punto del estudio, es importante poner de relieve la propuesta de Ramírez Almansa (2019: 88–89) que se basa en la clasificación de los textos turísticos de acuerdo con el ámbito en el que el sector turístico opera o está presente, como es el caso del ámbito normativo o científico. Según Ramírez Almansa existen nueve ámbitos que englobarían todos los textos turísticos como podemos ver en la Tabla 1, en esta ocasión el texto motivo de nuestro estudio—el folleto del yacimiento de Medina Azahara—se localiza dentro del ámbito Servicios y actividades culturales al tratarse de un folleto que informa sobre un yacimiento histórico y su visita.

3. El yacimiento arqueológico de Medina Azahara

En los anteriores puntos de nuestro estudio hemos analizado qué importancia tiene el sector turístico en España y en Andalucía, y cómo desde la traducción podemos contribuir a seguir mejorando los servicios que se ofrecen, a la vez que demostramos hacia qué idiomas se deben orientar los trabajos de traducción según el país de origen del turista y su

Tabla 1: Clasificación géneros textuales. Fuente: Ramírez Almansa (2019: 88–89)

Ámbito	**Textos**
Servicios de transporte de pasajeros por ferrocarril, carretera, aire y agua	– Páginas web de empresas de cualquier empresa de transporte – Folletos informativos creados por empresas de autobuses turísticos
Servicios de alquiler de equipos de transporte	– Documentos de contratación de los servicios de alquiler de cualquier equipo de transporte – Catálogo en el que la empresa oferte los equipos que alquila
Servicios y actividades de agencias de viajes y otros servicios de reservas	– Documentación informativa sobre los viajes contratados con una agencia – Catálogos en los que se oferten los diferentes destinos y sus atractivos
Servicios de provisión de alimentos y bebidas	– Cartas de comida y vino de bares y restaurantes – Folletos informativos en los que cada establecimiento oferte sus especialidades
Servicios y actividades culturales	– Folletos o guías dedicados a informar al visitante sobre las actividades culturales que ofrece la ciudad. – Cartelería en la que se informe al turista sobre las actividades culturales que ofrece el lugar visitado
Servicios y actividades deportivas y recreativas	– Folletos que oferten la actividad e informen en qué consiste – Cartelería que informe sobre la actividad
Servicios y bienes característicos del turismo y específicos de cada país	– Guías específicas de cada ciudad o región en las que se recoge una selección de los atractivos turísticos que ofrecen, así como de otros servicios recogidos en los ámbitos expuestos en los anteriores campos de la tabla.
Científico	– Cualquier texto resultado de la actividad científica del turismo como estudios sobre su impacto económico o sobre cómo desarrollar un turismo sostenible
Jurídico	– Cualquier texto resultado de cualquier tipo de legislación sobre el turismo como directivas de la Unión Europea que regulen el desarrollo de un turismo sostenible o un Real Decreto del gobierno de España para impulsar el turismo de naturaleza

trascendencia desde un punto de visto económico. Igualmente, hemos distinguido qué géneros textuales encontramos dentro del ámbito turístico. Posteriormente, hemos localizado qué lugar ocupa nuestro texto motivo de estudio —el folleto oficial del yacimiento de Medina Azahara— de acuerdo con la propuesta de Ramírez Almansa (2018: 88–89). Entre los principales motivos que han motivado la elección de este texto y no de otro están el reciente nombramiento del mencionado yacimiento como Patrimonio Mundial de la Humanidad. En lo referente a Medina Azahara, podemos describirla como un yacimiento arqueológico localizado a unos 7 kilómetros aproximadamente de la ciudad de Córdoba. Hoy día, Medina Azahara es uno de los mejores ejemplos del arte emiral y califal. Dicho yacimiento es una muestra de la herencia musulmana de España y del gran poder que tuvo Córdoba, especialmente durante la época del Califato de Córdoba, período del que data la ciudad palatina de Medina Azahara y cuya construcción se llevó a cabo entre 936 y 976 ordenada por Abderraman III. Entre sus funciones estaban las de albergar todas las labores administrativas y residenciales del califato. La vida de la ciudad, a pesar de su majestuosidad con 113 hectáreas de superficie amurallada, fue bastante efímera, siendo destruida entre 1010 y 1013. Desde un punto de vista arqueológico, el yacimiento ofrece un urbanismo Califal temprano que no se encuentra influenciado por otros estilos que acabarían cambiando el modelo de origen inicial. Asimismo, en el yacimiento se pueden observar técnicas decorativas que no se han practicado en otros yacimientos de España. Medina Azahara en su momento era el mejor ejemplo del esplendor de al-Ándalus.

Por todo esto, el comité de Patrimonio Mundial de la Unesco incluyó a la ciudad califal el 1 de julio de 2018 en su lista de lugares culturales protegidos. La adquisición de este título hará que el número de visitas, así como el número de financiación destinada a su mejora y conservación, aumente como ya pasase con otros monumentos en el pasado. De hecho, durante al año 2018 el yacimiento ha aumentado su número de visitas un 48 % respecto al año anterior según las declaraciones del delegado de Cultura en Córdoba al periódico cordobés *El Día de Córdoba*[2]. Analizando su web oficial y el espacio dedicado al

2 Fuente: El Día de Córdoba. Disponible en: https://www.eldiadecordoba.es/ocio/visitas-medina-azahara-unesco_0_1315668831.html

yacimiento en la web de Museos de Andalucía tan solo se encuentra disponible para su consulta un folleto[3] de Medina Azahara en español. Cabe destacar que a pesar de la importancia de Alemania como país emisor de turistas a Andalucía, el portal de Museos de Andalucía solo se encuentra disponible en inglés y español y en el caso de la web oficial de Medina Azahara se puede consultar en español, inglés y francés. La situación de desventaja ante la que se encuentra la lengua alemana frente a otras lenguas es más que evidente al no dar al turista alemán la oportunidad de poder buscar información sobre el yacimiento en su lengua materna. Por este motivo, planteamos la necesidad de traducir, al menos, el folleto del yacimiento al alemán.

3.1. *Traducción del folleto turístico de Medina Azahara: problemas y dificultades*

Nuestro estudio ha analizado los diferentes géneros textuales que se pueden encontrar en el ámbito turístico, lo cual es necesario para abordar la traducción de cualquier texto: determinar su campo su actuación. A continuación, el estudio analizará qué problemas y dificultades puede presentar la traducción de estos textos para el traductor. En primer lugar, es necesario identificar la diferencia entre problema de traducción y dificultad de traducción. Si recurrimos a los estudios de Hurtado Albir (2001: 208) y Nord (1991: 151) se extrae que tanto los problemas como las dificultades de la traducción están presentes en cualquier ámbito de la traducción y, en la mayoría de las ocasiones, pueden ser los principales causantes del error. Nord entiende por problemas de traducción como las dificultades de carácter objetivo que un texto puede presentar al traductor en el momento de su traducción. La autora distingue cuatro tipos de problemas: pragmáticos (intervención de dos situaciones comunicativas), culturales (derivados del sistema cultural presente en la traducción), lingüísticos (derivados de las diferencias entre las lenguas

3 Fuente: Portal de Museos de Andalucía. Disponible en http://www.museosdeandalucia.es/documents/1971646/0/folleto+Madinat+al-Zahara/e0686a71-8f95-4b80-9127-62a74e7582bb

implicadas en la traducción) y extraordinarios (específicos de un texto determinado). Por otro lado, en palabras de Nord (2009: 233) «Las dificultades de traducción son subjetivas, individuales, e interrumpen el proceso hasta que sean superadas mediante las herramientas adecuadas» y distingue entre diferentes tipos: textuales (textos más difíciles de entender que otros), competenciales (según el traductor), profesionales (derivadas del encargo de traducción, como por ejemplo grado de complejidad o falta de precisión) y técnicas (inherentes a las condiciones de trabajo, como la falta de tiempo o herramientas).

Centrándonos en el ámbito turístico, se pueden distinguir los siguientes problemas y dificultades siguiendo el estudio de Durán (2012: 106–111):

Tabla 2: Problemas y dificultades de la traducción turística. Fuente: Elaboración propia basado en Durán (2012: 106–111)

Problemas	**Dificultades**
Subordinación de la traducción turística y falta de información	Nombres propios de personas, museos, instituciones, etc.
Frases ambiguas o de doble sentido	Topónimos
Culturemas	Traducción inversa
Lenguaje positivo y poético constante	Neologismos
Lenguaje confuso del texto origen	Fuentes de referencia

Mediante el análisis del folleto del yacimiento se puede determinar que el traductor quizá tenga que enfrentarse a varios de los problemas y dificultades citados arriba. Igualmente, el traductor se encontrará con el condicionamiento de espacio al que está sujeto el folleto turístico. Además, a lo largo del folleto cuando se describe la rica y palaciega arquitectura de la ciudad se emplea un lenguaje que, como mínimo, roza lo poético («Al oeste de Córdoba, al pie de Sierra Morena…»). Asimismo, hay presencia de culturemas (caballerizas, Califato Omeya, medina, Califato de al-Ándalus) cuya traducción entraña gran dificultad. Al analizar el texto encontramos numerosos ejemplos como nombres propios de personas e instituciones (Junta de

Andalucía, casa de Ya'far, Museo Arqueológico de Úbeda, Consejería de Cultura de la Junta de Andalucía) y topónimos (Sierra Morena, Valle del Guadalquivir). Los estudios recogen numerosas denominaciones para referirse al concepto de culturema como referencias culturales (Mangiron, 2006), términos culturales (Newmark, 1988), palabras culturales (Newmark, 1988), realia (Vlakhov y Florin, 1970), punto rico (Nord 1997), culturemas (Durán, 2012), etc. Algunos autores sí hallan diferencias entre una denominación y otra, aunque muchos las consideran sinónimas. Molina (2006: 77) manifiesta que todas las denominaciones mencionadas podrían utilizarse sin distinción alguna. En este caso podríamos definir culturema, debido a que escogeremos la misma denominación que Durán (2012) de acuerdo con la propuesta por Molina (2006: 79):

> Elemento verbal o paraverbal que posee una carga cultural específica en una cultura y que al entrar en contacto con otra cultura a través de la traducción puede provocar un problema de índole cultural entre los textos origen y meta.

Al hablar de estos términos se hace referencia a los problemas y dificultades ya mencionados —instituciones, topónimos, etc.— que a su vez darían lugar a la última dificultad señalada por Durán en su estudio: las fuentes de referencia. Es decir, los recursos terminológicos y traductológicos que servirían al traductor para solucionar los problemas y dificultades que encuentre, pudiendo estos incluso llegar a ser inexistentes en el caso que nos ocupa, especialmente si nos referimos a recursos de carácter bilingüe alemán-español. Ante esta coyuntura, el tiempo que el traductor emplearía en la fase documental para encontrar la equivalencia correcta de los términos sería excesivo al verse obligado a consultar infinidad de textos paralelos, obras de referencia sobre el tema del que trata el folleto en ambos idiomas, etc. De esta reflexión se deduce que la existencia de estos recursos mejoraría en gran medida el proceso de traducción del folleto de Medina Azahara, por lo que podría resolverse gran cantidad de los problemas y dificultades que supone este texto para el traductor. Esto repercutiría también en eficiencia: sería posible ofrecer una traducción de mayor calidad y en menos tiempo.

4. Importancia de la labor terminográfica en la traducción de folletos turísticos

Nuestro estudio ya ha identificado cómo gran parte de los problemas y dificultades que entraña la traducción del folleto de Medina Azahara son de carácter terminológico, como pueden ser la traducción de topónimos vinculados a Medina Azahara (Valle del Guadalquivir) o culturemas (caballerizas o alberca). A los que hay que sumar aquellos de otra índole como la subordinación del texto turístico al espacio o el uso de un estilo ambiguo o poético. De lo cual se deduce que, si el traductor tuviese a su disposición recursos terminográficos para la traducción del folleto, sería mucho más fácil y rápido solventar los problemas y dificultades a los que se enfrenta.

4.1. Creación de una herramienta terminográfica

Uno de los objetivos de nuestro estudio es la creación de una herramienta terminográfica que asista al traductor en la resolución de problemas y dificultades que la traducción del folleto del yacimiento de Medina Azahara presenta Para este fin, en primer lugar se ha llevado a cabo un análisis del texto en el que se han localizado aquellos problemas y dificultades de carácter terminológico para posteriormente proceder a la creación de una herramienta de carácter bilingüe alemán-español que facilite la traducción del folleto. Existe un amplio abanico de recursos terminográficos posibles como pueden ser la elaboración de fichas terminológicas, vocabularios bilingües, etc. En este caso, y dado las limitaciones de longitud del estudio nos hemos decantado por la creación de un glosario bilingüe español-alemán en el que se recogerá la entrada del término u unidad terminológica en ambos idiomas. Nuestro recurso tienes un carácter ad hoc, lo cual no le resta utilidad debido a que este podría servir como base para la creación de un recurso más completo que recoja un mayor número de entradas, se ofrezca más información sobre los términos y unidades fraseológicas en sí o contemple más idiomas.

A continuación, se ofrece el vocabulario que consta de dos campos (entrada ES y entrada DE) y se presenta a modo de tabla. Nuestro vocabulario lo podemos definir desde un punto de vista lingüístico como un recurso bilingüe al contemplar el español y el alemán. En cuanto a si tiene un carácter sistemático o ad hoc, se trataría de un recurso ad hoc o puntual debido a que no recoge el total o buena parte de los términos de un área o subárea. Esto provoca que los términos que se incorporan pertenezcan a diferentes temáticas, se incluyen desde topónimos (Valle del Guadalquivir o Sierra Morena) o terminología propia del arte emiral y califal (caballerizas, alberca o arquería) hasta nombres propios asociados al yacimiento (Califato Omeya o Casa de Ya'Far), sin impedir que a su vez todos ellos estén relacionados entre sí. El corpus que conforma nuestro trabajo se compone solo y únicamente de un texto escrito: el folleto oficial de Medina Azahara. En cuanto a la selección de las unidades que se incluyen en nuestro vocabulario, en primer lugar, hemos abordado la traducción del texto mencionado y se han identificado los diferentes problemas y dificultades de carácter terminológico que este presenta. Seguidamente, hemos corroborado que se tratan de problemas y dificultades mediante la clasificación de estos de acuerdo con la información ofrecida en la Tabla 1. Por motivos de espacio nuestro trabajo no puede recoger todas aquellas unidades que dan lugar a estos problemas o dificultades de tipo terminológico, por lo que hemos seleccionado 30 términos. Durante el proceso de búsqueda del equivalente en alemán de los términos seleccionados solo hemos considerado como obras de referencia aquellas escritas originalmente en lengua alemana para evitar cualquier error ocasionado por una mala traducción. La temática de las obras utilizadas es tan variada como la variedad de los términos tal y como se recoge en al apartado de Referencias bibliográficas terminográficas, hemos consultados tanto obras relacionadas con el arte emiral y califal, como obras relacionadas con el yacimiento.

A continuación, en la Tabla 1 se ofrece el vocabulario que consta de dos campos (entrada ES y entrada DE) y se compone de 30 términos:

Tabla 3: Glosario español-alemán. Fuente: Elaboración propia

Entrada ES	**Entrada DE**
Alberca	Wasserbecken
Alcázar	Palast
Arquería	Säuelenreihe
Ataurique	Ataurique
Caballerizas	Reitställe / Pferdeställe
Califato de Córdoba	Kalifat von Córdoba
Califato Omeya (de Occidente)	Omaijaden-Kalifat / Omayyadisches Kalifat (des Westens)
Casa de Ya'Far	„Haus des Ja'Far"
casa Real (Dar al-Mulk)	Könighaus / „ königliche Haus" (Dar al-Mulk)
Ciudad califal	Kalifenpalaststadt
Cuerpo de Guardia	Wachstube
Edificio basilical	basilikale Halle
La ciudad brillante	Die „leuchtende Stadt"/ Die „glänzende Stadt"
Medina	Medina
Medina Azahara, Madinat al-Zahra	Madinat al-Zahra / Medina Azahara
Mezquita aljama	Moschee Aljama /Aljama-Moschee
Nave	Schiff
Nave central	Zentralschiff
Pabellón central	Mittlere Pavillon
Patio de los pilares	„Pilares-Innenhof"/„Hof der Säulen"
Plaza de Armas	Waffenplatz
Pórtico	Säulengang
Pórtico	Portikus
Puerta Norte	„das nordliche Tor"
Residencia de un alto cargo	Würdenträgerresidenz
Salón de Abd al-Rahman III	„Saal des Abd al-Rahman III"
Salón destinado a las recepciones	Empfangssaal
Sierra Morena	Sierra Morena
Valle del Guadalquivir	Tal des (Rio) Guadalquivir / Ebene des Gualdalquivir
Viviendas de servicio	Wohnhäuser für die Bediensteten

5. Conclusiones

Tras el estudio llevado a cabo, dado el gran valor económico que tiene el turista alemán tanto a nivel nacional como autonómico en el caso andaluz y a pesar de que existe una nimia diferencia entre el número de turistas franceses y alemanes que visitan España y Andalucía, segunda y tercera nacionalidad de turista internacional respectivamente, la diferencia entre el gasto que realizan es mayúscula al registrar el turista el procedente de Alemania un mayor gasto Por este motivo, las instituciones deben trabajar en seguir atrayendo a este turista y fidelizarlo. No obstante, a pesar de que esta línea de trabajo es la adecuada, no se corresponde con la realidad desde el punto de vista de la traducción en el caso del Yacimiento de Medina Azahara, cuya proclamación como Patrimonio Mundial de la Humanidad hace unos meses ha hecho que aumente su interés y número de visitantes. La situación de desventaja en la que se encuentra la lengua alemana respecto a otras como el francés o el inglés es evidente. La página web oficial del monumento se encuentra disponible en español, inglés y francés, y el folleto oficial solo en español. A su vez, esto evidencia la concepción que tienen las instituciones que gestionan el turismo de que ofrecer una traducción en el idioma materno del visitante no es tan importante, pasando a ser, en cierta manera, un*a priori*dad secundaria.

El análisis al que se ha sido sometido el folleto oficial de Medina Azahara ha evidenciado que parte de los problemas y dificultades que su traducción supone son de carácter terminológico, por lo que la existencia de una herramienta que recoja las unidades terminológicas conflictivas ayuda a solucionar este problema y, con ello, se facilita a las instituciones a cargo del complejo arqueológico la traducción de su material. De hecho, problemas y dificultades tales como la traducción de nombres propios, topónimos, los culturemas, la falta de información o el escaso número de fuentes de referencia quedan resueltos gracias al vocabulario.

En definitiva, el valor y utilidad del vocabulario producto de nuestro estudio reside en facilitar la traducción del folleto hacia el alemán para poder así ofrecer un folleto en la lengua materna del tercer país extranjero emisor de turistas a España en volumen y segundo en gasto.

Pero a su vez, también serviría para ampliar la cuota de mercado y atraer a otros turistas procedentes de países germanoparlantes, como es el caso de Austria que ya acumuló el 0,8 % de las pernoctaciones hoteleras andaluzas durante el año 2017. Por último, cabe destacar que el presente trabajo se trata tan solo de un proyecto piloto, siendo más que evidente que sería necesario añadir más entradas al vocabulario existente para poder solventar todos los problemas y dificultades mencionados. No obstante, podríamos atrevernos a decir que este proyecto piloto podría ser la antesala de un proyecto terminográfico que tuviese como fin la creación de un vocabulario sobre la terminología propia del arte emiral y califal de la Península debido a que la terminología de este ámbito está relacionada. De esta forma y al contar con una herramienta terminográfica que facilite la traducción del material turístico relacionado con este ámbito se evitaría casos como los de Medina Azahara que fomentarían una baja puntuación del yacimiento y su gestión o incluso la pérdida de visitantes germanoparlantes.

Referencias bibliográficas

Brosson, F. (2008). Contenu du module «Le Français du Tourisme». *Agence universitaire de la Francophonie*. Recuperado de http://fromulus.chez-alice.fr/documents/tourisme.pdf

Cabre, M. T. (1993). *La terminología. Teoría, metodología, aplicaciones*. Barcelona: Antártida / Empúries.

Calvi, M.V. (2010). Los géneros discursivos en el lenguaje del turismo: una propuesta de clasificación. *Ibérica*, 19, 9–32.

Durán, I. (2010). El español y su dimensión mediadora en el ámbito turístico. En L. González y P. Hernúñez (eds.), *Actas del IV Congreso «El Español, Lengua de Traducción» El español, lengua de traducción para la cooperación y el diálogo*, Toledo 8–10 de mayo de 2008 (pp. 347–358). Madrid: ESLEtRA.

Durán, I. (2012). Caracterización de la traducción turística: problemas, dificultades y posibles soluciones. *Revista de Lingüística y Lenguas Aplicadas*, 7, 103–113.

Durán, I. (2014). Aspectos pragmático-lingüísticos del discurso del turismo de aventura: estudio de un caso. *Revista Normas*, 4, 49–69.

Empresa Pública para la Gestión del Turismo y del Deporte de Andalucía. (2018). *Turismo extranjero en Andalucía. AÑO 2017*. Sevilla: Consejería de Turismo y Deporte. Recuperado de http://www.juntadeandalucia.es/turismoydeporte/publicaciones/estadisticas/destino_ex_2017.pdf

Empresa Pública para la Gestión del Turismo y del Deporte de Andalucía. (2018). *Turismo alemán en Andalucía Año 2017*. Sevilla: Consejería de Turismo y Deporte. Recuperado de https://www.turismoandaluz.com/estadisticas/sites/default/files/destino_de_2017.pdf

Hurtado Albir, A. (2001). *Traducción y Traductología*. Madrid: Cátedra.

Instituto Nacional de Estadística. (2018). *Estadística de Movimientos Turísticos en Fronteras (FRONTUR). Diciembre 2017 y año 2017. Datos provisionales* (Nota de prensa). Recuperado de https://www.ine.es/daco/daco42/frontur/frontur1217.pdf

Instituto Nacional de Estadística. (2018). *Encuesta de Gasto Turístico. Diciembre 2017 y año 2017. Datos provisionales*. Recuperado de https://www.ine.es/daco/daco42/frontur/frontur1217.pdf

Instituto Nacional de Estadística. (2018). *Cuenta Satélite del Turismo de España (CSTE). Base 2010 Serie 2010 – 2017*. Recuperado de https://www.ine.es/prensa/cst_2017.pdf

Kelly, D. (1997). The translation of texts from the tourist sector: textual conventions, cultural distance and other contrainsts. *TRANS, 2*, 33–42.

Mangirón, C. (2006). *El tractament dels referents culturals a les traduccions de la novel·la de Botxan: la interacción entre els elements textuals i extratextuals* (Tesis doctoral). Universidad Autónoma de Barcelona.

Molina, L. (2006). *El otoño del pingüino. Análisis descriptivo de la traducción de los culturemas*. Castellón de la Plana: Universitat Jaume I.

Newmark, P. (1988). *A textbook of Translation*. New York: Prentice Hall.

Nord, C. (1991). *Text analysis in translation. Theory, methodology, and didactic application of a Model for Translation-Oriented Text Analysis*. Amsterdam: Rodopi.
Nord, C. (1997). *Translating as a Purposeful Activity: Functionalist Approaches Explained*. Manchester: St. Jerome Publishing.
Nord. C. (2009). El funcionalismo en la enseñanza de traducción. *Mutatis Mutandis*, 2(2), 209–243.
Ramírez Almansa, I. (2019). El texto turístico: estudio y claves para su traducción. En A. González Fernández y S. Rodríguez-Tapia (eds.), *Estudios lingüísticos en torno al turismo: terminología, cultura y usuarios* (pp. 85–97). Valencia: Tirant Lo Blanch.
UNESCO. (2018). Welterbe Kalifat-Stadt Madīnat az-Zahrā. Recuperado de https://www.unesco.de/kultur-und-natur/welterbe/welterbe-weltweit/unesco-welterbe-kalifatsstadt-madinat-az-zahra
Vinay, J.P, y Darbelnet, J. (1958). *Stylistique comparée du français et de l'anglais. Méthode de traduction*. Paris: Didier.

Referencias de las fuentes terminográficas

Altripp, M. (2003). *Die Basilika in Byzanz: Gestalt, Ausstattung und Funktion sowie das Verhältnis zur Kreuzkuppelkirche*. Alemania: Walter de Gruyter.
Böttcher S. (2007). *Andalusien*. Estados Unidos: Univ. Press of Mississippi.
Eisenschmid, R. (2018). *Baedeker Reiseführer Andalusien: mit Downloads aller Karten und Grafiken*. Alemania: Mair Dumont.
Gimpl, K. (2012). *Andalusien*. Alemania: Dumont Reiserverlag.
Günter Lerch, W. (2015). *Die Welten des Islam: eine Kultur zwischen Wandel und Beharrung*. Alemania: Frank & Timme.
Hälker, A. H. (2014). *Andalusien*. Alemania: Dumont Reiserverlag.
Hottinger, A. (2005). *Die Mauren. Arabische Kultur in Spanien*. Alemania: Fink.
Lipps-Breda, S. y Breda, O. (2017). *Andalusien*. Alemania: Dumont Reiserverlag.

Neukirchen, P. y Wolfganf, V. (2017). *Reise knowhow Reiseführer Andalusien*. Alemania: Peter Rump.
Otto, E. (2008). *Das antike Jerusalem: Archäologie und Gesichte*. Alemania: C. H.Beck.
Schröder, T. (2017). *Andalusien*. Alemania: Michael Müller Verlag.

Sección 3: Discurso

Manuela Álvarez Jurado

El turismo de salud y la medicina termal en el siglo XIX: la «Guía del bañista»/le «Guide du baigneur», el nacimiento de un género textual

Resumen A finales del siglo XVIII, la falta de higiene en las ciudades y las malas condiciones de la vida urbana aumentaron el riesgo de contraer enfermedades infecciosas como la viruela, el tifus, o la tuberculosis y, por consiguiente, aumentaron también las defunciones. Ante esta alarmante situación, tanto el personal sanitario como los políticos e incluso los enseñantes tomaron partido por la prevención en materia de salud pública a través de la información y la formación de la población para lo que se publicaron tratados y manuales de salud pública. De este modo, surge el llamado «movimiento higienista» que dio una gran importancia al entorno social y ambiental en la evolución de las enfermedades (Larrinaga, 2002: 166). Los facultativos, en su afán por prevenir las enfermedades y lograr su curación, prescriben a sus pacientes estancias breves en centros termales. Con la intención de informar sobre las propiedades de las aguas termales, nace la guía del bañista («guide du baigneur») género textual híbrido que conjuga los consejos terapéuticos, la descripción paisajística, las actividades de entretenimiento que ofertan estos establecimientos junto a consejos prácticos como tarifas de precios, horarios o menús. Partiendo del estudio de Calvi (2010) sobre los géneros discursivos en el ámbito del turismo, centraremos nuestro análisis en este peculiar género textual decimonónico de carácter descriptivo y promocional.

Abstract At the end of the 18th Century, the lack of hygiene in the cities and the bad conditions of urban life increased the risk of getting infectious diseases such as smallpox, typhus or tuberculosis and, as a consequence, deceases increased as well. In view of this alarming situation, both health care workers and politicians and even teachers took sides for the prevention in terms of public health by means of informing and training the population, that is the reason why public health treatises and manuals were published. Thus, the so-called «hygienist movement» rose and placed great importance to the social and natural environment in the evolution of the diseases (Larrinaga, 2002: 166). The doctors, in their pursuit of preventing diseases and achieving their cure, prescribe their patients brief stays in thermal centres. With the intention to inform about the properties of thermal waters, «la guía del bañista» was born («guide du baigneur») a textual hybrid genre that combines therapeutic advice, landscape description, leasure activitities these establishments offer, together with practical advice such as price lists, timetables or menus. Starting from Calvi's study (2010) about discursive genres in the field of tourism, we focus our analysis in this nineteenth-century peculiar textual genre with a descriptive and promotional character.

1. Introducción

A finales del siglo XVIII a causa de la Revolución Industrial, se produjeron flujos migratorios hacia los núcleos fabriles y comerciales (Moreno Martínez, 2009: 25) lo que provocó el hacinamiento urbano de la población y la consiguiente falta de higiene y pésimas condiciones de vida en general (escasez de letrinas, poca ventilación en las viviendas, acumulación de basuras, etc.) lo que aumentó el riesgo de contraer enfermedades infecciosas como la viruela, el tifus, las fiebres tifoideas o la tuberculosis. Esta situación incrementó la preocupación tanto del personal sanitario como de políticos e incluso enseñantes por la prevención en materia de salud pública que se materializó en el surgimiento del llamado «movimiento higienista», movimiento consistente en «otorgar una gran influencia e importancia al entorno social y ambiental en la génesis y evolución de las enfermedades» (Larrinaga, 2002: 166). El creciente interés por la alimentación sana y por la higiene como prevención queda reflejada en la proliferación de tratados y manuales de carácter divulgativo destinados a un público lector cada vez más angustiado por la sucesión de epidemias y por el elevado número de muertes causadas por estas enfermedades. Se trataba de manuales de higiene privada, de «medicina doméstica» (Moreno Martínez, 2009: 25).

El aumento de la demanda de este tipo de publicaciones llevó no solo a la multiplicación de los tratados sobre higiene y salud, sino que además se llevaron a cabo numerosas traducciones de obras de este ámbito publicadas en otros países. En el caso de España, donde el movimiento higienista se difundió tardíamente, numerosas fueron las traducciones que se realizaron durante todo el siglo XIX, sobre todo de obras francesas. Centrándonos en el estudio de Ramírez Martín (2016) citaremos algunas de estas obras publicadas en francés a finales del siglo XVIII y traducidas al español a comienzos del siglo XIX:

- a) *L'Art de prolonger la vie et de conserver la santé ou Traité d'Hygiène* publicada por Jean-Baptiste Pressavin en 1786 y traducida al español por José Bartolomé Gallardo en 1800: *El arte de conservar la salud y prolongar la vida. Tratado de Higiene.*
- b) *Élements d'hygiène ou de l'influence des choses physiques et morales sur l'homme et des moyens de conserver la santé* publicada por Étienne Tourtelle en 1796 y traducida al español por Luis María Mejía en 1801: *Elementos de higiene o del influxo de las cosas físicas y morales en el hombre y medios de conservar la salud.*
- c) *Les lois éclairées par les sciences physiques, ou Traité de Médecine legale et d'Hygiène publique* publicada por François-Emmanuel Foderé en 1798 y traducida al español por Juan de Rivera y Céspedes en 1801: *Leyes ilustradas por las ciencias físicas o Tratado de medicina legal y de higiene pública.*
- d) *Hygieine sive ars sanitatem conservandi poema* publicada en latín por Stephano-Ludovico Geoffroy en 1771, traducida al francés en 1774 por M. de Launay: *L'hygiene ou L'art de conserver la santé: poëme latin* y del francés se tradujo al español por Joaquín Serrano Manzano en 1803: *La higiene o el arte de conservar la salud: poema latino.*

La estrecha relación que se establece entre la higiene y la conservación de la salud propicia un peculiar «culto al agua» y el consiguiente rechazo de las aguas estancadas malolientes y degradadas que invadían las ciudades como consecuencia de la progresiva industrialización del medio urbano. El agua toma una especial relevancia y, tanto las aguas minerales como las termales, adquieren un valor terapéutico y, por consecuencia, cada vez más protagonismo. En efecto, en el siglo XIX se multiplican las «villes d'eaux» o ciudades balnearios, así como las estaciones termales donde acude la población con la intención de someterse a sesiones de agua curativa. En Francia a partir de 1850 el termalismo toma un mayor auge, las estaciones termales existentes se amplían al mismo tiempo que surgen otras de nueva creación.

Con una clara intención divulgativa e informativa, se editan una serie de publicaciones de carácter divulgativo y promocional en las que se hace referencia a la calidad y cualidades específicas de las aguas que son analizadas gracias a los recientes avances en el ámbito de la Química. Nos referimos a las denominadas «guides du baigneur» o «guides du curiste» que en español se conocieron como «guía del bañista». En estas publicaciones también se relacionan las enfermedades y dolencias para las que estas aguas están especialmente indicadas según prescripción facultativa. Nuestro estudio se centrará en el análisis y estudio de estas guías ya que consideramos que por sus características bien definidas, podrían ser consideradas un subgénero turístico, una modalidad de la guía turística. Llevaremos a cabo un estudio de las características de este tipo de textos basándonos en un corpus textual que hemos seleccionado y al que consideramos representativo. Este corpus textual está constituido por «guías del bañista» españolas y «guides du baigneur» francesas que presentan una serie de elementos comunes que nos llevan a establecer el concepto de género discursivo referido a las guías del bañista. De este modo y una vez presentada esta tipología textual, procederemos al análisis de los textos franceses y españoles del corpus elegido.

2. El termalismo o turismo de salud

Como ya hemos señalado, la Revolución Industrial supuso un empeoramiento de la situación insana de las ciudades y un desarrollo de enfermedades infecciosas: «Le XVIIIe siècle fut marqué par les famines et par les conditions de vie insalubres qui favorisèrent le développement et la propagation des maladies. Le siècle se déroula donc dans une conjoncture propre aux épidémies et aux endémies» (Roux, 2009: 50). La preocupación del personal sanitario ante esta alarmante situación se tradujo en un elevado número de publicaciones entre las que podríamos distinguir las de carácter especializado, destinadas a médicos y estudiantes de Medicina (manuales, tratados, etc.)[1] y, las obras de divulgación o de

1 Destacaremos algunas obras representativas: D. Pedro Felipe Monlau (1847) *Elementos de higiene pública*, D. Juan Giné y Partagás (1860): *Tratado de higiene rural* ó sea *Arte de conservar la salud, alargar la vida y perfeccionar el ejercicio*

«medicina doméstica»[2] (diccionarios enciclopédicos, recetarios y prontuarios terapéuticos) en las que se podían encontrar un sinfín de consejos de higiene preventiva con la finalidad de educar a la población en la prevención de enfermedades y en el seguimiento de una vida saludable. Según Gutiérrez Rodilla (2000: 52):

> En principio, podemos clasificarlas en dos grandes apartados. Por un lado, el conformado por repertorios menos elaborados, menos técnicos y, por lo mismo, más simples y asequibles, destinados a cualquier público, en forma de pequeños breviarios, colecciones de recetas médicas o de nombres de enfermedades o de síntomas para cuyo tratamiento se recomienda una determinada conducta. Su finalidad es eminentemente práctica, como si fueran manuales de «primeros auxilios», en que los autores aconsejan la mejor actuación posible en un momento desesperado, en tanto llega el médico o, incluso, en aquellas situaciones en las que el médico no va a intervenir nunca, a causa de su aislamiento. Estos libritos continuaban una tradición de siglos y si, en el XIX, habían perdido parte del público con el que habían contado en épocas anteriores, entre el que los cirujanos romancistas y enfermeros habían sido los lectores más asiduos, lo que no habían perdido era su capacidad de solventar, con más frecuencia de lo que se podría pensar, el problema de la escasez de médicos titulados, sobre todo en el ámbito rural, o la imposibilidad de acceder a ellos, por escasez de medios, en el ámbito urbano. Son, por tanto, repertorios sencillos tanto en su estructura como en el estilo empleado, generalmente poco voluminosos y de pequeño formato, dedicados a los principales problemas relacionados con la medicina que se pueden producir en la vida diaria. Es frecuente que en ellos se introduzcan nociones de farmacología casera en forma de remedios de fácil confección para aplicar en esas situaciones comprometidas.

---

de las funciones de los labradores, D. Cipriano de Uribarri (1852); *Tratado de Higiene*, F. Ribes (1860): *Traité d'hygiène thérapeutique ou application des moyens de l'hygiène au traitement des maladies*, Ysabeau (1863) *Traité d'hygiène*, Dr. Monneret (1837) : *Traité d'hygiène ou règles de la conservation de la santé.*

2 Entre estas obras divulgativas destacamos: Dubois (1829) *Omnibus. Petit dictionnaire de médecine et de chirurgie domestiques*, Dr. E. Beaugrand (1860) *Médecine domestique et Pharmacie usuelle* (2ème édition), F.S. Ratier (1825) *Nouvelle médecine domestique*, Troya, J. M. (1878): *Vocabulario de Medicina doméstica ó Terapéutica popular al alcance de todos*, Villiers y Pujol (1861): *Diccionario de Medicina, Cirugía y Farmacia para uso de las familias*, Vollet, E. (1879): *Guía práctica para conservar y recobrar la salud o tratado completo de medicina y farmacia domésticas.*

Las dificultades para atender e informar a la población sobre las enfermedades que les aquejaban, lleva a médicos y a profesores de Medicina a la publicación de libros de medicina doméstica (antes citados) que pudieran cubrir las necesidades de información de la población. Aunque hasta finales del siglo XIX la higiene no se consolida como disciplina[3], sin embargo ya mucho antes se venían difundiendo y poniendo en práctica sus postulados tanto a nivel individual ya que la población, como ya hemos indicado, recibía la información a través de numerosas publicaciones divulgativas, como por parte de los sanitarios que, buscando nuevos métodos curativos, comienzan a prescribir a sus pacientes estancias en estaciones termales con la finalidad de que tanto los baños terapéuticos como la ingesta de agua de manantial aliviara sus dolencias. Sin embargo, no todos los pacientes reunían las condiciones económicas necesarias para poder desplazarse hacia las ciudades balneario ni para alojarse en ellas durante una temporada. Bien es cierto que el aumento del poder adquisitivo de la burguesía le llevó a la adquisición de costumbres que tradicionalmente se consideraron propias de la realeza y de la aristocracia: «Comme nous le constaterons, le thermalisme du siècle était issu presque exclusivement de l'aristocratie européenne. En effet, outre les frais élevés et les difficultés du voyage en ses temps de communication difficile, le prix des bains n'était souvent pas accessible à tous» (Roux, 2009: 50).

El término «termalismo» se empleó por primera vez en 1845 para referirse al uso terapéutico de las aguas minerales. En Francia, a raíz de la frecuentación por parte de Napoleón III y de su familia de las estaciones termales, se extendió la moda entre las clases más acomodadas que comenzaron igualmente a pasar largas temporadas en balnearios ya siguiendo una prescripción facultativa o solo como práctica turística:

> Sous le Premier Empire déjà, la famille impériale a coutume d'aller prendre les eaux à Bourbonne, Aix ou encore Plombières. Elle donne le ton et entraîne à sa suite un mouvement qui ne cessera qu'un siècle et demi plus tard. La mode des

3 «En este sentido, hay que recordar que, a pesar de que la primera cátedra española de Higiene se crea en 1843 —mismo año en que aparece recogida esta voz en el diccionario de la Real Academia—, no será hasta casi cuarenta años después, en 1881, cuando se cree la Sociedad Española de Higiene, sin duda el factor más importante para la consolidación de la disciplina de una manera definitiva en nuestro país» (Gutiérrez Rodilla, 2000: 58).

cures thermales se généralise. Quelques nouvelles destinations apparaissent dans les premières décennies, comme Saint-Gervais en 1806, Châtelguyon en 1817, Enghien-les-Bains en 1820, Évian en 1827. Mais c'est autour de 1850 que le thermalisme prend réellement son envol. Dans la deuxième moitié du XIXe siècle, sous l'impulsion notamment de Napoléon III, les anciennes stations s'agrandissent et de nouvelles voient le jour (Jazé-Charvolin, 2014: 6).

El desarrollo y perfeccionamiento de los transportes y más concretamente de las líneas ferroviarias favoreció la realización de todo tipo de viajes y más concretamente de los viajes de placer que en muchos países europeos ya desde el siglo xviii, adquirieron el carácter de viajes turísticos. Estos viajes se canalizaron fundamentalmente hacia ciudades balneario donde el turista que acudía en busca del agua curativa encontraba todo tipo de diversiones (como veremos más adelante). El termalismo pues, está en el origen de la historia del turismo, de hecho, es complicado distinguir dónde termina el turista termal o terapéutico y dónde empieza el turista de placer o de veraneo ya que muchos fueron los turistas que se desplazaron a las estaciones termales en busca de las instalaciones de acogida, así como de las actividades de sociabilización (Jarrassé, 2002: 33). Todo ello dio lugar a un turismo que aunaba lo terapéutico y la diversión y que tuvo un éxito rotundo entre la población más acomodada.

El balneario está determinado por dos funciones primordiales que condicionan la configuración del lugar: el restablecimiento y cuidado de la salud y el ocio como prolongación de la vida social de las enriquecidas clases urbanas (Grenier, 1985: 40). Toulier (2002) insiste en el carácter efímero del aspecto de estas ciudades termales que tenían cada temporada debían «reinventarse» para sorprender y atraer al cliente:

> Dès la première moitié du xixe siècle l'histoire de la construction de ces villes d'eaux est un éloge du temporaire et de l'éphémère. À chaque saison, la ville d'eaux se doit présenter et de « produire » un visage nouveau pour attirer curiste ou baigneur sous peine de disparaître face à la concurrence et aux impératifs de l'industrie des loisirs et de l'entreprise thermale.

Todo comienza con el viaje; el desplazamiento se convierte en un motivo de entretenimiento y de disfrute para el «curista»[4]. El paseo por

4 Con respecto a la vinculación entre turismo y termalismo, no deja de resultar curiosa la similitud entre los dos términos: «curistas» y «turistas».

los alrededores del balneario le permite descubrir el paisaje y la visita a la ciudad en la que se sitúa la estación termal también llamada «ciudad de aguas» o *ville d'eaux*, que ofrece al visitante un amplio abanico de actividades o *amusements*: visitas a monumentos, museos, iglesias, degustación de gastronomía en restaurantes, etc.

3. La «Guía del bañista» o «Guide du baigneur», hibridismo e intertextualidad

Paralelo a las publicaciones de corte higienista centradas en la prevención de la salud de la población, surge un variado corpus literario compuesto de obras en las que los escritores-viajeros compartían sus experiencias en torno al viaje: «Escribir el viaje era de algún modo detenerlo, prolongarlo y esta idea fue la que indudablemente animó a muchos viajeros a poner por escrito todas y cada una de las experiencias derivadas de sus viajes» (Álvarez, 2019). Como ya hemos indicado anteriormente, nuestro trabajo se centra en el análisis de un corpus editorial compuesto por las llamadas «guías del bañista», en francés *guides du baigneur*. Publicaciones fácilmente identificables por unas características bien determinadas, las guías del bañista tenían, como veremos más adelante, una doble finalidad: publicitar la estación termal con la intención de atraer a los clientes y, por otra parte, proporcionar al viajero toda la información que necesitaba para viajar: dónde alojarse, dónde comer, qué visitar y sobre todo informarle sobre las características terapéuticas e indicaciones de las aguas termales de cada establecimiento.

Aunque estas guías eran muy variadas y presentaban estructuras e incluso títulos muy diferentes, llevaremos a cabo el análisis de un corpus compuesto por una serie de textos franceses y españoles que llevan por título en español «guía del bañista» y en francés *guide du baigneur*. Este análisis textual nos posibilitará el establecimiento de un paradigma del género textual «guía del bañista» con el fin de categorizar estos textos y establecer una posible tipología textual.

Los textos franceses analizados:

a) M. Ph. Hutin : *Guide des baigneurs aux eaux minérales*, Paris, Germer Baillière Librairie, (1849)
b) L. Dorgeval-Dubochet : *Guide du Baigneur aux eaux thermales de la Motte-les-Bais près de Grenoble,* Paris, Baillière Librairie, (1849)
c) François Gimet *: Luchon en poche. Guide du touriste et du baigneur renseignements de toute nature sur les hôtels, les bains, les promenades, les courses et les tarifs,* Lafont, Librairie-Éditeur, (1864 troisième édition).
d) Guérin de Sossiondo : *Le Mont-Doré. Guide du baigneur,* Tours, Typographie et Lithographie É. Juliot, (1897).

Los textos españoles analizados:

a) *Guía del bañista en Panticosa*, Madrid, Imprenta de M. Minuesa, (1875*).*
b) Aureliano Maestre de San Juan: *Nueva guía del bañista en España; comprende la historia, método, usos y ventajas de los baños de agua dulce a todas las temperaturas de aguas minerales y de mar*; Madrid, Bailly-Baillière (1852).
c) Justo María Zavala, *Guía para los baños de Cestona,* Azpeitia, P. Martínez, (1868).
d) Cándido Peña y Gallegos, *Guía ilustrada del bañista*, Estudio tipolitográfico «Sucesores de Rivadeneyra» (1897).

Para llevar a cabo nuestro análisis de las guías del bañista en tanto que texto turístico, partimos del concepto de género siguiendo la recomendación de Calvi (2010: 11): «Considero que los planteamientos basados en el concepto de género (*genre*) son los más adecuados para analizar las propiedades de los textos turísticos y su relación con el contexto sociocultural en el que son producidos, permitiendo así integrar la perspectiva lingüístico-formal con los enfoques pragmáticos, discursivos y sociocríticos». Así pues, tras el análisis que hemos llevado a cabo de nuestro corpus textual, consideramos que la guía del bañista es un género híbrido (Bathia, 1997) que combina a su vez diferentes géneros que se complementan entre sí: la guía descriptiva, el itinerario, la guía práctica y el informe químico sobre las cualidades de las aguas termales. Del mismo modo podríamos considerar que el género «guía del bañista» presenta una característica muy peculiar que es la intertextualidad constitutiva (Fairclough, 1985). Es decir, se trata de un género constituido a partir de distintos géneros que se acoplan para tejer un texto de gran utilidad para el receptor.

La revisión que hemos llevado a cabo de las citadas guías del bañista que configuran nuestro corpus, tanto españolas como francesas, muestra que, si bien existe una gran variedad de contenidos en todas ellas, se puede señalar un denominador común que es la descripción. Esto nos lleva a la consideración de la guía del bañista como un género principalmente descriptivo y promocional cuya finalidad última es proporcionar información útil al usuario, por lo que también reviste un carácter informativo.

Tomaremos como modelo una de las guías analizadas: *Luchon en poche. Guide du touriste et du baigneur.* Esta guía se organiza en varios apartados como consta en la *table de matières*:

— Coup d'oeil panoramique
— Installations.
— Renseignements utiles.
— Les Eaux de Luchon.
— Tarifs.
— Partie historique et pittoresque.
— Promenades en ville.
— Promenades hygiéniques.
— Promenades en voilure.
— Promenade dans la vallée de l'Hospice.
— Courses à cheval.

3.1. La guía del bañista, un género descriptivo

3.1.1. Descripción del paisaje

Las guías del bañista suelen incorporar una descripción detallada del entorno de la estación balnearia, así como de itinerarios o paseos (*promenades*) que constituyen otro de los apartados más característicos de estas guías ya que se incluyen como una de las propuestas de las actividades de entretenimiento (*amusement*) para los bañistas aprovechando los atractivos principales de la zona.

Malgré les distractions dont nous avons parlé plus haut, le Mont-Dore ne serait point la station agréable que l'on connaît s'il ne possédait pas un grand nombre d'excursions. Car si tout le monde ne va pas au Casino, tout le monde « excursionne » plus ou moins. Ceux qui n'excursionnent pas à pied excursionnent à cheval ou à âne, et ceux qui n'excursionnent pas ainsi excursionnent en voiture. Ainsi qu'à Bagnères-de-Luchon et qu'à Aix, on a ici l'avantage de pouvoir faire en voiture une grande partie des excursions que l'on fait à pied, mais un des privilèges du Mont-Dore est le peu de difficultés que l'on a d'atteindre les sommets. Le plus haut de tous les sommets de l'Auvergne, le pic de Sàncy (1,882 mètres), se gravit à pied du Mont-Dore en deux heures et demie, sans, fatigue, par des pentes douces. Tous ceux qui ont l'habitude des voyages reconnaîtront là un avantage considérable. La vue des sommets est toujours féerique, mais il la faut payer le plus souvent de grosses fatigues. Or, ici les différences d'altitude étant nécessairement peu appréciables, donnée l'altitude même du Mont-Dore, la visite des sommets n'est plus qu'une promenade (*Le Mont-Doré. Guide du baigneur*, p. 10).

A l'extrémité de l'établissement thermal, en face de la petite porte, s'ouvre un sentier. En suivant ses nombreux circuits, en appuyant toujours à gauche, on voit, après vingt minutes d'ascension, le sentier se prolonger sur le flanc gauche de la montagne et aboutir à la Chaumière. Du kiosque placé devant ce petit restaurant, la vallée s'offre tout entière à vos regards. A vos pieds, Bagnères-de-Luchon coupée dans sa longueur par le Cours d'Étigny. A votre droite, au bout de la route, est le village de Saint-Mamet, aux toitures grisâtres, aux murs sales et d'aspect misérable. Des flancs du village s'échappent un chemin courant au milieu des prairies et s'arrêtant à Montauban, dont la blanche église, placée en vedette, attire d'abord l'attention. Au-dessus, la montagne égratignée laisse voir les sentiers qui conduisent à la cascade et à la grotte du Chat. Plus loin, le village de Juzet, perdu dans les méandres de la vallée, derrière les hauts peupliers, montre son clocher pointu. Enfin, au loin et comme entre deux foudres, se devine le village de Salles. Puis la route se traîne comme un ruban et se relie à Barcugnas, faubourg naturel de Luchon; et, dans la vallée, les chalets suisses, les kiosques peints en vert, en jaune, montrent leurs formes bizarres et dentelées. Le matin, vers cinq heures, les brumes remplissent la vallée entière; le soleil s'élève derrière la montagne, et les brouillards montent lentement comme un rideau de gaze épaisse, découvrant peu à peu les prairies et les champs qui forment autour de la ville un immense damier. L'eau du torrent, pressée en petites vagues, scintille aux obliques rayons de l'astre-roi et vient compléter harmonieusement l'ovale enchanteur de la vallée (*Luchon en poche. Guide du touriste et du baigneur,* p. 53).

El establecimiento de las aguas minerales se halla a un kilómetro proximamente del pueblo, que está rodeado de montañas de tal modo, que subiendo un poco a una de ellas se observa, que el pueblo parece estar dentro de un canasto o cesta; por lo cual parece tener el nombre de Cestona, que traducido parece decir aquí la cesta o cesta buena. Por la parte del S. del establecimiento está el monte Izarraitz, y pegando al edificio ú edificios el monte llamado Ayaquelu. Ambas montañas le resguardan de los vientos del S. y del sol; en lo cual; asi como en pasar el rio Urola rozando con el establecimiento; y en la embocadura que forma este rio hasta el inmediato puerto de Zumaya, consiste que no se sienta sino rara vez el calor. La temperatura media de la estación de verano es 1 9. del T. centígrado, el maximun 27. 5. mínimun 14. La altura media Barométrica es de 767. m. ó sean 76 pulg.[s] y 7 lineas (*Guía para los baños de Cestona*, pp. 15–16).

Situado este establecimiento en el antiguo reino de Aragón y confín de la provincia de Huesca, partido de Jaca y municipio de su nombre, en el centro de los Pirineos, en una de sus mesetas a 8.500 piés sobre el nivel del mar, y en su vertiente meridional al Norte del valle de Tena, se encuentra rodeada su pequeña cuenca de elevadas y escarpadas montañas de origen primitivo, formando un verdadero circo, cuyas elevadas cimas se hallan cubiertas por las nieves perpetuas. En la pradera, llamada de Plandigon por los naturales del país, se levantan los magníficos edificios que en el día lo constituyen, y en este espacio de figura elíptica, de una superficie de 432.000 metros próximamente, ocupada su tercera parte por una gran laguna ó *ibon*, alimentada por varios torrentes que en forma de graciosas cascadas se precipitan en la pradera desde lo más alto de las montañas en donde toma su origen el rio Calderés, quedan encerradas sus cuatro fuentes minero-medicinales, y todas (*Guía del bañista en Panticosa*, pp. 5–6).

3.1.2. Descripción de las aguas

En las diferentes guías analizadas encontramos un apartado dedicado al análisis químico de las aguas. Se trata de un discurso especializado con una terminología específica y que surge a raíz de la incipiente investigación decimonónica en el ámbito de la química que dio lugar a la profundización en ámbitos de tanta relevancia como la vinificación, la farmacología y en las aplicaciones terapéuticas de las aguas termales o curativas.

L'eau ferrugineuse est d'une fraicheur extrême, limpide, inodore; quelquefois cependant elle répand une très-légère odeur sulfureuse, elle a une saveur métallique atramentaire médiocrement prononcée; elle se digère très-facilement. Quand on la conserve dans un vase à l'air libre, sa surface se couvre d'une pellicule qui réfléchit les couleurs de l'iris, et bientôt ils y produit une matière albuminiforme. L'argent qu'on expose à son action, prend une teinte dorée. Enfin, la cuvette de la fontaine dans laquelle l'eau est incessamment versée, offre sur ses parois un dépôt ocreux, briqueté, assez abondant et fort doux au toucher. L'analyse de cette eau laisse beaucoup encore à désirer; les premières recherches qui ont été faites à cet égard, appartiennent à Nicolas, en voici le résumé:

1° Faible proportion de gaz.

2° Fer. 0 grain. 1/4

3° Terre	*crétacée.*	
	Vitrifiable.	*0 grain. 1/2 + 1 1/6*
	Magnésienne.	

4° Natrum. 0 grain. 1 /4 (par pinte).

Martinet dit qu'indépendamment du fer elle contient en outre les autres éléments des eaux savonneuses; cette opinion, qui est aussi celle de Grosjean père, es complétement inexacte. L'analyse de cette eau a donné à M. Fodéré, par pinte:

Carbonate de soude, grain. 01/2.
Carbonate de chaux, magnésie et silice,
grain 01/2
Oxyde de fer. grain 01/2

Voici le résumé de quelques recherches que nous avons faites nous-même sur la composition chimique de cette eau. A l'air libre le fer se sépare peu à peu et se dépose au fond du vase; par l'évaporation il se précipite immédiatement sous forme de sable très-fin et de flocons rougeâtres qui flottent dans le liquide à la moindre agitation. Si on prend de cette eau réduite par l'évaporation el qu'on la filtre pour la soumettre à l'influence des réactifs, elle ne manifeste aucune réaction sensible avec le chlorure ou l'eau de baryte, ni avec le nitrate d'argent, ni avec le prussiate de potasse, ni avec l'ammoniaque; ce qui prouverait qu'elle ne con tient ni sulfate, ni chlorure, pas même de fer. L'oxalate d'ammoniaque seul y a révélé quelques traces de chaux. Le dépôt provenant de l'évaporation présente quelque peu de matière organique et de silice gélatineuse. Recueilli sur le filtre et traité par l'eau régale, évaporé à siccité et repris par de l'eau distillée, filtré de nouveau, ce dépôt nous a donné: 1° des traces de chaux au moyen de l'oxalate d'ammoniaque; 2° du fer par le prussiate de potasse et l'acide tannique. Les sels de baryte n'y signalent aucun indice de sulfates. Il résulterait donc de ces essais que l'eau de la fontaine Bourdeille est d'une pureté remarquable et que sa très-faible minéralisation consiste:

1° Dans la présence du fer à l'état de bicarbonate;
2° De chaux carbonatée qu'on retrouve dans toutes les eaux;
3° De quelques traces de silice gélatineuse et de matière organique.

Comme il existe dans le voisinage de cette source de nombreuses pyrites, il est extrême -ment probable que le fer qu'on y rencontre provient de leur décomposition, et qu'il y est entrainé, ainsi que cela se voit communément, par une matière organique végétale. M. Gentilhomme, dont l'obligeance et les lumières m'ont toujours été si précieuses dans mes recherches, m'avait dit avoir obtenu de cette eau sortant de la source, d'abondantes taches arsenicales, au moyen de l'ap pareil de Marsh; je me suis empressé de ré péter ses expériences sur de l'eau réduite par l'évaporation, et sur les dépôts recueil lis avec soin. Je n'y ai rien trouvé, ni avec l'appareil de Marsh, ni par les réactifs accoutumés, qui pût y faire soupçonner la présence de l'arsenic. Mais comme l'arsenic ne peut pas disparaître par l'évaporation, j'ai fait part de mes résultats négatifs à M. Gentilhomme, qui a bien voulu recommencer ses expériences. Voici ce qu'il m'écrit à cet égard: J'ai repris à différentes occasions de l'eau ferrugineuse sortant de la source, et toujours j'y ai retrouvé de l'arsenic; les taches étaient moins abondantes, il est vrai, pendant les pluies d'hiver qu'en été, mais néanmoins elles l'étaient suffisamment pour ne pas laisser le moindre doute sur la présence de l'arsenic. Comme j'ai la plus grande confiance dans la scrupuleuse exactitude de M. Gentilhomme, nous tenons comme certain le précieux résultat de ses recherches, et nous mous empressons de le signalera l'attention des praticiens. (*Guide des baigneurs aux eaux minérales de Plombières*, pp. 43–48).

De los cuatro manantiales de que dispone el establecimiento, tres son los que se prestan a aplicaciones independientes de la bebida, los que trataremos de describir aunque sucintamente.

Fuente del Higado. Agua azoótico salina (Henry). Agua alcalina gaseosa termal (James). Temperatura 27—50° C.

Sesenta libras medicinales de esta agua contienen:

De gas nitrógeno (ázoe)... ...321, 45 granos.
Sulfato sódico. 31
Cloruro sódico... 10,69
Carbonato cálcico.... .. 2
Qloruro magnésico..... 2,10
Óxido silícico.............8

Total. .... 375, 15 granos.

Este manantial, que constituye la joya preciosa del establecimiento, siendo el origen de la mayor concurrencia, es la más abundante en gas ázoe o nitrógeno que actualmente se conoce en el globo; los brillantes resultados que continuamente se obtienen con el uso de sus aguas, lo han colocado ya en primera línea para el tratamiento de las dolencias dependientes de un aumento de las acciones vitales y de la irritación crónica de diferentes órganos, con particularidad de aquellos que sirven para la respiración. (*Guía del bañista en Panticosa*, pp. 15–16).

3.1.3. *Descripción de las indicaciones terapéuticas de las aguas termales*

Como se ha indicado anteriormente, los médicos reconocieron las propiedades salutíferas de las aguas termales lo que dio lugar al nacimiento de un paradigma turístico basado en la difusión de estos centros curativos a los que acudió un gran número de visitantes. Se trataba de una clientela muy particular, en su mayor parte personas convalecientes o aquejadas de algún mal que se acercaban al balneario con la esperanza puesta en su curación. Así pues, la hidroterapia se configuraba como uno de los principales métodos curativos siendo prescrito por la mayoría de los facultativos. Cada establecimiento termal contaba con la presencia de un médico que hacía el seguimiento de los pacientes. Muchas de las guías del bañista fueron redactadas por médicos que finalmente se decidían a poner por escrito un listado de enfermedades y su tratamiento más adecuado a base de las aguas curativas, así como en ocasiones también, sus contraindicaciones.

> Les sources Ferras et Bosquet sont douces et à sulfuration légère. La Blanche, source douce, laiteuse, est utile aux personnes nerveuses. Bosquet et Bordeu ont une action calmante et sédative. Richard supérieur et Richard inférieur sont à sulfuration forte et plus particulièrement applicables aux affections rhumatismales et aux maladies de la peau. Grotte supérieure et Grotte inférieure. Sources légèrement excitantes et à sulfuration forte. La Reine. Source très excitante et très énergique. Les sources Ferras et Blanche Reine sont recommandées dans le traitement des maladies de la peau. Bosquet et Bordeu dans le lymphisme, le scrofulisme et les maladies nerveuses. Les deux Ferras sont les plus faciles à digérer et très efficaces dans les gastralgies. Buvettes du Pré, n°3 1 et 2, mais principalement le n° 1, conviennent aux lymphatiques et aux scrofulcux (*Luchon en Poche,* p. 21).

> 1°Effets primitifs et temporaires: Excitation de la peau, des organes urinaires circulatoires, respiratoires et digestifs; sédation, ou bien perturbation de ces divers appareils de fonctions; Peu ou pas de fatigue.

> 2°Effets consécutifs ou permanents: Répartition uniforme et générale de l'activité vitale. Dispersion des foyers congestionnels. Rétablissement de l'équilibre dans les fonctions. Douce excitation de l'économie humaine, on plus spécialement de quelques systèmes organiques (*Guide des baigneurs aux eaux minérales de Plombières*, p. 137).

Cuando se administra convenientemente causa maravillosos resultados en las irritaciones hemorrágicas de las membranas mucosas, como hemotisis, hematemesis, metrorragias y dismenorreas: en las tísis tuberculosas y laríngea; pero con tal que se acuda a ella al principio del mal, y no en un estado avanzado de él; en las pulmonías y pleuro-pneumonías crónicas, siendo de gran provecho en los que han padecido estas enfermedades de un modo agudo, cuyos restos ó vestigios hace desaparecer, así como también las disposiciones á redicivas que an en los que han sufrido tales enfermedades; en los catarros laríngeos, traqueales y pulmonares crónicos; en las gastritis, colitis y cistitis crónicas, y en las asmas esenciales, pirosis, cardialgias, gas trodinias y cólicos nerviosos. Son utilísimas en las hepatitis, esplenitis y nefritis crónicas; y aprovechan en la ictericia, hepatalgia, hipocondría y algunas otras (*Guía del bañista en Panticosa*, p. 16).

Estas aguas en bebida son laxantes, algo diuréticas y afrodisiacas para algunos especialmente en baño; en una palabra, obran excitando los órganos del aparato digestivo y génito-urinario. Dos ó tres vasos de los de costumbre bastan comúnmente para producir el efecto purgante, aun que se presentan algunos que necesitan ocho ó diez, y no faltan á quienes es necesario añadir el sulfato de magnesia en la misma agua mineral; pero repito, dos ó tres vasos son suficientes para obtener una ó dos evacuaciones líquidas, sin dolor, sin ardor ni otra incomodidad, siempre que no esté padeciendo alguna irritación gástrica el que las beba. El baño como se deja conocer por la temperatura del agua, poco menos que la normal del cuerpo humano, es lo que se llama un baño de placer, y puede decirse, que una de las cualidades más ventajosas de estas aguas, es la que no tienen necesidad de calentarlas ni enfriarlas como sucede con muchas otras, y su temperatura conservan constantemente la misma, porque un gran chorro de agua está alimentando sin cesar á la bañera. Con el uso de estas aguas el apetito se aumenta y la hematosis, circulación y nutrición verifican: también con más energía, y la gente está más alegre (*Guía para los baños de Cestona*, pp. 25–26).

En algunas guías se incluyen casos clínicos ilustrativos a modo de ejemplo para que los clientes conozcan de primera mano los efectos curativos de las aguas. Por otra parte, la función fundamental de la guía del bañista es proporcionar al cliente la información que solicita por lo que se puede hablar igualmente de la guía del bañista como un género informativo. Descripción e información se configuran así pues como los principales propósitos comunicativos de la guía del bañista.

4. Conclusiones

Hemos podido comprobar la gran influencia que ejerce sobre los géneros turísticos el contexto sociocultural (Calvi, 2010: 11). En efecto, hemos señalado cómo la Revolución Industrial y la falta de higiene en las ciudades dieron lugar a la multiplicación de enfermedades de extrema gravedad que aumentaron el número de defunciones. La reacción ante esta trágica situación fue la aparición del higienismo, movimiento integrado por médicos y científicos que se propusieron formar e informar a la población con el fin de reducir el número de muertes. Ante esta preocupante situación se buscan todo tipo de remedios a las múltiples dolencias de la población. El agua termal se ofrece como un contrastado remedio de resultados espectaculares. Con la finalidad de promocionar estas aguas y dar a conocer sus efectos beneficiosos, se publican unas guías descriptivas, informativas y promocionales que recibieron el nombre de «guías del bañista». Hemos analizado un corpus textual constituido por cuatro guías españolas y cuatro francesas que hemos considerado el paradigma del género. Una vez estudiadas estas guías, llegamos a la conclusión de que nos encontramos ante un género híbrido si bien esto no es ninguna novedad ya que según Calvi (2019) «es muy difícil que los géneros se presenten en estado puro; más bien se combinan e interactúan entre ellos formando sistemas, colonias, cadenas, etc. El hibridismo lejos de ser una condición excepcional, suele ser la norma». Junto al hibridismo, las guías del bañista presentan una intertextualidad que las hace más variadas y completas. Hemos de señalar que todas las características señaladas las hemos encontrado indistintamente en las guías francesas y españolas por lo que concluimos considerando que estamos ante un género decimonónico muy peculiar cuya evolución viene dada por el contexto sociocultural que determina su configuración formal, estructural y temática.

Referencias bibliográficas

Álvarez Jurado, M. (2019). Guías de viajeros, hoteles y publicidad en el siglo XIX. En A. González-Fernández y S. Rodríguez-Tapia (eds.), *Estudios lingüísticos en torno al turismo: Terminología, cultura y usuarios* (pp. 181–197). Valencia: Tirant Lo Blanch.

Bhatia, V. K. B. (1993). *Analysing Genre: Language in Professional Settings*. London: Longman.

Calvi, M. V. (2010). Los géneros discursivos en la lengua del turismo: una propuesta de clasificación. *Ibérica Revista de la Asociación Europea de Lenguas para Fines Específicos (AELFE)*, 19, 9–32.

Grenier, L, y Jarrassé, D. (1985). Les thermes. En L. Grenier (ed.), *Villes d'eaux en France* (pp. 53–81). Paris: Institut français d'architecture.

Guillet, F. (2000–2001). Le tourisme dans l'ouest de la France d'après les guides de voyages dans la première moitié du XIXème siècle. *Recherches contemporaines*, 6.

Gutiérrez Rodilla, B. (2000). La higiene en la lexicografía médica de divulgación de la España decimonónica. Áreas. *Revista internacional de ciencias sociales*, 20, 51–60.

Jarrassé, D. (2002). La importancia del termalismo en el nacimiento y desarrollo del turismo en Europa en el siglo XIX. Historia contemporánea, 25, 33–49.

Jazé-Charvolin, M. R. (2014). Les stations termales: de l'abandon à la renaissance. Une brève histoire du thermalisme en France depuis l'Antiquité. *In situ (Revue des patrimoines)*, 24, 1–14.

Larrinaga Rodríguez, C. (2002). El turismo en la España del siglo XIX. *Historia Contemporánea*, 25, 157–179.

Moreno Martínez, P. (2009). Presentación. Cuerpo, higiene, educación e historia. *Historia de la educación*, 28, 23–36.

Ramírez Martín, S. (2016). Traducciones hispanas de libros de higiene franceses en los primeros cinco años del siglo XIX. *Quaderns de Filologia: Estudis Lingüístics*, XXI, 269–285.

Referencias del corpus analizado

Dorgeval-Dubochet, L. (1849). *Guide du Baigneur aux eaux thermales de la Motte-les-Bais près de Grenoble*. Paris: Baillière Librairie.

Gimet, F. (1664). *Luchon en poche. Guide du touriste et du baigneur renseignements de toute nature sur les hôtels, les bains, les promenades, les courses et les tarifs*, 3éme édition. Lafont, Librairie-Éditeur.

Guía del bañista en Panticosa. (1875). Madrid: Imprenta de M. Minuesa.

Hutin, M. P. (1849). *Guide des baigneurs aux eaux minérales*. Paris: Germer Baillière Librairie.

Maestre de San Juan, A. (1852). *Nueva guía del bañista en España; comprende la historia, método, usos y ventajas de los baños de agua dulce a todas las temperaturas de aguas minerales y de mar*. Madrid: Bailly-Baillière.

Peña y Gallegos, C. (1897). *Guía ilustrada del bañista*. Estudio tipolitográfico «Sucesores de Rivadeneyra».

Sossiondo, G. (1897). *Le Mont-Doré. Guide du baigneu*. Tours : Typographie et Lithographie É. Juliot.

Zavala, J. M. (1869). *Guía para los baños de Ceston.*, Azpeitia: P. Martínez.

Elke Cases Berbel

Un análisis contrastivo de textos turísticos y su uso de construcciones participiales y adjetivas atributivas en la lengua alemana

Resumen Las construcciones participiales y adjetivas atributivas (CPAA) son unas estructuras del alemán escrito que dotan al lenguaje de un estilo más elevado. Tras proceder a delimitar el significado de lenguaje especializado del turismo y los diferentes géneros que existen dentro de este, nos adentramos en las funciones que suelen predominar en dicho lenguaje. Para ello hemos seleccionado diferentes textos turísticos con los que introduciremos un estudio contrastivo y, así mismo, analizaremos el uso de las CPAA en la versión alemana. Estas construcciones se utilizan con frecuencia en dichos textos para describir con detalle paisajes y actividades, por lo que resultan de vital importancia en el estudio de la traducción de cara a dotar de naturalidad a los textos. En este capítulo expondremos los corpus seleccionados, el análisis de los mismos, las CPAA extraídas de ellas y los efectos que estas construcciones consiguen en el texto original.

Abstract The attributive participial and adjective constructions (CPAA) are structures of written German that endow the language with a higher style. After proceeding to delimit the meaning of specialized language of tourism and the different genres that exist within it, we delve into the functions that tend to predominate in that language. For this we have selected different tourist texts, with which we will include a contrastive study and analyze the use of the CPAA. These constructions are frequently used in these texts to describe landscapes and activities in detail, which is why they are of vital importance in the study of translation in order to give naturalness to the texts. In this chapter we will explain the selected corpora, their analysis, the CPAA extracted from them and the effects that these constructions achieve in the original text.

1. Introducción

La primera cuestión que se nos plantea al hablar sobre las construcciones participiales y adjetivas atributivas (CPAA) en el lenguaje del turismo es que, debido al gran espectro que este lenguaje especializado encierra, su delimitación resulta compleja.

Dentro del lenguaje del turismo se pueden encontrar términos económicos o jurídicos, aunque también gastronómicos, ecológicos, deportivos, o incluso sanitarios. De este modo, el diccionario de la lengua española denomina turismo como «actividad o hecho de viajar por placer» (DLE, 2019), por lo que el lenguaje del turismo se referirá a cualquier texto que haga referencia a dicha actividad o hecho de viajar.

Por otro lado, Mekis defiende que, para delimitar el lenguaje especializado del turismo, no se puede hacer únicamente referencia al lenguaje utilizado por sus profesionales, sino que se debe dividir en dos partes: Por un lado, a situaciones de comunicación interna en las que los profesionales del turismo usan un lenguaje especializado teórico-científico y por otro lado situaciones de comunicación entre un experto y un profano de este mundo. El lenguaje utilizado en este último caso lo denomina lenguaje de mediación[1] (Mekis, 2008: 74).

Teniendo en cuenta estas dos variantes, plasma la siguiente definición: «La suma de los lenguajes especializados utilizados en el turismo o, en su caso, en actos de comunicación relacionados con el turismo» (Mekis, 2008: 74).

1.1. Géneros del lenguaje del turismo

Una vez definido el lenguaje especializado del turismo, vemos que el lenguaje utilizado en los diferentes textos turísticos hace referencia a la segunda acepción de Mekis, la que llama lenguaje de mediación (*ut supra*). Así, queremos también clasificar los diferentes géneros en los que se puede encontrar este lenguaje especializado. Para ello, recogemos la clasificación que propone (Calvi, 2010):

1 Traducción de la autora.

Géneros editoriales (guías de viajes, revistas de viajes y turismo, etc.), que se elaboran principalmente en el mundo editorial y responden a la demanda de información del turista.

Géneros institucionales (folletos, anuncios de destinos turísticos, páginas web institucionales, etc.), originados en los organismos oficiales (Gobiernos nacionales, comunidades autónomas, ayuntamientos, etc.), con el propósito de afianzar o posicionar la imagen de un destino turístico.

Géneros comerciales (anuncios comerciales, catálogos de viajes, folletos de hoteles, páginas web de agencias, etc.), que se desarrollan en los departamentos de marketing de las agencias y otras empresas de turismo, destinados a promover la venta directa del producto turístico, conquistando la mente del consumidor.

Géneros informales (foros y blogs de viajeros), que comprenden el amplio caudal de textos en los que el turista mismo se transforma en experto y emisor del discurso turístico con el propósito de intercambiar opiniones y expresar valoraciones.

Géneros organizativos (billetes, reservas, cartas, facturas, contratos, informes, etc.), propios de las agencias y otros sectores colindantes (hostelería, transportes, ferias, etc.), para sus relaciones internas y externas.

Géneros legales (normativas, reglamentos, etc.), pertenecientes al campo del derecho y encaminados a reglamentar las distintas facetas de las actividades turísticas.

Géneros científicos y académicos, utilizados en los sectores disciplinares que enfocan el fenómeno del turismo (artículos y libros de sociología, antropología del turismo, etc.).

Sin embargo, si analizamos los primeros cuatro géneros (editoriales, institucionales, comerciales e informales) y parte del género organizativo (cartas para sus relaciones externas), vemos que también se pueden incluir dentro de los textos publicitarios, ya que comparten los objetivos con estos.

2. Textos turísticos

Los textos turísticos de estos últimos géneros, que son los que vamos a analizar en busca de CPAA, se engloban desde el punto de vista lingüístico dentro de la pragmática y tienen como finalidad conseguir mediante la palabra que se realicen las acciones deseadas (según la *teoría de los actos del habla* de John Langshaw Austin). Son textos que buscan convencer o persuadir para la compra y, para ello, siguen el modelo AIDA.

2.1. Los objetivos de los textos turísticos

La palabra AIDA la enunció por primera vez Elias St. Elmo Lewis en 1898 y es un acrónimo inglés de los cuatro pasos que se deben dar para vender un producto o servicio: atención (*attention*), interés (*interest*), deseo (*desire*) y acción (*action*) (Gutiérrez González, 2005). Los cuatro pasos que hay que dar para vender (ya sea un producto o un servicio, como es el caso de textos turísticos) son los siguientes: conseguir la atención del cliente, despertar su interés, convencer o persuadir[2] para provocar en él una necesidad y, finalmente, inducirle a la compra del servicio.

Por último, y con el fin de poder hacer un análisis más exhaustivo de los textos turísticos, vamos a analizar también las funciones del lenguaje que prevalecen en nuestros textos seleccionados. Para ello, nos basaremos en las funciones del lenguaje de Roman Jakobson.

2 No debemos confundir estos dos términos: El término «convencer» hace referencia a la acción de exponer razones al interlocutor para que compre, el término «persuadir» apela a las emociones y los sentimientos de este para conseguir que compre. Es decir, es el uso de la cabeza versus el uso del corazón.

2.2. Funciones de los textos turísticos

Bajo funciones del lenguaje se entienden los actos de comunicación que las personas utilizamos en el lenguaje. Dentro de un texto se suelen encontrar varias funciones, aunque siempre hay alguna que predomina sobre las otras, dependiendo de la intención del texto. De este modo, Roman Jakobson dedujo de su teoría de la información[3] seis funciones diferenciadas del lenguaje, inherentes a todo proceso de comunicación (Jakobson, 1993):

— **Función referencial o informativa:** Se usa cuando el propósito es dar a conocer algún dato. En esta función predomina el modo indicativo. Ejemplo: *La catedral de la Almudena tiene una longitud de 102 metros y una altura de 73 metros.*
— **Función emotiva o expresiva:** Se utiliza para expresar emociones. Predominan las oraciones exclamativas, las interjecciones y el modo subjuntivo. Ejemplo: *¡La catedral de la Almudena es preciosa!*
— **Función apelativa y conativa:** Su intención es llamar la atención del destinatario e influir en él. Suelen predominar las oraciones exhortativas y verbos en modo imperativo. Ejemplo: *¡Ven a conocer la catedral de la Almudena y te quedarás fascinado!*
— **Función metalingüística:** Se centra en el código en sí, es decir en el lenguaje. Analiza el lenguaje utilizado y suele ser de modo indicativo. Esta, por razones obvias, no se encontrará en los textos turísticos. Ejemplo: *La catedral de la Almudena es un sintagma nominal de cinco palabras.*
— **Función poética o estética:** Aquí prima la forma al contenido. Lo importante es cómo se transmite el mensaje. Suele hacer uso de los recursos literarios para embellecer los textos. Ejemplo: *La catedral de la Almudena, pasea* ***por sus largas naves****, contempla la grandeza de sus espacios y disfruta de la altura de sus columnas.*

3 En esta teoría de la información estableció en 1958 6 factores en el lenguaje, que son: emisor, receptor, referente, canal, código y mensaje.

— **Función fática o relacional:** Esta función se centra en el canal de comunicación y se utiliza para iniciar, prolongar, finalizar o interrumpir una conversación. Lo importante no es el contenido del mensaje, sino el mantenerlo o finalizarlo. Suele utilizar expresiones y frases hechas. Ejemplo: *¿Puedo hacerle una pregunta? ¿Conoce ya la catedral de la Almudena?*

De estas 6 funciones, las más utilizadas en el texto turístico son la función informativa (los diferentes textos suelen dar información sobre el producto o viaje), la emotiva (hacen referencia a los sentimientos y emociones que los viajes pueden despertar en el cliente), la apelativa (apelan a sensaciones nuevas), la poética (procura utilizar un lenguaje atractivo) y por supuesto la fática (es esencial para mantener el interés del cliente).

3. Construcciones participiales y adjetivas atributivas

Una vez delimitados los textos turísticos y vistos sus características, vamos a ver el uso de las CPAA en este lenguaje especializado.

Bajo construcciones participiales atributivas (CPA) entendemos la construcción de la lengua alemana en la que se coloca una oración relativa como atributiva delante del sustantivo al que se refiere. Estas se pueden realizar con participio de presente, si la oración relativa tiene voz activa:

— Con oración relativa: *Das Schiff, das den ersten Preis gewann, wurde zu einem Museum umgebaut* (El barco, que ganó el primer premio, se transformó en museo).
— Con construcción participial atributiva: *Das den ersten Preis gewinnende Schiff wurde zu einem Museum umgebaut* (al no existir en español, se traducirá como oración relativa).

O con participio de pasado, si la oración relativa tiene voz pasiva:

— Con oración relativa: *Das Schiff, das zu einem Museum umgebaut wurde, gewann den ersten Preis* (El barco, que se transformó en museo, ganó el primer premio).
— Con construcción participial atributiva: *Das zu einem Museum umgebaute Schiff gewann den ersten Preis* (se traducirá como oración relativa o se introducirá con un participio pasado y un atributo: El barco, transformado en museo, ganó el primer premio).

Cabe destacar que, al cumplir la función atributiva, los participios que, al igual que en las oraciones subordinadas alemanas, irán al final de la construcción, tomarán las terminaciones propias de los adjetivos atributivos.

De la misma manera, las construcciones adjetivas atributivas (CAA), que en un principio provienen de una oración relativa con el verbo auxiliar *sein*, también se podrán colocar delante del sustantivo para que cumplan la función atributiva (eliminando dicho verbo):

— Con oración relativa: *Das Schiff, das rot bemalt war, gewann den ersten Preis* (el barco, que estaba pintado de rojo, ganó el primer premio).
— Con construcción adjetiva atributiva: *Das rot bemalte Schiff gewann den ersten Preis* (el barco pintado de rojo ganó el primer premio).

Otra característica de las CPA y de las CAA es que se pueden expandir con elementos casi ilimitados: *Das Schiff, das gestern vom berühmten Architekten zu einem Museum umgebaut wurde, gewann den ersten Preis – Das gestern vom berühmten Architekten zu einem Museum umgebaute Schiff gewann den ersten Preis*. Estas construcciones se llamarán construcciones participiales o adjetivas atributivas expandidas (CPAAE).

4. Análisis contrastivo de textos turísticos y del uso de las CPAA

Para realizar un análisis contrastivo y ver el uso de las CPAA en la versión alemana, nos centraremos en el género comercial, el más habitual en textos turísticos, para lo que hemos seleccionado diferentes textos de los catálogos de viajes del grupo empresarial TUI (de TUISpain y TUI Deutschland). Cabe destacar que nos centramos en el catálogo para España, ya que los países Iberoamericanos tienen sus propios catálogos que cubren las diferentes necesidades de su mercado.

Los dos primeros muestran una carta del director de la agencia a los clientes, los dos siguientes explican los tipos de viajes que ofertan y la última comparativa muestra dos textos alemanes y uno español de viajes exclusivos.

Los catálogos seleccionados pertenecen todos a TUI AG (*Touristik Union International*), una empresa alemana y el mayor grupo del sector del turismo del mundo. Entre sus empresas de 2018 se cuentan aproximadamente 3 500 agencias de viajes (tanto físicas como *online*), 37 agencias receptivas, 12 cadenas de hoteles, 7 compañías aéreas, 10 barcos crucero y 79 operadores turísticos. Tiene su sede en Berlín y Hannover y este año alcanzó un valor en bolsa de aprox. 12 200 millones de euros, lo que significó un incremento de alrededor de un 6 % (Geschäftsbericht, 2018). Entre sus clientes se encuentra *airtours*, por lo que dentro de los textos seleccionados también se encuentran algunos de dicha empresa inglesa que se apoya en el grupo alemán para su venta en Alemania.

Por otro lado, debido a las diferencias entre el mercado español y el alemán, TUI ofrece viajes distintos en español (como ya mencionamos, nos centramos únicamente en catálogos para España) y en alemán. Cabe resaltar que, mientras que al público alemán le informan de forma más minuciosa sobre las comodidades existentes en la habitación (puertas correderas, tamaño de las camas), la cantidad de restaurantes, de *minibars* o de servicio de limpieza, las ofertas españolas hacen más hincapié en la flexibilidad de horarios, las instalaciones próximas o circuitos disponibles.

4.1. *Primer ejemplo*

LIEBE REISENDE,

mit uns zu reisen, bedeutet, **LUXUS** und **QUALITÄT** in höchstem Maße zu genießen. Hotels in unmittelbarer Nähe der schönsten und anspruchsvollsten Golfplätze der Welt, besondere **PRIVILEGIEN** wie garantierte Startzeiten und eine Rundumbetreuung vereinen Ihre Bedürfnisse mit unseren Vorzügen. Wir **INSPIRIEREN,** geben wertvolle Tipps und begleiten Sie als Ihr **KOMPETENTER BERATER** mit außergewöhnlichem **INSIDERWISSEN.** Wir stehen immer an Ihrer Seite – auch **DIGITAL** erhalten Sie umfangreiche Informationen. Dabei ist uns bewusst, dass jeder Reisende mit seinem Golferlebnis ein anderes Bild, eine andere Sehnsucht, verbindet. Diese wollen wir, Ihren Wünschen entsprechend, erfüllen. Denn wir schätzen die **INDIVIDUALITÄT** des einzelnen Gastes ebenso wie die des Landes. So erleben Sie mit uns Ihre ganz persönliche Reise. Eine Reise auf neue, luxuriöse Art, auf airtours Art.

DIGITAL finden Sie neben allen Informationen zu Ihrer Reise auch ein airtours Reisebüro ganz in Ihrer Nähe. Erste Impressionen erhalten Sie außerdem auf unserer Homepage **airtours.de/inspiration**.

Eine gute Reise
wünscht Ihnen Ihr

Steffen Boehnke
Director airtours

Texto 1: Carta de presentación del director en alemán (TUI A., 2018:2)

Estimado viajer@,

Una temporada más ponemos a tu disposición nuestro nuevo catálogo Grandes Viajes Asia 2018. En él podrás encontrar una excelente selección de programas únicos con precios actualizados que te permitirán descubrir este maravilloso continente, repleto de hermosos rincones.

A través de este catálogo de 124 páginas te ofrecemos una amplia variedad de circuitos y salidas. Además, este año hemos incluido una decena de nuevas propuestas respecto a la pasada edición, ofreciéndote de este modo un gran abanico de posibilidades.

Toma nota, porque si hay un lugar en el mundo donde poder disfrutar de un impresionante patrimonio cultural, compuesto de monumentos, tradiciones y diversidad cultural, además de naturaleza, sin lugar a dudas éste es Asia. El Taj Mahal en India; Angkor en Camboya; la Gran Muralla en China; Japón, lleno de contrastes entre tradiciones milenarias y modernidad desorbitada; o la inmensa biodiversidad de Sri Lanka.

Sin olvidar por supuesto, el exotismo y la sofisticación de Tailandia; la paradisíaca isla de Bali; asombrarse ante la belleza sublime de Vietnam; Myanmar, el país con más templos del sudeste asiático; o la increíble libertad de Mongolia, lleno de desiertos, volcanes, lagos y montañas. Éstas son solo algunas de las maravillas que tiene este continente, pero hay más, solo tienes que descubrirlas.

Cabe destacar también que Asia se caracteriza especialmente por la hospitalidad de sus gentes. Vayas al país que vayas solo te harán falta unas horas para sentirte como en casa. No lo dudes más. Elige uno de los destinos y escápate.

No olvides reservar con la mayor anticipación posible, de esta manera podrás obtener tarifas áreas más competitivas y así beneficiarte de los mejores precios.

Recuerda que si en este catálogo no encuentras el viaje que estabas buscando, no dudes en ponerte en contacto con **TUI Spain** a través de tu agencia de viajes habitual. Con nuestra estructura y conocimiento de los destinos, podremos elaborar tu viaje a medida y adaptado a tus necesidades.

¡Feliz viaje!

Stefan Dapper
Director General **TUI Spain**

Texto 2: Carta de presentación del director en español (TUISpain, 2018:2)

Aquí vemos dos cartas de director a los clientes. Cabe resaltar que en ambas predomina la función apelativa, ya que les hablan directamente a sus clientes. Así consiguen crear una proximidad y complicidad con este. Ambos textos tienen un discurso repleto de adjetivos calificativos para llamar la atención del cliente, conseguir su interés, crearle una necesidad y así conseguir que compre el producto, en este caso el viaje. Vemos que ambas cartas cumplen con el modelo publicitario AIDA.

Sin embargo, sí existen bastantes diferencias. La primera es la forma de dirigirse al cliente. Mientras que en la carta alemana han optado por hablar de usted, en la española tutean a los clientes.

Cierto es que la lengua se adapta a la época, la cultura y la generación de sus hablantes. Así pues, el alemán, cuya educación es conocida por ser muy rígida, aún sigue mostrando respeto al referirse a un mayor o una persona desconocida, para lo que utiliza el *Sie* (usted). Si bien cada vez más jóvenes prefieren el tuteo en Alemania, según las últimas encuestas, se está volviendo al uso de usted (Glück y Sauer, 1997). Sin embargo, en español, el uso de tú está mucho más extendido y en una carta con función apelativa, no tendría sentido si se usa el pronombre usted, que en español también sirve para mostrar distancia con el destinatario.

Por otro lado, llama la atención que el director alemán se despida con un pronombre personal «su» Steffen Boehnke, mientras que el español no utiliza ninguna expresión de despedida.

Otra gran diferencia es que la carta alemana destaca ciertas palabras, como: *Luxus, Qualität, Privilegien, inspirieren, kompetenter Berater, Insiderwissen, digital* e *Individualität* (lujo, calidad, privilegios, inspirar, asesor competente, conocimiento interno, digital e individualidad). Todas ellas hacen referencia a distinciones que los clientes van a disfrutar si deciden viajar con TUI. A los españoles, por otro lado, les hablan de patrimonio cultural, de viajes a la naturaleza o exóticos, de monumentos, diversidad cultural y tradiciones.

Esto nos enseña, de nuevo, las diferencias entre ambas culturas y cómo procuran convencer y persuadir con lo que produce más deseo en los distintos mercados, adaptando su discurso siempre a las preferencias de cada nación.

Por último, vemos que, en el texto alemán, al ser un texto con función predominantemente apelativa, no se encuentra ninguna CPAA. Al ser una construcción que sirve para elevar el estilo, en este texto no tiene cabida.

4.2. Segundo ejemplo

IHRE PERSÖNLICHE RUNDREISE

Vielfalt. Weltweit. Erleben. Auf Rundreisen die Welt zu entdecken ist wundervoll! TUI hat mehr als 500 im Programm: perfekt geplant, flexibel oder maßgeschneidert. Wie wollen Sie Ihr Traumziel erkunden?

PERFEKT GEPLANT:
TUI RUNDREISE

Sorgfältige Organisation, geprüfte Routenverläufe, qualifizierte Reiseleiter: So entdecken Sie Highlights fremder Länder. Viele Rundreisen finden garantiert ab 2 Personen statt – in kleinen Gruppen mit maximal 20 Teilnehmern und Deutsch sprechenden Reiseleitern. Eine mobile Reiseführer-App ist bei allen Rundreisen inklusive.

GANZ FLEXIBEL:
SELBSTFAHRERREISE

Anderes Hotel gewünscht? Rundreise verkürzen oder verlängern? Zusätzliche Übernachtungen oder Leernächte? Kein Problem! Bei allen TUI Selbstfahrerreisen können bis zu 5 Änderungen bei den Unterkünften kostenlos angefragt werden, solange der Routenverlauf bestehen bleibt.

MASSGESCHNEIDERT:
TUI À LA CARTE

TUI à la carte erfüllt Ihren Wunsch nach besonderen Erlebnissen in Australien, Neuseeland, der Südsee, Nord-, Mittel- und Südamerika sowie im südlichen und östlichen Afrika. Ausgezeichnete Länderkenntnisse und unsere langjährige Erfahrung garantieren unvergessliche Tage. Mehr dazu im TUI Reisebüro.

Texto 3: Viajes personalizados en alemán (TUI A., 2019:3)

En **TUI** disponemos de programas para todo tipo de viajero, desde circuitos organizados a programas individuales. Gracias al asesoramiento de tu agente de viajes, junto a la experiencia y conocimientos de nuestro equipo, lograremos confeccionar tu viaje soñado y con los precios más ventajosos.

TOURS REGULARES
Ideales para quienes quieren el viaje organizado de principio a fin, compartiendo experiencias con otros viajeros y a un precio especialmente competitivo. Son viajes donde se comparten servicios con clientes de otras mayoristas y en ocasiones, de otras nacionalidades.

TOURS EXCLUSIVOS TUI
Programas igualmente organizados y compartidos con otros clientes, si bien estos proceden exclusivamente de **TUI**.

TOURS INDIVIDUALES
Son itinerarios diseñados con servicios privados y/o compartidos en los que disfrutarás de un mayor grado de flexibilidad.

TOURS EN PRIVADO
Para aquellos que preferís un viaje privado, también disponemos de la mejor variedad de programas en cada destino.

Texto 4: Viajes personalizados en español (TUISpain2, 2019:3)

Los tercer y cuarto son extracciones de las condiciones para los viajes de TUI. Vemos que en ambos textos vuelve a predominar la función apelativa sobre las demás, aunque también usa la función fática y, sobre todo en la versión alemana, la poética (*Vielfalt. Weltweit. Erleben*[4].- Sentir. Diversidad. En todo el mundo.) y la emotiva (*Auf Rundreisen die Welt zu entdecken ist wundervoll!* – ¡Descubrir el mundo mediante viajes de placer es maravilloso!).

Aparte de estos paralelismos, vemos que la versión alemana vuelve a utilizar la forma de usted, mientras que la española se acerca a su cliente con el tuteo. Por otro lado, la versión alemana es mucho más detallada, lo que deja patente que el público alemán es mucho más exigente que el español. Para despertar el interés del mercado alemán, deben incidir más en la función informativa, prácticamente inexistente en la versión española.

4.3. Tercer ejemplo

5

Hörnum / Sylt - Der hauseigene 18-Loch Links-Course des kulturell inspirierten Hauses präsentiert sich harmonisch eingebettet in die Hörnumer Dünenlandschaft. Über 6 Kilometer zieht sich der mehrfach prämierte Platz an der Küste entlang. Golfen zwischen den Meeren – auf friesische Art.

GOLFEN

Der von Rolf-Stephan Hansen entworfene 18-Loch Golfplatz besticht durch die typische Landschaft eines Links Courses. Rund um die Budersand Düne gelegen mit traumhaftem Ausblick bietet der Platz ein echtes Golferlebnis entlang des Meeres.

AUSSTATTUNG

- Kurtaxe/Ökotaxe/Touristensteuer
- Sonnenterrasse
- Pools: 1
- Badetücher
- WLAN/WiFi: Im gesamten Hotel (Anlage)
- Haustiere nicht erlaubt
- Parkplatz (nach Verfügbarkeit), unbewacht, Garage, gegen Gebühr
- Zimmer: 77
- Landeskategorie: 5,5 Sterne
- Frühstück
- Langschlaferfrühstück: 07:00 Uhr - 12:00 Uhr
- Restaurants: 2
- 1 Michelin Stern
- Bars & mehr: 1

WELLNESS

- Saunen: 3
- Wellnessbereich/Spa

Gegen Gebühr (teils Fremdleistungen)

- Massagen
- Badeanwendungen
- Medizinische Anwendungen

WOHNEN

- Doppelzimmer, ca. 26 qm, (DZX1), seitlicher Seeblick, Blick auf Golfplatz und das Meer, WLAN/WiFi, Föhn, Balkon
- Juniorsuite, ca. 46 qm, (JSX1), seitlicher Meerblick, Blick auf seitlich das Meer und Golfplatz, bestehend aus 2 Zimmern, optisch getrennt durch Schiebetür, WLAN/WiFi, Föhn, Balkon
- Suite, ca. 61 qm, (SUX1), Golfplatzblick, bestehend aus 2 Zimmern, optisch getrennt durch Schiebetür, Klimaanlage, WLAN/WiFi, Föhn, Balkon
- Weitere Zimmertypen buchbar

SPORT

- Fitnessraum
- Aqua Fitness, Pilates

Gegen Gebühr (teils Fremdleistungen)

- Yoga
- Radsport

ANKUNFTSORT

- Flughafen Westerland ca. 21 km
- Bahnhof Westerland ca. 18 km
- Stadtzentrum/Ortszentrum Hörum ca. 600 m

LOGIS*

1 Übernachtung inkl. Frühstück ab 143 EUR p.P.

* Weitere Infos und Bilder finden Sie in Ihrem airtours Reisebüro und auf airtours.de.

LBC19010

Texto 5: propuesta de viaje en alemán (TUI, 2019:12)

4 Vemos el uso de un asíndeton, recurso sintáctico habitual en poemas.

Este texto presenta un viaje organizado a un campo de golf con hotel y restaurantes. Cabe resaltar que el catálogo procura hablar con un estilo elevado, tanto en la descripción del lugar, Hörnum/Sylt, como en la del campo de golf y en la del hotel adyacente. Esto motiva que la función predominante en el texto no sea apelativa, sino informativa. Como consecuencia de este cambio y para dar un aire más distinguido al escrito, han optado por la introducción de tres CPAA, una de ellas expandida, en apenas 5 oraciones. Esto demuestra que, cuando el lenguaje del turismo quiere dar una imagen más elegante, también hace uso de estas construcciones. Por ello, si tenemos que traducir textos turísticos al alemán y nuestra intención es darle un aire distinguido, debemos introducir CPAA o CPAAE en estos.

Por último, vemos cómo detallan todo lo que se puede encontrar en el hotel, incluso las puertas correderas que se encuentran dentro de la habitación o las habitaciones de las que dispone, detalles que al público español no interesan tanto como al alemán.

TUI España no oferta catálogos para viajes a campos de golf y en todos los viajes muestra el circuito diario que van a realizar los clientes.

En ningún catálogo muestran las características de los hoteles, sino que se centra en los monumentos, circuitos o actividades de las que puede disfrutar el viajero. Vemos, pues, que hay una gran diferencia entre las explicaciones de catálogos alemanes y españoles, aun tratándose en ambos casos del mismo grupo empresarial.

Por último, hemos incluido del catálogo alemán de Baleares un artículo sobre Mallorca. Vemos que aquí las funciones informativas y poéticas predominan sobre las demás, por lo que nos encontramos con siete CPAA, una de ellas expandida con dos elementos.

Esto prueba que las construcciones atributivas son muy habituales en la lengua alemana escrita en general y en el lenguaje del turismo, cuando predomina la función informativa o poética, en particular. Sin embargo, a diferencia del lenguaje económico-jurídico y periodístico y coincidiendo con el literario, las construcciones en este lenguaje especializado suelen ser con una expansión de un solo elemento[5].

5 Información extraída la tesis doctoral de la autora.

EXCLUSIVO AMBASSADOR TOURS

PRECIO **FINAL** DESDE **1.610 €**

SÚPER THAI

11 días / 8 noches (15 días / 12 noches con opción playas: Phuket, Krabi, Koh Samui, Khao Lak o Phi Phi)

Bangkok, Kanchanaburi, Ayuthaya, Phitsanuloke, Sukhothai, Lampang, Chiang Rai y Chiang Mai

Nuestro viaje estrella a Tailandia por su excelente relación calidad/precio. Una propuesta muy completa para conocer este país de vida multicolor, donde exotismo y animación no tienen límite. Incluye Bangkok con su Palacio y sus templos, las antiguas capitales de Ayutthaya y Sukhothai, y el recorrido hasta Chiang Rai y Chiang Mai. Ofrecemos las mejores opciones de playa en Phuket, Krabi, Koh Samui, Khao Lak y Phi Phi.

Día 1 España / Bangkok
Salida en avión a Bangkok, vía ciudad de conexión. Noche a bordo.

Día 2 Bangkok
Llegada y traslado al hotel. Resto del día libre. Alojamiento.

Día 3 Bangkok
Desayuno. Día libre. Posibilidad de realizar excursiones opcionales. Alojamiento.

Día 4 Bangkok
Desayuno. Visita de la ciudad: el Templo del Buda Dorado (Wat Trimit), el Palacio Real, el Buda Esmeralda y el Templo del Buda Reclinado (Wat Pho). Alojamiento.

Día 5 Bangkok / Kanchanaburi / Ayuthaya / Phitsanuloke
(Media pensión)
Salida hacia Phitsanuloke vía Kanchanaburi, visitando en ruta el famoso Puente sobre el Río Kwai, construido por los prisioneros de la II Guerra Mundial. Veremos el Museo Jeath y el Cementerio de los soldados aliados. Almuerzo y continuación a Ayutthaya, donde visitaremos los templos: Yai Chaimongkol y Mahathat. Llegada a Phitsanuloke. Alojamiento.

Día 6 Phitsanuloke / Sukhothai / Lampang *(Pensión completa)*
Visita del Wat Mahabathat. A continuación nos dirigiremos a Sukhothai donde daremos un paseo en bicicleta entre sus templos y ruinas. Visita del complejo arquitectónico de Sri Satchanalai. Almuerzo y continuación a Lampang, en ruta visita de templos. Cena en el hotel y alojamiento.

Día 7 Lampang / Chiang Rai
(Media pensión)
Salida hacia Chiang Rai vía Kwan Payao. A continuación visitaremos el museo Baan Dam, más conocido como la "Casa Negra" y el famoso "Triángulo del Oro", situado en la frontera entre Tailandia, Myanmar (Birmania) y Laos, famoso por el comercio del opio. Almuerzo y traslado al hotel. Tarde libre para disfrutar del hotel. Alojamiento.

Día 8 Chiang Rai / Chiang Mai
(Pensión completa)
Salida en lancha por el río Kok visitando en ruta un poblado de las tribus ribereñas. Visita panorámica del Templo Blanco. Almuerzo. Parada en Bo Sang, centro artesano que destaca por trabajos en algodón, seda y madera. Llegada a Chiang Mai. Por la noche cena con espectáculo folclórico tradicional de las tribus de las montañas. Alojamiento.

Día 9 Chiang Mai *(Media pensión)*
Asistiremos a un espectáculo en un centro de adiestramiento de elefantes donde incluimos un paseo a lomos de elefante (aprox. 45 min.). A continuación visitaremos un poblado donde se encuentran algunas de las tribus más representativas de Tailandia como las Lisu, Yao, Meo o Karen, más conocidas como "Mujeres Jirafa". Visita a una granja de orquídeas y almuerzo. Opcionalmente ofrecemos a nuestros clientes la posibilidad de sustituir las visitas anteriores por una experiencia única en el centro de elefantes Nature Park. Precio 125€ por persona. Incluye traslados con guía de habla hispana, actividades con staff de habla inglesa (nuestro guía hará de traductor al castellano), almuerzo buffet vegetariano. Plazas limitadas. Continuación al Templo de Doi Suthep y Wat Phra Singh. Alojamiento.

Día 10 Chiang Mai / Bangkok / Phuket, Koh Samui, Krabi, Khao Lak o Phi Phi
Desayuno. Traslado al aeropuerto y salida en vuelo a la playa elegida vía Bangkok. Traslado al hotel y alojamiento.

Días 11 al 13 Phuket, Koh Samui, Krabi, Khao Lak o Phi Phi
Desayuno. Días libres en la playa seleccionada y en el hotel elegido. Alojamiento.

Día 14 Phuket, Koh Samui, Krabi, Khao Lak o Phi Phi / España
Desayuno. Traslado al aeropuerto y salida en vuelo con destino España vía Bangkok. Noche a bordo.

Día 15 España
Llegada.

OPCIÓN SIN PLAYA

Días 1 al 9
Mismo itinerario que el programa Súper Thai.

Día 10 Chiang Mai / Bangkok / España
Desayuno. Traslado al aeropuerto y salida en vuelo a España, vía Bangkok. Noche a bordo.

Día 11 España
Llegada.

Texto 6: propuesta de viaje en español (TUISpain, 2018:8)

MALLORCA – EXKLUSIVER URLAUB AUF DER SONNENVERWÖHNTEN BALEARENINSEL

Über 180 Strände und Buchten auf 560 Küstenkilometern, eine viel gelobte Küche, ausschweifendes Nachtleben, vielseitige Sportangebote sowie eine Kloster- und Burgenroute: Auf Mallorca lässt sich jede Art von Urlaub verwirklichen. Die größte Insel der Balearen ist ein Magnet für Ruhebedürftige und Nachtschwärmer, Musiker und Models, Golfer, Radfahrer und andere Sportler. Wer den Rückzug sucht, findet Ruhe in malerischer Landschaft. Wer kulturell interessiert ist, kann architektonische Kunstschätze entdecken. Wer genießen möchte, findet **Kulinarisches auf Sterne-Niveau**, erstklassige mallorquinische Weine und moderne Spas. Besonders exklusiv gestaltet sich der Rückzug in die Inselmitte Mallorcas, wo sich viele **stilvolle Fincas und luxuriöse Landhotels** befinden.

LUXUS FÜR DEN GAUMEN: PALMAS RESTAURANTS SIND BELIEBT BEI FEINSCHMECKERN

Die Inselhauptstadt Palma hat sich zum Hot Spot entwickelt. Kreative Menschen aller Generationen treffen sich hier und lassen sich inspirieren. Palma präsentiert sich in neuem Chic, wie die vielen neueröffneten Restaurants, Cafés und **Designerhotels** belegen. Wer durch die Gassen der Altstadt schlendert, erblickt in den Schaufenstern edlen Schmuck und Mode aus den internationalen Ateliers – Palmas Lifestyle ist, in kleinerem Maßstab, heute durchaus mit dem der katalanischen Metropole Barcelona vergleichbar. Auch die Küche der Baleareninsel genießt einen exzellenten Ruf. Die Altstadt Palmas ist ein beliebtes Ziel für Feinschmecker.

BADEURLAUB AUF MALLORCA: IDEAL FÜR SPORTLER UND FAMILIEN MIT KINDERN

Das Spektrum der Strände reicht von ursprünglichen Felsbuchten bis zu karibisch anmutenden Sandstränden. Im bergigen Nordwesten gelangen Besucher auf kleinen gewundenen Straßen zu einsamen Stränden an imposanten Steilküsten. Im Süden laden bewaldete Buchten und gut geschützte **flach abfallende Strände** in fjordähnlichen Meeresarmen zum Baden ein. Im Osten überwiegen lange, breite Sandstrände – ebenfalls flach abfallend und perfekt für Familien mit Kindern.

LUXURIÖSE FINCAS UND STILVOLL AUSGEBAUTE GUTSHÖFE AUF MALLORCA

Die andere Seite Mallorcas zeigt sich in kleinen Dörfern, Pinienwäldern und Weinbergen. Schon früher zog es wohlhabende Insulaner, Künstler und Mönche während der Sommermonate in die Inselmitte. So entstanden **feudale Herrensitze und Klöster**, von denen viele erst in den letzten Jahren sorgfältig und detailgetreu restauriert wurden. Die von airtours handverlesenen Objekte gehören zu den schönsten ihrer Art und verbinden maximale Privatsphäre mit allen Annehmlichkeiten eines 4-, 5- oder 6 Sterne-Hotels: Fincas, stilvoll ausgebaute Gutshöfe und Landsitze ehemaliger Großgrundbesitzer. Sich in Mallorcas Inselmitte in eine Finca oder ein Landhotel zurückzuziehen, heißt auch, der Natur nahe zu sein: Über 50 **Nationalparks** und Naturreservate bieten sich hier zur Erkundung an.

Texto 7: propuesta de viaje en alemán (TUI A., 2018)

5. Conclusiones

Tras este pequeño estudio contrastivo sobre los textos turísticos y su uso de CPAA en la lengua alemana podemos concluir que dicho texto se puede dividir en géneros (*ut supra*) y que la mayoría de estos tienen muchas similitudes con el texto publicitario, ya que cumplen el modelo AIDA.

Además, las funciones que predominan en los textos turísticos son, dependiendo del efecto que quieran conseguir, la informativa, ya que ofrecen información de las actividades y los lugares que ofertan, la apelativa, ya que buscan convencer o persuadir al cliente para que lo compre, en ocasiones la poética, cuando describen lo ofertado y la función fática, para que los posibles consumidores no pierdan el interés.

En la comparativa entre los textos vemos que, aunque se publicaron por el mismo grupo empresarial, TUI, la forma de dirigirse y la información que ofrecen a sus consumidores varía sustancialmente, ya que la adaptan a las necesidades de cada país. Esto deja patente que sí hay diferencias entre ambos mercados, por lo que, para llamar su atención, las empresas introducen diferentes tácticas de venta y, por ende, utilizan diferentes recursos dentro de los textos turísticos.

Por último, y en referencia a las CPAA, cuanto más uso hace un texto de la función poética o informativa, más CPAA introduce en este. Además, predominan construcciones cortas, la mayoría con una expansión de solo un elemento, que, en ocasiones, se repiten para fijar una idea concreta. Por ello, para traducir textos turísticos con predominio informativo y poético al alemán, debemos enriquecerlos siempre con diversas CPAA.

Referencias bibliográficas

Calvi, M. (2010). Los géneros discursivos en la lengua del turismo: una propuesta de clasificación. *Ibérica*, 19, 9–32.

RAE. Real Academia Española. (2014). *Diccionario de la Lengua Española*, 23ª ed. Madrid: Espasa Calpe.

Geschäftsbericht. (2018). *Informe anual de TUI*. Recuperado de https://www.tuigroup.com/damfiles/default/tuigroup-15/de/investoren/6_Finanzberichte-und-Praesentationen/Finanzberichte/2018/TUI_GB18_DE.pdf-007ac8ebc6297e43be18e2a7d44a7262.pdf

Glück, H. y Sauer W.W. (1997). Duzen, Siezen und Anredeformen. En H. Glück y S. W.W. (ed.), *Gegenwartsdeutsch 2. Überarbeitete und Erweiterte Auflage* (pp. 119–128). Stuttgart: Metzler.

Gutiérrez González, P. P. (2005). *Diccionario de la Publicidad*. Madrid: Editorial Complutense, S.A.

Jakobson, R. (1993). *Lingüística y poética*. Madrid: Cátedra.

Mekis, Z. (2008). *Die Problematik der Fachsprache des Tourismus*. Recuperado de http://docplayer.org/19753605-Mekis-zsuzsanna-die-problematik-der-definition-der-fachsprache-des-tourismus.html

TUI, A. (2019). *TUI – Golfkatalog*. Recuperado de https://mediacenter.tui-info.de/onlinekataloge/index.php?catalog=ati_golf_gj1819_f#page_12

TUI, A. (2018). *Balearen Katalog*. Recuperado de http://www.airtours.de/hotels/balearen/mallorca/1197/

TUI, A. (2019). *Airtours TUI Golf*. Recuperado de https://mediacenter.tui-info.de/onlinekataloge/index.php?catalog=ati_metro_gj1920_f#page_2

TUISpain. (2018). *Grandes Viajes – Asia 2018*. Recuperado de https://es.tui.com/staticFiles/ficherosweb/1626_10-01-2018_TUISpainGVAsia2018LR09completoweb.pdf

TUISpain2. (2019). *TUI España – Novios*. Recuperado de http://circulares.tuispain.travel/Catalogos/NOVIOS_2019/2/index.html

Alberto Gómez Font

Los topónimos: tradición y traducción

Resumen En español podemos distinguir tres clases de topónimos a efectos de su escritura y pronunciación: 1) los nombres de uso tradicional que deben conservar su forma castellana; 2) los nombres que se reproducen en la prensa con las formas del país de origen, a veces reclamadas por sus Gobiernos; 3) los nombres que no tienen tradición en español y que hay que transcribir hispanizando las grafías. Los problemas relacionados con la traducción de topónimos se nos presentan en el segundo grupo. Los problemas de transcripción se dan en el tercer grupo. La ONU tiene una lista de los países pertenecientes a la organización con los nombres en las seis lenguas oficiales: inglés, francés, español, chino, ruso y árabe; pero no se respetan una serie de topónimos tradicionales en español. La Comisión de Traducción al Español de la Unión Europea, en su *Libro de estilo interinstitucional* incluye una lista que intenta corregir esas discrepancias de la ONU para con la tradición del español.

Abstract In Spanish we can distinguish three kinds of toponyms regarding their writing and pronunciation: 1) the names of traditional use that must keep their Castilian form; 2) the names that are reproduced in the press with the forms of the country of origin, sometimes claimed by their governments; 3) the names that have no tradition in Spanish and that have to be transcribed by Spanish spelling. The problems related to the translation of place names are presented in the second group. The transcription problems occur in the third group. The UN has a list of the countries belonging to the organization with the names in the six official languages: English, French, Spanish, Chinese, Russian and Arabic; but a series of traditional toponyms in Spanish are not respected. The Spanish Translation Commission of the European Union, in its *Interinstitutional Style Book*, includes a list that attempts to correct those UN discrepancies with the Spanish tradition.

La presente ponencia, basada en algunas conferencias pronunciadas por el autor, se refiere esencialmente al lenguaje de los medios de comunicación, mas es totalmente aplicable al turismo, y lo es por varias razones: los artículos sobre turismo que se publican en los periódicos y en las revistas especializadas, los reportajes de viajes que se emiten en las cadenas de televisión y, finalmente, aunque no sean esencialmente periodísticos, los folletos y las guías de viajes, o lo que es lo mismo: la literatura turística.

Los mismos errores que se cometen en la información política, económica o de las guerras, podemos verlos en todo tipo de documentos relacionados con el turismo. Conviene, pues, intentar no caer en ellos.

Miquel Vidal (2007), del servicio de traducción de la Unión Europea, en un artículo titulado «Traducir o no los topónimos», nos cuenta lo siguiente:

> Vivo en una localidad que tiene un nombre en francés (Helmsange), un nombre en alemán (Helmsingen) y otro nombre en luxemburgués (Helsem), y pertenece a un municipio que tiene un nombre en francés (Walferdange), un nombre en alemán (Walferdingen) y otro nombre en luxemburgués (Walfer): siempre me ha parecido excesivo que un pueblo tan pequeño tenga tantos nombres.

Y a continuación reflexiona:

> A lo primero que debería atenerse el traductor de un servicio público que se enfrenta a estas alteraciones es a respetar la forma vigente. En efecto: si el traductor de una empresa privada podría en ciertos casos fingir que cierra los ojos ante los cambios que se suceden en el mundo exterior, es evidente que esta postura no es de recibo para nadie que trabaje para una institución política.

Apliquémonos también aquí, nosotros, al tratar sobre lo relacionado con el turismo y la traducción, lo que nos dice ese traductor.

En español podemos distinguir tres clases de topónimos: 1) los nombres de uso tradicional, que corresponden a sitios normalmente españoles o europeos y deben conservar su forma castellana; 2) los nombres que se reproducen en la prensa internacional con las formas del país de origen, reclamadas por los Gobiernos como rechazo de épocas coloniales; y 3) los nombres que no tienen tradición en español, y que hay que transcribir hispanizando las grafías.

En junio de 1981, poco tiempo después de comenzar a funcionar el Departamento de Español Urgente de la Agencia Efe, los lingüistas que allí trabajábamos recibimos una nota de la delegación de Efe en Argel que decía: «El gobierno argelino ha puesto en vigor un decreto de marzo último sobre la arabización de todos los nombres de lugares del territorio nacional. Así, Argel, la capital de Argelia, se denominará en lo sucesivo *El Djazair*, Constantina se convierte en *Gacentina* y Orán en *Wahrán*». Quisimos salir al paso y redactamos una respuesta para aclarar la cuestión:

> El hecho de que el gobierno argelino haya puesto en vigor ese decreto para volver a nombrar a sus ciudades con el nombre que siempre han tenido en árabe no implica que dejemos de usar los nombres españoles, puesto que, si así sucediera, también tendríamos que llamar London a Londres, Torino a Turín, Kampuchea a Camboya, Sri Lanka a Ceilán, etc. Conservemos pues los nombres españoles siempre que existan.

Más adelante, como el problema continuaba con el nombre de otros países y ciudades, redactamos otra nota:

> En relación con la sugerencia de cambiarles el nombre a algunos países aconsejamos que se continúe empleando el nombre del país que es de uso en español. Es sabido que en su lengua oficial no todos los países tienen un nombre semejante al nuestro, por ejemplo: *Deutschland* (en alemán) podría por esta razón llamarse *Doichlandia* en español, pero lo cierto es que lo conocemos como *Alemania*, y en inglés se llama *Germany*, y en sueco *Tyskland*. Si aceptamos el criterio de llamar a algunos países con el nombre que reciben en su lengua oficial, siguiendo ese mismo criterio tendremos que cambiarle el nombre que es tradicional en español a muchos países: Argelia = *Al Yazair*, Bután = *Druk-Yul*, Corea del Sur = *Han Huk*, China = *Chung-Hua Yen-Min Kung-Ho Kuo*, Yibuti = *Djibouti*, Egipto = *Misr*, Finlandia = *Suomen*, Grecia = *Elliniki Dimokratía*, Hungría = *Magyar*, India = *Bharat*, Irlanda = *Eire*, Japón = *Nippon*, Jordania = *al Urdun*, Marruecos = *al Magreb*, Noruega = *Norge*, Suecia = *Sverige*, etc.

Pero el problema continuaba presentándose, y el 6 de julio de 1983, redactamos otra advertencia, esta vez sobre el nombre de Camboya:

> Sucede a menudo que en las noticias que tratan sobre Camboya, a la hora de nombrar a ese país, el redactor, corresponsal o delegado que las escribe, opta, queriendo curarse en salud, por decir: «...en Kampuchea (Camboya)». El *Manual de Estilo* de la Agencia Efe en su tercera edición (1981), página 185, incluye entre otros topónimos que aparecen a veces mal escritos, este de *Kampuchea* en lugar de *Camboya*, y dice que el correcto, y por lo tanto el que debe usarse siempre es *Camboya*. Esta indicación del *Manual de Estilo* tiene una fácil explicación: hay una serie de lugares que tienen un nombre en español, además del nombre en su lengua originaria. En este caso, *Kampuchea* es el nombre de ese país en su lengua, que es el jemer. Ese nombre jemer, al pasar al español sufrió una deformación, y de ahí salió *Camboya*.

Más adelante, el 19 de junio de 1989, recibimos una noticia procedente de Rangún (Birmania), redactada en los mismos términos que aquella de Argelia:

> Las autoridades militares de Birmania anunciaron hoy la supresión de las palabras *Birmania* y *Rangún* para la denominación oficial del país y su capital. El nombre oficial del país a partir de ahora será *la unión de Myanmar*, usando así una palabra que se ajusta más a la pronunciación en lengua birmana. *El diario del pueblo trabajador*, el único periódico que se edita en el país desde la promulgación de la ley marcial hace casi un año, dijo también que el nombre de la capital será a partir de ahora *Yangon*. Este es el segundo cambio de la denominación oficial del país en poco tiempo ya que en septiembre de 1987 la junta militar quitó las palabras *república socialista* del que entonces era nombre oficial del país.

Como hemos visto en las anteriores explicaciones, tampoco hay ninguna razón para que, a Birmania, que es como conocemos a ese país tradicionalmente en español, lo llamemos ahora con su nombre birmano. Sería tan descabellado como obligar a otros países a llamar al nuestro *España* en lugar de *Spain*, *Espagne*, *Spagna*…

Casos como los anteriores de Argelia, Camboya y Birmania siguen produciéndose de vez en cuando, y nos encontramos con decretos que pretenden cambiar el nombre de ciudades o países sin tener en cuenta que esos sitios pueden llamarse de distintas formas y diferentes lenguas.

En abril de 1995 nos llegó de Londres un recorte de prensa en el que se repetía la historia, esta vez con la ciudad india de Bombay. El artículo era de *The Times*; estaba firmado por Christopher Thomas, fechado en Nueva Delhi y su título era «Bombay cambia de nombre para cortar con los lazos coloniales». Igual que en los casos argelino y birmano, se nos informaba de que, a partir de una fecha determinada, en esta ocasión el 1 de mayo de 1995, Bombay se conocería oficialmente como *Mumbai*, eliminando así el nombre derivado del portugués *bom baim* (buena bahía) que durante siglos ha tenido la capital comercial de la India. La decisión fue anunciada por Pramod Navalkar, ministro de Cultura del gobierno extremista del estado de Maharastra. Nos explicaban además que «Mumbai viene de *mumba ai* o Madre Mumba, que fue la diosa patrona de los kolis o pueblos de pescadores, primitivos habitantes de algunas pequeñas islas que llegaron a convertirse en la ciudad más poblada de la India».

El nombre *Bombay* se usa en inglés y en la mayoría de las lenguas europeas. En hindi esa ciudad se llama *Bambai*, y en guyarati y en maharati se ha llamado *Mumbai* desde tiempos inmemoriales. Y el Tribunal Superior de Bombay decretó que los hindohablantes también tendrán que usar *Mumbai*, ya que se trata de la forma «adoptada por la política oficial del Estado».

En el mismo artículo se anunciaba el cambio de nombre de otras dos ciudades. Aurangabad pasaba a ser *Shambajinagar*, y Osmanabad se convertía en *Dharashiv*, imponiéndose también en este caso los nombres en la lengua oficial de estado de Maharastra, el maharati. Pero no acababa ahí la cosa, ya que el autor aprovechaba para recordarnos que muchas otras ciudades indias han ido cambiando sus nombres con el fin de «promover la identidad y la lengua locales». Y entre esas ciudades que ya han cambiado de nombre está Benarés, cuyo nombre actual en la lengua oficial de su estado es *Varanasi*.

También surgieron una gran cantidad de dudas toponímicas y de gentilicios con la desmembración de la Unión Soviética y de Yugoslavia. De pronto comenzaron a ser noticia pequeñas repúblicas hasta entonces desconocidas para nosotros, y los nombres de sus capitales y de sus habitantes.

Con la Guerra del Golfo hubo que revisar también la toponimia y revisar los nombres de los países implicados y de las ciudades que sufrieron sus consecuencias. La gran cantidad de noticias relativas a esa guerra hizo necesario recordar las recomendaciones sobre transcripción del árabe para evitar la diversificación en las grafías, y buscar una forma fácil y adaptada a la fonética española. Lo mismo sucedió durante los primeros meses de la invasión de Irak por las tropas estadounidenses.

En cuanto a la transcripción, aconsejábamos evitar combinaciones de letras ajenas al español: th, dj, kh, zh, gh, oo, uo, ss, mm, etc. Además, elaboramos entonces una lista con la forma correcta en español de algunos de los topónimos de dudosa escritura de la zona en conflicto. Y en cuanto a los gentilicios aprovechamos la situación para recordar que el plural de *iraquí* debe hacerse con -es: *iraquíes* (y no *iraquís*); que lo relativo a Arabia Saudí y sus habitantes es *saudí-saudíes* (no *saudita*); y que los naturales de Israel son *israelíes* (no *israelís* ni *israelitas*).

Con la guerra de Yugoslavia surgió el caso de Kosovo: no sabíamos —ni sabemos aún— si ese nombre debe escribirse con tilde —Kósovo— o sin ella —Kosovo—, y lo mismo nos pasa con su capital: Prístina o Pristina. Pero lo más curioso es que en español hemos llamado *kosovares* a los habitantes de aquella región aunque sean son muy escasos los gentilicios terminados en -ar, y lo más lógico habría sido llamarlos *kosoveses* o *kosovenses*… pero, por alguna razón (quizás la culpa la tengan los medios de comunicación) no ha sido así.

Otras veces lo que ocurre es que la falta de cultura hace que se olviden los topónimos tradicionales en español, como pasó cuando San Juan de Terranova fue noticia por un conflicto pesquero entre España y Canadá. Nos vimos entonces en la necesidad de recordar que en español existen unos nombres tradicionales que deben ser respetados sin que ocupen su lugar los correspondientes topónimos procedentes de otras lenguas.

Un barco pesquero español fue apresado por el Gobierno del Canadá, y en las noticias dijeron que el barco español fue conducido al puerto de Saint John (otras veces escrito Saint John's) en la isla de Terranova. Y resulta que esa ciudad no solo tiene nombre en español, como ocurre con Londres o con Atenas, sino que además fue fundada por españoles: pescadores procedentes del puerto guipuzcoano de Pasajes de San Juan arribaron a aquellas tierras a comienzos del siglo XVI, se instalaron y dieron en llamar a su fundación San Juan de Pasajes.

En toda la cartografía rotulada en español y en todos los manuales de geografía españoles e hispanoamericanos esa ciudad se llama San Juan, y la isla se llama Terranova. El topónimo completo es, pues, San Juan de Terranova. Los topónimos ingleses Saint John (para la ciudad) y Newfoundland (para la isla) no deben aparecer en los textos en español. (En cuanto a la forma Saint John's solo es lógica si va seguida del nombre inglés de la isla: Saint John's Newfoundland).

Además de los topónimos internacionales, en el español de finales del siglo XX se planteó otro problema: el de los topónimos de regiones de España en las que la lengua vernácula no es el español, sino el catalán, el gallego o el vasco. Y ahí, como ocurre con las listas de la ONU antes mencionadas, el problema también se da por una indeseada y desafortunada mezcla de la política con la lingüística.

A raíz de la disposición por la que los nombres oficiales en español de las provincias de Lérida, Gerona, Orense y La Coruña (e Islas Baleares) debían desaparecer y dejar su sitio a los nombres de esas provincias en catalán y gallego (*Lleida, Girona, Illes Balears, Ourense* y *A Coruña*), el Departamento de Español Urgente de la Agencia Efe redactó una nota en la que recordaba las normas sobre topónimos incluidas en el *Manual de Español Urgente*, y reproducía las explicaciones sobre ese asunto que aparecen en el *Diccionario de ortografía* de José Martínez De Sousa (1995). Esa nota fue posteriormente publicada en el *Vademécum de Español Urgente* (1995: 157–158) en el capítulo dedicado a «Onomástica, toponimia, gentilicios, transcripciones y traducciones».

Esas recomendaciones pueden resumirse brevemente: no deberán utilizarse nunca los topónimos en su lengua original, a no ser que se trate de topónimos menores sin tradición en español. También debemos tener en cuenta que los lectores de los periódicos, los oyentes de la radio y los espectadores de la televisión desde Argentina hasta los Estados Unidos no comparten muchas variantes lingüísticas que tenemos en España, y comenzar a cambiar la grafía de nuestros topónimos puede causarles cierta confusión, hasta el punto de hacerles ininteligible el mensaje.

Hay muchos otros casos que generan polémica y discusiones sin fin, como los siguientes:

¿Costa de Marfil o Côte d'Ivoire?
¿Belarus, Belarús, Bielorrusia…?
¿Moldova o Moldavia?
¿Maldivas o Falkland?
¿Cuzco, Cusco o Qosco?
¿Rumania o Rumanía?
¿Jamaiquino o jamaicano?
¿Brasilero o brasileño?
¿Keniata o keniano?
¿Hindú o indio?
¿Ucranio o ucraniano?

En cuanto a los gentilicios, las dudas que se plantean no son menos que las relativas a los topónimos, y se deben también, la mayor parte de las veces, a problemas de desconocimiento producidos por la falta de cultura, por el desconocimiento de los mecanismos propios del español (ya hemos mencionado el caso de *kosovar*) o por el olvido. Uno de los ejemplos más curiosos es el del nombre de los habitantes de la república de Azerbaiyán.

A finales del mes de noviembre de 1988 comenzaron a llegar noticias sobre los problemas territoriales y nacionalistas de la república (entonces aún soviética) de Azerbaiyán y nos encontramos con una palabra nueva para llamar a los habitantes de dicha república, es decir, con un gentilicio hasta entonces desconocido; la voz en cuestión era *azerí*, y con ella quedaba desplazada *azerbaiyano*. Consultados los diccionarios y enciclopedias pudimos ver que esa nueva voz utilizada como gentilicio, era el nombre de la lengua hablada en Azerbaiyán, y por extensión su literatura. Así pues, puede hablarse de lengua y literatura azeríes, que son las propias de los azerbaiyanos.

Redactamos entonces una nota en la que explicábamos la confusión y el error de uso, y recomendábamos que a partir de ese momento se utilizasen los gentilicios españoles de ese país: *azerbaiyano*, *azerbaiyanés* o *azerbaiyaní*. Pasó el tiempo y creímos subsanado el error, pero se recrudecieron los problemas en esa república y volvieron a ser noticia sus habitantes. Leyendo los periódicos y escuchando la televisión pudimos detectar que había extraño empeño en llamar *azeríes* a los *azerbaiyanos*.

¿Y cómo se llamaban los miembros de las distintas tribus de Afganistán cuyos nombres empezaron a salir en la prensa a raíz del atentado contra las torres gemelas de Nueva York y la posterior guerra contra Ben Laden y sus secuaces? ¿La etnia mayoritaria era la *pastún*, *pachtún*, *pasto*…? (también el nombre de la lengua hablada por esas personas). Nos olvidamos, todos, de que ese pueblo ya tenía un nombre en español: los *patanes* y su lengua el *patán*. Y surgieron montones de topónimos nuevos para nosotros y con ellos nuevas dudas sobre cómo escribirlos en español, cómo adaptarlos, cómo transcribirlos (allí usan el alfabeto árabe): ¿Mazar-i-Sharif o Mazari sharif o Mazar i Sharif?

Pero los problemas con los gentilicios no provienen siempre de países o ciudades lejanos y exóticos. Uno de los que aparecen con más frecuencia erróneamente usado, es el de los Estados Unidos de América, cuyos habitantes no deben ser llamados *americanos*, sino *estadounidenses* o *norteamericanos*.

Como el uso de americano con ese significado es un anglicismo, reproducimos a continuación lo que advierte al respecto el *Diccionario de Anglicismos* de Ricardo J. Alfaro (1970: 68):

> Americano, na.— La gran confederación que tuvo por núcleo original las trece colonias británicas del nuevo mundo adoptó al constituirse el nombre de *Estados Unidos de América*. Este nombre ha engendrado equívocos y dificultades. *Estados Unidos* es nombre compuesto de un sustantivo y un adjetivo comunes. *América* es el nombre del continente.
>
> En América ha habido y aún hoy hay otros Estados Unidos, pero con nombre exclusivo: Estados Unidos Mexicanos, Estados Unidos del Brasil, Estados Unidos de Venezuela. Sin embargo, respecto del país mismo, no hay confusión: primero, porque Estados Unidos ha venido a aplicarse por antonomasia a la república norteña; segundo, porque nadie llama a las otras federaciones sino por su nombre propio: México, Brasil, Venezuela. No sucede lo mismo en cuanto a los nacionales. Para estos se ha hecho derivar el gentilicio del nombre que no es de su país, y se les llama *americanos*, lo cual produce el consiguiente equívoco.
>
> *Americanos* son todos los hijos del nuevo mundo. Gramaticalmente, geográficamente y lógicamente es impropio e inexacto dar ese nombre a los ciudadanos y cosas de los Estados Unidos, y a este error hemos contribuido, quizás en primer término, los americanos que moramos al sur del Río Grande. En los últimos tiempos se advierte marcada tendencia a eliminar el equívoco, a usar con propiedad el gentilicio *americano, -na* y a no designar privativamente con él a los nombres y cosas de los Estados Unidos. Hay tres términos aplicables: *norteamericanos*, *angloamericanos* y *estadounidenses*. *Norteamericanos* es tal vez el más usado, si bien no es el más preciso. La América del Norte comprende, además de Estados Unidos, al Canadá y a México; pero lo cierto es que nadie llama *norteamericanos* ni a los mexicanos ni a los canadienses.

Referencias bibliográficas

Agencia Efe. (1995). *Vademécum de Español Urgente*, I (pp. 154–157). Madrid: Fundación Efe.

Alfaro, R. J. (1970). *Diccionario de anglicismos* (p. 68). Madrid: Gredos.

Martínez de Sousa, J. (1995). *Diccionario de ortografía*. Madrid: Paraninfo.

Unión Europea. (2019). *Libro de estilo institucional*. Recuperado de http://publications.europa.eu/code/es/es-000500.htm

Vidal, M. (2007). *Traducir (o no) los topónimos*. Fundéu BBVA. Recuperado de https://www.fundeu.es/noticia/traducir-o-no-los-toponimos-3617

María de la Pasión Guijarro Herrador

Los factores extralingüísticos en el estudio lingüístico-textual del discurso agroalimentario: análisis y discusión de resultados

Resumen El presente trabajo tiene acomete un doble objetivo: determinar y analizar, desde la lingüística y el funcionalismo textuales, los factores extralingüísticos que intervienen en el proceso de construcción discursiva en el discurso agroalimentario y constatar la relevancia de dichas características no lingüísticas en relación con la construcción lingüístico-textual a partir de un corpus ad hoc de menús gastronómicos de restaurantes de la ciudad de Córdoba. Para ello, partimos del carácter multifuncional y multidimensional de los textos, que concebimos como objetos poliédricos. Atenderemos a los fundamentos metodológicos que nos guiarán en la investigación en relación con los objetivos que acometemos: la Teoría Comunicativa de la Terminología (TCT) y la teoría comunicativa de Jakobson (1960).

Abstract The aim of this work is two-fold: to determine and analyse the extralinguistic factors which intervene in the process of discursive construction in the agri-food discourse and to confirm the note of the extralinguistic factors in the linguistic and textual construction of an ad hoc corpus on gastronomic menus of Cordoba´s restaurants, from linguistics and textual functionalism. To do so, we depart from the multifunctionality and the multidimensionality of the texts, which we conceive as polyhedral objects. We will attend to the methodological foundations which will guide us in our investigation: the Communicative Theory of Terminology (CTT) and the Jakobson´s theory of communication (1960).

1. Introducción: el discurso agroalimentario y la importancia de los factores extralingüísticos

El sector agroalimentario se caracteriza por la integración y confluencia de distintas disciplinas, tales como el ámbito de la tecnología de los alimentos, la seguridad alimentaria, la nutrición, el turismo gastronómico, la restauración, etc., lo que se traduce en «multitud de tipos textuales que pueden considerarse como textos agroalimentarios: recetas, menús, etiquetado de alimentos, textos jurídicos [...], textos publicitarios, etc.» (Moreno y Rodríguez, 2015: 138). Estimamos, de esta forma, la necesidad de atender tanto a la temática como a los factores extralingüísticos para determinar las diferencias entre los distintos tipos de textos, así como las características particulares de cada uno. En esta investigación proponemos aproximarnos a las características extralingüísticas del discurso agroalimentario, más concretamente de los menús gastronómicos, mediante el uso de las herramientas de análisis del modelo textual que hemos expuesto en contribuciones anteriores y evaluar, así, su utilidad. El objetivo de dichas características extralingüísticas, como justificaremos a lo largo del presente trabajo, es el de aportar información necesaria en la acto comunicativo y determinante en el proceso de configuración discursiva por parte del emisor del texto.

Asimismo, con base en estudios anteriores, trabajaremos con un corpus compilado ad hoc de 53 menús gastronómicos de restaurantes de Córdoba, sobre el que llevaremos a cabo dicho análisis de corte funcional y comunicativo. En último lugar, trataremos de justificar la aplicación de los resultados obtenidos a otros (sub)sectores del agroalimentario e, incluso, a otras disciplinas y consideraremos futuras líneas de investigación.

Para establecer las hipótesis y los objetivos de los que partimos para la realización de este trabajo, hemos de recurrir a la consideración de Cabré (2002: 6) de que los textos son «fenómenos complejos» debido a su carácter «multidimensional» y «multifuncional», por lo que se conciben como objetos «poliédricos» —tendremos muy en cuenta a lo largo de nuestro estudio el principio de poliedricidad (Cabré, 2002: 21), derivado de la multifuncionalidad de los textos—. Con el objetivo de aplicar las herramientas de análisis y determinar las características que del texto en cuestión, —los menús gastronómicos— y siguiendo nuestra perspectiva teórica en anteriores trabajos (Guijarro 2019), hemos de atender a diferentes perspectivas de estudio, así como a diferentes niveles —supra, macro y microtextual— de forma que se tengan en consideración tanto las características lingüísticas como extralingüísticas que, a su vez, se configuran como agentes condicionadores y condicionados por los distintos elementos (Cabré, 2002: 24) y dotan al texto de un carácter social, lo que nos permitirá analizar y clasificar el objeto texto en función de su tipología.

Podemos relacionar este enfoque con la TCT (Teoría Comunicativa de la Terminología) de Cabré (2002) que, junto con la teoría comunicativa de Jakobson (1960), servirá como guía metodológica de análisis.

Con todo, nuestra hipótesis parte de la consideración de que el estudio de los factores extralingüísticos nos permitirá determinar ciertas características textuales y puramente lingüísticas de los textos que componen nuestro corpus textual y que, como fundamentales en el proceso de construcción discursiva, serán pertinentes en el análisis lingüístico y textual. Así, por ejemplo, el emisor (restaurante) configurará el mensaje (menú gastronómico) en función del tipo de receptor (consumidor habitual); interrelación que determinará la presencia o ausencia de ciertos componentes lingüístico-textuales: procedimientos semántico-cognitivos (metáforas, metonimias, etc.), citas, descripciones, entre otros.

Llegados a este punto, podemos establecer los siguientes objetivos:

a) Llevar a cabo una aproximación teórica a los fundamentos metodológicos que nos guiarán en la investigación, tanto la Teoría Comunicativa de la Terminología (en adelante, TCT)[1] como la teoría comunicativa de Jakobson (1960), desde una perspectiva funcional.
b) Analizar los factores extratextuales para determinar las características no lingüísticas en un corpus de menús gastronómicos de restaurantes de Córdoba que compilamos ad hoc y delimitamos en trabajos anteriores.
c) A partir del presente análisis, constatar la relevancia dichas características no lingüísticas en relación con la construcción lingüístico-textual de nuestro texto.

1 «La Teoría Comunicativa de la Terminología, teoría lingüística propuesta por Teresa Cabré, se describe y concibe como una «materia interdisciplinar» (Cabré, 1999: 24) de base cognitiva y con fines comunicativos que tiene como objetivo «describir formal, semántica y funcionalmente las unidades que pueden adquirir valor terminológico» en función del ámbito y de las aplicaciones de las mismas, para lo que atiende a tres vertientes: cognitiva, social o comunicativa y lingüística (ibíd.:13), esto es, atiende al carácter social, multifuncional y multidimensional del texto, concebido como unidad comunicativa (Cabré, 2002: 6)».

1.1. Análisis textual del discurso agroalimentario

En contribuciones anteriores (Guijarro, 2019) expusimos la insuficiencia de estudios dedicados al análisis textual y terminológico en el ámbito agroalimentario y, por ende, la necesidad de un modelo textual que, desde el funcionalismo, abarcase tanto el estudio de las características lingüísticas como extralingüísticas con el objetivo de clasificar y diferenciar el discurso agroalimentario en el ámbito de la restauración (menús gastronómicos), pues estimamos que dichas propiedades textuales y extratextuales condicionan la percepción del cliente a la hora de la elección de un plato y aportan datos socio-comunicativos de interés lingüístico. Para ello, nos servimos de las aproximaciones teóricas de Dijk (1977), Isenberg (1976) y de Hoffman (1984) y Baumann (1992, en Cobos, 2015) junto con la teoría de la comunicación de Jakobson (1960), para diseñar un modelo textual que integrase los elementos de análisis relevantes en relación con nuestros objetivos.

Este artículo pretende aproximarse a las características extralingüísticas mediante el análisis de los factores que intervienen en la actividad comunicativa y que repercuten tanto en el plano funcional — funciones y tipología textuales, analizadas en anteriores trabajos (Guijarro, 2019) como en el textual —componentes supra, macro y microtextuales, que serán objeto de estudio en futuras contribuciones—.

1.2. La Teoría Comunicativa del Texto

En cuanto al concepto de «texto», es de utilidad recordar la metáfora que Beaugrande y Dressler (1997: 7) utilizan en un estudio preliminar para abordar con posterioridad las nociones básicas que giran alrededor del término texto. Ambos autores relacionan dicho concepto con el fenómeno de la cristalización, mediante el cual «una reunión caótica de elementos independientes se convierte en una estructura máximamente ordenada [...] que se van ampliando de forma sucesiva hasta completar la organización estructural total del medio». Si bien, entendemos que se trata de una metáfora que no puede aplicarse de forma literal al proceso de construcción —o producción— de un texto, ya que los fenómenos de coherencia y de cohesión, a los que ambos autores hacen referencia, no bastan para definir «texto», pues como se ha mencionado anteriormente, estas propiedades no tendrían sentido de forma inconexa y sin estar relacionadas con otras que atañen al emisor, al receptor y al contexto. Es necesario, por tanto, hacer referencia no solo a estas dos propiedades, sino también a otros elementos que pongan de manifiesto el carácter social (Bernárdez 1982: 85) del texto en cuestión. Pensamos que esta reorganización textual a la que Beaugrande y Dressler hacen referencia, se trata de un producto de la actividad comunicativa y cultural intencionada, ya que, volviendo al estudio de ambos autores, han de preverse los «movimientos interpretativos» del receptor —los cuales variarán en función del contexto cultural y de la situación comunicativa— que descodificará el texto de forma adecuada o aberrante. Así, encontramos unidades que aparentemente no tendrían por qué tener sentido pero que, debido a una organización concreta de los elementos en un contexto determinado y con una intención comunicativa concreta, se convierten en texto.

Posteriormente, fueron varios los autores que reflexionaron acerca del concepto de «texto». Heinemann y Viehweger (Heinemann y Viehweger, 1991: 2, en Bernárdez, 1982: 85) definieron «texto» como

> el resultado de una variedad de operaciones psíquicas interrelacionadas; una estructura multidimensional, en la cual se manifiestan los sistemas de conocimientos de los hablantes: el conocimiento lingüístico, el conocimiento enciclopédico, el conocimiento accional (pragmático) y el conocimiento sobre clases textuales.

Fernández Antolín (2000: 23), aunando los diferentes elementos que dichos autores pusieron de manifiesto, recoge en su tesis la siguiente definición para texto: «[a text is] any communicative written passage, of any length, maximally cohesive and coherent for its pragmatic occurrence, at both linguistic and functional levels»[2].

Por último, Cabré (2002: 6), desde la TCT, define texto como «como cualquier otro objeto de estudio, son fenómenos complejos por cuanto son multidimensionales y multifuncionales [...] en consecuencia poliédricos». Con todo, tal y como nos muestra la literatura científica, han

2 Desde nuestra perspectiva, el texto no ha de ser un fragmento escrito, siempre y cuando cumpla la función comunicativa, pero igualmente dicha definición tiene en cuenta los aspectos meramente textuales, pragmáticos y funcionales a los que también damos cabida en el presente estudio.

sido muchos los autores que han tratado dicho concepto —conocimiento accional o pragmático en Heinemann y Viehweger (ibíd.: 1991: 2, en Bernárdez, 1982: 85); *pragmatic occurrence* en Fernández Antolín (2000: 23) y el principio de poliedricidad en Cabré (2002: 21)— y han considerado el carácter social del texto como un elemento que depende directamente de la relación comunicativa emisor-receptor. En este sentido, creemos necesario matizar que, para analizar este concepto, hemos de tener en cuenta otros elementos, tales como la intención comunicativa del emisor, la situación comunicativa y el soporte y canal (contexto) que influyen en la percepción del receptor.

1.2.1. Factores extralingüísticos en el acto comunicativo

Se pone de manifiesto la necesidad de atender a los factores que intervienen en el acto comunicativo donde se desarrolla el texto, concebido como unidad comunicativa y social desde nuestra perspectiva teórica funcional. Nos basaremos en la teoría comunicativa que Jakobson expone, sobre el modelo de Bühler (1934), en su artículo «Lingüística y poética» (1960) y que afirma la existencia de ciertos (sub)sistemas interrelacionados, aunque con distinta función cada uno de ellos, en el acto de comunicación verbal. De esta forma, si la estructura verbal se orienta hacia el:

a) destinador o emisor, quien ordena el mensaje en una expresión directa de emociones o actitud propias, hablaremos de función emotiva o expresiva;
b) mensaje en sí y para sí mismo, consideraremos la función poética del lenguaje;
c) destinatario o receptor, quien a través de diferentes fórmulas gramaticales y fonéticas usadas de forma pertinente por el emisor conseguirá centrar su atención en el acto comunicativo, estaremos ante la función conativa o apelativa—;
d) contexto, en el que se desarrollará en acto comunicativo y donde tiene cabida la coexistencia del resto de funciones del lenguaje, hablaremos de función referencial, denotativa o cognoscitiva;
e) código, compartido por los participantes del acto comunicativo en sí y entendido como el sistema de reglas y estructuras propias y exclusivas de este código, consideraremos la función metalingüística del lenguaje. (Jakobson, 1960: 353 y ss.).

2. Fundamentos metodológicos

Tal y como hemos expuesto anteriormente, nuestra posición teórica en este trabajo, de corte funcional, se nutre de la teoría comunicativa (Jakobson, 1960) y de la Teoría Comunicativa de la Terminología (Cabré, 1999) y pretende determinar las características extralingüísticas de un corpus textual ad hoc para cuya compilación y delimitación hemos empleado una metodología de lingüística de corpus, tal y como describimos y detallamos en trabajos previos con mayor detalle (Guijarro, 2019). Se trata de un corpus compuesto por 53 menús gastronómicos de diferentes restaurantes de Córdoba, divididos en distritos[3] y seleccionados, de forma proporcional y sobre la base de los 100 con mayor puntuación en Tripadvisor, mediante una relación porcentual entre el total de restaurantes[4] y número de restaurantes por distrito.

2.1. Herramientas de análisis de los factores extralingüísticos

Mencionado esto, nos centraremos en el análisis, desde una perspectiva funcional-comunicativa, de todos los factores que intervienen en el acto comunicativo en nuestro corpus compuesto por 53 menús gastronómicos. Para ello, tal y como exponemos en la siguiente tabla, nos servimos de la teoría de la comunicación de Jakobson (1960), bibliografía crítica desarrollada en secciones previas, así como de una serie de herramientas de un modelo propio de análisis textual (Guijarro, 2019a, en preparación) que desarrollamos en trabajos anteriores:

---

3 En Guijarro, 2019b (en preparación) se han tenido en cuenta los 8 distritos administrativos que establece el Reglamento de las Juntas Municipales de Distrito del Ayuntamiento de Córdoba: Norte-Sierra, Poniente-Norte, Norte-centro, Poniente Sur, Centro Comercial, Levante, Sureste y Sur que, a su vez, engloban 61 barrios en total. Se excluyeron del estudio las zonas periurbanas e industriales (distritos Periurbano Este-Campiña y Periurbano Oeste-Sierra).

4 Se partió de un total de 590 restaurantes, los cuales figuran en la Guía de la Tapa de Córdoba, criterio extralingüístico, junto con la web de *Tripadvisor*, empleado para la selección y delimitación de nuestro corpus.

Tabla 3. Modelo propio de análisis textual: elementos extralingüísticos

TEORÍA DE LA COMUNICACIÓN

a. Emisor
   i. Emisor tipo
   ii. Emisor menú
   iii. Emisor precio
b. Receptor
   i. Receptor tipo
   ii. Receptor preferencia
   iii. Receptor poder adquisitivo medio
c. Contexto
   i. Contexto verbal
   ii. Contexto extraverbal físico
d. Código
e. Canal
f. Mensaje [microestructura]

Estimamos, pues, la necesidad de analizar en profundidad cada uno de los factores que Jakobson (1960) considera en cualquier acto comunicativo: emisor, receptor, contexto, código y canal[5].

3. Resultados y análisis de los datos

Una vez detallados los elementos de análisis y clasificación multivariante de los textos —atendiendo a la teoría comunicativa y al principio de multifuncionalidad y poliedricidad de los textos de Cabré (2002: 6)—, pasamos a detallar el análisis de los datos obtenidos en

5 Al tratarse de un elemento eminentemente lingüístico, pues configura el propio *texto*, hemos considerado la necesidad de tratar el análisis de sus distintos (micro) componentes en un trabajo diferente en profundidad. De esta forma, el análisis de los elementos lingüísticos y los resultados y conclusiones que de este se derivan, se expondrán en futuras contribuciones.

el estudio de los 53 menús gastronómicos y cartas de restaurante que componen nuestro corpus.

3.1. Emisor

3.1.1. Tipo

Tras el análisis de los datos de nuestro corpus, basado en el estudio de los elementos o factores que intervienen en el acto comunicativo —Teoría de la Comunicación de Jakobson—, la tipología textual y la estructura textual —super, macro y microestructura— de los 53 mejores restaurantes de Córdoba, en relación porcentual y clasificados por los distritos establecidos por las Juntas Municipales de Distritos, extraemos los siguientes resultados que ilustramos en gráficas:

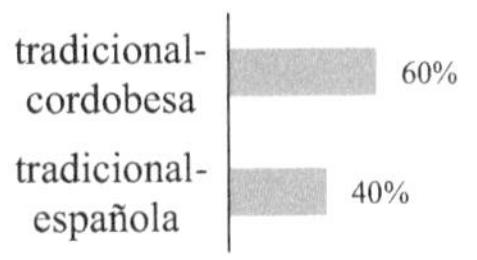

Gráfica 1. Emisor (tipo) en Norte-Sierra

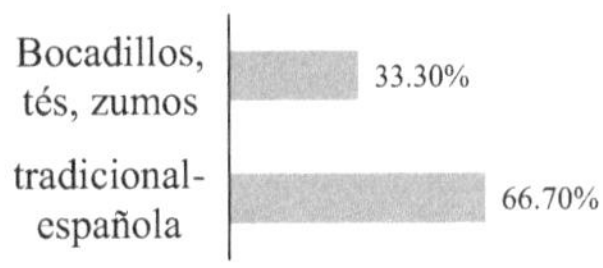

Gráfica 2. Emisor (tipo) en Poniente-Norte

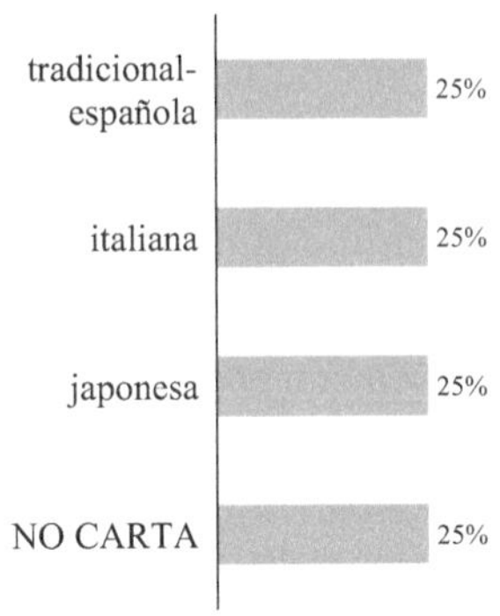

Gráfica 3. Emisor (tipo) en Norte-Centro

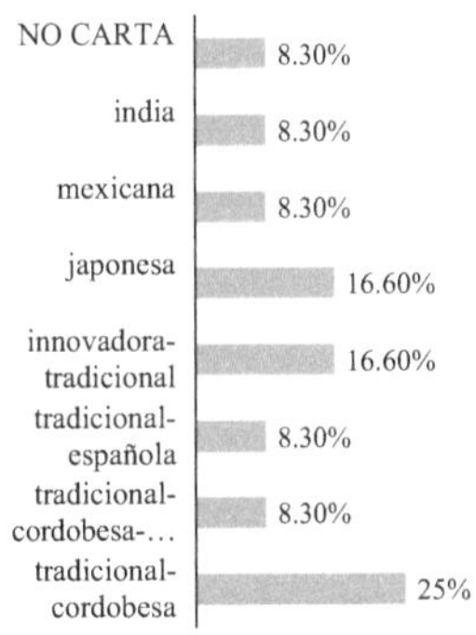

Gráfica 4. Emisor (tipo) en Poniente-Sur

Gráfica 5. Emisor (tipo) en Centro Comercial

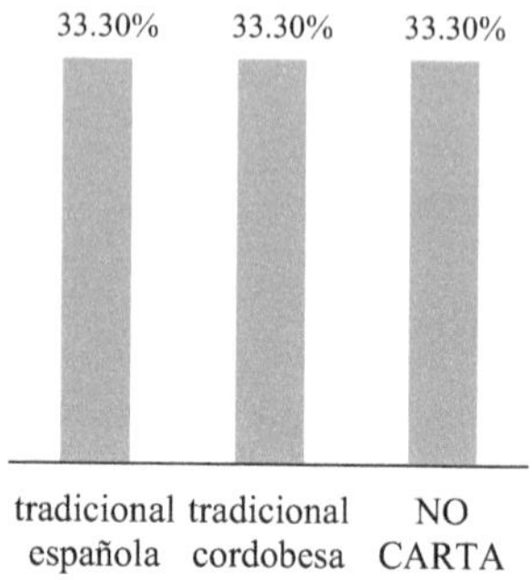

Gráfica 6. Emisor (tipo) en Levante

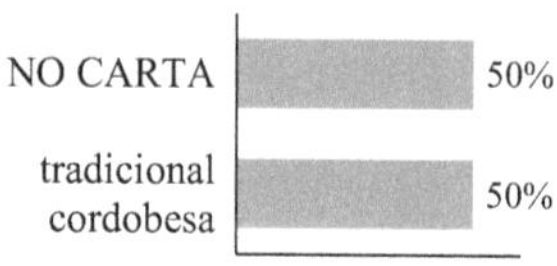

Gráfica 7. Emisor (tipo) en Sureste

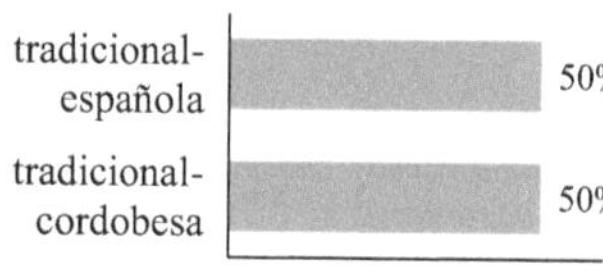

Gráfica 8. Emisor (tipo) en Sur

En el primer subtipo de la categoría «emisor» en nuestro análisis —tipo de emisor—, podemos observar que los distritos Norte-Sierra, Poniente-Norte, Levante, Sureste y Sur ofertan una tipología de cocina, imperando la cocina tradicional, que puede subdividirse a su vez en cocina tradicional-española y tradicional-cordobesa, mientras que los distritos Norte-Centro, Poniente-Sur y Centro Comercial cuentan con una mayor oferta, entre la que encontramos diferentes tipos de cocina, donde destacamos la cocina innovadora, si bien combinada con la cocina tradicional, española o cordobesa. Además, encontramos restaurantes de cocina japonesa, india o mexicana, tipología inexistente en el primer grupo de distritos nombrados. Hemos de atribuir esta mayor variedad gastronómica al tipo de población, para lo que hemos relacionado esta variable con la que estudia el tipo de receptor y que veremos más adelante. Así, los distritos Norte-Centro, Poniente-Sur y Centro Comercial se configuran como zonas más turísticas (tipo de consumidor turista con un poder adquisitivo medio o medio-alto, variable que medimos en función del precio medio ofertado en los restaurantes del distrito en cuestión), mientras que el resto de distritos se configuran como zonas más familiares, menos turísticas y con una oferta de precio bajo o medio bajo, resultando en una oferta de cocina mucho menos variada.

A nivel global, podemos concluir los siguientes porcentajes en relación con el tipo de cocina de los restaurantes que componen nuestro corpus en relación porcentual:

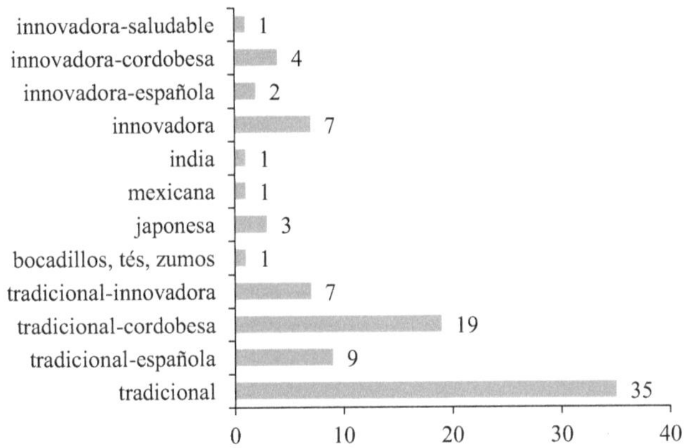

Gráfica 9. Emisor (tipo), análisis global

El tipo de cocina que impera en los restaurantes que componen nuestro corpus de forma porcentual es la cocina tradicional (un 39 %), que subdividimos a su vez en las subcategorías:

a) Tradicional-cordobesa, un 21 % dentro del anterior porcentaje.
b) Tradicional-española, un 10 %.
c) Tradicional-innovadora, un 8 %.

La segunda tipología —cocina innovadora—, representa un 8 % del total de restaurantes. Dentro de esta, se incluyen las siguientes subcategorías:

a) Innovadora-cordobesa, que representa un 5 % dentro de la misma.
b) Innovadora-española, 1 %.
c) Innovadora-saludable, también un 1 %.

Seguidamente, hemos de destacar la cocina japonesa (3 % del total), la india, la mexicana y la tipología de restaurantes que ofertan bocadillos, tés y zumos, cada una de ellas con un 1 % dentro del porcentaje total.

Hemos considerado pertinente relacionar el elemento de análisis «emisor (tipo)» con «receptor (preferencia)». Esta es la razón por la que ambas variables se relacionan y confluyen, de forma que al mostrar esta primera variable gráfica y visualmente, estaremos dando a conocer el segundo elemento de análisis al que hacemos referencia, pues del estudio de los menús gastronómicos podemos deducir que la visita del cliente, determinada a su vez por la preferencia gastronómica, dependerá en gran medida del tipo de cocina que se oferte en dicho restaurante. Esto es, el consumidor elegirá —unidad de análisis «receptor (preferencia)»— el restaurante en función del tipo de cocina ofertado por este —«emisor (tipo)»—.

Llegados a este punto, insistimos, una vez más, en la importancia de analizar y evaluar los datos que nos proporciona el estudio de los factores extralingüísticos (características del emisor, receptor, código, canal, etc.), pues se configuran como elementos que se relacionan y condicionan los elementos lingüísticos y permiten tener en cuenta el factor multivariante, multidimensional y multifuncional que configura el texto como unidad comunicativa.

3.1.2. Menú

En este elemento de análisis —dentro de la unidad de análisis de «emisor», hemos de destacar tres aspectos importantes:

a) En primer lugar, de los 53 restaurantes que componen nuestro corpus —creemos importante volver a insistir en la selección basada en una relación porcentual en función de los distritos nombrados con anterioridad—, únicamente 2 de ellos (ReComiendo, ubicado en el distrito Norte-Sierra y El Choco, en el distrito Sureste) ofertan sus platos haciendo uso de un menú degustación que cambian de forma mensual[6], lo que representa un 4 % del total.

6 Hemos de señalar que el restaurante El Choco, por esta razón, se negó a ofrecer el menú, de forma que no ha podido formar parte del análisis realizado.

b) En segundo lugar, concluimos que únicamente uno de ellos —Cervezas Califa, que representa el 2 %—, no oferta ni menú ni carta puesto que se trata de una cervecería, lo que podemos relacionar de forma directa con el apartado contexto verbal, negativo intencional en este caso y que estudiaremos en detalle más adelante.
c) En último lugar destacamos que un 94 % responde a la tipología «carta», forma en la que ofertan sus platos los 50 restaurantes restantes de nuestro corpus, lo que supone una notable mayoría. De esta forma, concluimos que los restaurantes de Córdoba presentan al consumidor su oferta gastronómica en una carta que no suele modificarse a menudo, como ocurre en los menús degustación.

3.1.3. Precio

Para concluir esta primera parte, referente al emisor de los menús gastronómicos de nuestro corpus, hemos de dedicar un último apartado de análisis al precio medio que caracteriza la oferta de platos en las diferentes cartas y menús de los restaurantes. Hemos de señalar que dicho criterio se relaciona directamente con el apartado «receptor (poder adquisitivo medio)», como ya hemos justificado, pues se deduce que el precio medio del restaurante posee relación directa con el poder adquisitivo medio del receptor que acude a un determinado restaurante, de forma que en función del precio medio ofertado en el restaurante en cuestión, acudirán un tipo u otro de consumidores, de la misma forma que estos elegirán de forma habitual el tipo de restaurante que más se ajuste a sus necesidades en función de su poder adquisitivo medio. Para establecer los valores en este apartado —precio bajo, medio-bajo, medio, alto, medio-alto— hemos anotado el precio de los platos que figuran en los menús gastronómicos de nuestro corpus para, posteriormente, calcular la media aritmética (precio medio), con base en la cual, se han establecido el resto de valores que proponemos.

En cuanto a los resultados relacionados con la variable del precio medio —y, con él, el poder adquisitivo medio del receptor—, se concluye que el distrito Poniente-Norte es el único que cuenta con la clasificación de precio «bajo», siendo el distrito del centro comercial el único donde se muestra el valor «precio alto», concretamente en 3 restaurantes de los 22 que comprende (1,4 %). El resto de distritos ofertan un precio medio que oscila entre medio, medio-bajo y medio-alto. Es interesante destacar que los distritos Poniente-Norte, Levante, Sureste y Sur muestran en las gráficas de análisis un precio medio-bajo o bajo, mientras que en el resto —Norte-Sierra, Norte-Centro, Poniente-Sur y Centro Comercial— ya figura un precio que varía entre medio y medio-alto. Hemos de relacionar esta unidad de análisis con la referente al tipo de emisor, estudiada con anterioridad, pues los distritos que ofrecen una mayor variedad gastronómica —Norte-Centro, Poniente-Sur y Centro Comercial— son aquellos que ofertan un precio medio o medio-alto y que, como estudiaremos en la siguiente sección, reciben un mayor número de consumidores turistas.

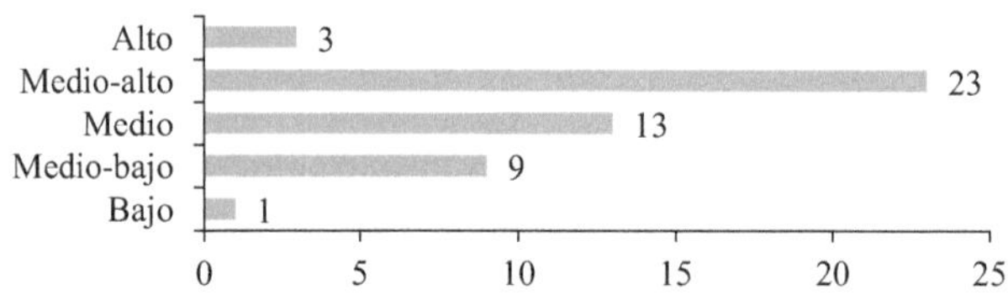

Gráfica 10. Emisor (precio), análisis global

Hay que destacar la influencia de dichas unidades de análisis con los factores lingüísticos que expondremos en futuras contribuciones, pues, serán elementos que determinarán la configuración del mensaje (microestructura). De esta forma, en función del tipo de emisor, receptor y contexto, se usarán unos u otros procedimientos con el objetivo de responder a una misma función, la de captar la atención del receptor (función apelativa, como justificamos en Guijarro, 2019).

De forma global, podemos concluir que, mayoritariamente, el precio ofertado en las cartas de restaurante que componen nuestro corpus es medio-alto (47 %), siguiendo un precio medio (27 %) y medio-bajo (18 %). Solo un 6 % de los restaurantes presentan en nuestros gráficos de análisis un precio alto y, en último lugar, encontramos una oferta de precio bajo representada con un 2 % del total.

Parece interesante considerar, de igual modo, que de los 14 restaurantes clasificados en la categoría «cocina innovadora» (ya sea cocina tradicional-innovadora, innovadora, innovadora-saludable, etc.), 12 —lo que supone un 86 % del total— ofertan un precio que varía entre medio-alto y alto y los 2 restaurantes que restan ofertan el mismo menú gastronómico por ser una misma sociedad y pertenecer al mismo propietario (Canadian, situado en el distrito Poniente Sur y Canadian Río en el distrito Centro Comercial).

3.2. Receptor

3.2.1. Tipo

Este segundo apartado, dedicado al receptor, es una variable que relacionaremos con los elementos anteriormente nombrados y con aquellos que analicemos con posterioridad. Al ser uno de los factores claves en el proceso comunicativo, hemos prestado especial atención a su tipo o naturaleza en el corpus de textos que analizamos. Hemos considerado interesante clasificar a los receptores de nuestro objeto texto —menús gastronómicos— en «consumidor local» y «consumidor local y turista» en función de las lenguas que figuran en dichos menús. Por ello, es importante considerar aquí la variable del código que, aunque trataremos posteriormente con mayor detalle, tendremos muy en cuenta en este apartado.

Determinamos que existe un equilibrio entre los dos tipos de receptores tenidos en cuenta:

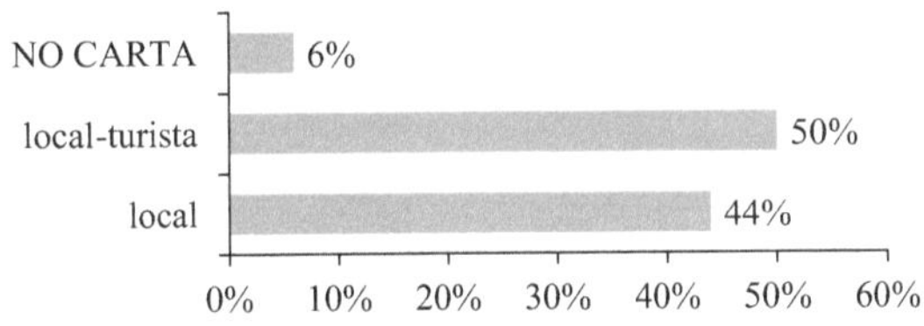

Gráfica 11. Receptor (tipo), análisis global

A pesar de esta relación de proporción entre los dos tipos de emisor de forma global, hemos de tener en cuenta ciertos aspectos:

La mayor parte de consumidores locales, en función de la presencia o no de traducción en los menús ofertados en los restaurantes analizados, se encuentran en los distritos Poniente-Norte y Levante —suponen un 100 % en ambos casos de los restaurantes de dichos distritos—, seguidos del distrito Norte-Sierra, con un 80 % de consumidores locales. Por el contrario, el distrito con un mayor número de consumidores locales y turistas —y que cuentan, por tanto, con la traducción al inglés o a alguna otra lengua de sus menús— es el distrito del centro comercial, con un 73 %, pues de los 22 restaurantes estudiados, 16 se ofertan para ambos tipos de receptores. Podemos relacionar este alto porcentaje con una mayor presencia de turismo en un distrito que agrupa tanto los barrios del centro de la ciudad como el barrio de la Judería, principal destino turístico de Córdoba y donde el tipo de cocina que se oferta es en un alto porcentaje la cocina tradicional-cordobesa y el precio ofertado —y por tanto, el poder adquisitivo medio de los receptores— es mayoritariamente medio-alto o alto, tal y como hemos señalado con anterioridad. Por ello, hemos de suponer que los restaurantes ubicados en el distrito Centro Comercial orientan su oferta gastronómica principalmente a los consumidores turistas y que el poder adquisitivo medio de estos es relativamente superior al del consumidor local.

Esta, como el resto de variables extralingüísticas estudiadas, supone ciertas repercusiones lingüísticas que se pondrán de manifiesto en el estudio de la microestructura de nuestro objeto texto —sección de postres—, dado que el emisor optará por hacer uso de unos u otros recursos sintácticos y/o procedimientos semánticos en función del receptor habitual con el objetivo de reforzar la función apelativa, tal y como estudiaremos en las secciones siguientes. Así pues, por ejemplo, establecemos que los restaurantes de los distritos Centro Comercial, Norte-Sierra y Norte-Centro, cuya oferta gastronómica se oferta, principalmente, al consumidor turista, ofertarán una mayor variedad gastronómica (a un precio medio-alto o alto) y, a su vez, presentarán una mayor riqueza en el uso de recursos y procedimientos semántico-cognitivos para la descripción de los platos en estos menús gastronómicos.

3.3. Contexto

3.3.1. Contexto (verbal)

Para tratar el elemento «contexto» y poder estudiar los tipos de contexto que nos atañen y resultan de interés para el presente trabajo, hemos utilizado como base teórica el artículo «Determinación y entorno» de

Coseriu (1955), quien define *contexto verbal* como «el discurso mismo en cuanto «entorno» de cada una de sus partes» (ibíd.: 48). Dentro de este el autor considera la existencia de varios subtipos, aunque hemos considerado pertinente estudiar una única subtipología, debido a los objetivos de nuestro estudio. Así, hemos diferenciado entre *contexto positivo* y *contexto negativo*, pudiendo ser este intencional no intencional.

> Constituye contexto aquello que efectivamente se dice, como aquello que se deja de decir. Si este dejar de decir algo es intencional, tenemos lo que —según el propósito que se le atribuya al hablante— se llama *insinuación, alusión* o *sugerencia*) (Coseriu, ibíd.: 49).

De esta forma, hemos considerado que poseen un contexto positivo aquellos restaurantes en los que figura el apartado de los postres — apartado al que dedicaremos un artículo donde se exponga análisis y resultados— y un contexto negativo aquellos en los que no figuran los postres, pudiendo ser intencional (por ejemplo, aquellos restaurantes que ofrecen postres caseros que varían cada día, aquellos con un tipo de cocina basada en comida rápida, etc.) o no intencional (en casos en los que no figura dicho apartado sin que exista ningún motivo o justificación aparente). Los resultados obtenidos en relación con este elemento de análisis los exponemos a continuación:

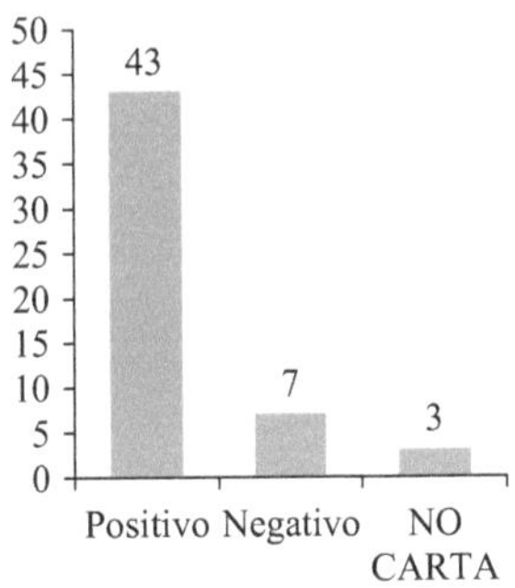

Gráfica 12. Contexto verbal

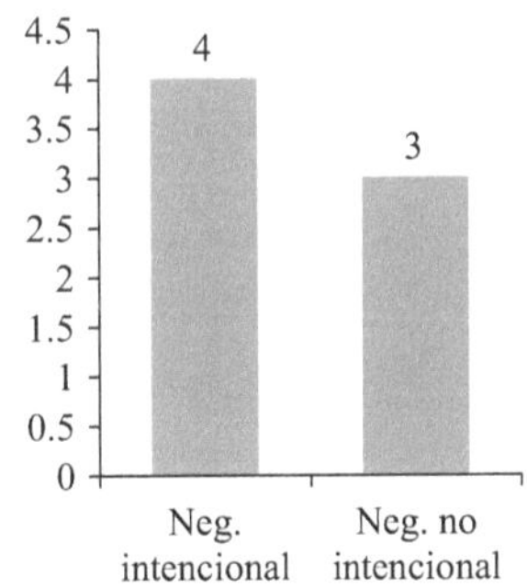

Gráfica 13. Contexto verbal negativo

En la gran mayoría de los restaurantes analizados, encontramos un tipo de contexto verbal positivo (81 %), tal y como se muestra en la gráfica 12. En la gráfica 13, mostramos que del 13 % que representa el contexto verbal negativo en el total de restaurantes, en el 57 % de los casos este «dejar de decir», esto es, la inexistencia del apartado de los postres, sería intencional según el propósito del emisor en cuestión, mientras que un 43 %, que no deja de ser un porcentaje alto, sería no intencional, lo que podríamos considerar una falta de adecuación y de calidad de la información, que disminuiría la efectividad y eficacia en el acto comunicativo.

3.3.2. Contexto (extraverbal físico)

También para fundamentar el marco teórico que nos permita el análisis del corpus, hemos seguido a E. Coseriu (1955), que define el *contexto extraverbal* como «[aquel que] está constituido por todas las circunstancias no-lingüísticas que se perciben directamente o se conocen por los hablantes» (ibíd.: 49). Nos centraremos exclusivamente en el contexto extraverbal físico que «abarca las cosas que están a la vista de quienes hablan o a las que un sigo adhiere (en el caso de un signo grabado, escrito o impreso)» (ibíd.: 49). Para nuestro estudio, hemos considerado diversos contextos físicos: restaurante, mesón, gastrobar, etc.

Hemos estimado más interesante realizar un estudio porcentual de las distintas tipologías de contextos extraverbales físicos en todos los distritos en conjunto, pues tras un previo análisis no hemos determinado ninguna variable que relacione un distrito concreto con ciertos contextos y hemos obtenido los siguientes resultados de análisis:

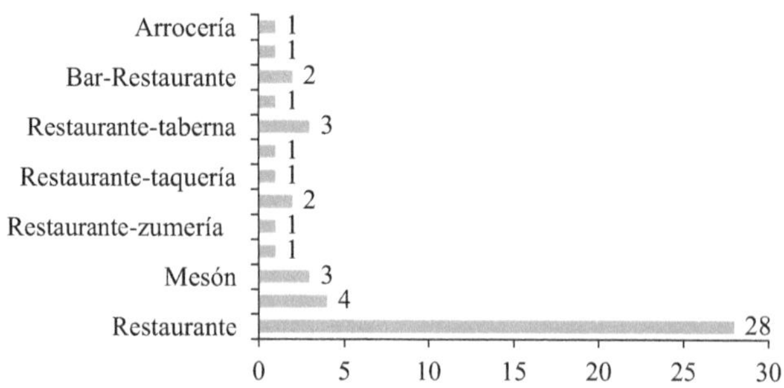

Gráfica 14. Contexto extraverbal físico

Un 57 % de los restaurantes de nuestro corpus han sido clasificados dentro de la categoría «restaurante», una mayoría predominante teniendo en cuenta la gran variedad de contextos que hemos considerado en el presente trabajo.

3.4. Código

El código se configura como un elemento de análisis que, como hemos señalado anteriormente, hemos relacionado de forma directa con el elemento «receptor (tipo)», pues para determinar si el receptor, o en nuestro caso, el consumidor potencial de un determinado restaurante es local o turista, hemos tenido en cuenta la existencia o no de traducciones de los menús gastronómicos ofertados. Para abordar el estudio de dicho factor extralingüístico, hemos considerado pertinente conocer si la traducción (en caso de que exista) la han realizado profesionales de las lenguas, personas nativas o se ha traducido haciendo uso de un traductor automático, dato que hemos conocido mediante una encuesta a camareros y/o responsables de calidad de los restaurantes a los que hemos acudido. Hemos de señalar aquí que se han tenido en cuenta únicamente las traducciones a la lengua inglesa, puesto que, en el caso de existir, siempre figura la traducción a dicha lengua, independientemente de que algunos restaurantes también cuenten con traducciones al francés, italiano, etc. Según dicha encuesta, los resultados obtenidos siguientes:

a) Casi la mitad de los restaurantes de nuestro corpus que poseen traducción del menú (un 47 %) dicen ofertar al turista una traducción de la carta a la lengua inglesa realizada por un profesional de las lenguas[7]. Hemos de aportar un dato más en este punto: de los 9 menús gastronómicos que representan este porcentaje, nos aseguraron que, a pesar de haber encargado la traducción de la carta a un profesional de lenguas (concretamente a una persona licenciada en

7 Se ha clasificado como «traducción profesional» la realizada por un traductor e intérprete o por un filólogo de lengua inglesa al ser los dos tipos de profesionales de lenguas a los que les ha solicitado la traducción de los menús gastronómicos según los informantes de nuestra encuesta.

Filología Inglesa, según hemos sabido gracias a los datos aportados por el informante, persona responsable de la gestión del restaurante en cuestión), habían recibido quejas relacionadas con la traducción por parte de los consumidores turistas y pudimos constatar algunos de estos errores. Por otra parte, otra de las traducciones dentro de este 47 % se tradujo por primera vez solicitando el servicio de un profesional de lenguas, pero ha ido sumando correcciones que, aseguran, están realizadas utilizando un traductor automático de libre acceso.

b) El 11 % del total de cartas han sido traducidas por una persona nativa.
c) Para el 16 % del total de cartas traducidas no se ha solicitado el servicio de ningún profesional de lenguas ni tampoco de una persona nativa, por lo que hemos clasificado dicho porcentaje en «traducción no profesional». Según la encuesta, algunas traducciones se han realizado con la ayuda de un traductor automático, otras las han realizado los propios camareros o jefes o algún familiar o conocido. Hemos de destacar aquí que de las 3 cartas de restaurante que componen este porcentaje, una de ellas ha recibido quejas por parte de los consumidores turistas y el personal de restauración ha solicitado amablemente la ayuda de estos para solventar los problemas de comprensión y errores de traducción en dicha carta.
d) El 26 % del total presentan traducción pero se desconoce si se trata de una traducción realizada por un profesional de lenguas o no.

Con todo, hemos de destacar el elevado número de errores, tanto lingüísticos como ortotipográficos, relacionados con la traducción de los platos, pese al elevado porcentaje que representa la traducción profesional en los menús estudiados. Se pone de manifiesto, una vez más, las escasas consideración y estima otorgadas a los servicios profesionales de traducción en «uno de los sectores económicos de mayor solidez, crecimiento e influencia en el panorama internacional actual» (Guijarro, 2019), como es el sector agroalimentario en el ámbito de la restauración. Consideramos de igual modo y con base al análisis que presentamos, que esto puede deberse a la escasa formación en traducción agroalimentaria. Así lo estiman Moreno Paz y Rodríguez Tapia al afirmar que

> tan solo el 28 % de los estudios de Grado y menos del 5 % de los estudios de Máster incluyen contenido sobre traducción agroalimentaria en sus planes de estudio [...] A la luz de estos datos, puede sostenerse que la formación en este campo no es homogénea ni recibe especial atención en las universidades, lo que contrasta con la relevancia del sector agroalimentario en la economía española. (Moreno Paz y Rodríguez Tapia, 2015: 149 y ss., en Guijarro, 2019a, en preparación).

Hemos de deducir, tal y como especificamos en trabajos anteriores, que la formación que los traductores, intérpretes y lingüistas recién egresados poseen sobre traducción agroalimentaria es, cuando menos, incompleta e insuficiente.

3.5. *Canal*

Para finalizar el apartado de análisis dentro de la teoría de la comunicación, nos hemos centrado en el estudio del canal, factor igualmente determinante en el acto comunicativo.

Los 53 restaurantes analizados presentan el menú de forma escrita, por lo que, dentro de esta variable, hemos determinado si se presenta mediante un medio físico u *online* y hemos obtenido los siguientes resultados:

a) En el distrito Norte-Sierra, el 80 % de los restaurantes (sobre un total de 5) presentan su menú mediante un medio físico —el menú gastronómico que ofrecen en el mismo restaurante— y *online* —poseen página web del restaurante en cuestión—.
b) En el distrito Poniente-Norte, el 100 % de los restaurantes (sobre un total de 3) presentan el menú únicamente en medio físico.
c) En el distrito Norte-Centro, de un total de 4 restaurantes —aunque de uno de ellos no hemos podido analizar la carta—, el 50 % presenta la carta en un medio tanto físico como *online*.
d) En el distrito Poniente-Sur, solo un 33 % (sobre un total de 11 restaurantes, pues de uno de ellos no hemos podido realizar el estudio) presentan su carta *online*.
e) En el distrito Centro Comercial, el más amplio, existe un 50 % (sobre un total de 22 restaurantes) de restaurantes que presentan su menú en medio físico y *online*.
f) En el distrito Levante, un 67 % de los menús ofertados (sobre un total de 3 restaurantes) presentan su carta en medio *online*.

g) En el distrito Sureste, el 100 % de los restaurantes (sobre un total de 2) presentan el menú únicamente en medio físico.
h) En el distrito Sur, coincidiendo con el anterior, el 100 % de un total de 2 restaurantes presentan el menú únicamente en medio físico.

De esta forma, podemos concluir que, a pesar de la poca diferencia entre ambos porcentajes —un 45 % frente a un 55 %—, del avance de las nuevas tecnologías informáticas y de la necesidad actual de publicidad mediante las redes, *blogs*, páginas web, etc. sigue imperando una mayoría de restaurantes que presentan su menú gastronómico por escrito y mediante un medio físico.

4. Recapitulación y conclusiones

A modo de recapitulación de lo expuesto con anterioridad y entre cuestiones relacionadas con la caracterización del discurso agroalimentario, consideramos los siguientes elementos:

a) Emisor. Los distritos Norte-Centro, Poniente-Sur y Centro Comercial cuentan con una mayor variedad gastronómica (cocina innovadora), pese a que el 39 % de los restaurantes de nuestro corpus ofertan un tipo de cocina tradicional. También en dichos distritos figura un precio que varía entre medio y alto. Por el contrario, en los distritos Poniente-Norte, Levante, Sureste y Sur impera, principalmente y por lo general, la cocina más tradicional y un precio que oscila entre medio y bajo. Con todo, hemos de deducir que la variable del emisor (variedad gastronómica) es directamente proporcional a la variable que estudia el precio medio ofertado.
b) Receptor. Hemos establecido que el distrito Centro Comercial cuenta con consumidores habituales turistas (72,70 %), algo que hemos determinado en función de la presencia o no de traducción en los menús —lo que podemos relacionar, de igual modo, con la variable que estudia el código—. Sin embargo, los distritos Poniente-Norte, Levante y Norte-Sierra poseen un consumidor

habitual local. Se explicaría esta variable si atendemos a la presencia de turismo en el distrito del centro comercial, que agrupa barrios como la Judería, principal destino turístico de Córdoba y donde la variedad gastronómica y el precio ofertado son mayores. Por tanto y del cruce de las anteriores variables, deducimos que los restaurantes ubicados en el centro comercial orientan su oferta gastronómica, mayoritariamente, a consumidores turistas y que el poder adquisitivo de estos es relativamente superior al del consumidor local.

c) Contexto. Concluimos que, en cuanto al contexto verbal y en la mayoría de los restaurantes de nuestro corpus, encontramos un contexto verbal positivo (81 %). De esta forma, deducimos que el discurso agroalimentario se caracteriza, por lo general, por la necesidad del contexto verbal explícito para la presentación de los platos ofertados.
d) Código. Pese al elevado porcentaje que representa la traducción profesional en los menús estudiados (47 %) destacamos el número de errores relacionados con la traducción de los menús, lo que pone de manifiesto la necesidad de la formación, tanto académica como profesional, para que la traducción alcance el estatus que merece, y que defendemos desde nuestra perspectiva teórica, dentro del discurso agroalimentario en el ámbito de la restauración.
e) Canal. Dado que la diferencia entre porcentaje de los restaurantes que presentan el menú en un medio físico (55 %) y el de aquellos que lo presentan tanto de forma física como *online* (45 %) es mínima, hemos de destacar y relacionar el auge y la importancia de las nuevas tecnologías con la creciente necesidad de las empresas dedicadas a la restauración de publicitar los servicios en páginas webs, *blogs*, redes sociales, etc.

Como conclusión, podemos sostener que hemos cumplido con los objetivos establecidos para esta investigación. Además de determinar las características extralingüísticas del discurso agroalimentario (concretamente en el subsector de la restauración: menús gastronómicos) de nuestro corpus, hemos constatado que el modelo propio de análisis textual, en lo que a los elementos extratextuales se refiere, que expusimos en trabajos anteriores (Guijarro, 2019) es útil y permiten una aproximación a las características que otorgan a este tipo de texto un carácter social y poliédrico.

Por lo que respecta a la metodología del presente estudio, hemos de destacar, en primer lugar, la consideración del texto como unidad comunicativa, esto es, la concepción del texto no solo como objeto, sino también como proceso dentro de la actividad comunicativa —concebida como un sistema organizado y jerarquizado donde entran en juego factores tanto lingüísticos como extralingüísticos—; y en segundo lugar, la integración de los factores que intervienen en la comunicación que nos han permitido llevar a cabo un análisis funcional de las características no-lingüísticas en relación con nuestros objetivos planteados. Dichos resultados serán tenidos en cuenta en investigaciones futuras pues, como hemos expuesto en secciones anteriores, los factores lingüísticos y extralingüísticos se configuran como agentes condicionados y condicionantes. Esto es, los factores extralingüísticos determinarán ciertas características puramente lingüísticas y, por tanto, constituyen un elemento de análisis pertinente en cualquier modelo de análisis textual que tenga en cuenta el carácter funcional-comunicativo del objeto texto.

Asimismo, hemos demostrado que los distritos Norte-Centro, Centro Comercial y Poniente Norte orientan su oferta gastronómica principalmente a los consumidores turistas y que el poder adquisitivo medio de estos es relativamente superior al de los consumidores locales, pues, si establecemos una correlación entre el precio medio ofertado y el poder adquisitivo medio de los receptores, hemos de suponer que la mayor variedad gastronómica, una oferta de precio medio-alto o alto y el tipo de consumidor mayoritario en dichos distritos se relaciona con una mayor presencia de turismo en un distrito que, en el caso del centro comercial, agrupa tanto los barrios del centro de la ciudad como el barrio de la Judería, principal destino turístico de Córdoba.

Se ha pretendido despejar algunas incógnitas sobre el tema que nos ocupa en el presente trabajo de investigación desarrollado. De igual modo, han surgido nuevos interrogantes e ideas que contribuyen al planteamiento de nuevas líneas de investigación. Entre ellas, la de estudiar y evaluar las estrategias y técnicas de traducción de los menús gastronómicos, desde el punto de vista cualitativo, así como la influencia de esta en la percepción del receptor. Sería de igual forma interesante profundizar en el estudio lingüístico-textual y ampliar el análisis a los 100 menús gastronómicos recogidos y que configuran el corpus, con el fin de obtener una perspectiva más amplia y resultados más representativos.

Referencias bibliográficas

Beaugrande, R. A. y Dressler, W. U. (1997). *Introducción a la lingüística del texto*. Barcelona: Ariel.

Bernárdez, E. (1982). *Introducción a la lingüística del texto*. Madrid: Espasa-Calpe.

Cabré, M.ª T. (1999). *La terminología. Representación y comunicación. Una teoría de base comunicativa y otros artículos*. Barcelona: Institut Universitari de Lingüística Aplicada, Universitat Pompeu Fabra.

Cabré, M.ª T. (2002). Textos especializados y unidades de conocimiento: metodología y tipologización. En J. García Palacios y M. T. Fuentes M. T. (eds.), *Texto, terminología y traducción* (pp. 15–36). Salamanca: Ediciones Almar.

Cobos López, I. (2015). La exportación del vino en Europa: textos para traducir y legislación vigente. En M. C. Balbuena Torezano y M. Álvarez Jurado (eds.), *Lenguajes especializados y traducción: vitivinicultura* (pp. 71–106). Córdoba: Universidad de Córdoba.

Coseriu, E. (1955). Determinación y entorno. *Romanistisches Jahrbuch*, VII, 29–54.

Dijk, T. A. (1977). *Texto y contexto. Semántica y pragmática del discurso*. Madrid: Cátedra.

Dijk, T. A. (1977). *Text and context: explorations in the semantics and pragmatics of discourse*. London: Longman.

Fernández Antolín, M. J. (2000). *La problemática de los tipos textuales inglés / español en los estudios de traducción* (Tesis doctoral). Valladolid: Universidad de Valladolid.

Guijarro Herrador, M.ª P. (2019). Estudio lingüístico del discurso agroalimentario a través de los menús gastronómicos de Córdoba: análisis textual y terminológico. En A. Marinas Aramendía (ed.), *El mérito de la investigación* (pp. 17–21). Córdoba: UCOPress, Universidad de Córdoba.

Isenberg, H. (1976). Einige Grundbegriffe für eine linguistische Texttheorie. En F. Daneš y D. Viehweger (eds.), *Probleme der Textgrammatik* (pp. 47–145). Berlín: Akademie der Wissenschaften.

Jakobson, R. (1960). Lingüística y poética. En *Ensayos de Lingüística General*. Recuperado de http://unedbarcelona.es/es/biblioteca/articulos-y-capitulos-recomendados/sociologia-1/jakobson.pdf

Moreno Paz, M. C. y Rodríguez Tapia, S. (2015). La situación de la traducción agroalimentaria en la investigación y la formación en España. *Skopos*, 6, 135–154.

Francisco Luque Janodet

Aproximación al estudio de la metáfora conceptual en el discurso publicitario en francés y en español: el caso del enoturismo

Resumen El enoturismo es, actualmente, un sector en auge, cuya importancia se ha acrecentado en los últimos años, ya que supone una forma de atraer visitantes a las distintas regiones de interior. Nuestro estudio parte de las investigaciones en torno a la metáfora conceptual y se centra especialmente en la conceptualización de elementos tales como el vino, las bodegas y la vid en el discurso enoturístico en francés y español haciendo especial énfasis en la influencia de la cultura en este tipo de discurso humano. Para ello, partiremos de un corpus textual comparable en este par de idiomas para analizar las metáforas conceptuales que subyacen en las distintas expresiones metafóricas presentes en este discurso. Nuestro estudio concluye que la metáfora es fuente de creación léxica en el discurso vitivinícola y en el enoturístico, con una fuerte influencia de la cultura en el mismo.

Abstract Wine tourism is a growing sector, whose importance has been increasing during the last few years, because it is a way to attract visitors to the different wine inland regions. This paper sets out from the several studies focused on conceptual metaphor. It is particularly focused in the conceptualization of concepts such as wine, wineries and grapevine in the wine tourism discourse in the French and Spanish language pair. To this end, a comparable corpus has been compiled in this pair of languages in order to analyze the different conceptual metaphors that underlie in the metaphorical expressions that exists in this discourse. This study concludes that metaphor is a source of lexical invention in winespeak and in wine tourism discourse which are strongly influenced by culture.

1. Introducción

El vino es un producto de gran relevancia sociocultural en las distintas civilizaciones humanas, fruto de su vinculación histórica, que se remonta varios milenios atrás, la cual ha dejado su impronta en la producción literaria y en la historia del arte. El cultivo, los cuidados de la vid y los procesos de vinificación han centrado total o parcialmente numerosos tratados agrícolas, en un primer momento, y enológicos posteriormente, con el fin de poder obtener un mayor rendimiento de esta planta y del mosto, con ejemplos destacados como *L'avant-goust du vin. Déclaration de sa nature, faculté medicinale et alimentaire* de Engelbert Lamelin (1630), *L'Art de faire le vin* (1807) y, en español, la obra *Arte de hacer y conservar el vino* (1820) de Francisco Carbonell y Bravo, considerado como el primer manual de enología en lengua castellana. Por tanto, la enología, surgida entre el siglo XVIII y asentada a partir del siglo XIX, pese a que ya se hubiesen dedicado capítulos de tratados de agronomía al cultivo de la vid, se postula como una ciencia de gran calado y arraigo en nuestra sociedad, pero también muy versátil, gracias a su constante evolución. Precisamente, dicha evolución y adaptación a los nuevos tiempos ha propiciado el surgimiento del turismo del vino o enoturismo, un conjunto de actividades empleadas para promocionar las regiones vitivinícolas y sus productos, que toman este producto como elemento central e hilo conductor que permite dar a conocer a los visitantes su gastronomía local, historia, tradiciones y oferta monumental y de ocio, potenciando, de esta manera, el turismo gastronómico y de interior. Este tipo de turismo se ha visto beneficiado por dos factores decisivos: 1) el potencial turístico de España, reflejado en las cifras aportadas por el Instituto Nacional de Estadística (2018), según las cuales España recibió 81.8 millones de turistas internacionales en 2017, con un aumento del 8,6 % respecto al año anterior y cuyo gasto total ascendió a 77 000 millones de euros y 2) el peso del sector vitivinícola en España, como primer viñedo del mundo y tercer productor de vino a nivel internacional, con numerosas actividades económicas y tradiciones centradas en el vino y que, en el caso de Andalucía, se encuentran recogidas y protegidas en el catálogo del Patrimonio Inmaterial de Andalucía, dependiente del gobierno autónomo de la comunidad, en el que se contemplan, entre otras, las Fiestas de la Vendimia y la Fiesta del Mosto de Jerez de la Frontera, la Fiesta de la Vendimia de Montilla, la actividad tonelera en estas dos localidades productoras o la producción de vino dulce en Montalbán de Córdoba.

La confluencia de todos estos factores y la importancia de este producto se ha visto también reflejada en el aumento de la producción científica en el ámbito de la Filología, la Lingüística, la Terminología y los Estudios de Traducción, con aportaciones como las de Ibáñez Rodríguez (2017) sobre la caracterización de la traducción vitivinícola o la gran cantidad de estudios en torno al discurso de la cata del vino (Planelles Iváñez, 2014; Negro Alousque, 2014; Caballero y Suárez Toste, 2009). El discurso vitivinícola, como nosotros lo denominamos y al que entendemos como una lengua de especialidad, también ha sido objeto de estudio en el ámbito de la Terminología y la Terminología, a partir de la creación de bases de datos terminológicas multilingües que verán la luz a partir del proyecto *Weinapp: Sistema multilingüe de información y recursos vitivinícolas*.

2. La metáfora y la cultura en el habla cotidiana

La metáfora conceptual es un objeto de estudio que, desde luego, ha generado una abultadísima bibliografía; si bien es cierto que todavía parece no existir consenso en distintos aspectos como su definición y clasificación, debido, en parte, a la poliedricidad de esta figura, que implica un estudio desde distintas disciplinas, como pone de manifiesto Samaniego Fernández (1996: 17), quien señala que las obras lexicográficas no aportan más que una vaga definición de metáfora, comparándola con conceptos dispares como «transferencia» o «desvío». Las investigaciones de Samaniego (Samaniego Fernández, 1996: 17), tras la consulta de los principales manuales de retórica, confirman que no existe un consenso en la definición del concepto. En el ámbito de la Lingüística, Samaniego Fernández destaca tres actitudes de esta ciencia ante la metáfora: 1) acudir a la Retórica para poder definirla; 2) no mencionarla, pues se considera un elemento cuyo estudio pertenece a otra disciplina y 3) considerarla como un «desvío», y no analizarla, por este motivo, como parte del uso habitual del lenguaje. Por su parte, la Semántica la incluye en el epígrafe de «cambio de significado», la Pragmática explica parte de los fenómenos metafóricos basándose en el desvío discursivo, pero dejando lagunas, mientras que los Estudios de Traducción argumentan que no es tarea suya definir este fenómeno, ya que se limitan a analizar su traducción. Finalmente, esta autora recurre a lo que denomina como «Estudios Integrados», en los que incluye «investigaciones eclécticas que agrupan varias aproximaciones y aúnan para intentar comprender un fenómeno tan versátil y dinámico» (p.17), los cuales aportan, a su vez, dos definiciones contradictoras: la primera afirma que las categorías dispares que se funden crean incompatibilidad y la otra argumenta que en este fenómeno se produce una redescripción del tenor a través de nuevas jerarquías.

No obstante, sí se ha dado cuenta de su importancia en el habla cotidiana y en la conceptualización de conceptos abstractos (Lakoff y Johnson, 1985). De hecho, tal es la importancia de las aportaciones de Lakoff y Johnson (1980/1985) que, según Kövecses (2002: 9) pusieron de manifiesto que: 1) las metáforas son una propiedad de los conceptos y no de las palabras; 2) su función es facilitar la comprensión de determinados conceptos, prescindiendo, por tanto, de la concepción de que únicamente tiene fines artísticos o estéticos; 3) la metáfora no se basa, a menudo, en la similitud entre conceptos; 4) la metáfora se emplea, con naturalidad, en la vida cotidiana por personas normales y no únicamente por personas dotadas de alguna capacidad o talento especial; 5) la metáfora, lejos de ser un ornamento lingüístico superfluo, se trata de un proceso inevitable del pensamiento y del razonamiento humanos. Otros autores como Deignan (2005) ponen de manifiesto que, si las metáforas estructuran nuestro conocimiento cotidiano, las metáforas conceptuales ayudan a organizar el conocimiento diario de un número considerable de individuos y, por tanto, podemos aprender y descubrir la forma en la que una comunidad de hablantes concibe o interpreta aspectos como la vida, la muerte, los procesos mentales y las emociones. No obstante, que el estudio de la metáfora y de la metonimia se haya relegado a un segundo plano se debe, según Chamizo Domínguez (1998) a la consideración de los mecanismos lingüísticos que explican el cambio de significado de los términos y la creación de nuevos significados como recursos retóricos o estéticos que, o bien servían para dar variar y embellecer el discurso, o bien que había que evitar. En la conceptualización metafórica intervienen, además, distintos factores como la experiencia corporal y vital y la cultura. Como señala Kövecses (2015) la vida de un hablante es un fenómeno elusivo y dependiente del lenguaje y de la cultura. Precisamente, como indican Ehlers, Helmstedt y Richter (2009), la cultura es un elemento aprendido y no estático, ya que cambia de forma dinámica. Kövecses (2010: 198), partiendo de los postulados de Lakoff y Johnson (1980) recuerda que, para estos autores, los hablantes nativos de todas las lenguas emplean un gran número de metáforas cuando tratan de hablar sobre el mundo y, tal y como apunta, las imágenes a las que recurren las lenguas para conceptualizar y comunicar pueden ser muy diversas. No obstante, Kövecses (2010) pone de manifiesto que, a pesar de que las metáforas lingüísticas son variadas y muy abundantes, muchas metáforas conceptuales aparecen en un amplio número de lenguas, para lo cual menciona los trabajos de Hoyt Alverson (1994), quien halló la metáfora EL TIEMPO ES ESPACIO en inglés, chino mandarín, hindi y sesotho. Entre las posibles explicaciones a estas metáforas compartidas o «casi universales», Kövecses (2010: 200) se inclina por la hipótesis de que las posibles experiencias corporales actúan como fuente para estas metáforas conceptuales, aunque, recuerda que las metáforas conceptuales se manifestarán de múltiples formas en cada cultura. De esta manera la cultura afectará a las metáforas y, directamente, las expresiones lingüísticas. Existen, por ejemplo, diferencias terminológicas se ven acrecentadas cuando estudiamos dos idiomas distintos influidos por diferentes culturas. En este sentido, encontramos los postulados de Brdej (2007: 138) quien, partiendo de la hipótesis relativista de Sapir-Whorf, expone la existencia en polaco del binomio *niebieski* y *granatowy* cuando en francés existe únicamente un equivalente: *bleu* ('azul'). Otro caso de la influencia la cultura en las metáforas se ve manifestada en aquellas de tipo orientacional, que reciben dicho nombre por parte de Lakoff y Johnson (1985) ya que organizan un sistema global de conceptos para comprender otro y están relacionadas con la orientación espacial. El motivo de esto puede deberse a que los humanos usamos nuestro cuerpo como referencia, ya que sabemos cómo funciona en el medio físico. Un ejemplo de ello serían las metáforas FELIZ ES ARRIBA, con ejemplos como «tengo la moral por las nubes», «levantar el ánimo», «dar saltos de alegría» y TRISTE ES ABAJO («me hundió la moral», «tengo los ánimos por los suelos», «caí en una depresión»). Otro caso, directamente relacionado con nuestra cultura, sería A LA DERECHA ES BUENO («es mi ojito derecho», «es muy diestro[1]») y A LA IZQUIERDA ES MALO («siniestro», «hoy me he levantado con el pie izquierdo»). Podemos ver, en este caso, que, como dicen Lakoff y Johnson, aunque las metáforas orientacionales parten de nuestra experiencia física, también influye en gran medida la cultura y variarán cultura a otra. En la cultura occidental se suele entender el futuro en términos de una dirección hacia adelante y el pasado en dirección hacia atrás (EL FUTURO ES ADELANTE, EL PASADO ES ATRÁS) con casos como «si nos remontamos varios siglos atrás», «viajando en el tiempo hacia atrás», «se acabó mirar hacia el pasado» o «tienes que mirar hacia adelante con optimismo». Sin embargo, como señalan Boroditsky y Gaby (2010), existe una comunidad aborigen australiana, los Pormpuraawan, que entienden el paso del tiempo empleando las direcciones cardinales, es decir, de este a oeste. De esta manera, el tiempo, para los habitantes de esta tribu fluye de izquierda a derecha cuando uno se encuentra mirando hacia el sur. Haviland (1993) también encontró este tipo de expresiones en los hablantes de guugu yimithirr de la comunidad aborigen de Hopevale, en Queensland (Australia) a la hora de expresar su localización y los movimientos.

En esta línea, Kövecses (2010) señala la existencia de dos tipos de variaciones metafóricas a nivel cultural: la variación transcultural (*cross-cultural variation*) y la variación intracultural (*within-cultural variation*). La variación transcultural es, desde luego, la más obvia y ya ha sido anteriormente mencionada en este trabajo, a partir de los ejemplos expuestos por este autor en inglés, japonés y zulú.

---

1 Debemos señalar que la palabra «diestro» aparece definida en el *Diccionario de la lengua española* de la Real Academia Española como: «derecho», «que tiene tendencia natural a servirse preferentemente de la mano derecha o también del pie del mismo lado» y como «hábil, experto en un arte u oficio». Si consultamos la obra de Coromines (1987: 214), esta palabra proviene del latín dexter-dextra-dextrum, 'derecho, que está a mano derecha', mientras que «siniestro» proviene de *sinister-sinistra-sinistrum* ('izquierdo') (Coromines, 1987: 537).

La variación intracultural es, también, un elemento que debe ser tenido en cuenta dado que un idioma no es un conjunto monolítico e invariable, sino que refleja las divergencias en la experiencia humana (Kövecses, 2010: 209). De hecho, esta variación puede ocurrir en un amplio número de dimensiones, como la dimensión social, regional, étnica, estilística, subcultural, diacrónica e individual. Partiendo de esta concepción poliédrica de la variación intracultural, a la que el autor considera como la dimensión cognitiva de la diversidad sociocultural, Kövecses presenta las diferentes dimensiones de este tipo de variación (2010: 210 y ss.): 1) La dimensión regional, dado que los hablantes de cada región generarán nuevas metáforas en función de las realidades regionales que existan; 2) la dimensión estilística, teniendo en cuenta que el estilo está influenciado por aspectos como la audiencia, el tema, el medio y el lugar, lo cual influencia el uso o no de metáforas; 3) la dimensión subcultural, dado que cada sociedad y cultura están formadas por subculturas, quienes crean metáforas que pueden definir un grupo determinad; 4) la dimensión individual, puesto que los individuos suelen poseer metáforas idiosincráticas.

A todo esto, debemos sumarle otras causas de la variación metafórica que también plantea este académico. En este sentido, Kövecses (2008: 63 y ss.) plantea que existen dos explicaciones plausibles para agrupar las causas de la variación metafórica: 1) las metáforas varían porque las experiencias humanas también varían, y 2) las metáforas varían porque los procesos cognitivos empleados para la creación del pensamiento abstracto también varían. De hecho, este autor (2008: 179) considera que la conceptualización metafórica en situaciones naturales se encuentra influida por dos tipos de presiones simultáneas: la presión de la experiencia cultural y la presión del contexto, que se encuentra determinado por la cultura local. Precisamente, considera que esta doble presión se debe a un esfuerzo del hablante de ser coherente con el cuerpo y la cultura, así como con la experiencia corporal universal y la especificidad cultural de la cultura local en el proceso de conceptualización metafórica; no obstante, considera que, pese a que se pueda lograr en algunos casos, en otros la experiencia corporal o la especificidad cultural desemplean el papel más importante en este proceso (Kövecses, 2010).

3. Objetivos y metodología

En este capítulo nos centraremos, concretamente, en las metáforas conceptuales que subyacen en el discurso publicitario enoturístico, partiendo de los postulados de Planelles Iváñez (2014), quien ha estudiado la metáfora en el lenguaje publicitario del turismo de salud y belleza quebequés y español. Nuestra investigación partes de un corpus *ad hoc* textual, en el que incluimos tanto textos extraídos de páginas webs enoturísticas francesas, quebequesas y españolas, así como documentos impresos, folletos, centrados en el enoturismo la D.O.P. Montilla-Moriles y La Mancha. Sin embargo, como señala Planelles (2014: 310), la identificación de las expresiones metafóricas no se plantea como una tarea fácil, puesto que debemos identificar las metáforas conceptuales de las que dependen, a las que define como «[…] un esquema abstracto bajo el que se agrupan expresiones metafóricas». De esta manera, en lugar de recurrir a distintos programas de gestión de corpus, hemos considerado que la mejor opción consistía, en este caso, en localizar las expresiones metafóricas y las metáforas conceptuales de las que dependen de manera intuitiva.

4. Resultados

Los resultados de nuestro corpus ponen de manifiesto la existencia de distintas metáforas conceptuales en el discurso enoturístico como EL VINO ES UN SER HUMANO, EL VINO ES SALUD, EL VINO ES UN OBJETO VALIOSO y LAS BODEGAS SON EDIFICIOS RELIGIOSOS.

En el corpus en español el uso de figuras antropomórficas para conceptualizar tanto el vino como el cultivo de la vid ha sido especialmente acusado. Se trata de un conjunto de metáforas muy empleadas en otros ámbitos como la cata del vino y el proceso de vinificación, que ha dado lugar a términos especializados como *encabezar*, *envejecimiento*, *defecación, heces, degüelle,* etc. En el caso del lenguaje enoturístico encontramos expresiones metafóricas que conceptualizan el vino en términos de los seres vivos y, particularmente, de los seres humanos como *aquí nacen nuestros vinos; el clima, el suelo y la uva Pedro Ximénez determinan su carácter*; *ha nacido el vino nuevo; son vinos con alma; la cara de nuestros vino*s; *el resultado es un vino* [...] *con un carácter y personalidad bien definidos*; *las mejores terrenos para el viñedo* [...] *peinados por hileras de cepas perfectamente distribuidas* y, en francés *notre terroir est vivant*. Debemos destacar, asimismo, el uso de verbos que denotan acciones que solo podrían realizar los seres humanos como *La Mancha [...] os invita a adentraros en el mundo del vino; todas estas circunstancias* [...] *conspiran para conferir a los vinos de La Palma sus características más personales* y, por último, *a esa sorprendente diversidad natural le acompañarán toda la gama de verdes imaginables*. En el corpus en francés encontramos este tipo de metáforas en ejemplos como: *les caves* [...] *véhiculent cet imaginaire immuable où la pierre s'est faite gardienne du précieux nectar; la jolie ville de Rouffach possède tous les atouts pour vous séduire avec ses maisons alsaciennes typiques; le vignoble tire son nom de l'ancienne appellation donnée à l'île d'Orléans par Jacques Cartier lui-même en 1535 lorsqu'il la baptisa « Isle de Bacchus » en raison de l'abondance des vignes sauvages qu'il y avait trouvées à l'époque*.

Existen, además, expresiones metafóricas que toman como dominio meta un órgano humano, en las que subyace, por tanto, una metáfora conceptual de carácter antropomórfico, como*: en el corazón de estos contrastes el Parque Nacional de La Caldera de Taburiente, con sus impresionantes panorámicas nos irradia toda la energía de un auténtico pulmón natural* o en el siguiente caso: *de Aldeanueva surge casi el 12 % de vino que se aporta a la Denominación de Origen Calificada Rioja. Es el pulmón,* mediante los que se aporta determinadas características a estos órganos, como 'en el interior de un lugar' en el caso de la palabra «corazón».

Es interesante observar, asimismo, la relación que muchos autores tratan de establecer entre el vino y la salud mediante la alusión a sus propiedades beneficiosas en el organismo humano, de ahí que encontremos menciones como *sinónimo de salud* o *sana pastosidad digestiva del mosto*. Se trata de una idea arraigada en la cultura española y francesa como se puede observar si consultamos el refranero popular, con ejemplos como «El vino moderado es salud para el cuerpo y alegría para el alma», «à mal de tête, cataplasme de vin», «à mal de tête, pansement de vin» o «un bon verre de vin enlève un écu au médecin».

La conceptualización de las bodegas como lugares de culto religioso también es muy palpable en el corpus comparable español, con ejemplos como *entrar en una bodega es sumergirse en un silencio de catedral*, *podrá visitar las famosas bodega-catedrales*, o, en el caso de las bodegas-cueva de La Mancha, encontramos el siguiente caso: *nada más asomarse a las escaleras se percibe la atracción que llama a introducirte, hallando un punto intermedio en el rellano, una especie de capilla (alacena) que como altar tiene colgados jamones, tocinos y otro productos alimenticios del hogar*. Esta conceptualización no atañe únicamente a bodegas, sino también a las distintas regiones productoras, aunque en menor medida, como en el siguiente ejemplo: *Tomelloso, templo de vinos*. Y si se conceptualizan las bodegas como edificios religiosos, el vino y la vid se entienden muy a menudo en términos de objetos sagrados como *en estas tierras bendecidas por el fruto de la vid*, o bien como objetos valiosos como *patrimonio exclusivo de esta tierra, la crianza oxidativa nos regala amontillados, olorosos y el Pedro Ximénez, mimándolas sin descanso pues son delicadas joyas que han de producir otra joya aún más brillante*, en este caso refiriéndose tanto a la vid como al vino y, finalmente, *encontramos las bodegas de La Palma del Condado, que atesoran los inconfundibles aromas de sus afamados brandys en espacios incomparables y que ofrecen al visitante un profundo sabor a tradición*[2]. En francés tenemos ejemplos como *à la découverte des trésors souterrains viticoles* y *le Château du Taillan détient un joyau du patrimoine: ses caves voutées datant du XVIème siècle sont inscrites à la liste des monuments historiques de France*.

El uso de un vocabulario que evoca imágenes de lo sagrado o de espacios inmensos también ha sido hallado por Planelles Iváñez (2014) en su estudio. En nuestro caso, la imagen de amplitud o de grandes espacios son evocadas por términos como *mundo* o *universo*. Se

2 En este último caso podemos encontrar, además, la metáfora conceptual LA TRADICIÓN ES UN ALIMENTO, ya que este elemento abstracto se entiende en términos de alimentos y comida y, por tanto, perceptible para el sentido del gusto.

observa que este último se encuentra en grado superlativo, como en el caso siguiente: *Un mundo aparte dentro del universo de la enología* o *mar de viñas.*

Hemos observado también el empleo de metáforas orientacionales, las cuales, según Lakoff y Johnson (1985), están relacionadas con la orientación espacial, ya que se toma como referencia el cuerpo humano y las experiencias básicas de la orientación humana, así como de la experiencia cultural de acuerdo con Planelles Iváñez (2014). Entre estas metáforas, destacamos distintas expresiones metafóricas como *al acercarnos a esta comarca nos vamos sumergiendo en una verde alfombra de viñedos, olivares,* observándose una dirección descendente. Asimismo, encontramos metáforas como EL FUTURO ES ADELANTE y EL PASADO ES ATRÁS, como en: *el origen* [...] *se remonta siglos atrás; mira hacia adelante con optimismo y confianza; se acabó mirar el vino hacia el pasado; siempre mira hacia adelante; Viajando en el tiempo hacia atrás, unos 150 años* [...] y, en francés, *les oenotouristes aiment plonger au cœur des caves centenaires et s'imprégner de l'histoire des domaines.*

5. Conclusiones

Todos estos ejemplos demuestran que las expresiones metafóricas están influidas por nuestras experiencias corporales y vitales, así como por la cultura que nos rodea; por lo que podremos encontrar variaciones metafóricas interculturales o intraculturales como bien ha señalado Kövecses (2005), pues se encuentran vinculadas a la historia y a las tradiciones del país. La metáfora, lejos de ser un elemento poco racional, permite la comprensión, expresión y categorización de conceptos, cuyo conocimiento puede ayudar a comprender más y mejor cómo se conceptualizan determinados conceptos en una lengua extranjera, siendo de utilidad para un traductor que deba trasvasar un texto a dicho idioma; así como para publicistas y empresas en general.

Referencias bibliográficas

Alverson, H. (1994). *Semantics and Experience. Universal Metaphors of Time in English, Mandarin, Hindi, and Sesotho*. Baltimore: Johns Hopkins University Press.

Boroditsky, L. y Gaby, A. (2010). Remembrances of Times East: Absolute Spatial Representations of Time in an Australian Aboriginal Community. *Psychological Science*, 21(11), 1635–1639. doi.org/10.1177/0956797610386621.

Brdej, J. (2007). La langue du vin – quelques remarques sur le processus de la perception dans la dégustation du vin. *Synergies*, 4, 137–146.

Caballero, R. y Suárez-Toste, E. (2008). Translating the senses: Teaching the metaphors in winespeak. En F. Boers y S. Lindstromberg (eds.), *Cognitive Linguistic Approaches to Teaching Vocabulary and Phraseology* (pp. 241–260). Berlin: De Gruyter Mouton.

Cadet de Vaux, A. A. (1801). *L'Art de faire le vin d'après la doctrine de Chaptal*. Paris: Décade Philosophique Littéraire et Popitique.

Carbonell i Bravo, F. (1829). *Arte de hacer y conservar el vino con una noticia acerca la fabricación del vinagre*. Barcelona: Antonio Brusi.

Chamizo Domínguez, J. (1998). *Metáfora y conocimiento. Analecta Malacitana, Anejo de la Revista de la sección de filología de la Facultad de Filosofía y Letras*. Málaga: Universidad de Málaga.

Corominas, J. (1987). *Breve diccionario etimológico de la lengua castellana*. Madrid: Gredos.

Deignan, A. (2005). *Metaphor and Corpus Linguistics. Converging evidence in language and communication research*. Amsterdam: John Benjamins Publishing Company.

Ehlers, U.D., Helmstedt C. y Richter, T. (2009). Analysing New E-Learning Culture. *Conference: EDEN 2010 Annual Conference*, 14–22.

Haviland, J. B. (1993). Anchoring, Iconicity, and Orientation in Guugu Yimithirr Pointing Gestures. *Journal of Linguistic Anthropology*, 3, 3–45. doi10.1525/jlin.1993.3.1.3.

Ibáñez Rodríguez, M. (2017). *La traducción vitivinícola: Un caso particular de traducción especializada*. Granada: Comares.

Instituto Nacional de Estadística. (2018). *España recibe 4,0 millones de turistas internacionales en diciembre, un 0.2 % menos que en el mismo mes de 2016*. Recuperado de http://www.ine.es/daco/daco42/frontur/frontur1217.pdf

Kövecses, Z. (2002). *Metaphor: a practical introduction*. Oxford: Oxford University Press.

Kövecses, Z. (2005). *Metaphor in Culture: Universality and Variation*. Cambridge: Cambridge University Press.

Kövecses, Z. (2006). *Language, mind and culture: a practical introduction*. Oxford: Oxford University Press.

Kövecses, Z. (2008). Conceptual metaphor theory: Some criticisms and alternative proposals. *Annual Review of Cognitive Linguistics*, 6, 168–184.

Kövecses, Z. (2008). Universaliry and Variation in the Use of Metaphor. En N. L. Johannesson y D. C. Minugh (eds.), *Selected Papers from the 2006 and 2007 Stockholm Metaphor Festivals* (pp. 51–75). Estocolmo: Universidad de Estocolmo.

Kövecses, Z. (2010). Metaphor and Culture. *Acta Universitatis Sapientiae Philologica*, 2(2), 197–222. doi:10.1515/psicl-2014-0002.

Kövecses, Z. (2016). *Where Metaphors Come From: Reconsidering Context in Metaphor*. Oxford: Oxford University Press.

Lakoff, G. y Johnson, M. (1985). *Metáforas de la vida cotidiana*. Madrid: Cátedra

Lamelin, E. (1630). *L'avant-goust du vin. Déclaration de sa nature, faculté medicinale et alimentaire*. Douay: Jean de Fampou.

Negro Alousque, I. (2013). El lenguaje del vino a través de las notas de cata y la publicidad. *Revista Española de Lingüística*, 43(2), 151–173.

Planelles Iváñez, M. (2012). La lengua de la fase gustativa de la cata del vino en francés y en español. En M. J. Salinero-Cascante y E. González-Fandos (eds.), *Vino y alimentación: estudios humanísticos y científicos*. Logroño: Universidad de La Rioja, Servicio de Publicaciones.

Planellez Iváñez, M. (2014). La metáfora como fuente de creación léxica en el lenguaje publicitario del turismo en francés y en español. *Çédille. Revista de Estudios Franceses*, 10, 305–318.

Samaniego Fernández, E. (1997). *Traducir la metáfora*. Valladolid: Universidad de Valladolid, Secretariado de publicaciones.

Referencias del corpus analizado

Bodegas Familiares Matarromera. (s. f.). *Entrega y dedicación al mundo del vino. Historia y futuro*. Recuperado de <https://matarromera.es/historia-y-futuro/>

Bodega La Encima. (s. f.). *Nuestros vinos*. Recuperado de <http://bodegalaencina.com/>

Cata del vino. (2017). *La Ruta del patrimonio histórico y el vino en la Isla de Palma*. Recuperado de <http://www.catadelvino.com/blog-cata-vino/la-ruta-del-patrimonio-historico-y-el-vino-en-la-isla-de-palma>

Chueca Yus, V. M. (s. f.). Las bodegas rupestres del Campo de Borja. En *El libro de las comarcas* (pp. 263–270). Recuperado de <http://www.aragon.es/estaticos/GobiernoAragon/Departamentos/PoliticaTerritorialJusticiaInterior/Documentos/docs/Areas/Informaci%C3%B3n%20territorial/Publicaciones/Coleccion_Territorio/Comarca_del_Campo_de_Borja/DOCUMENTOS_BLOQUE-IV(3)_6035704D.pdf>

Conoce Huelva. (s. f.). *Ruta del Vino Condado de Huelva*. Recuperado de <https://www.conocehuelva.com/seccion.php?page=productos&accion=view&tpprod=2&catpro=3&detail=&idprod=78>

Consejo Regulador de la D.O.P. Montilla-Moriles. (s. f.). *Guía Turística de la Ruta del Vino Montilla-Moriles*.

Degusta La Rioja. (2016). *El 'mar de viñas', un tesoro en constante evolución*. Recuperado de <https://www.degustalarioja.com/noticias/201605/28/vinas-tesoro-constante-evolucion-20160528004831-v.html>

Isle de Bacchus. (s. f.). *Le vignoble*. Recuperado de <www.isledebacchus.com/le-vignoble>

Ruta del vino. (s. f.). *Vinos La Palma*. Recuperado de http://www.vinoslapalma.com/ficheros/ruta-del-vino.pdf

Ruta del vino de Montilla-Moriles. (s. f.). Recuperado de <http://www.juntadeandalucia.es/educacion/vscripts/wbi/w/rec/4323.pdf>

Ruta del vino de Montilla-Moriles. (s. f.). *Los paisajes*. Recuperado de <http://www.turismoyvino.es/los-paisajes/>

Spain.info. (s. f.). *Ruta del vino de Utiel-Requena.* Recuperado de <https://www.spain.info/pt_BR/que-quieres/gastronomia/rutas-vino/Valencia/ruta-del-vino-de-utiel-requena.html>

Vignoble Sainte-Pétronille. (s. f.). *Ile d'Orléans. Québec-Canada. Le vignoble Ste-Pétronille* Recuperado de <http://vs-p.ca/>

Vinotrip. (s. f.). *La route des vins d'Alsace.* Recuperado de <https://www.vinotrip.com/fr/route-des-vins-alsace>

Vinotrip. (s. f.) *Visiter des caves à vin* Recuperado de <https://www.vinotrip.com/fr/visiter-caves-a-vin>

Antonio Martínez González

Viajeros imaginarios, historias fabulosas. Invención y fantasía en la historia y en la lingüística españolas

Resumen El deseo de encontrar un nacimiento glorioso a la nación o a la lengua propia hizo que se recurriera a personajes imaginarios o fabulosos para encontrar un eslabón entre los orígenes divinos del viajero y los hechos derivados de su viaje fantástico. A semejanza de Eneas, fundador del pueblo romano, hubo quienes vieron en la figura de Túbal, mítico descendiente de Noé, el personaje al que poder atribuir historiadores y lingüistas orígenes gloriosos y justificar teorías fantásticas. Desde otorgar un origen ilustre y providencial a España hasta justificar la llegada del pueblo judío a la Península antes de la Pasión de Cristo y, por tanto, desligar a esta comunidad de la crucifixión del Mesías, o atribuir a este personaje la llegada a España del vasco o del castellano y, paralelamente, asignar un origen divino a través de Babel a estas lenguas.

Abstract The wish to render a glorious origin to a nation or to the local language leads to resorting to imaginary or fabulous characters that would serve as a link between the origin of the traveler and the facts arising out of its fantastic travels. Like Aeneas, founder of the Roman nation, some saw in the leading figure of Tubal, mythic descendant of Noah, the character to whom historians and linguists could attribute glorious origins and fantastic stories. From granting an illustrious and providential origin to Spain to justify the arrival of the Jewish nation to the Peninsula before the Passion of Christ and, consequently separate this community from the Messiah's crucifixion; or attribute to that character the arrival to Spain of the Basque or Castilian languages, and, concurrently, grant to these languages a divine origin through Babel.

1. La historia y la leyenda

Eneas, hijo del príncipe Anquises y de la diosa Afrodita (la Venus romana), huye tras la caída de Troya con su anciano padre y llega al Lacio donde se convierte en rey; sus hijos Rómulo y Remo fundarán la ciudad de Roma. La tradición literaria recoge este fantástico viaje y erige al fabuloso Eneas como creador del pueblo romano. Virgilio († 19 a. C.) escribirá por encargo de Augusto la *Eneida* para que quedara constancia del origen mítico y excepcional del Imperio.

La búsqueda o la creación de nobles orígenes para los pueblos, sin que importe fantasear, era práctica habitual entre los historiadores antiguos; Tito Livio († 17 d. C.) escribe su historia de Roma (*Ab urbe condita libri CXLII*), con la intención de demostrar que la ciudad había sido destinada a la grandeza ya desde los días de sus humildes orígenes; en el «Praefatio» dice:

> «A la antigüedad se concede licencia para que, mezclando lo humano a lo divino, haga más augustos los comienzos de las naciones. Y si a algún pueblo ha de estar permitido santificar sus orígenes y dar por sus fundadores a los dioses, tal es la gloria militar del pueblo romano que, si ostenta a Marte por progenitor suyo y de su fundador, las gentes sufren esto con tan buen ánimo como sufren su dominación»[1].

Cuando las investigaciones lingüísticas avanzaron y se preocuparon por el nacimiento de las lenguas, los estudiosos utilizaron el mismo sistema de los historiadores y buscaron la intervención divina. De forma casi general la versión bíblica de la confusión derivada de la construcción de la Torre de Babel (*Génesis* XI, 1–9) se convirtió en la explicación de la variedad idiomática. Algunos lingüistas fueron más allá e intentaron entroncar su lengua con las surgidas de Babel, lenguas perfectas creadas por Dios[2]; la idea era demostrar, emulando el camino trazado por la mitología y la tradición romanas, su perfección y su origen divino.

---

1 «Datur haec venia antiquitati ut miscendo humana divinis primordia urbium augustiora faciat; et si cui populo licere oportet consecrare origines suas et ad deos referre auctores, ea belli gloria est populo Romano ut cum suum conditorisque sui parentem Martem potissimum ferat, tam et hoc gentes humanae patiantur aequo animo quam imperium patiuntur», utilizo la traducción de Lida (1970: 26–27).

2 Mayans (1737: 4), que recoge la doctrina anterior sobre este tema, decía: «Aquellas Lenguas [de la Torre de Babel], como infundidas por Dios, tambien fueron perfectisimas. Pensar que permanece hoi incorrupta alguna de ellas; es no hacer reflexion en lo que puede la injuria del tiempo en el largo espacio de tantos siglos».

Para ello había que encontrar un personaje, un descendiente de Noé[3], al que la dispersión tras el diluvio hubiera llevado a España, y este fue Túbal. Entre los descendientes de Jafet, el hijo menor de Noé, el *Génesis* cita a Túbal[4]. El historiador judío Flavio Josefo completa la información bíblica en el libro I de sus *Antigüedades judías*[5] y, tratando de hacer comprensible la historia del pueblo judío a los romanos, da los nombres de los descendientes de Noé, los de los pueblos que fundaron y añade la voz griega correspondiente[6]. Josefo dice que «Tobelo [forma helenizada de la hebrea *Tubal* o *Túbal*] funda los tobelos, los cuales al

---

3 La inundación del diluvio, según la afirmación bíblica, «exterminó a todos los seres que había sobre la superficie de la tierra, desde el hombre a la bestia; y los reptiles y las aves del cielo fueron exterminados de la tierra, quedando solo Noé y los que con él estaban en el arca» (*Génesis* VII, 23). La nueva repoblación de la tierra se tuvo que hacer, pues, con los hijos y descendientes de Noé, según nos relata el capítulo 10 del *Génesis*, que detalla el linaje del patriarca. Tomando como base el árbol familiar de Noé y el episodio de la Torre de Babel se hizo la primitiva clasificación genética de las lenguas: los tres hijos de Noé, Sem, Cam y Jafet, en su expansión por el mundo dieron lugar a las lenguas de Asia, de África septentrional y de Europa, respectivamente. Hoy, a pesar de los estudios científicos del lenguaje y del desarrollo de la dialectología y de otras disciplinas relacionadas con ella, la familia lingüística que comprende el hebreo, el árabe y el arameo se llama *semítica*, y la que agrupa al egipcio antiguo y las lenguas bereberes recibe el adjetivo de *camítica*.

4 El *Génesis* (X, 2–4) dice: «Hijos de Jafet fueron Gomer, Magog, Madai, Javán, Tubal, Mosoc y Tiras; hijos de Gomer: Asquenaz, Rifat y Togorma; hijos de Javán: Elisa y Tarsis, Quitim y Rodanim». Los autores de la traducción escriben Tubal, con acentuación aguda, pero la forma hoy aceptada es Túbal. Aunque tales nombres son usados como epónimos, no podemos relacionar a Túbal con un lugar geográfico a pesar de la cita de *Isaías* (LXVI, 19): «... y mandaré sobrevivientes de ellos a Tarsis, a las naciones de Put, de Lud, de Mosoc, de Ros, de Tubal y de Yaván...».

5 Josefo (2002). José Ben Matías, que adoptó el nombre de Flavio Josefo, nació hacia el año 37 de nuestra era y murió hacia el año 101. Historiador judío de familia noble, participó en la sublevación de los zelotes y acompañó a Tito en el asedio de Jerusalén, en el año 70. Protegido por el emperador, vivió en Roma hasta su muerte. Sus obras más destacadas, escritas en griego, son *La guerra de los judíos* (siete libros) y *Antigüedades judías* (veinte libros), donde explica la historia del pueblo hebreo desde sus orígenes hasta el año 66 d. C.

6 Véase Lida (1970: 11–48). El excelente artículo de Lida me ha sido útil para glosar la figura de Túbal.

presente se llaman iberos». La vinculación de Túbal con los orígenes de Hispania parece que se debe a una confusión entre el hijo de Jafet y uno de los descendientes de Caín, Tubalcaín, «forjador de instrumentos cortantes de bronce y de hierro» (*Génesis* IV, 22), que es llamado *Thobel* en la versión bíblica de los *Setenta* y Thóbelos en las *Antigüedades* de Flavio Josefo. Dado que en la antigüedad Hispania era considerada la tierra de los metales, parece que se estableció una relación entre Túbal, al que, por confusión, se consideró iniciador de la industria metalúrgica, e Hispania.

La noticia de Flavio Josefo fue ampliamente utilizada por los sabios e historiadores españoles: San Isidoro († 636) identifica a *Thubal* con los iberos; Rodrigo Jiménez de Rada († 1247) dice en su *Historia gothica* que Túbal arribó a Hispania junto al río Ebro y es el padre de los celtiberos; Alfonso X el Sabio († 1284) utilizó para la *General Estoria* y la *Crónica General* los datos de Josefo y de Jiménez de Rada, y en el *Commentaria in Genesim* de Alfonso Fernández de Madrigal, el *Tostado* († 1455), se cita a Túbal como el primer poblador de España, pero no el único. Hispania, desgajada del Imperio Romano, había encontrado en la figura de este nieto de Noé la raíz primera de su historia y el vínculo con los nuevos repobladores de la tierra tras el diluvio. La *Historia general de España* del Padre Juan de Mariana († 1624), que servirá de norma a los futuros historiadores, consagrará definitivamente la figura de Túbal. Dice el Padre Mariana:

> «Tvbal, hijo de Iaphet, fue el primer hombre que vino a España. Assi lo sienten y testifican autores muy graues, que en esta parte del mundo poblò en diuersos lugares, posseyò y gouernò a España com imperio templado y justo. [...] Tubal, que fue su quinto [de Iaphet] embiado alo postrero delas tierras donde el Sol se pone, conuiene a saber a España, fundò en ella dichosamente, y para siempre, en aquel principio del mundo, grossero y sin policia, no sin prouidencia y fauor del cielo, la gente Española y su valeroso imperio» (Mariana, 1601: 1)[7].

También se debe a Flavio Josefo (*Antigüedades*, libro x) la noticia del viaje marítimo de Nabucodonosor por el Mediterráneo y el sometimiento de la mayor parte de Libia y de Iberia[8]; este fantástico

7 Lida (1970: 31–40) recoge noticias de la propagación hacia América de la heroica (y fantástica) genealogía de Noé.

8 Josefo sigue aquí un relato del historiador griego Megástenes (siglos IV-III a. C.), que parece querer equiparar al emperador babilónico con otro viajero de

viaje[9] y la presentación de otros testimonios[10] serán utilizados por los historiadores judeoespañoles para justificar en la Edad Media, principalmente en el siglo XV, la presencia judía en Hispania antes de la Pasión de Cristo y, por tanto, rechazar las acusaciones de participación en ella.

2. La leyenda y la lengua

Con estas noticias y un poco de fantasía la leyenda estaba ya confeccionada: al antiquísimo y mítico viajero Túbal se le atribuyó en la Edad Media y en el Renacimiento desde el fantástico origen de Setúbal, en la margen izquierda de la desembocadura del Tajo, y los primeros y primitivos asentamientos de judíos en Hispania, que no tuvieron nada que ver con la muerte de Cristo en la cruz, hasta la introducción en España del latín (Jiménez de Rada), del vasco (Pablo de Santa María, † 1435, y Esteban de Garibay, † 1599), del teutón (Goropius, † 1572), del castellano (*El Tostado*, † 1455) y del caldeo (según cita que recoge Aldrete

la antigüedad fantástica, Hércules, una de cuyas fabulosas hazañas lo trajo a las costas de Hispania en busca de los bueyes de Gerión. El viaje de Nabucodonosor fue recogido por el Padre Mariana, que lo cita como «muy célebre en los libros de los hebreos» (Lida, 1970: 28).

9 Este viaje se enmarca en el imaginario periplo de Nabucodonosor († 562 a. C.) por el Mediterráneo, tras la toma de Tiro, acompañado de un grupo de judíos al mando de Túbal. Tanto si se atribuye al emperador babilónico la conquista de Hispania como si aquél decidió volverse después de recorrer el norte de África, la leyenda afirma que Túbal le pidió que lo dejase en Hispania con su gente o, en el segundo caso, que le permitiera seguir la exploración marítima hacia el norte, llegando entonces a Hispania, que fue así poblada.

10 La presencia de judíos en Hispania desde antes de la llegada de los romanos se pretendía confirmar con la atribución de origen hebreo a muchos nombres de ciudades españolas (como hacen Garibay y Covarrubias con *Escalona*, *Azeca*, *Maqueda*, *Yepes*, *Setúbal*, *Noves*, etc.; y también Calderón, que da etimología hebrea a *Toledo* en *Origen, pérdida y restauración de la Virgen del Sagrario*) y con otras pruebas inventadas por la población judía española (como las famosas cartas de los judíos de Toledo al Sanedrín de Jerusalén para tratar de evitar la muerte de Cristo).

1606: 227), etc. Contra estas fantasías lingüísticas se levantaron entonces las razones de Antonio de Nebrija (1492: Prólogo) y de Bernardo de Aldrete (1606: 227; ambos citados también por Lida, 1970: 19–31).

La cuestión no quedó clara a pesar de la autoridad de Nebrija y Aldrete, contrarios a esta teoría, y los historiadores siguieron nombrando a Túbal como el ilustre fundador de Hispania y el introductor del castellano. Este es el caso, en cuanto a la Historia, de Rodríguez de Aumente (1770: 245), que cita en el capítulo dedicado a la «Cronologia de los Reyes y Enperadores de España» a Túbal como primer rey de España y se atreve a fijar la cronología: «Tubàl quinto yjo de Jafèz, y nieto de Noe, vino à España à poblarla el año de 140 despues del Diluvio, y 1798 años después de la Creación del mundo, y 2163[11] antes de la venida de nuestro Redentor Jesucristo». Y este es el caso, en el campo de la Lingüística, de Gregorio López Madera y de su obra *Discursos de la certidumbre de las reliquias descubiertas en Granada…* (Granada, 1601).

Tras la entrega de Granada a los Reyes Católicos en 1492, la intransigencia religiosa de unos y las revueltas moriscas hicieron que los Reyes Católicos suspendieran las Capitulaciones firmadas y la sociedad granadina se vio dirigida por la Iglesia, que inició la conversión forzosa de la población y convirtió las mezquitas en templos cristianos.

La relación entre cristianos viejos y cristianos nuevos, los moriscos, no era buena y la vida de estos últimos no era tranquila y mucho menos placentera; el recuerdo de la sangrienta sublevación de los moriscos en las Alpujarras (1568–1570) y el temor a que iniciaran revueltas con la ayuda de los piratas berberiscos, que en aquellos años y hasta bien avanzado el siglo XVIII asolaban las costas mediterráneas, hacían que la situación fuera muy tensa. Había que encontrar un punto de equilibrio y de convivencia, había que convencer al pueblo de que aquellos cristianos conversos, antiguos mudéjares y ahora moriscos, ni eran demonios ni eran peligrosos.

11 En el capítulo dedicado al «Origen de nuestra Lengua Castellana» (Rodríguez de Aumente, 1770: 17) repite las cifras con un año de diferencia: 1799 y 2162. La lista de los primeros reyes se completa con Ibero, Gerión, Ispalo, Ispán, Hércules, Gárgoris, etc. A Túbal le atribuye un reinado de 155 años (p. 246).

La ocasión llegó con la demolición de la torre Turpiana (o Torre Vieja), alminar de la mezquita mayor de Granada «que ocupaba el mismo sitio en que se encuentra emplazado el coro de la Santa Iglesia Catedral» (Morell, 1892: 85). El 18 de marzo de 1588, día de San Gabriel (el arcángel más importante para el islam, pues comunicó al Profeta el Corán), se encontró una caja de plomo que fue abierta al día siguiente, día de San José (que es el inspirador de los documentos que se van a encontrar). La caja contenía una tablita con la imagen de la Virgen vestida con un traje que podía ser morisco o gitano (*egipciano*), vestimenta entonces prohibida a los moriscos, un trozo de un paño de la virgen y un pergamino autógrafo de san Cecilio (Cecilio Aben Alradi, árabe cristiano primer obispo de Granada) escrito en árabe[12], castellano y en un latín muy castellanizado, y reliquias de san Cecilio y del protomártir san Esteban; el pergamino anunciaba la inminente aparición de unos libros que contenían una importante revelación religiosa.

Entre 1594 y 1598 se hallaron en Valparaíso (nombre originario del Sacromonte granadino) junto a las reliquias y restos de los supuestos santos y mártires fundadores de la Iglesia iliberitana —san Cecilio, san Tesifón, san Hiscio, etc.—, las cuevas donde sufrieron martirio, 233 discos de plomo que formaban 22 libros religiosos escritos por san Cecilio, san Hiscio y san Tesifón en árabe, y unas láminas escritas en latín[13]. Los libros, tallados a buril sobre planchas de plomo circulares de unos diez centímetros de diámetro (de ahí el nombre de *Libros plúmbeos*) eran tratados religiosos, presuntamente del siglo I, que trataban de hacer de las doctrinas del islam y del cristianismo una religión sincrética, un cristianismo islamizado. El primer paso fue atribuir origen

12 El tipo de letra empleado para la ocasión tenía que ser distinto del usado por la población musulmana, la creación recibió el nombre de letra *salomónica*; el *Libro de la esencia de Dios*, dice tras el título que «san Thesiphón, discípulo del apóstol Jacobo, escribió en su natural lengua arábiga con caracteres de Salomón» (Hagerty, 2007: 75).

13 Se eligió a algunos de los Siete Varones Apostólicos, de los que no se tenían apenas noticias, para dar mayor verosimilitud a la invención. Según la tradición, los Siete Varones (san Cecilio, actual patrón de Granada; san Torcuato, patrón de Guadix; san Tesifón, patrón de Berja; san Indalecio, patrón de Almería; san Eufrasio, anterior patrón de Jaén; san Hiscio, patrón de Andújar y Cazorla, y san Segundo, patrón de Ávila) desembarcaron en la Bética y extendieron el cristianismo por la Península.

y nombres árabes a los primeros predicadores y fundadores del cristianismo en Granada, como puede verse en una de las láminas latinas descubierta el 10 de abril de 1595:

> «En el año segundo del imperio de Nerón, primero día del mes de abril, padesció martyrio en este lugar illipulitano S. Tesiphón, el qual, antes que se convirtiera, se llamava Abenatar, discípulo del apostol Sanctiago, varón docto y sancto. Escrivió en tablas de plomo aquel libro llamado Fundamento de la Iglesia; y juntamente fueron martyrizados sus discípulos S. Maximino y Lupario, cuyos polvos y libro están con los polvos de los sanctos mártyres, en las cavernas deste sagrado monte. Reverénciense en memoria de ellos» (Traducción de Antolínez,1996 [c. 1611]: 480)[14].

Los libros utilizaban otro viaje fantástico para explicar el origen cristiano de Granada, el del apóstol Santiago a España. Santiago, según esta leyenda, desembarcó en la Bética acompañado de, entre otros, Cecilio, Hiscio y Tesifón, tres discípulos de origen árabe. Estos llegaron a Granada y se alojaron en las cuevas del Sacromonte unos días y allí escribieron y escondieron los discos de plomo que forman los llamados *Libros plúmbeos*, escritos en árabe, y unas láminas, también en plomo, escritas en latín, con noticias de todo lo que era aquello[15]; después fueron apresados en tiempos de Nerón y sufrieron martirio. Uno de los libros contaba que la Virgen María decía que los árabes eran un pueblo virtuoso, cuya lengua había sido elegida por Dios para propagar el Evangelio. También se hacía alusión a una creencia muy defendida por los españoles, la concepción de María sin pecado original[16]. Una comisión reunida por el arzobispo Pedro de Castro[17] declaró en 1600 que eran reliquias auténticas del siglo I. Castro fundó ese año la abadía del Sacromonte.

---

14 Hagerty (2007: 326) presenta una traducción con la ortografía y el estilo actualizados.

15 Una traducción de los *Libros plúmbeos* puede verse en Hagerty (2007: 69–323).

16 Hay noticias de esta creencia desde el siglo VII, pero fue Pío IX en 1854 quien proclamó el dogma de la inmaculada concepción de María.

17 Es sumamente interesante la figura de este décimo arzobispo de Granada, que conocía el árabe (llegó a realizar un exorcismo en árabe, Barrios, 2011: 18) y defendió ante Felipe III a los moriscos cuando se decretó la expulsión. Un detenido análisis de la actuación de Castro en todo este caso de los descubrimientos sacromontanos puede verse en Barrios (2011) y en Antolínez (1996 [c. 1611]).

Comentario aparte mereció entonces el pergamino escrito en castellano y atribuido a san Cecilio, muchos sabios de la época, entre ellos Bernardo de Aldrete, filólogo que trabajó para el arzobispo de Granada, lo creyó autentico, y Gregorio López (1601: 64–65) llegó a afirmar que el castellano, una de las lenguas que surgen de Babel, fue traído a España por Túbal y era más antiguo que el latín y la madre de este. La teoría del castellano primitivo fue aceptada por muchos gramáticos y estudiosos del siglo XVII (Jiménez Patón, Gonzalo Correas, Luis de Cueva, Tamayo de Vargas, etc.), más porque afectaba al engrandecimiento de la patria que por la fundamentación de la idea.

La causa de los *Libros plúmbeos* está en la situación angustiada y de persecución religiosa que vivían los moriscos granadinos. Algunos cristianos viejos y moriscos granadinos, entre los que destacan Alonso del Castillo, culto médico y traductor al servicio de Felipe II, y Miguel de Luna, médico, historiador y traductor también al servicio de Felipe II, fueron los artífices de este curioso episodio de la historia de España, intento de buscar la supervivencia mediante la falsificación de textos y documentos para evitar la persecución religiosa (véase Cueva, 1603, Barrios y García-Arenal, 2006 y 2008, Hagerty, 2007, y Barrios 2011; hay traducción de los libros y láminas en Hagerty, 2007; también hacen referencia a estos sucesos Antolínez, 1996 [c. 1611]: 475–649, que recoge y traduce las láminas de plomo encontradas en el Sacromonte, y Bermúdez, 1608: 150–187, y 1639: 260 y 266–273).

El estudio de la autenticidad de los documentos culminó en 1682, cuando el Papa Inocencio IX los condenó por ser «puras ficciones humanas, fabricadas para ruina de la fe católica» (Hagerty, 2007: 54). No sucedió lo mismo con las reliquias ni los huesos, que están considerados sagrados por la Iglesia y custodiados en Granada y en El Escorial, en donde, por ejemplo, se encuentra el trozo del manto de la Virgen, que parece que curó un episodio de gota de Felipe II.

En esta ocasión fue un pueblo maltratado el que ideó la farsa y, mediante ella, alzó la voz para tratar de liberarse de la opresión. Las autoridades, confundidas o interesadas, aceptaron la invención y abundaron en ella; crear en Granada un centro de peregrinación religiosa, un nuevo Santiago, en un momento en que los Santos Lugares estaban bajo dominio turco, era una ocasión que no se podía despreciar. La construcción de la abadía y la atribución de varios milagros a las reliquias contribuyeron a aumentar la adoración de las mismas y la fe popular, incluso después de decretarse la falsedad de todo el asunto.

Iberos, celtas, godos, árabes…, otra vez el viajero y la lengua, aunque en esta ocasión lo que arribó a España y a nuestro idioma no fue la realidad histórico-lingüística, sino la fantasía y el deseo de encontrar un origen ilustre para la nación y para la propia lengua.

Referencias bibliográficas

Aldrete, B. (1606). *Del origen, y principio de la lengua castellana ò romance que oi se usa en España*. Roma: Carlo Wllietto.

Antolínez de Burgos, J. (1996 [c. 1611]). *Historia eclesiástica de Granada*. Granada: Universidad de Granada.

Barrios Aguilera, M. y García-Arenal, M. (eds.). (2006). *Los plomos del Sacromonte. Invención y tesoro*. Valencia: Universidad de Valencia.

Barrios Aguilera, M. y García-Arenal, M. (eds.). (2008), *¿La Historia inventada? Los libros plúmbeos y el legado sacromontano*. Granada: Universidad de Granada.

Barrios Aguilera, M. (2011). *La invención de los libros plúmbeos. Fraude, historia y mito*. Granada: Universidad de Granada.

Bermúdez de Pedraza, F. (1608). *Antigüedad y excelencias de Granada*. Madrid: Luis Sánchez.

Bermúdez de Pedraza, F. (1639). *Historia eclesiástica principios, y progresos de la ciudad, y religión católica de Granada. Corona de su poderoso Reyno, y excelencia de su corona por Francisco Vermudez de Pedraza*. Granada: Imprenta Real.

Cueva, L. de la. (1603). *Diálogos de las cosas notables de Granada, y lengua española, y algunas cosas curiosas*. Sevilla: Fernando de Lara.

Josefo, F. (2002). *Antigüedades judías. Edición de José Vara Donado*. Tres Cantos (Madrid): Akal.

Hagerty Fox, M. J. (2007). *Los libros plúmbeos del Sacromonte*, 2.ª ed. Madrid: Comares.

Lida de Malkiel, M. R. (1970). Túbal, primer poblador de España. *Ábaco*, 3, 11–48.

López Madera, G. (1601). *Discursos de la certidumbre de las reliqvias descubiertas en Granada desde el año 1588, hasta el de 1598.* Granada: Sebastián de Mena.

Mariana, J. (1601). *Historia general de España*, Tomo primero. Toledo: Pedro Rodríguez.

Mayans y Siscar, G. (1737). *Orígenes de la lengua española, compuestos por varios autores*, 2 tomos. Madrid: Juan de Zúñiga.

Morell y Terry, L. (1892). *Efemérides granadinas coleccionadas por* ___. Granada: Establecimiento Tipográfico.

Nebrija, E. A. (1992). *Gramática castellana.* Madrid: Fundación Antonio de Nebrija.

Rodríguez de Aumente, D. A. (1770). *Defensorio de la lengua castellana, y verdadera ortografia contra los padrastros, bastardos, y superfluidades de ella....* Granada: Nicolás Moreno.

Sagrada Biblia. (1967). *Versión directa de las lenguas originales por Eloino Nácar Fuster y Alberto Colunga*, 24.ª ed. Madrid: Biblioteca de Autores Cristianos.

Información acerca de los autores

Sergio Rodríguez-Tapia es doctor internacional por la Universidad de Córdoba con una tesis sobre discurso especializado. Graduado en Traducción e Interpretación, cuenta con un Máster en Traducción Especializada y un Máster en Traducción y Nuevas Tecnologías. Actualmente forma parte del grupo IDEA-TEXT de la Universidad de Córdoba, donde imparte clase de Lingüística y Terminología en el Departamento de Ciencias del Lenguaje. Sus líneas de investigación se centran en el análisis del grado de especialización textual, la reformulación, la lingüística de corpus y la reflexión teórico-metodológica en lingüística aplicada. Ha realizado estancias de investigación en el Institut Universitari de Lingüística Aplicada (Universitat Pompeu Fabra, Barcelona), el Institut für Angewandte Linguistik und Translatologie (Univeristät Leipzig, Leipzig, Alemania) y el Dipartamento di Interpretazione e Traduzione (Università di Bologna, Forlì, Italia). Ha publicado sus trabajos en revistas como *Anuario de Estudios Filológicos*, *Moenia*, *Signa*, *Sintagma*, *Pragmalingüística* o *Tonos digital*, así como en diversas editoriales de prestigio.

Adela González Fernández es doctora por la Universidad de Córdoba en el programa de Lenguas y Culturas con una tesis sobre lingüística, nuevas tecnologías y *big data*. Actualmente es profesora en el Departamento de Ciencias del Lenguaje de la misma universidad, en el Área de Lingüística General. Pertenece al grupo de investigación IDEA-TEXT y ha participado en distintos proyectos de innovación como coordinadora o como investigadora, entre los que destaca el proyecto de investigación del Centro de Estudios Andaluces de la Junta de Andalucía *Linguapp: Asegurando el acceso al aprendizaje universal e inclusivo de segundas lenguas*. Sus líneas de investigación están relacionadas con la lingüística aplicada, lingüística de corpus, *big data*, y neología. Ha realizado prácticas en la Dirección General de Traducción de la Comisión Europea, así como estancias de investigación en la

Universidad de Bolonia y en la Universidad de Verona. Sus investigaciones se encuentran publicadas en revistas como *Pragmalingüística*, *Lengua y Habla*, *Estudios de Lingüística de la Universidad de Alicante* y en editoriales como Tirant Lo Blanch, Atrio, Síntesis, Lincom, Graó, Universidad de Granada o IGI Global, entre *otras*.

Alberto Gómez Font se licenció en Filosofía y Letras por la Universidad Autónoma de Madrid en 1979. Además, es escritor, conferenciante y profesor invitado en varias universidades españolas. Ha impartido cursos y conferencias sobre el buen uso del español en los medios de comunicación y sobre diferentes parcelas del estudio de la lengua en universidades y otras instituciones de una veintena de países. Trabajó como revisor y corrector de textos periodísticos y asesor lingüístico en el Departamento del Español Urgente de la Agencia Efe, como coordinador general de la Fundación del Español Urgente (Fundéu), como director del Instituto Cervantes en Rabat (Marruecos). Es miembro correspondiente de la Academia Norteamericana de la Lengua Española. Ha colaborado en la redacción del *Diccionario panhispánico de dudas* y de la *Enciclopedia del español* en los Estados Unidos, así como de la última edición del *Diccionario de la Lengua Española* y del *Libro de estilo de la lengua española* (de la Real Academia Española). Es coautor de todas las ediciones del *Manual de Español Urgente*, del Libro de Estilo Garrigues, del *Libro de Estilo de Red Eléctrica Española* y del *Libro de Estilo del Ilustre Colegio de Abogados de Madrid.*

Angela Maria Erazo Muñoz ocupa el cargo de profesora adjunta en el Departamento de Mediaciones Interculturales de la Universidad Federal de Paraíba, en la ciudad de João Pessoa (Brasil), donde trabaja en el Programa de Lenguas Extranjeras Aplicadas a las Negociaciones Internacionales. Es doctora en Ciencias del Lenguaje, especialidad didáctica y lingüística, por la Université Grenoble-Alpes (Francia). Licenciada en Antropología y en Lenguas neolatinas (español) por la Université de Strasbourg (Francia) y con Máster de Investigación en Antropología social y cultural y Máster en Didáctica de Leguas Extranjeras en la misma universidad. Ha trabajado en la enseñanza del español lengua extranjera en Francia y en Brasil y cuenta con más de 10 años de experiencia. Es miembro del grupo de investigación sobre movilidad y contacto lingüístico MOBILANG de la Universidad Nacional de Brasilia y del Proyecto CAPES/COFECUB de cooperación internacional DIPROLING – «Distância e proximidade entre português, francês e outras línguas: potencial da reflexão comparativa».

Antonio Martínez González es Catedrático Emérito de Universidad, doctor en Filología Románica y profesor del Departamento de Lengua Española de la Universidad de Granada desde 1972. También es profesor visitante, investigador o invitado en diversas universidades tanto nacionales como internacionales, como Antonio Machado, Delaware, Gante, Almería, Aquisgrán, Coimbra, Bristol, Nápoles o Potsdam, entre otras. Sus investigaciones han girado en torno a la enseñanza de lenguas, las variedades del español (especialmente las hablas andaluzas), la historia de la lengua española, la historia de la lingüística española, la norma y uso de la lengua y los problemas de la docencia en la enseñanza superior. Es autor o editor científico de veintidós libros, publicados en editoriales de prestigio entre las que cabe destacar: Universidad de Granada, Instituto de Estudios Almerienses o Peter Lang. Más de un centenar de artículos, capítulos de libros, ponencias en actas de congresos y reseñas completan su actividad científica, que ha sido publicada tanto en España como fuera de nuestras fronteras.

Astrid Schmidhofer es profesora del Departamento de Traducción e Interpretación de la Universidad de Innsbruck. Cursó estudios de Filología y Traducción en Austria y España y es doctora por la Universidad de Córdoba. Sus principales áreas de investigación son la Didáctica de la Traducción y la Didáctica de Lenguas para Traductores. También participa en proyectos de investigación sobre Traducción Automática y Lingüística Contrastiva. Es autora de varios manuales didácticos y numerosos artículos.

Aurora Ruiz Mezcua trabaja en el Área de Traducción de la Universidad de Córdoba (UCO) desde el año académico 2008/2009. Comenzó su carrera profesional como traductora en la empresa Hermes Traducciones y Servicios Lingüísticos y presentó su tesis doctoral titulada «El equipo de la interpretación simultánea y sus implicaciones didácticas» en 2010 en la Universidad de Málaga. En actualidad imparte asignaturas relacionadas con la interpretación en las combinaciones lingüísticas francés-español e inglés-español y es coordinadora del Grado de Traducción e Interpretación de la UCO. Sus líneas de investigación se centran en la interpretación de conferencias, la interpretación en los servicios públicos y las nuevas tecnologías aplicadas a la traducción y la interpretación. Ha impartido clase en los másteres de interpretación de conferencias de las Universidades Herriot Watt de Edimburgo y Leeds de Reino Unido y es docente de los másteres de Traducción Especializada de la UCO y del ISTRAD de Sevilla.

Cristina Plaza-Lara es doctora en Traducción e Interpretación por la Universidad de Málaga, donde actualmente ejerce como profesora asociada de dicho departamento. Imparte clases de traducción especializada, lengua alemana y recursos informáticos. Asimismo, es directora de producción en una agencia de traducción, donde realiza tareas de coordinación de proyectos y de equipo. Sus principales áreas de investigación son la didáctica de la traducción, las nuevas tecnologías y las competencias profesionales del traductor. En su tesis doctoral, la autora presenta un análisis didáctico-curricular sobre la enseñanza de la traducción asistida por ordenador. En esta línea, ha publicado su libro *Integración de la competencia instrumental-profesional en el aula de traducción* (2016), que recoge una amplia propuesta de actividades, tareas y proyectos para fomentar el desarrollo de esta competencia. Actualmente, su investigación se centra en dos áreas principalmente: la traducción automática y la posedición, por un lado, y las competencias en gestión de proyectos, por otro. Al respecto ha publicado diferentes trabajos en revistas como *Meta*, *The Journal of Specialised Translation* o *Hermeneus* (en prensa).

Elke Cases Berbel es doctora en Lingüística por la UCM, licenciada en Traducción e Interpretación por la Universidad CES Felipe II y diplomada en Empresas y Actividades Turísticas por la Universidad Rey Juan Carlos. Trabaja desde el 2005 como traductora e intérprete jurada autónoma. Tras su paso como profesora asociada de español y alemán en Inglaterra y de alemán e inglés en enseñanza secundaria en España, se incorporó en 2006 al Departamento de Traducción y Comunicación Intercultural de la Universidad Europea de Madrid.

Desde entonces, ha impartido alemán en la titulación de traducción, así como traducción directa, inversa e interpretación. También es tutora de varios Trabajos Fin de Grado. Además, es la responsable de exámenes del Österreichisches Sprachdiplom de todos los niveles. Ha colaborado con el instituto Cervantes en varios cursos relacionados con actividades y estrategias de mediación en el aula ELE. Desde el año 2014 se incorporó al claustro de Filología de la Universidad Complutense de Madrid e imparte diferentes asignaturas en el Grado de Traducción e Interpretación. Su campo de investigación es construcciones participiales en la lengua alemana y su adaptación y traducción al español. También pertenece al grupo de investigación de PAREFRAS y de INMIGRA.

Francisco Javier Calvo del Olmo posee las titulaciones de Filología Románica (2009) y máster en Investigación en Lengua Española (2011), ambos en la Universidad Complutense de Madrid. Desde 2014, es doctor en Traductología por la Universidad Federal de Santa Catarina (Brasil) y, actualmente, ocupa el cargo de profesor adjunto en el Departamento de Letras Extranjeras Modernas (DELEM) de la Universidad Federal do Paraná (UFPR) en Curitiba, Brasil. Ha publicado artículos en revistas científicas como *Estudios de traducción*, *Revue des langues romanes*, *Mutatis mutandis*, *Caligrama* o *E-scripta romanica*, abordando las relaciones lingüísticas y culturales entre las lenguas neolatinas como enfoque metodológico para la enseñanza de idiomas y la formación de profesores. Además, ha realizado estancias de investigación en la Universidad Grenoble-Alpes (Francia), en la Universidad de Bucarest (Rumania), en la Universidad de Santiago de Compostela (España), en la Scuola Normale y Superiore di Pisa (Italia) y en la Universidad Paul-Valéry Montpellier III (Francia).

Francisco Luque Janodet es graduado en Traducción e Interpretación por la Universidad de Córdoba. Asimismo, ha cursado el Máster Universitario en Traducción Especializada en la misma institución, en la que desarrolla los estudios de doctorado. Actualmente, trabaja como docente en el departamento de Filología Francesa de la Universidad de Sevilla. Sus principales líneas de investigación son la traducción científico-técnica y agroalimentaria, la traducción jurídica y turística.

Gisella Policastro Ponce es profesora doctora de la Universidad de Córdoba y forma parte del Grupo de Investigación HUM-947 «Texto, Ciencia y Traducción». Como docente, imparte las asignaturas de Traducción Científico-Técnica y Traducción Jurídico-Económica en el Grado de Traducción e Interpretación de dicha universidad y de la asignatura de Ordenamientos Jurídicos Comprados (francés-español) en el Máster de Traducción Institucional de la Universidad de Alicante. Licenciada en Traducción e Interpretación por la Universidad de Córdoba, cursó un máster en Relaciones Internacionales (UNIA) y un máster en Traducción Institucional. Ha trabajado durante seis años como traductora e intérprete profesional en una agencia de traducción, ejerciendo además en calidad de jefa del departamento de Traducción. Ha participado como ponente en diversos congresos y publicado en revistas como *Estudios Franco-Alemanes*, *Skopos*, *Futhark* y un capítulo de libro en la editorial Éditions Tradulex.

Isabel Granda Rossi es licenciada en Filología Inglesa por la Universidad Autónoma de Madrid y doctora en Filología Inglesa por la UNED. Lleva 20 años dedicándose a la enseñanza de la lengua inglesa en el ámbito universitario. Desde 2006 pertenece al Departamento de Estudios Ingleses: Lingüística y Literatura de la Universidad Complutense de Madrid, donde imparte asignaturas de grado y máster relacionadas con el inglés para fines específicos en el Grado de Información y Documentación. Centrada en investigación del inglés para fines específicos y la evaluación de la producción oral en el ámbito del turismo y general, ha participado en proyectos y grupos de investigación, algunos de los cuales giraban en torno a la Mitocrítica, mostrando la permanencia y remodelación de los mitos de diversas culturas en la sociedad actual. También ha participado en Proyectos de Innovación. Colabora como evaluadora de artículos con las revistas *Complutense Journal of English Studies*, así como *Estudios de Traducción* y *Cuadernos de Turismo*. Su nueva línea de investigación se centra en la docencia en línea y su diseño tecno-pedagógico.

Isidoro Ramírez Almansa es profesor del área de Traducción e Interpretación de la Universidad de Córdoba y miembro del Grupo de Investigación HUM 947 «Texto, Ciencia y Traducción», así como de la Red Temática: Lengua y Ciencia. Ha impartido clase en el William Jewell College (EE. UU.) y ha formado parte de la secretaría y organización del Congreso Internacional «Turismo, Lenguas y Traducción» y del Congreso Internacional «Ciencia y Traducción».

Jorge Leiva Rojo es profesor titular de Universidad del Departamento de Traducción e Interpretación de la Universidad de Málaga y doctor por la misma universidad (Premio extraordinario de doctorado, 2005). En la actualidad es coordinador del Máster Universitario en Traducción para el Mundo Editorial de la Universidad de Málaga junto con la Dra. Esther Morillas García y es miembro del Distributed Little Red Hen Lab de la Universidad de California en Los Ángeles. Ha ejercido labores docentes como alumno colaborador en Dickinson College (Carlisle, Pensilvania), investigador visitante en la Universidad Harvard (Cambridge, Massachusetts), y profesor visitante en el Middlebury Institute of International Studies at Monterey (Monterey, California). Entre sus líneas de investigación se incluyen la ortotipografía, la revisión y evaluación de traducciones, la lingüística de corpus y la traducción de unidades fraseológicas y de textos museísticos. Sus trabajos se han publicado en volúmenes monográficos de editoriales como Peniope, Comares, Tirant Lo Blanch y Cátedra, y en revistas como *TRANS: Revista de Traductología*, *HEL: Histoire Épistémologie Langage*, *Cogent Arts & Humanities*, *Revista de Lingüística y Lenguas Aplicadas*, y *Hermeneus*.

José María Castellano Martínez es licenciado y doctor en Traducción e Interpretación por la Universidad de Córdoba. Realizó una estancia doctoral en el *Groupe de recherche en linguistique appliquée TERMISTI*, integrado actualmente en la Université libre de Bruxelles. Actualmente, es Profesor Ayudante Doctor del Área de Traducción e Interpretación de la universidad de Córdoba y coordinador del itinerario conjunto de los grados de Traducción e Interpretación y Estudios Ingleses. Es miembro del grupo de investigación HUM-947 «Texto, Ciencia y Traducción» y de la Asociación de Francesistas de la Universidad Española. A lo largo de su trayectoria docente, ha impartido diversas asignaturas de Traducción Especializada y Literaria y de Lengua Francesa, y ha sido profesor invitado en la Université libre de Bruxelles, la Université de

Nîmes y la Université Paul Valéry – Montpellier 3. Autor de varias publicaciones sobre traducción y terminología institucionales, jurídicas y turísticas; aborda también la Historia e Historiografía de la Traducción con especial interés en los siglos XVIII y XIX. De entre sus publicaciones, se pueden destacar los artículos publicados en *Sendebar* o en *Ámbitos*. Es miembro del equipo investigador del Proyecto I+D+i «Weinapp», así como miembro del comité organizador de los congresos internacionales «Ciencia y Traducción» y «Lenguas, Turismo y Traducción» de la Universidad de Córdoba.

M.ª de la Pasión Guijarro Herrador es graduada en Traducción e Interpretación (inglés, alemán) por la Universidad de Córdoba, con calificación de Matrícula de Honor en el TFG con título: «Estudio lingüístico del discurso agroalimentario a través de los menús gastronómicos de Córdoba: análisis textual y terminológico». Actualmente, cursa el Máster en Español: Lengua, Literatura, Historia o Enseñanza en la misma universidad. Ha sido beneficiaria de la Beca Semillero de Investigación (2017–2018) y de la Beca de Colaboración (2018–2019) en el Departamento de Ciencias del Lenguaje de la Universidad de Córdoba, donde colabora desde 2014. Sus líneas de investigación se inscriben dentro de las disciplinas de la lingüística textual, el análisis del discurso y la pragmática, con las que ha asistido como comunicante a diversos congresos, tanto nacionales como internacionales. Ha publicado como coautora en la *Revista de innovación y buenas prácticas docentes* y en la editorial UCOPress.

Manuela Álvarez Jurado es doctora en Filología Francesa desde 1996 por la Universidad de Granada y Profesora Titular del Área de Traducción e Interpretación de la Universidad de Córdoba desde 2002. Sus líneas de investigación se centran en la historia de la traducción no literaria, en la traducción biosanitaria, en la traducción agroalimentaria y en la traducción de textos turísticos. Ha publicado numerosos capítulos de libros y artículos en editoriales y revistas prestigiosas; entre las más recientes, se encuentran Tirant Lo Blanch, Escolar y Mayo, Comares, Günter Narr Verlag, *Onomazéin* o *Cuadernos de Filología Francesa*.

María José Arévalo Benito es doctora en Filología Francesa y profesora del Departamento, también, de Filología Francesa de la UPV-EHU (Universidad del País Vasco-Euskal Herriko Unibertsitatea), donde imparte clases del ámbito de la lingüística a los alumnos de la especialidad en francés (Morfosintaxis e Historia de la lengua) y de francés lengua extranjera a los no especialistas de la Facultad de Letras. Dos son sus líneas de investigación prioritarias: la didáctica en FLE, centrada en aspectos como la integración de los medios digitales en el aula a través de contenidos como la literatura y la interculturalidad, y el análisis del discurso, con análisis de lingüística comparada francés/español y el estudio de los actos de habla.

Marta Guirao Ochoa es profesora en la Universidad Complutense de Madrid e investigadora en el Instituto Universitario de Lenguas Modernas y Traducción en la misma institución. Es doctora en Traducción y Literatura Comparada por la Universidad de Londres, y posee un Máster en Estudios de Traducción de la Universidad de Warwick (Reino Unido). Sus principales líneas de investigación son la traducción especializada (ciencia, arte y turismo), la traducción literaria, la intertextualidad y la didáctica de la traducción, en especial la aplicación de tecnologías en el aula. Entre sus publicaciones recientes están aportaciones al Diccionario de Teatro Comparado (2018, traducción teatral), al volumen Estudios lingüísticos en torno al turismo (2019), la coedición del volumen Nuevas perspectivas en torno a la traducción (2018) y las traducciones de varios catálogos de exposiciones.

Olga Alas Mínguez posee formación en el ámbito del Turismo (Grado en Turismo en la Escuela Oficial de Turismo de Madrid), de la Filología (DEUG de Lenguas modernas en la Université de Pau y des Pays de l'Adour, Francia) y de la Traducción (Licenciada en Traducción e Interpretación por la Universidad Complutense de Madrid). Fue nombrada Traductora-Intérprete jurada de francés otorgado por el Ministerio de Asuntos Exteriores y de Cooperación y, actualmente, es traductora-intérprete por cuenta propia y guía oficial en Madrid, especialmente en los tres museos del «triángulo del arte»: el Prado, el Thyssen-Bornemisza y el Reina Sofía. Desde 2015, es profesora asociada en la Universidad Complutense de Madrid, donde está inscrita en el Programa de Doctorado de Estudios Franceses. Su principal línea de investigación es la traducción en el ámbito museístico en los principales museos europeos. Su trabajo ha dado pie, hasta ahora, a dos publicaciones en la editorial Escolar y Mayo en los años 2018 y 2019.

Paloma Garrido Íñigo es doctora en Filología por la Universidad Complutense de Madrid y profesora del área de Lenguas Modernas de la Universidad Rey Juan Carlos de Madrid. Sus líneas de investigación se centran en dos campos: el tratamiento automático de la información textual del español y el desarrollo y la aplicación de los mundos virtuales a la enseñanza de lenguas. Algunos de sus trabajos han sido publicados en la *Revista Española de Lingüística Aplicada* o la *Revista de Investigación en Educación*, así como en editoriales como Taylor & Francis.

Linguistic Insights

Studies in Language and Communication

This series aims to promote specialist language studies in the fields of linguistic theory and applied linguistics, by publishing volumes that focus on specific aspects of language use in one or several languages and provide valuable insights into language and communication research. A cross-disciplinary approach is favoured and most European languages are accepted.

The series includes two types of books:

- Monographs – featuring in-depth studies on special aspects of language theory, language analysis or language teaching.
- Collected papers – assembling papers from workshops, conferences or symposia.

Each volume of the series is subjected to a double peer-reviewing process.

Vol. 1 Maurizio Gotti & Marina Dossena (eds)
Modality in Specialized Texts. Selected Papers of the 1st CERLIS Conference.
421 pages. 2001. ISBN 3-906767-10-8 · US-ISBN 0-8204-5340-4

Vol. 2 Giuseppina Cortese & Philip Riley (eds)
Domain-specific English. Textual Practices across Communities and Classrooms.
420 pages. 2002. ISBN 3-906768-98-8 · US-ISBN 0-8204-5884-8

Vol. 3 Maurizio Gotti, Dorothee Heller & Marina Dossena (eds)
Conflict and Negotiation in Specialized Texts. Selected Papers of the 2nd CERLIS Conference.
470 pages. 2002. ISBN 3-906769-12-7 · US-ISBN 0-8204-5887-2

Vol. 4 Maurizio Gotti, Marina Dossena, Richard Dury, Roberta Facchinetti & Maria Lima
Variation in Central Modals. A Repertoire of Forms and Types of Usage in Middle English and Early Modern English.
364 pages. 2002. ISBN 3-906769-84-4 · US-ISBN 0-8204-5898-8

Editorial address:

Prof. Maurizio Gotti Università di Bergamo, Dipartimento di Lingue, Letterature e Culture Straniere Piazza Rosate 2, 24129 Bergamo, Italy
Fax: +39 035 2052789, E-Mail: m.gotti@unibg.it

Vol. 5 Stefania Nuccorini (ed.)
Phrases and Phraseology. Data and Descriptions.
187 pages. 2002. ISBN 3-906770-08-7 · US-ISBN 0-8204-5933-X

Vol. 6 Vijay Bhatia, Christopher N. Candlin & Maurizio Gotti (eds)
Legal Discourse in Multilingual and Multicultural Contexts.
Arbitration Texts in Europe.
385 pages. 2003. ISBN 3-906770-85-0 · US-ISBN 0-8204-6254-3

Vol. 7 Marina Dossena & Charles Jones (eds)
Insights into Late Modern English. 2nd edition.
378 pages. 2003, 2007.
ISBN 978-3-03911-257-9 · US-ISBN 978-0-8204-8927-8

Vol. 8 Maurizio Gotti
Specialized Discourse. Linguistic Features and Changing Conventions.
351 pages. 2003, 2005.
ISBN 3-03910-606-6 · US-ISBN 0-8204-7000-7

Vol. 9 Alan Partington, John Morley & Louann Haarman (eds)
Corpora and Discourse.
420 pages. 2004. ISBN 3-03910-026-2 · US-ISBN 0-8204-6262-4

Vol. 10 Martina Möllering
The Acquisition of German Modal Particles. A Corpus-Based Approach.
290 pages. 2004. ISBN 3-03910-043-2 · US-ISBN 0-8204-6273-X

Vol. 11 David Hart (ed.)
English Modality in Context. Diachronic Perspectives.
261 pages. 2003. ISBN 3-03910-046-7 · US-ISBN 0-8204-6852-5

Vol. 12 Wendy Swanson
Modes of Co-reference as an Indicator of Genre.
430 pages. 2003. ISBN 3-03910-052-1 · US-ISBN 0-8204-6855-X

Vol. 13 Gina Poncini
Discursive Strategies in Multicultural Business Meetings.
2nd edition. 338 pages. 2004, 2007.
ISBN 978-3-03911-296-8 · US-ISBN 978-0-8204-8937-7

Vol. 14 Christopher N. Candlin & Maurizio Gotti (eds)
Intercultural Aspects of Specialized Communication.
2nd edition. 369 pages. 2004, 2007.
ISBN 978-3-03911-258-6 · US-ISBN 978-0-8204-8926-1

Vol. 15 Gabriella Del Lungo Camiciotti & Elena Tognini Bonelli (eds)
Academic Discourse. New Insights into Evaluation.
234 pages. 2004. ISBN 3-03910-353-9 · US-ISBN 0-8204-7016-3

Vol. 16 Marina Dossena & Roger Lass (eds)
Methods and Data in English Historical Dialectology.
405 pages. 2004. ISBN 3-03910-362-8 · US-ISBN 0-8204-7018-X

Vol. 17 Judy Noguchi
The Science Review Article. An Opportune Genre in
the Construction of Science.
274 pages. 2006. ISBN 3-03910-426-8 · US-ISBN 0-8204-7034-1

Vol. 18 Giuseppina Cortese & Anna Duszak (eds)
Identity, Community, Discourse. English in Intercultural Settings.
495 pages. 2005. ISBN 3-03910-632-5 · US-ISBN 0-8204-7163-1

Vol. 19 Anna Trosborg & Poul Erik Flyvholm Jørgensen (eds)
Business Discourse. Texts and Contexts.
250 pages. 2005. ISBN 3-03910-606-6 · US-ISBN 0-8204-7000-7

Vol. 20 Christopher Williams
Tradition and Change in Legal English. Verbal Constructions in Prescriptive Texts.
2nd revised edition. 216 pages. 2005, 2007. ISBN 978-3-03911-444-3.

Vol. 21 Katarzyna Dziubalska-Kolaczyk & Joanna Przedlacka (eds)
English Pronunciation Models: A Changing Scene.
2nd edition. 476 pages. 2005, 2008. ISBN 978-3-03911-682-9.

Vol. 22 Christián Abello-Contesse, Rubén Chacón-Beltrán, M. Dolores López-Jiménez & M. Mar Torreblanca-López (eds)
Age in L2 Acquisition and Teaching.
214 pages. 2006. ISBN 3-03910-668-6 · US-ISBN 0-8204-7174-7

Vol. 23 Vijay K. Bhatia, Maurizio Gotti, Jan Engberg & Dorothee Heller (eds)
Vagueness in Normative Texts.
474 pages. 2005. ISBN 3-03910-653-8 · US-ISBN 0-8204-7169-0

Vol. 24 Paul Gillaerts & Maurizio Gotti (eds)
Genre Variation in Business Letters. 2nd printing.
407 pages. 2008. ISBN 978-3-03911-681-2.

Vol. 25 Ana María Hornero, María José Luzón & Silvia Murillo (eds)
Corpus Linguistics. Applications for the Study of English.
2nd printing. 526 pages. 2006, 2008. ISBN 978-3-03911-726-0

Vol. 26 J. Lachlan Mackenzie & María de los Ángeles Gómez-González (eds)
Studies in Functional Discourse Grammar.
259 pages. 2005. ISBN 3-03910-696-1 · US-ISBN 0-8204-7558-0

Vol. 27 Debbie G. E. Ho
Classroom Talk. Exploring the Sociocultural Structure of Formal ESL Learning.
2nd edition. 254 pages. 2006, 2007. ISBN 978-3-03911-434-4

Vol. 28 Javier Pérez-Guerra, Dolores González-Álvarez, Jorge L. Bueno-Alonso & Esperanza Rama-Martínez (eds)
'Of Varying Language and Opposing Creed'. New Insights into Late Modern English.
455 pages. 2007. ISBN 978-3-03910-788-9

Vol. 29 Francesca Bargiela-Chiappini & Maurizio Gotti (eds)
Asian Business Discourse(s).
350 pages. 2005. ISBN 3-03910-804-2 · US-ISBN 0-8204-7574-2

Vol. 30 Nicholas Brownlees (ed.)
News Discourse in Early Modern Britain. Selected Papers of CHINED 2004.
300 pages. 2006. ISBN 3-03910-805-0 · US-ISBN 0-8204-8025-8

Vol. 31 Roberta Facchinetti & Matti Rissanen (eds)
Corpus-based Studies of Diachronic English.
300 pages. 2006. ISBN 3-03910-851-4 · US-ISBN 0-8204-8040-1

Vol. 32 Marina Dossena & Susan M. Fitzmaurice (eds)
Business and Official Correspondence. Historical Investigations.
209 pages. 2006. ISBN 3-03910-880-8 · US-ISBN 0-8204-8352-4

Vol. 33 Giuliana Garzone & Srikant Sarangi (eds)
Discourse, Ideology and Specialized Communication.
494 pages. 2007. ISBN 978-3-03910-888-6

Vol. 34 Giuliana Garzone & Cornelia Ilie (eds)
The Use of English in Institutional and Business Settings.
An Intercultural Perspective.
372 pages. 2007. ISBN 978-3-03910-889-3

Vol. 35 Vijay K. Bhatia & Maurizio Gotti (eds)
Explorations in Specialized Genres.
316 pages. 2006. ISBN 3-03910-995-2 · US-ISBN 0-8204-8372-9

Vol. 36 Heribert Picht (ed.)
Modern Approaches to Terminological Theories and Applications.
432 pages. 2006. ISBN 3-03911-156-6 · US-ISBN 0-8204-8380-X

Vol. 37 Anne Wagner & Sophie Cacciaguidi-Fahy (eds)
Legal Language and the Search for Clarity / Le langage juridique et la quête de clarté. Practice and Tools / Pratiques et instruments.
487 pages. 2006. ISBN 3-03911-169-8 · US-ISBN 0-8204-8388-5

Vol. 38 Juan Carlos Palmer-Silveira, Miguel F. Ruiz-Garrido & Inmaculada Fortanet-Gómez (eds)
Intercultural and International Business Communication.
Theory, Research and Teaching.
2nd edition. 343 pages. 2006, 2008. ISBN 978-3-03911-680-5

Vol. 39 Christiane Dalton-Puffer, Dieter Kastovsky, Nikolaus Ritt & Herbert Schendl (eds)
Syntax, Style and Grammatical Norms. English from 1500–2000.
250 pages. 2006. ISBN 3-03911-181-7 · US-ISBN 0-8204-8394-X

Vol. 40 Marina Dossena & Irma Taavitsainen (eds)
Diachronic Perspectives on Domain-Specific English.
280 pages. 2006. ISBN 3-03910-176-0 · US-ISBN 0-8204-8391-5

Vol. 41 John Flowerdew & Maurizio Gotti (eds)
Studies in Specialized Discourse.
293 pages. 2006. ISBN 3-03911-178-7

Vol. 42 Ken Hyland & Marina Bondi (eds)
Academic Discourse Across Disciplines.
320 pages. 2006. ISBN 3-03911-183-3 · US-ISBN 0-8204-8396-6

Vol. 43 Paul Gillaerts & Philip Shaw (eds)
The Map and the Landscape. Norms and Practices in Genre.
256 pages. 2006. ISBN 3-03911-182-5 · US-ISBN 0-8204-8395-4

Vol. 44 Maurizio Gotti & Davide Giannoni (eds)
New Trends in Specialized Discourse Analysis.
301 pages. 2006. ISBN 3-03911-184-1 · US-ISBN 0-8204-8381-8

Vol. 45 Maurizio Gotti & Françoise Salager-Meyer (eds)
Advances in Medical Discourse Analysis. Oral and Written Contexts.
492 pages. 2006. ISBN 3-03911-185-X · US-ISBN 0-8204-8382-6

Vol. 46 Maurizio Gotti & Susan Šarcević (eds)
Insights into Specialized Translation.
396 pages. 2006. ISBN 3-03911-186-8 · US-ISBN 0-8204-8383-4

Vol. 47 Khurshid Ahmad & Margaret Rogers (eds)
Evidence-based LSP. Translation, Text and Terminology.
584 pages. 2007. ISBN 978-3-03911-187-9

Vol. 48 Hao Sun & Dániel Z. Kádár (eds)
It's the Dragon's Turn. Chinese Institutional Discourses.
262 pages. 2008. ISBN 978-3-03911-175-6

Vol. 49 Cristina Suárez-Gómez
Relativization in Early English (950-1250). the Position of Relative Clauses.
149 pages. 2006. ISBN 3-03911-203-1 · US-ISBN 0-8204-8904-2

Vol. 50 Maria Vittoria Calvi & Luisa Chierichetti (eds)
Nuevas tendencias en el discurso de especialidad.
319 pages. 2006. ISBN 978-3-03911-261-6

Vol. 51 Mari Carmen Campoy & María José Luzón (eds)
Spoken Corpora in Applied Linguistics.
274 pages. 2008. ISBN 978-3-03911-275-3

Vol. 52 Konrad Ehlich & Dorothee Heller (Hrsg.)
Die Wissenschaft und ihre Sprachen.
323 pages. 2006. ISBN 978-3-03911-272-2

Vol. 53 Jingyu Zhang
The Semantic Salience Hierarchy Model. The L2 Acquisition of Psych Predicates
273 pages. 2007. ISBN 978-3-03911-300-2

Vol. 54 Norman Fairclough, Giuseppina Cortese & Patrizia Ardizzone (eds)
Discourse and Contemporary Social Change.
555 pages. 2007. ISBN 978-3-03911-276-0

Vol. 55 Jan Engberg, Marianne Grove Ditlevsen, Peter Kastberg & Martin Stegu (eds)
New Directions in LSP Teaching.
331 pages. 2007. ISBN 978-3-03911-433-7

Vol. 56 Dorothee Heller & Konrad Ehlich (Hrsg.)
Studien zur Rechtskommunikation.
322 pages. 2007. ISBN 978-3-03911-436-8

Vol. 57 Teruhiro Ishiguro & Kang-kwong Luke (eds)
Grammar in Cross-Linguistic Perspective.
The Syntax, Semantics, and Pragmatics of Japanese and Chinese.
304 pages. 2012. ISBN 978-3-03911-445-0

Vol. 58 Carmen Frehner
Email – SMS – MMS
294 pages. 2008. ISBN 978-3-03911-451-1

Vol. 59 Isabel Balteiro
The Directionality of Conversion in English. A Dia-Synchronic Study.
276 pages. 2007. ISBN 978-3-03911-241-8

Vol. 60 Maria Milagros Del Saz Rubio
English Discourse Markers of Reformulation.
237 pages. 2007. ISBN 978-3-03911-196-1

Vol. 61 Sally Burgess & Pedro Martín-Martín (eds)
English as an Additional Language in Research Publication and Communication.
259 pages. 2008. ISBN 978-3-03911-462-7

Vol. 62 Sandrine Onillon
Pratiques et représentations de l'écrit.
458 pages. 2008. ISBN 978-3-03911-464-1

Vol. 63 Hugo Bowles & Paul Seedhouse (eds)
Conversation Analysis and Language for Specific Purposes.
2nd edition. 337 pages. 2007, 2009. ISBN 978-3-0343-0045-2

Vol. 64 Vijay K. Bhatia, Christopher N. Candlin & Paola Evangelisti Allori (eds)
Language, Culture and the Law.
The Formulation of Legal Concepts across Systems and Cultures.
342 pages. 2008. ISBN 978-3-03911-470-2

Vol. 65 Jonathan Culpeper & Dániel Z. Kádár (eds)
Historical (Im)politeness.
300 pages. 2010. ISBN 978-3-03911-496-2

Vol. 66 Linda Lombardo (ed.)
Using Corpora to Learn about Language and Discourse.
237 pages. 2009. ISBN 978-3-03911-522-8

Vol. 67 Natsumi Wakamoto
Extroversion/Introversion in Foreign Language Learning.
Interactions with Learner Strategy Use.
159 pages. 2009. ISBN 978-3-03911-596-9

Vol. 68 Eva Alcón-Soler (ed.)
Learning How to Request in an Instructed Language Learning Context.
260 pages. 2008. ISBN 978-3-03911-601-0

Vol. 69 Domenico Pezzini
The Translation of Religious Texts in the Middle Ages.
428 pages. 2008. ISBN 978-3-03911-600-3

Vol. 70 Tomoko Tode
Effects of Frequency in Classroom Second Language Learning.
Quasi-experiment and stimulated-recall analysis.
195 pages. 2008. ISBN 978-3-03911-602-7

Vol. 71 Egor Tsedryk
Fusion symétrique et alternances ditransitives.
211 pages. 2009. ISBN 978-3-03911-609-6

Vol. 72 Cynthia J. Kellett Bidoli & Elana Ochse (eds)
English in International Deaf Communication.
444 pages. 2008. ISBN 978-3-03911-610-2

Vol. 73 Joan C. Beal, Carmela Nocera & Massimo Sturiale (eds)
Perspectives on Prescriptivism.
269 pages. 2008. ISBN 978-3-03911-632-4

Vol. 74 Carol Taylor Torsello, Katherine Ackerley & Erik Castello (eds)
Corpora for University Language Teachers.
308 pages. 2008. ISBN 978-3-03911-639-3

Vol. 75 María Luisa Pérez Cañado (ed.)
English Language Teaching in the European Credit Transfer System. Facing the Challenge.
251 pages. 2009. ISBN 978-3-03911-654-6

Vol. 76 Marina Dossena & Ingrid Tieken-Boon van Ostade (eds)
Studies in Late Modern English Correspondence. Methodology and Data.
291 pages. 2008. ISBN 978-3-03911-658-4

Vol. 77 Ingrid Tieken-Boon van Ostade & Wim van der Wurff (eds)
Current Issues in Late Modern English.
436 pages. 2009. ISBN 978-3-03911-660-7

Vol. 78 Marta Navarro Coy (ed.)
Practical Approaches to Foreign Language Teaching and Learning.
297 pages. 2009. ISBN 978-3-03911-661-4

Vol. 79 Qing Ma
Second Language Vocabulary Acquisition.
333 pages. 2009. ISBN 978-3-03911-666-9

Vol. 80 Martin Solly, Michelangelo Conoscenti & Sandra Campagna (eds)
Verbal/Visual Narrative Texts in Higher Education.
384 pages. 2008. ISBN 978-3-03911-672-0

Vol. 81 Meiko Matsumoto
From Simple Verbs to Periphrastic Expressions: The Historical Development of Composite Predicates, Phrasal Verbs, and Related Constructions in English.
235 pages. 2008. ISBN 978-3-03911-675-1

Vol. 82 Melinda Dooly
Doing Diversity. Teachers' Construction of Their Classroom Reality.
180 pages. 2009. ISBN 978-3-03911-687-4

Vol. 83 Victoria Guillén-Nieto, Carmen Marimón-Llorca & Chelo Vargas-Sierra (eds)
Intercultural Business Communication and Simulation and Gaming Methodology.
392 pages. 2009. ISBN 978-3-03911-688-1

Vol. 84 Maria Grazia Guido
English as a Lingua Franca in Cross-cultural Immigration Domains.
285 pages. 2008. ISBN 978-3-03911-689-8

Vol. 85 Erik Castello
Text Complexity and Reading Comprehension Tests.
352 pages. 2008. ISBN 978-3-03911-717-8

Vol. 86 Maria-Lluisa Gea-Valor, Isabel García-Izquierdo & Maria-José Esteve (eds)
Linguistic and Translation Studies in Scientific Communication.
317 pages. 2010. ISBN 978-3-0343-0069-8

Vol. 87 Carmen Navarro, Rosa Mª Rodríguez Abella, Francesca Dalle Pezze & Renzo Miotti (eds)
La comunicación especializada.
355 pages. 2008. ISBN 978-3-03911-733-8

Vol. 88 Kiriko Sato
The Development from Case-Forms to Prepositional Constructions in Old English Prose.
231 pages. 2009. ISBN 978-3-03911-763-5

Vol. 89 Dorothee Heller (Hrsg.)
Formulierungsmuster in deutscher und italienischer Fachkommunikation. Intra- und interlinguale Perspektiven.
315 pages. 2008. ISBN 978-3-03911-778-9

Vol. 90 Henning Bergenholtz, Sandro Nielsen & Sven Tarp (eds)
Lexicography at a Crossroads. Dictionaries and Encyclopedias Today, Lexicographical Tools Tomorrow.
372 pages. 2009. ISBN 978-3-03911-799-4

Vol. 91 Manouchehr Moshtagh Khorasani
The Development of Controversies. From the Early Modern Period to Online Discussion Forums.
317 pages. 2009. ISBN 978-3-3911-711-6

Vol. 92 María Luisa Carrió-Pastor (ed.)
Content and Language Integrated Learning. Cultural Diversity.
178 pages. 2009. ISBN 978-3-3911-818-2

Vol. 93 Roger Berry
Terminology in English Language Teaching. Nature and Use.
262 pages. 2010. ISBN 978-3-0343-0013-1

Vol. 94 Roberto Cagliero & Jennifer Jenkins (eds)
Discourses, Communities, and Global Englishes
240 pages. 2010. ISBN 978-3-0343-0012-4

Vol. 95 Facchinetti Roberta, Crystal David, Seidlhofer Barbara (eds)
From International to Local English – And Back Again.
268 pages. 2010. ISBN 978-3-0343-0011-7

Vol. 96 Cesare Gagliardi & Alan Maley (eds)
EIL, ELF, Global English. Teaching and Learning Issues
376 pages. 2010. ISBN 978-3-0343-0010-0

Vol. 97 Sylvie Hancil (ed.)
The Role of Prosody in Affective Speech.
403 pages. 2009. ISBN 978-3-03911-696-6

Vol. 98 Marina Dossena & Roger Lass (eds)
Studies in English and European Historical Dialectology.
257 pages. 2009. ISBN 978-3-0343-0024-7

Vol. 99 Christine Béal
Les interactions quotidiennes en français et en anglais. De l'approche comparative à l'analyse des situations interculturelles.
424 pages. 2010. ISBN 978-3-0343-0027-8

Vol. 100 Maurizio Gotti (ed.)
Commonality and Individuality in Academic Discourse.
398 pages. 2009. ISBN 978-3-0343-0023-0

Vol. 101 Javier E. Díaz Vera & Rosario Caballero (eds)
Textual Healing. Studies in Medieval English Medical, Scientific and Technical Texts.
213 pages. 2009. ISBN 978-3-03911-822-9

Vol. 102 Nuria Edo Marzá
The Specialised Lexicographical Approach. A Step further in Dictionary-making.
316 pages. 2009. ISBN 978-3-0343-0043-8

Vol. 103 Carlos Prado-Alonso, Lidia Gómez-García, Iria Pastor-Gómez & David Tizón-Couto (eds)
New Trends and Methodologies in Applied English Language Research. Diachronic, Diatopic and Contrastive Studies.
348 pages. 2009. ISBN 978-3-0343-0046-9

Vol. 104 Françoise Salager-Meyer & Beverly A. Lewin
Crossed Words. Criticism in Scholarly Writing?
371 pages. 2011. ISBN 978-3-0343-0049-0.

Vol. 105 Javier Ruano-García
Early Modern Northern English Lexis. A Literary Corpus-Based Study.
611 pages. 2010. ISBN 978-3-0343-0058-2

Vol. 106 Rafael Monroy-Casas
Systems for the Phonetic Transcription of English. Theory and Texts.
280 pages. 2011. ISBN 978-3-0343-0059-9

Vol. 107 Nicola T. Owtram
The Pragmatics of Academic Writing.
A Relevance Approach to the Analysis of Research Article Introductions.
311 pages. 2009. ISBN 978-3-0343-0060-5

Vol. 108 Yolanda Ruiz de Zarobe, Juan Manuel Sierra & Francisco Gallardo del Puerto (eds)
Content and Foreign Language Integrated Learning.
Contributions to Multilingualism in European Contexts
343 pages. 2011. ISBN 978-3-0343-0074-2

Vol. 109 Ángeles Linde López & Rosalía Crespo Jiménez (eds)
Professional English in the European context. The EHEA challenge.
374 pages. 2010. ISBN 978-3-0343-0088-9

Vol. 110 Rosalía Rodríguez-Vázquez
The Rhythm of Speech, Verse and Vocal Music. A New Theory.
394 pages. 2010. ISBN 978-3-0343-0309-5

Vol. 111 Anastasios Tsangalidis & Roberta Facchinetti (eds)
Studies on English Modality. In Honour of Frank Palmer.
392 pages. 2009. ISBN 978-3-0343-0310-1

Vol. 112 Jing Huang
Autonomy, Agency and Identity in Foreign Language Learning and Teaching.
400 pages. 2013. ISBN 978-3-0343-0370-5

Vol. 113 Mihhail Lotman & Maria-Kristiina Lotman (eds)
Frontiers in Comparative Prosody. In memoriam: Mikhail Gasparov.
426 pages. 2011. ISBN 978-3-0343-0373-6

Vol. 114 Merja Kytö, John Scahill & Harumi Tanabe (eds)
Language Change and Variation from Old English to Late Modern English.
A Festschrift for Minoji Akimoto
422 pages. 2010. ISBN 978-3-0343-0372-9

Vol. 115 Giuliana Garzone & Paola Catenaccio (eds)
Identities across Media and Modes. Discursive Perspectives.
379 pages. 2009. ISBN 978-3-0343-0386-6

Vol. 116 Elena Landone
Los marcadores del discurso y cortesía verbal en español.
390 pages. 2010. ISBN 978-3-0343-0413-9

Vol. 117 Maurizio Gotti & Christopher Williams (eds)
Legal Discourse across Languages and Cultures.
339 pages. 2010. ISBN 978-3-0343-0425-2

Vol. 118 David Hirsh
Academic Vocabulary in Context.
217 pages. 2010. ISBN 978-3-0343-0426-9

Vol. 119 Yvonne Dröschel
Lingua Franca English. The Role of Simplification and Transfer.
358 pages. 2011. ISBN 978-3-0343-0432-0

Vol. 120 Tengku Sepora Tengku Mahadi, Helia Vaezian & Mahmoud Akbari
Corpora in Translation. A Practical Guide.
135 pages. 2010. ISBN 978-3-0343-0434-4

Vol. 121 Davide Simone Giannoni & Celina Frade (eds)
Researching Language and the Law. Textual Features and Translation Issues.
278 pages. 2010. ISBN 978-3-0343-0443-6

Vol. 122 Daniel Madrid & Stephen Hughes (eds)
Studies in Bilingual Education.
472 pages. 2011. ISBN 978-3-0343-0474-0

Vol. 123 Vijay K. Bhatia, Christopher N. Candlin & Maurizio Gotti (eds)
The Discourses of Dispute Resolution.
290 pages. 2010. ISBN 978-3-0343-0476-4

Vol. 124 Davide Simone Giannoni
Mapping Academic Values in the Disciplines. A Corpus-Based Approach.
288 pages. 2010. ISBN 978-3-0343-0488-7

Vol. 125 Giuliana Garzone & James Archibald (eds)
Discourse, Identities and Roles in Specialized Communication.
419 pages. 2010. ISBN 978-3-0343-0494-8

Vol. 126 Iria Pastor-Gómez
The Status and Development of N+N Sequences in
Contemporary English Noun Phrases.
216 pages. 2011. ISBN 978-3-0343-0534-1

Vol. 127 Carlos Prado-Alonso
Full-verb Inversion in Written and Spoken English.
261 pages. 2011. ISBN 978-3-0343-0535-8

Vol. 128 Tony Harris & María Moreno Jaén (eds)
Corpus Linguistics in Language Teaching.
214 pages. 2010. ISBN 978-3-0343-0524-2

Vol. 129 Tetsuji Oda & Hiroyuki Eto (eds)
Multiple Perspectives on English Philology and History of Linguistics.
A Festschrift for Shoichi Watanabe on his 80th Birthday.
378 pages. 2010. ISBN 978-3-0343-0480-1

Vol. 130 Luisa Chierichetti & Giovanni Garofalo (eds)
Lengua y Derecho. líneas de investigación interdisciplinaria.
283 pages. 2010. 978-3-0343-0463-4

Vol. 131 Paola Evangelisti Allori & Giuliana Garzone (eds)
Discourse, Identities and Genres in Corporate Communication.
Sponsorship, Advertising and Organizational Communication.
324 pages. 2011. 978-3-0343-0591-4

Vol. 132 Leyre Ruiz de Zarobe & Yolanda Ruiz de Zarobe (eds)
Speech Acts and Politeness across Languages and Cultures.
402 pages. 2012. 978-3-0343-0611-9

Vol. 133 Thomas Christiansen
Cohesion. A Discourse Perspective.
387 pages. 2011. 978-3-0343-0619-5

Vol. 134 Giuliana Garzone & Maurizio Gotti
Discourse, Communication and the Enterprise. Genres and Trends.
451 pages. 2011. ISBN 978-3-0343-0620-1

Vol. 135 Zsuzsa Hoffmann
Ways of the World's Words.
Language Contact in the Age of Globalization.
334 pages 2011. ISBN 978-3-0343-0673-7

Vol. 136 Cecilia Varcasia (ed.)
Becoming Multilingual.
Language Learning and Language Policy between Attitudes and Identities.
213 pages. 2011. ISBN 978-3-0343-0687-5

Vol. 137 Susy Macqueen
The Emergence of Patterns in Second Language Writing.
A Sociocognitive Exploration of Lexical Trails.
325 pages. 2012. ISBN 978-3-0343-1010-9

Vol. 138 Maria Vittoria Calvi & Giovanna Mapelli (eds)
La lengua del turismo. Géneros discursivos y terminología.
365 pages. 2011. ISBN 978-3-0343-1011-6

Vol. 139 Ken Lau
Learning to Become a Professional in a Textually-Mediated World.
A Text-Oriented Study of Placement Practices.
261 pages. 2012. ISBN 978-3-0343-1016-1

Vol. 140 Sandra Campagna, Giuliana Garzone, Cornelia Ilie & Elizabeth Rowley-Jolivet (eds)
Evolving Genres in Web-mediated Communication.
337 pages. 2012. ISBN 978-3-0343-1013-0

Vol. 141 Edith Esch & Martin Solly (eds)
The Sociolinguistics of Language Education in International Contexts.
263 pages. 2012. ISBN 978-3-0343-1009-3

Vol. 142 Forthcoming.

Vol. 143 David Tizón-Couto
Left Dislocation in English. A Functional-Discoursal Approach.
416 pages. 2012. ISBN 978-3-0343-1037-6

Vol. 144 Margrethe Petersen & Jan Engberg (eds)
Current Trends in LSP Research. Aims and Methods.
323 pages. 2011. ISBN 978-3-0343-1054-3

Vol. 145 David Tizón-Couto, Beatriz Tizón-Couto, Iria Pastor-Gómez & Paula Rodríguez-Puente (eds)
New Trends and Methodologies in Applied English Language Research II.
Studies in Language Variation, Meaning and Learning.
283 pages. 2012. ISBN 978-3-0343-1061-1

Vol. 146 Rita Salvi & Hiromasa Tanaka (eds)
Intercultural Interactions in Business and Management.
306 pages. 2011. ISBN 978-3-0343-1039-0

Vol. 147 Francesco Straniero Sergio & Caterina Falbo (eds)
Breaking Ground in Corpus-based Interpreting Studies.
254 pages. 2012. ISBN 978-3-0343-1071-0

Vol. 148 Forthcoming.

Vol. 149 Vijay K. Bhatia & Paola Evangelisti Allori (eds)
Discourse and Identity in the Professions. Legal, Corporate and Institutional Citizenship.
352 pages. 2011. ISBN 978-3-0343-1079-6

Vol. 150 Maurizio Gotti (ed.)
Academic Identity Traits. A Corpus-Based Investigation.
363 pages. 2012. ISBN 978-3-0343-1141-0

Vol. 151 Priscilla Heynderickx, Sylvain Dieltjens, Geert Jacobs, Paul Gillaerts &
Elizabeth de Groot (eds)
The Language Factor in International Business.
New Perspectives on Research, Teaching and Practice.
320 pages. 2012. ISBN 978-3-0343-1090-1

Vol. 152 Paul Gillaerts, Elizabeth de Groot, Sylvain Dieltjens, Priscilla Heynderickx &
Geert Jacobs (eds)
Researching Discourse in Business Genres. Cases and Corpora.
215 pages. 2012. ISBN 978-3-0343-1092-5

Vol. 153 Yongyan Zheng
Dynamic Vocabulary Development in a Foreign Language.
262 pages. 2012. ISBN 978-3-0343-1106-9

Vol. 154 Carmen Argondizzo (ed.)
Creativity and Innovation in Language Education.
357 pages. 2012. ISBN 978-3-0343-1080-2

Vol. 155 David Hirsh (ed.)
Current Perspectives in Second Language Vocabulary Research.
180 pages. 2012. ISBN 978-3-0343-1108-3

Vol. 156 Seiji Shinkawa
Unhistorical Gender Assignment in Lahamon's *Brut*. A Case Study of a Late Stage in the Development of Grammatical Gender toward its Ultimate Loss.
186 pages. 2012. ISBN 978-3-0343-1124-3

Vol. 157 Yeonkwon Jung
Basics of Organizational Writing: A Critical Reading Approach.
151 pages. 2014. ISBN 978-3-0343-1137-3.

Vol. 158 Bárbara Eizaga Rebollar (ed.)
Studies in Linguistics and Cognition.
301 pages. 2012. ISBN 978-3-0343-1138-0

Vol. 159 Giuliana Garzone, Paola Catenaccio, Chiara Degano (eds)
Genre Change in the Contemporary World. Short-term Diachronic Perspectives.
329 pages. 2012. ISBN 978-3-0343-1214-1

Vol. 160 Carol Berkenkotter, Vijay K. Bhatia & Maurizio Gotti (eds)
Insights into Academic Genres.
468 pages. 2012. ISBN 978-3-0343-1211-0

Vol. 161 Beatriz Tizón-Couto
Clausal Complements in Native and Learner Spoken English. A corpus-based study with Lindsei and Vicolse. 357 pages. 2013. ISBN 978-3-0343-1184-7

Vol. 162 Patrizia Anesa
Jury Trials and the Popularization of Legal Language. A Discourse Analytical Approach.
247 pages. 2012. ISBN 978-3-0343-1231-8

Vol. 163 David Hirsh
Endangered Languages, Knowledge Systems and Belief Systems.
153 pages. 2013. ISBN 978-3-0343-1232-5

Vol. 164 Eugenia Sainz (ed.)
De la estructura de la frase al tejido del discurso. Estudios contrastivos español/italiano.
305 pages. 2014. ISBN 978-3-0343-1253-0

Vol. 165 Julia Bamford, Franca Poppi & Davide Mazzi (eds)
Space, Place and the Discursive Construction of Identity.
367 pages. 2014. ISBN 978-3-0343-1249-3

Vol. 166 Rita Salvi & Janet Bowker (eds)
Space, Time and the Construction of Identity.
Discursive Indexicality in Cultural, Institutional and Professional Fields.
324 pages. 2013. ISBN 978-3-0343-1254-7

Vol. 167 Shunji Yamazaki & Robert Sigley (eds)
Approaching Language Variation through Corpora. A Festschrift in Honour of Toshio Saito.
421 pages. 2013. ISBN 978-3-0343-1264-6

Vol. 168 Franca Poppi
Global Interactions in English as a Lingua Franca. How written communication is changing under the influence of electronic media and new contexts of use.
249 pages. 2012. ISBN 978-3-0343-1276-9

Vol. 169 Miguel A. Aijón Oliva & María José Serrano
Style in syntax. Investigating variation in Spanish pronoun subjects.
239 pages. 2013. ISBN 978-3-0343-1244-8

Vol. 170 Inés Olza, Óscar Loureda & Manuel Casado-Velarde (eds)
Language Use in the Public Sphere. Methodological Perspectives and Empirical Applications
564 pages. 2014. ISBN 978-3-0343-1286-8

Vol. 171 Aleksandra Matulewska
Legilinguistic Translatology. A Parametric Approach to Legal Translation.
279 pages. 2013. ISBN 978-3-0343-1287-5

Vol. 172 Maurizio Gotti & Carmen Sancho Guinda (eds)
Narratives in Academic and Professional Genres.
513 pages. 2013. ISBN 978-3-0343-1371-1

Vol. 173 Madalina Chitez
Learner corpus profiles. The case of Romanian Learner English.
244 pages. 2014. ISBN 978-3-0343-1410-7

Vol. 174 Chihiro Inoue
Task Equivalence in Speaking Tests.
251 pages. 2013. ISBN 978-3-0343-1417-6

Vol. 175 Gabriel Quiroz & Pedro Patiño (eds.)
LSP in Colombia: advances and challenges.
339 pages. 2014. ISBN 978-3-0343-1434-3

Vol. 176 Catherine Resche
Economic Terms and Beyond: Capitalising on the Wealth of Notions.
How Researchers in Specialised Varieties of English Can Benefit from Focusing on Terms.
332 pages. 2013. ISBN 978-3-0343-1435-0

Vol. 177 Forthcoming.

Vol. 178 Cécile Desoutter & Caroline Mellet (dir.)
Le discours rapporté: approches linguistiques et perspectives didactiques.
270 pages. 2013. ISBN 978-3-0343-1292-9

Vol. 179 Ana Díaz-Negrillo & Francisco Javier Díaz-Pérez (eds)
Specialisation and Variation in Language Corpora.
341 pages. 2014. ISBN 978-3-0343-1316-2

Vol. 180 Pilar Alonso
A Multi-dimensional Approach to Discourse Coherence. From Standardness to Creativity.
247 pages. 2014. ISBN 978-3-0343-1325-4

Vol. 181 Alejandro Alcaraz-Sintes & Salvador Valera-Hernández (eds)
Diachrony and Synchrony in English Corpus Linguistics.
393 pages. 2014. ISBN 978-3-0343-1326-1

Vol. 182 Runhan Zhang
Investigating Linguistic Knowledge of a Second Language.
207 pages. 2015. ISBN 978-3-0343-1330-8

Vol. 183 Hajar Abdul Rahim & Shakila Abdul Manan (eds.)
English in Malaysia. Postcolonial and Beyond.
267 pages. 2014. ISBN 978-3-0343-1341-4

Vol. 184 Virginie Fasel Lauzon
Comprendre et apprendre dans l'interaction. Les séquences d'explication en classe de français langue seconde.
292 pages. 2014. ISBN 978-3-0343-1451-0

Vol. 185 Forthcoming.

Vol. 186 Wei Ren
L2 Pragmatic Development in Study Abroad Contexts
256 pages. 2015. ISBN 978-3-0343-1358-2

Vol. 187 Marina Bondi & Rosa Lorés Sanz (eds)
Abstracts in Academic Discourse. Variation and Change.
361 pages. 2014. ISBN 978-3-0343-1483-1

Vol. 188 Giuditta Caliendo
Rethinking Community. Discourse, Identity and Citizenship in the European Union.
240 pages. 2017. ISBN 978-3-0343-1561-6

Vol. 189 Paola Evangelisti Allori (ed.)
Identities in and across Cultures.
315 pages. 2014. ISBN 978-3-0343-1458-9

Vol. 190 Erik Castello, Katherine Ackerley & Francesca Coccetta (eds).
Studies in Learner Corpus Linguistics. Research and Applications for Foreign Language Teaching and Assessment.
358 pages. 2015. ISBN 978-3-0343-1506-7

Vol. 191 Ruth Breeze, Maurizio Gotti & Carmen Sancho Guinda (eds)
Interpersonality in Legal Genres.
389 pages. 2014. ISBN 978-3-0343-1524-1

Vol. 192 Paola Evangelisti Allori, John Bateman & Vijay K. Bhatia (eds)
Evolution in Genre. Emergence, Variation, Multimodality.
364 pages. 2014. ISBN 978-3-0343-1533-3

Vol. 193 Jiyeon Kook
Agency in Arzt-Patient-Gesprächen. Zur interaktionistischen Konzeptualisierung von Agency
271 pages. 2015. ISBN 978-3-0343-1666-8

Vol. 194 Susana Nicolás Román & Juan José Torres Núñez (eds)
Drama and CLIL. A new challenge for the teaching approaches in bilingual education.
170 pages. 2015. ISBN 978-3-0343-1629-3

Vol. 195 Alessandra Molino & Serenella Zanotti (eds)
Observing Norm, Observing Usage. Lexis in Dictionaries and in the Media.
430 pages. 2015. ISBN 978-3-0343-1584-5

Vol. 196 Begoña Soneira
A Lexical Description of English for Architecture. A Corpus-based Approach.
267 pages. 2015. ISBN 978-3-0343-1602-6

Vol. 197 M Luisa Roca-Varela
False Friends in Learner Corpora. A corpus-based study of English false friends in the written and spoken production of Spanish learners.
348 pages. 2015. ISBN 978-3-0343-1620-0

Vol. 198 Rahma Al-Mahrooqi & Christopher Denman
Bridging the Gap between Education and Employment. English Language Instruction in EFL Contexts.
416 pages. 2015. ISBN 978-3-0343-1681-1

Vol. 199 Rita Salvi & Janet Bowker (eds)
The Dissemination of Contemporary Knowledge in English. Genres, discourse strategies and professional practices.
171 pages. 2015. ISBN 978-3-0343-1679-8

Vol. 200 Maurizio Gotti & Davide S. Giannoni (eds)
Corpus Analysis for Descriptive and Pedagogical Purposes. ESP Perspectives.
432 pages. 2014. ISBN 978-3-0343-1516-6

Vol. 201 Ida Ruffolo
The Perception of Nature in Travel Promotion Texts. A Corpus-based Discourse Analysis.
148 pages. 2015. ISBN 978-3-0343-1521-0

Vol. 202 Ives Trevian
English suffixes. Stress-assignment properties, productivity, selection and combinatorial processes.
471 pages. 2015. ISBN 978-3-0343-1576-0

Vol. 203 Maurizio Gotti, Stefania Maci & Michele Sala (eds)
Insights into Medical Communication.
422 pages. 2015. ISBN 978-3-0343-1694-1

Vol. 204 Carmen Argondizzo (ed.)
European Projects in University Language Centres. Creativity, Dynamics, Best Practice.
371 pages. 2015. ISBN 978-3-0343-1696-5

Vol. 205 Aura Luz Duffé Montalván (ed.)
Estudios sobre el léxico. Puntos y contrapuntos.
502 pages. 2016. ISBN 978-3-0343-2011-5

Vol. 206 Maria Pavesi, Maicol Formentelli & Elisa Ghia (eds)
The Languages of Dubbing. Mainstream Audiovisual Translation in Italy.
275 pages. 2014. ISBN 978-3-0343-1646-0

Vol. 207 Ruth Breeze & Inés Olza (eds)
Evaluation in media discourse. European perspectives.
268 pages. 2017. ISBN 978-3-0343-2014-6

Vol. 208 Vijay K. Bhatia & Maurizio Gotti (eds)
Arbitration Discourse in Asia.
331 pages. 2015. ISBN 978-3-0343-2032-0

Vol. 209 Sofía Bemposta-Rivas, Carla Bouzada-Jabois, Yolanda Fernández-Pena, Tamara Bouso, Yolanda J. Calvo-Benzies, Iván Tamaredo (eds)
New trends and methodologies in applied English language research III. Synchronic and diachronic studies on discourse, lexis and grammar processing.
280 pages. 2017. ISBN 978-3-0343-2039-9

Vol. 210 Francisco Alonso Almeida, Laura Cruz García & Víctor González Ruiz (eds)
Corpus-based studies on language varieties.
285 pages. 2016. ISBN 978-3-0343-2044-3

Vol. 211 Juan Pedro Rica Peromingo
Aspectos lingüísticos y técnicos de la traducción audiovisual (TAV).
177 pages. 2016. ISBN 978-3-0343-2055-9

Vol. 212 Maria Vender
Disentangling Dyslexia. VenderPhonological and Processing Deficit in Developmental Dyslexia.
338 pages. 2017. ISBN 978-3-0343-2064-1

Vol. 213 Zhilong Xie
Bilingual Advantages. Contributions of Different Bilingual Experiences to Cognitive Control Differences Among Young-adult Bilinguals.
221 pages. 2016. ISBN 978-3-0343-2081-8

Vol. 214 Larissa D'Angelo
Academic posters. A textual and visual metadiscourse analysis.
367 pages. 2016. ISBN 978-3-0343-2083-2

Vol. 215 Evelyne Berger
Prendre la parole en L2. Regard sur la compétence d'interaction en classe de langue.
246 pages. 2016. ISBN 978-3-0343-2084-9

Vol. 216 David Lasagabaster and Aintzane Doiz (eds)
CLIL experiences in secondary and tertiary education: In search of good practices.
262 pages. 2016. ISBN 978-3-0343-2104-4

Vol. 217 Elena Kkese
Identifying Plosives in L2 English: The Case of L1 Cypriot Greek Speakers.
317 pages. 2016. ISBN 978-3-0343-2060-3

Vol. 218 Sandra Campagna, Elana Ochse, Virginia Pulcini & Martin Solly (eds)
Languaging in and across Communities: New Voices, New Identities. Studies in Honour of Giuseppina Cortese.
507 pages. 2016. ISBN 978-3-0343-2073-3

Vol. 219 Adriana Orlandi & Laura Giacomini (ed.)
Defining collocation for lexicographic purposes. From linguistic theory to lexicographic practice.
328 pages. 2016. ISBN 978-3-0343-2054-2

Vol. 220 Pietro Luigi Iaia
Analysing English as a Lingua Franca in Video Games. Linguistic Features, Experiential and Functional Dimensions of Online and Scripted Interactions.
139 pages. 2016. ISBN 978-3-0343-2138-9

Vol. 221 Dimitrinka G. Níkleva (ed.)
La formación de los docentes de español para inmigrantes en distintos contextos educativos.
390 pages. 2017. ISBN 978-3-0343-2135-8

Vol. 222 Katherine Ackerley, Marta Guarda & Francesca Helm (eds)
Sharing Perspectives on English-Medium Instruction.
308 pages. 2017. ISBN 978-3-0343-2537-0

Vol. 223 Juana I. Marín-Arrese, Julia Lavid-López, Marta Carretero, Elena Domínguez Romero, Mª Victoria Martín de la Rosa & María Pérez Blanco (eds)
Evidentiality and Modality in European Languages. Discourse-pragmatic perspectives.
427 pages. 2017. ISBN 978-3-0343-2437-3

Vol. 224 Gilles Col
Construction du sens : un modèle instructionnel pour la sémantique.
292 pages. 2017. ISBN 978-3-0343-2572-1

Vol. 225 Ana Chiquito & Gabriel Quiroz (eds)
Pobreza, Lenguaje y Medios en América Latina.
362 pages. 2017. ISBN 978-3-0343-2142-6

Vol. 226 Xu Zhang
English Quasi-Numeral Classifiers. A Corpus-Based Cognitive-Typological Study.
360 pages. 2017. ISBN 978-3-0343-2818-0

Vol. 227 María Ángeles Orts, Ruth Breeze & Maurizio Gotti (eds)
Power, Persuasion and Manipulation in Specialised Genres. Providing Keys to the Rhetoric of Professional Communities.
368 pages. 2017. ISBN 978-3-0343-3010-7

Vol. 228 Maurizio Gotti, Stefania Maci & Michele Sala (eds)
Ways of Seeing, Ways of Being: Representing the Voices of Tourism.
453 pages. 2017. ISBN 978-3-0343-3031-2

Vol. 229 Dino Selvaggi
Plurilingual Code-Switching between Standard and Local Varieties.
A Socio-Psycholinguistic Approach
371 pages. 2018. ISBN 978-3-0343-2663-6

Vol. 230 Anca-Cristina Sterie
Interprofessional interactions at the hospital. Nurses' requests and reports of problems in calls with physicians.
371 pages. 2017. ISBN 978-3-0343-2734-3

Vol. 231 Xiaodong Zhang
Understanding Chinese EFL Teachers' Beliefs and Practices in the Textbook-Based Classroom.
189 pages. 2017. ISBN 978-3-0343-3053-4

Vol. 232 Manuela Caterina Moroni & Federica Ricci Garotti (Hrsg.)
Brücken schlagen zwischen Sprachwissenschaft und DaF-Didaktik.
345 pages. 2017. ISBN 978-3-0343-2667-4

Vol. 233 Dimitrinka Georgieva Níkleva
Necesidades y tendencias en la formación del profesorado de español como lengua extranjera
401 pages. 2017. ISBN 978-3-0343-2946-0

Vol. 234 Juan Santana-Lario & Salvador Valera (Hrsg.)
Competing patterns in English affixation.
272 pages. 2017. ISBN 978-3-0343-2701-5

Vol. 235 Francisco Salgado-Robles
Desarrollo de la competencia sociolingüística por aprendices de español en un contexto de inmersión en el extranjero
241 pages. 2018. ISBN 978-3-0343-2323-9

Vol. 236 Maria Chiara Janner
Sguardi linguistici sulla marca. Analisi morfosintattica dei nomi commerciali in italiano
345 pages. 2017. ISBN 978-3-0343-2667-4

Vol. 237 Bárbara Herrero Muñoz-Cobo & Otman El Azami Zalachi
La primavera del árabe marroquí.
192 pages. 2017. ISBN 978-3-0343-3104-3

Vol. 238 Consuelo Pascual Escagedo
El papel del oyente en la construcción de la conversación espontánea de estudiantes italianos en su interlengua y en su lengua materna
295 pages. 2017. ISBN 978-3-0343-3186-9

Vol. 239 Stefania M. Maci
The MS Digby 133 *Mary Magdalene*. Beyond scribal practices: language, discourse, values and attitudes.
336 pages. 2017. ISBN 978-3-0343-3256-9

Vol. 240 Eliecer Crespo-Fernández
Taboo in Discourse. Studies on Attenuation and Offence in Communication.
326 pages. 2018. ISBN 978-3-0343-3018-3

Vol. 241 Jana Altmanova, Maria Centrella, Katherine E. Russo (eds)
Terminology & Discourse / Terminologie et discours.
424 pages. 2018. ISBN 978-3-0343-2417-5

Vol. 242 Xavier Blanco et Inès Sfar (dir.)
Lexicologie(s) : approches croisées en sémantique lexicale.
442 pages. 2018. ISBN 978-3-0343-3056-5

Vol. 243 Yunfeng Ge
Resolution of Conflict of Interest in Chinese Civil Court Hearings.
A Perspective of Discourse Information Theory.
302 pages. 2018. ISBN 978-3-0343-3313-9

Vol. 244 Carla Vergaro
Illocutionary Shell Nouns in English
322 pages. 2018. ISBN 978-3-0343-3069-5

Vol. 245 Paolo Frassi
L'adjectif en français et sa définition lexicographique.
270 pages. 2018. ISBN 978-3-0343-3394-8

Vol. 246 Suwilai Premsrirat and David Hirsh (eds)
Language Revitalization. Insights from Thailand
328 pages. 2018. ISBN 978-3-0343-3497-6

Vol. 247 Wei Wang
Researching Learning and Learners in Genre-based Academic Writing Instruction
282 pages. 2018. ISBN 978-3-0343-3297-2

Vol. 248 Isusi Alabarte, Alberto & Lahuerta Martínez, Ana Cristina (eds)
La comprensión lectora de lengua extranjera
Estudio de los factores de familiaridad, interés, género y métodos de evaluación
336 pages. 2018. ISBN 978-3-0343-3493-8

Vol. 249 Mercedes Eurrutia Cavero
Approche didactique du langage techno-scientifique
Terminologie et discours
374 pages. 2018. ISBN 978-3-0343-3512-6

Vol. 250 Aurora Ruiz Mezcua (ed.)
Approaches to Telephone Interpretation
Research, Innovation, Teaching and Transference
268 pages. 2018. ISBN 978-3-0343-3330-6

Vol. 251 Morini Massimiliano
A Day in the News
A Stylistic Analysis of Newsspeak
188 pages. 2018. ISBN 978-3-0343-3507-2

Vol. 252 Ignacio Guillén-Galve & Ignacio Vázquez-Orta (eds.)
English as a Lingua Franca and Intercultural Communication
Implications and Applications in the Field of English Language Teaching
414 pages. 2018. ISBN 978-3-0343-2763-3

Vol. 253 Bianca Del Villano
Using the Devil with Courtesy
Shakespeare and the Language of (Im)Politeness
216 pages. 2018. ISBN 978-3-0343-2315-4

Vol. 254 David Hirsh (ed.)
Explorations in Second Language Vocabulary Research
252 pages. 2018. ISBN 978-3-0343-2940-8

Vol. 255 Tania Baumann (ed.)
Reiseführer - Sprach- und Kulturmittlung im Tourismus / Le guide turistiche - mediazione linguistica e culturale in ambito turistico
270 pages. 2018. ISBN 978-3-0343-3402-0

Vol. 256 Ariadna Sánchez-Hernández & Ana Herraiz-Martínez (eds)
Learning second language pragmatics beyond traditional contexts
376 pages. 2018. ISBN 978-3-0343-3437-2

Vol. 257 Albert Bastardas-Boada, Emili Boix-Fuster, Rosa Maria Torrens (eds)
Family Multilingualism in Medium-Sized Linguistic Communities
336 pages. 2019. ISBN 978-3-0343-2536-3

Vol. 258 Forthcoming

Vol. 259 Catia Nannoni
Participe présent et gérondif dans la presse française contemporaine
176 pages. 2019. ISBN 978-3-0343-3631-4

Vol. 260 Nieves Rodríguez Pérez & Bárbara Heinsch (eds.)
Contextos multilingües. Mediadores interculturales, formación del profesorado de lenguas extranjeras
289 pages. 2019. ISBN 978-3-0343-3768-7

Vol. 261 Forthcoming

Vol. 262 Laura Nadal
Lingüística experimental y contraargumentación
233 pages. 2019. ISBN 978-3-0343-3791-5

Vol. 263 Claudia Claridge & Merja Kytö (eds.)
Punctuation in Context – Past and Present Perspectives
288 pages. 2019. ISBN 978-3-0343-3790-8

Vol. 264 Maurizio Gotti, Stefania Maci, Michele Sala (eds.)
Scholarly Pathways
530 pages. 2020. ISBN 978-3-0343-3860-8

Vol. 265 Ruth Breeze, Ana M. Fernández Vallejo (eds.)
Politics and populism across modes and media
350 pages. 2020. ISBN 978-3-0343-3707-6

Vol. 266 Jean Marguerite Jimenez
Understanding the Effects of Immediate Electronic Corrective Feedback on Second Language Development
252 pages. 2020. ISBN 978-3-0343-3815-8

Vol. 267 Sergio Rodríguez-Tapia, Adela González-Fernández (eds.)
Lenguas y turismo: estudios en torno al discurso, la didáctica y la divulgación
380 pages. 2020. ISBN 978-3-0343-3881-3

www.ingramcontent.com/pod-product-compliance
Ingram Content Group UK Ltd.
Pitfield, Milton Keynes, MK11 3LW, UK
UKHW040857081026
15587UKWH00016B/691